新 JLPT

절대적인 우위

종결자

일본어능력시험

N4

쉽게
상세하게
독학으로
합격까지!

글로벌문화원

新 JLPT 종결자
일본어능력시험 N4

초판인쇄 | 2011년 6월 15일

지 은 이 | 임승진, 원영순

펴 낸 이 | 김용부

등록번호 | 제2-407

등록일자 | 1987년 12월 15일

펴 낸 곳 | 글로벌문화원 일본어 연구회

서울시 종로구 관철동 11-19 글로벌빌딩 4F

tel. 02)725-8282

fax. 02)753-6969

http://www.globalbooks.co.kr

편집디자인 | 김은선

ISBN | 978-89-8233-191-6   13730

정가 18,500원

新 JLPT 종결자

일본어능력시험 N4

新일본어 능력시험은

단편적인 문법 지식이나 어휘를 묻는 출제방식이 아니라 좀 더 종합적으로 일본어를 이해하고 있는가에 초점을 맞추어 새로운 문제유형을 제시하고 있습니다. 따라서 일본어에 관한 지식과 실제 운용 가능한 일본어 능력을 중시합니다. 이 책은 기존의 일본어능력시험에서 다루어왔던 핵심적인 문법사항을 철저히 분석함과 동시에 신경향 출제패턴에 맞추어 커뮤니케이션 상의 과제 수행 능력을 향상시킬 수 있는 문제들을 예상하여 제시하고 있습니다.

기존 능력시험은 자격증을 가지고 있어도, 실제로 회화수준은 거기에 못 미친다는 것이 지적이 되어 왔습니다. 따라서 新시험유형은 그러한 단점을 보완한다는 취지에서 회화능력을 간접적으로 평가할 수 있는 문제들로 많이 변화되었습니다. 그리고 합격평가기준도 절대평가에서 과락제로 기준이 바뀌면서 파트별로 골고루 점수를 취득하지 못하면 합격이 어렵게 되었습니다. 이러한 흐름에 맞춰 응시생들에게 꼭 필요한 교재가 있어야 한다고 판단이 되어 본 교재를 만들게 되었습니다.

본 교재는 기존의 능력시험 학습서와는 달리 한 과에 실제 시험문제와 같은 형식인 언어지식(문자/어휘, 문법), 독해, 청해순으로 구성되어져 있습니다. 그러므로 한 권만으로도 모든 파트를 다 마스터할 수 있습니다. 그리고 독학 학습자들을 위해서 자세한 해석과 해설을 달아 혼자서도 충분히 일본어능력시험 준비를 할 수 있도록 했습니다.
문자/어휘파트에서는 품사별로 설명이 되어져 있어 문자와 어휘를 쉽게 정리 할 수 있게 했고, 문법은 각 과마다 연관성이 있는 문법을 주제별로 묶어서 학습자들이 문법을 쉽게 정리할 수 있도록 했습니다. 청해와 독해파트도 자세한 스크립트 및 문법해설을 첨부해 혼자서도 충분히 학습이 가능하도록 했습니다.

또한 일본어 능력시험 N4에서는 한자의 비중이 그다지 높지 않으나 학습자들의 실력향상을 위하여 본 시험보다는 한자의 비중을 높였습니다. 그리고 학습자들을 위하여 한자에 ふりがな(후리가나–한자 옆이나 위에 읽는 음을 히라가나로 단 것) 를 달아 학습의 편의를 도모했습니다.

아무쪼록 본 교재가 新일본어 능력시험대비자들에게 큰 도움이 되길 바라며 더불어 능력시험 합격을 진심으로 바라는 바입니다.

목적

일본 국내 및 해외에서 일본어를 모국어로 하지 않는 사람을 대상으로 일본어 능력을 측정하고 인정하는 것을 목적으로 한다.

주최 및 시험일시

일본 국내는 재단법인 일본국제교육협회가 주최한다.
일본 국외는 독립행정법인 국제교류기금이 주최한다.
시험은 매년 7월과 12월에 전 세계에서 동시에 실시한다.

시험과목과 시험시간

시험은 1급 ~ 5급으로 나뉘어져 있어 수험자의 능력에 맞는 급수를 선택한다.
각 급마다 문자, 어휘 / 문법, 독해 / 청해 세 부분으로 나뉜다.

레벨	시험과목(시험시간)	
N1 (기존 1급과 비슷)	언어지식(문자, 어휘, 문법), 독해/110분	청해(60분)
N2 (기존 2급과 비슷)	언어지식(문자, 어휘, 문법), 독해/105분	청해(50분)
N3 (기존 2급과 3급의 사이 레벨)	언어지식(문자, 어휘)/ 30분 언어지식(문법), 독해/70분	청해(40분)
N4 (기존 3급과 비슷)	언어지식(문자, 어휘)/30분 언어지식(문법), 독해/60분	청해(35분)
N5 (기존 4급과 비슷)	언어지식(문자, 어휘)/25분 언어지식(문법), 독해/50분	청해(30분)

* 시험시간은 변경되는 경우도 있습니다. 또한 청해는 시험문제의 녹음 길이에 따라 시험시간이 다소 변하기도 합니다.
* N1과 N2의 시험과목은 [언어지식(문자, 어휘, 문법), 독해] 와 [청해]로 2과목입니다.
* N3, N4, N5의 시험과목은 [언어지식(문자, 어휘)][언어지식(문법),독해][청해]로 3과목입니다.

구성
각 과는 문자, 어휘/문법, 독해/청해로 구성되어 있다.

특징(각 파트별)

문자/어휘 일본어 능력시험 N4 문제 유형별로 단어를 정리한 후 연습문제와 해설을 제시한다.

문자 어휘 1번 문제(한자 읽기)
문자 파트에 해당된다. 한자 읽기문제로서 한자로 쓰여 있는 말의 읽는 법을 묻는 문제이다.

문자 어휘 2번 문제(한자 표기)
문자 파트에 해당된다. 한자 표기문제로서 히라가나로 쓰여 있는 말을 한자로 어떻게 표기해야 하는지를 묻는 문제이다.

문자 어휘 3번 문제(문맥 규정)
어휘 파트에 해당된다. 문맥에 맞는 적당한 어휘를 선택하는 문제이다.

문자 어휘 4번 문제(유의어)
어휘 파트에 해당된다. 같은 뜻의 어구 고르기 문제로 밑줄 친 부분의 제시어와 의미상 가장 가까운 말을 고르는 문제이다.

문자 어휘 5번 문제(용법)
어휘 파트에 해당된다. 제시된 어휘가 바르게 사용된 문장을 고르는 문제이다.

문법/독해 N4에서 나올 가능성이 높은 문법 패턴을 정리한 후 연습문제와 해설을 제시한다.

문법 1번 문제 (문법형식 판단)
문장 내용에 맞는 바른 문법형식을 찾는 문제

문법 2번 문제 (문장 구조)
문장을 문법에 맞게 배열하는 문제

문법 3번 문제 (문장 문법)
단문 속에서 바른 문법형식을 찾는 문제

독해 4번 문제 (내용이해/단문)
학습, 생활, 일에 관련된 화제나 장면을 쉽게 쓴 100자에서 200자정도의 텍스트를 읽고 내용을 이해하는지를 묻는 문제이다.

독해 5번 문제 (내용이해/중문)

일상적인 화제나 장면을 제재로 쉽게 쓴 450자 정도의 텍스트를 읽고 내용을 이해하는지를 묻는 문제이다.

독해 6번 문제 (정보 검색)

안내, 알림 등의 정보소재(400자정도)중에서 필요한 정보를 찾아낼 수 있는지를 묻는 문제이다.

청해

청해 1번 문제 (과제 이해 문제)

구체적인 과제해결에 필요한 정보를 듣고 다음에 어떤 행동을 취해야하는지를 묻는 문제이다.

청해 2번 문제 (포인트 이해 문제)

문장 속에서 핵심 포인트를 집어낼 수 있는 가를 묻는 문제이다.

청해 3번 문제 (발화 표현 문제)

일러스트를 보며 상황설명을 듣고 일러스트의 상황에 맞는 적절한 대사를 찾는 문제이다.

청해 4번 문제 (즉시 응답 문제)

짧은 질문을 듣고 적절한 대답을 신속하게 선택하는 문제이다.

목차

Part 01

新 JLPT 종결자

CHAPTER 01 문자/어휘

間あいだ 사이	秋あき 가을	朝あさ 아침	足あし 발, 다리
味あじ 맛	頭あたま 머리	後あと 후, 뒤	穴あな 구멍
兄あに 형, 오빠	姉あね 누나, 언니	油あぶら 기름	胃い 위
息いき 숨, 호흡	池いけ 연못	泉いずみ 샘, 샘물	糸いと 실
妹いもうと 여동생	色いろ 색	牛うし 소	嘘うそ 거짓말
歌うた 노래	腕うで 팔	海うみ 바다	絵え 그림
駅えき 역	夫おっと 남편	音おと 소리	顔かお 얼굴

문제로 확인하기

もんだい1 ＿＿＿＿の ことばは どう よみますか。1・2・3・4から いちばん いい
ものを ひとつ えらんで ください。

1 弟は 頭が とても いいです。
_{おとうと}

　1 あたま　　　　2 て　　　　　3 かお　　　　4 あし

해석 ▶　남동생은 머리가 매우 좋습니다.

해설 ▶　1 頭あたま 머리　　　2 手て 손　　　　3 顔かお 얼굴　　4 足あし 발, 다리

포인트 문법 ▶　★ い형용사의 정중형 = 기본형 + です ~입니다
　　　　　　　　예) 高(たか)い 비싸다 → 高(たか)いです 비쌉니다. いい 좋다 → いいです 좋습니다

단어 ▶　弟おとうと 남동생　　とても 매우, 대단히　　いい 좋다

정답 ▶　1

2 小舟で　海に　出るのは　危ないです。

　　1　いずみ　　　　2　いけ　　　　　3　うみ　　　　　4　かわ

> 해석 ▶　작은 배로 <u>바다</u>에 나가는 것은 위험합니다.
> 해설 ▶　1 泉いずみ 샘, 샘물　2 池いけ 연못　　3 海うみ 바다　　4 川かわ 강
> 포인트 문법 ▶　★ 동사의 う단 형태(원형) + のは ~하는 것은
> 　　　　　　　　예) 食(た)べる 먹다 → 食(た)べるのは 먹는 것은
> 단어 ▶　小舟こぶね 작은 배　　出でる 나가(오)다　　危あぶない 위험하다
> 정답 ▶　3

단어익히기　필수 1자 한자

鏡かがみ 거울	数かず 수	風かぜ 바람	肩かた 어깨
壁かべ 벽	紙かみ 종이	体からだ 몸, 신체	川かわ 강
気き 기운, 마음	客きゃく 손님	逆ぎゃく 역, 반대	君きみ 자네, 너
草くさ 풀	薬くすり 약	毛け 털	声こえ 목소리
心こころ 마음	米こめ 쌀	歳さい ~세, ~살	坂さか 언덕
先さき 먼저, 선두, 앞	酒さけ 술	皿さら 접시	塩しお 소금
汁しる 국물	末すえ 끝, 말	隅すみ 구석	背せ 키
席せき 자리			

문제로 확인하기

もんだい2　＿＿＿＿の　ことばは　どう　かきますか。1・2・3・4から　いちばん　いい
　　　　　ものを　ひとつ　えらんで　ください。

1 私は　こころの　やさしい　人が　好きです。

　　1　必　　　　　2　込　　　　　　3　汁　　　　　4　心

해석 ▶	나는 <u>마음</u>이 상냥한 사람을 좋아합니다.

해설 ▶	1 必 ひつ 반드시 필 / 必 かなら ず 반드시	2 込 담을 입(일본식 한자) / 込 こむ 붐비다, 몰리다
	3 汁 しる 국물	4 心 こころ 마음

포인트 문법 ▶

★ い형용사의 명사수식형(い형용사의 기본형 + 명사) ~한 명사

예) やさしい人(ひと) 상냥한 사람, 大(おお)きいかばん 큰 가방

★ な형용사의 정중형(끝 글자 だ를 지우고 です) ~입니다, ~합니다

예) 好(す)きだ(좋아하다) → 好(す)きです(좋아합니다)

★ 好(す)きだ 앞에서는 목적격 조사 を대신에 が(을/를)를 사용 한다

예) 人(ひと)が好(す)きです 사람을 좋아합니다

단어 ▶	優 やさ しい 상냥하다, (마음씨가)곱다 好 す きだ 좋아하다
정답 ▶	4

② 行列 ぎょうれつ の <u>さきに</u> 立 た って 歩 ある いて います。

1 前	2 先	3 後	4 横

해석 ▶	행렬의 <u>선두</u>에 서서 걷고 있습니다.

해설 ▶	1 前 まえ 앞, 전	2 先 さき 먼저, 선두, 앞
	3 後 あと 후, 뒤	4 横 よこ 가로, 옆

포인트 문법 ▶

★ つ로 끝나는 1그룹 동사의 て형(연결형) ~고(~서)

예) 立(た)つ 서다 → 立(た)って 서고, 서서

★ く로 끝나는 1그룹 동사의 て형(연결형) ~고(~서)

예) 歩(ある)く 걷다 → 歩(ある)いて 걷고, 걸어서

★ 2그룹 동사의 ます형(정중형) ~합(입)니다

예) いる 있다 → います 있습니다, 見(み)る 보다 → 見(み)ます 봅니다

단어 ▶	行列 ぎょうれつ 행렬 立 た つ 서다 歩 ある く 걷다 いる 있다(생물)
정답 ▶	2

隻 せき 척	像 ぞう 코끼리	足 そく 켤레	空 そら 하늘
旅 たび 여행	卵 たまご 달걀	血 ち 피	力 ちから 힘
茶 ちゃ 차	次 つぎ 다음	机 つくえ 책상	妻 つま 아내
手 て 손	寺 てら 절	所 ところ 곳, 장소	隣 となり 옆, 이웃
夏 なつ 여름	庭 にわ 뜰, 마당	歯 は 이	箱 はこ 상자
橋 はし 다리	鼻 はな 코	話 はなし 이야기	林 はやし 수풀
春 はる 봄	火 ひ 불	光 ひかり 빛	匹 ひき 마리
髭 ひげ 수염	羊 ひつじ 양	昼 ひる 낮	

문제로 확인하기

もんだい3 （　　　　）に　なにを　いれますか。1·2·3·4から　いちばん　いい　もの
　　　　　を　ひとつ　えらんで　ください。

1 座る（　　　　）が　なくて　困って　います。

　　1　どちら　　　　　2　となり　　　　　3　ところ　　　　　4　どこ

> 해석 ▶ 앉을 (곳)이 없어서 곤란해 하고 있습니다.
> 해설 ▶ 1 어느 쪽, 어디　　　2 이웃, 옆　　　3 곳, 장소　　　4 어디
> 포인트 문법 ▶ ★ 동사의 명사수식형(기본형 + 명사) ~한(할) 명사
> 　　　　　　　예) 座(すわ)る 앉다 → 座(すわ)るところ 앉을 곳
> 　　　　　　★ い형용사의 くて형(연결형) ~하고(~해서)
> 　　　　　　　예) ない 없다 → なくて 없고, 없어서
> 　　　　　　★ る로 끝나는 1그룹 동사의 て형(연결형) ~고(~서)
> 　　　　　　　예) 困(こま)る 곤란하다 → 困(こま)って 곤란하고, 곤란해서
> 　　　　　　★ 동사의 て형(연결형) + います(상태표현) ~되어져 있습니다(~한 상태입니다)
> 　　　　　　　예) 困(こま)る 곤란하다 → 困(こま)って 곤란하고, 곤란해서 → 困(こま)っています 곤
> 　　　　　　　란해 하고 있습니다(곤란한 상태입니다)
> 단어 ▶ 座(すわ)る 앉다　　ない 없다(무생물)　　困(こま)る 곤란하다, 난처하다
> 정답 ▶ 3

② 昔は　ろうそくの　（　　　　）で　本を　読んだ　そうです。

　1　ひかり　　　　　2　めがね　　　　　3　つくえ　　　　　4　いす

> 해석 ▶　옛날에는 양초의 (빛)으로 책을 읽었다고 합니다.
>
> 해설 ▶　1　光ひかり 빛　　　2　眼鏡めがね 안경　　　3　机つくえ 책상　　　4　椅子いす 의자
>
> 포인트 문법 ▶　★ 명사 + で(수단, 방법) ~로
>
> 　　　　　　예) 光(ひかり)で 빛으로, バスで 버스로
>
> 　　　　　★ む로 끝나는 1그룹 동사의 た형(과거형) + そうだ ~했다고 한다(전문용법)
>
> 　　　　　예) 読(よ)む 읽다 → 読(よ)んで 읽고, 읽어서 → 読(よ)んだ 읽었다 → 読(よ)んだそうだ
>
> 　　　　　읽었다고 한다 → 読(よ)んだそうです 읽었다고 합니다
>
> 단어 ▶　昔むかし 옛날　　　ろうそく 양초　　　読よむ 읽다　　　そうだ ~라고 한다(전문용법)
>
> 정답 ▶　1

단어익히기　필수 1자 한자 (유의어)

味あじ 맛　＝　あじわい　음식 맛

命いのち 목숨, 생명　＝　生命せいめい　생명

嘘うそ 거짓말　＝　ほんとうではない　사실이 아니다

駅えき 역　＝　ステーション　스테이션

体からだ 몸, 신체　＝　身体しんたい　신체

印しるし 표, 상징　＝　シンボル　상징

旅たび 여행　＝　旅行りょこう　여행

所ところ 곳, 장소　＝　場所ばしょ　장소

庭にわ 뜰, 마당　＝　木きや花はなを植うえるところ　나무나 꽃을 심는 장소

昼ひる 낮　＝　日ひの出でから日ひの入いりまでの明あかるい間あいだ　일출부터
　　　　　　일몰까지의 밝은 동안

街まち 거리　＝　市街しがい　시가, 거리

店みせ 가게　＝　物ものを売うるところ　물건을 파는 곳

皆みな 모두, 전부 = すべて 모두, 모조리

港みなと 항구 = 船ふねに乗のったり降おりたりするところ 배를 타거나 내리는 곳

夢ゆめ 꿈 = ドリーム 꿈

用よう 볼일, 용무 = 用事ようじ 용무, 일

夜よる 밤 = 日ひの入いりから日ひの出でまでの暗くらい間あいだ 일몰부터 일출
까지의 어두운 동안

訳わけ 까닭, 이유 = 事情じじょう 사정, 이유, 까닭

문제로 확인하기 ●

もんだい4 _____の たんごと だいたい おなじ いみの ぶんが あります。1・
2・3・4から いちばん いい ものを ひとつ えらんで ください。

1 昼ひる

1 日ひの出でから 日ひの入いりまでの 明あかるい 間あいだ

2 日ひの入いりから 日ひの出でまでの 暗くらい 間あいだ

3 日ひの出でから 12時じまでの 間あいだ

4 日ひの入いりから 24時じまでの 間あいだ

해석 ▶ 낮
1 일출부터 일몰까지의 밝은 동안 (O)
2 일몰로부터 일출까지의 어두운 동안 (X)
3 일출부터 12시 사이까지 (X)
4 일몰부터 24시 사이까지 (X)

포인트 문법 ▶ ★ ~から ~まで ~부터 ~까지
예) 朝(あさ)から 晩(ばん)まで 아침부터 밤까지
1時(いちじ)から 4時(よじ)まで 1시부터 4시까지

단어 ▶ 日ひの出で 일출 日ひの入いり 일몰 明あかるい 밝다 間あいだ 사이
暗くらい 어둡다

정답 ▶ 1

2 　港(みなと)

1　地下鉄(ちかてつ)に　乗(の)ったり　降(お)りたり　する　ところ

2　バスに　乗(の)ったり　降(お)りたり　する　ところ

3　飛行機(ひこうき)に　乗(の)ったり　降(お)りたり　する　ところ

4　船(ふね)に　乗(の)ったり　降(お)りたり　する　ところ

해설 ▶ 　항구
1　지하철을 타거나 내리거나 하는 곳 (X)
2　버스를 타거나 내리거나 하는 곳 (X)
3　비행기를 타거나 내리거나 하는 곳 (X)
4　배를 타거나 내리거나 하는 곳 (O)

포인트 문법 ▶ 　★ る로 끝나는 1그룹 동사의 たり형 ~하거나
예) 乗(の)る 타다 → 乗(の)って 타고, 타서 → 乗(の)った 탔다 → 乗(の)ったり 타거나
★ 2그룹 동사의 たり형 ~하거나
예) 降(お)りる 내리다 → 降(お)りて 내리고, 내려서 → 降(お)りた 내렸다 → 降(お)りたり 내리거나
★ 乗(の)る 앞에서는 목적격 조사를 대신에 に를 사용한다
예) バスに乗(の)る 버스를 타다

단어 ▶ 　地下鉄(ちかてつ) 지하철　　乗(の)る 타다　　降(お)りる 내리다　　する 하다　　バス 버스
飛行機(ひこうき) 비행기　　船(ふね) (타는)배

정답 ▶ 　4

단어익히기　필수 1자 한자

服ふく 옷	袋ふくろ 자루, 봉지	冬ふゆ 겨울	文ぶん 문장
星ほし 별	骨ほね 뼈	本ほん 책, 조수사에서(~자루, ~병...)	
前まえ 앞, 전	町まち 마을, 읍내	街まち 거리	窓まど 창
丸まる 동그라미	店みせ 가게	皆みな 모두	港みなと 항구
耳みみ 귀	昔むかし 옛날	娘むすめ 딸	元もと 원래
森もり 숲	約やく 약(대략)	床ゆか 마루	夢ゆめ 꿈
用よう 볼일, 용무	横よこ 가로, 옆	夜よる 밤	量りょう 양
例れい 예	礼れい 답례	訳わけ 까닭, 이유	

もんだい5　つぎの　ことばの　つかいかたで　いちばん　いい　ものを　1・2・3・4から
　　　　　　ひとつ　えらんで　ください。

1　窓（まど）

　1　部屋（へや）の　窓（まど）に　カーペットが　あります。

　2　暑（あつ）いから　窓（まど）を　開（あ）けて　ください。

　3　母（はは）は　窓（まど）で　料理（りょうり）を　して　いる　ところです。

　4　車（くるま）は　窓（まど）に　とめて　ください。

> 해설 ▶　창(창문)
> 　1　방의 창문에 카펫이 있습니다. (X)
> 　2　더우니까 창문을 열어 주십시오! (O)
> 　3　어머니는 창문에서 요리를 하고 있는 중입니다. (X)
> 　4　차는 창문에 세워 주세요. (X)
>
> 포인트 문법 ▶　★ い형용사의 기본형 + から(이유, 원인) ～ 이니까, ～때문에
> 　　　　　　　　　예) 暑(あつ)いから 더우니까, 安(やす)いから 저렴하니까
> 　　　　　　　★ 2그룹 동사의 て형(연결형) + ください(부탁의 표현) ～해 주십시오!
> 　　　　　　　　　예) 開(あ)ける 열다 → 開(あ)けて 열고, 열어서 → 開(あ)けてください 열어 주십시오!
> 　　　　　　　★ 동사의 て형(연결형) + いるところ ～하고 있는 참(중)
> 　　　　　　　　　예) する 하다 → して 하고, 해서 → している 하고 있다 → しているところ 하고 있는
> 　　　　　　　　　중 → しているところです 하고 있는 중입니다
>
> 단어 ▶　部屋（へや）방　　カーペット 카펫　　暑（あつ）い 덥다　　開（あ）ける 열다　　母（はは）어머니
> 　　　　料理（りょうり）요리　　車（くるま）차　　止（と）める 세우다
>
> 정답 ▶　2

2　服（ふく）

　1　服（ふく）を　買（か）いに　すし屋（や）へ　行（い）きます。

　2　服（ふく）を　買（か）いに　コンビニへ　行（い）きます。

　3　服（ふく）を　買（か）いに　デパートへ　行（い）きます。

　4　服（ふく）を　買（か）いに　美容院（びよういん）へ　行（い）きます。

해석 ▶ 옷

1 옷을 사러 초밥 집에 갑니다. (X)

2 옷을 사러 편의점에 갑니다. (X)

3 옷을 사러 백화점에 갑니다. (O)

4 옷을 사러 미용실에 갑니다. (X)

포인트 문법 ▶ ★ 1그룹 동사의 ます형(정중형) ~합니다

예) 行(い)く 가다 → 行(い)き → 行(い)きます 갑니다

★ 1그룹 동사의 ます형 + に(동작의 목적) ~하러

예) 買(か)う 사다 → 買(か)います 삽니다 → 買(か)いに 사러.

会(あ)う 만나다 → 会(あ)います 만납니다 → 会(あ)いに 만나러

단어 ▶ **寿司**すし 초밥 　　**屋**や ~가게(~방) 　　**コンビニ** 편의점 　　**デパート** 백화점

美容院びょういん 미용실

정답 ▶ 3

01. 동사의 ます형+に ～하러

「동사의 ます형+に」는 「～하러」라는 목적표현이다.

買(か)う 사다 → 買(か)います 삽니다 → 買(か)いに 사러

飲(の)む 마시다 → 飲(の)みます 마십니다 → 飲(の)みに 마시러

食(た)べる 먹다 → 食(た)べます 먹습니다 → 食(た)べに 먹으러

문제로 확인하기

1　傘(かさ)を　忘(わす)れたから　ちょっと　取(と)り（　　　）行(い)って　きました。

　　1　て　　　　　　　2　に　　　　　　3　のに　　　　4　でも

해석 ▶　우산을 잊어버렸기 때문에 잠깐 가지러 갔다 왔습니다.

해설 ▶　① 「取(と)る(집다)」의 연결형은 「取(と)って(집고/집어서)」이다. 따라서 「取(と)りて」는 올바른 문법
　　　　　형식이 아니다.
　　　　② 동사의 ます형+に(～하러)
　　　　　取(と)る(집다) → 取(と)ります(집습니다) → 取(と)りに(집으러, 즉 가지러)
　　　　③ ～のに(～하는데도, ～함에도 불구하고)는 기본형에 접속한다. 따라서 「取(と)りのに」는 올바른
　　　　　문법형식이 아니다.
　　　　④ 「でも」는 「그러나, 그렇지만」이라는 접속사이다. 따라서 取(と)りでも」는 올바른 문법형식이 아
　　　　　니다.

단어 ▶　傘(かさ) 우산　　忘(わす)れる 잊다, 잊어버리다　　～から ～때문에　　ちょっと 조금, 잠깐
　　　　取(と)る 집다　　行(い)く 가다　　来(く)る 오다

정답 ▶　2

02. 동사의 ます형+たい ~하고 싶다

「~たい」는 「~하고 싶다」라는 뜻으로 희망을 나타내는 표현이다. 동사의 ます형에 접속하며 い형용사처럼 활용시키면 된다. 休(やす)む(쉬다) → 休(やす)みます(쉽니다) → 休(やす)みたい (쉬고 싶다) → 休(やす)みたくない(쉬고 싶지 않다) → 休(やす)みたかった(쉬고 싶었다) 「~たい(~하고 싶다)」는 1인칭 희망표현이며 「~たがる(~하고 싶어 하다)」는 3인칭 희망표현이다.

私は　日本に　遊びに　行きたいです。

나는 일본에 놀러 가고 싶습니다.(1인칭)

友だちは　新しい　テレビを　買いたがって　います。

친구는 새 텔레비전을 사고 싶어 하고 있습니다.(3인칭)

문제로 확인하기

1 日本語が　上手になって、日本語で　（　　　）たいです。

　　1　話す　　　　　　2　話し　　　　　3　話します　　　4　話して

> 해석 ▶ 일본어가 능숙해져서 일본어로 이야기하고 싶습니다.
>
> 해설 ▶ ① 話(はな)す(이야기하다)
> ② 동사의 ます형+たい(~하고 싶다-희망표현)
> 話(はな)す(이야기하다) → 話(はな)します(이야기합니다) → 話(はな)したい(이야기하고 싶다)
> → 話(はな)したいです(이야기하고 싶습니다)
> ③ 話(はな)す(이야기하다) → 話(はな)します(이야기합니다)
> ④ 話(はな)す(이야기하다) → 話(はな)して(이야기하고/이야기해서-연결형)
> ⑤ 上手(じょうず)だ(능숙하다) → 上手(じょうず)に(능숙하게-な형용사 어미 だ를 に로 바꾸면 부사가 된다) → 上手(じょうず)になる(능숙하게 되다, 능숙해지다) → 上手(じょうず)になって(능숙해져서)
> ⑥ 「で」는 「~로, ~으로」라는 뜻으로 「수단, 도구, 방법」을 나타내는 조사이다. 따라서 「日本語(にほんご)で」는 「일본어로」라는 뜻이다.
>
> 단어 ▶ 日本語にほんご 일본어　　上手じょうずだ 능숙하다　　なる 되다
> 話はなす 말하다, 이야기하다
>
> 정답 ▶ 2

2 妹は アメリカの 大学に 行き( ) います。

1 たくて 2 たい 3 たがり 4 たがって

> 해석 ▶ 여동생은 미국 대학에 가고 싶어 하고 있습니다.
> 해설 ▶ ① 동사의 ます형+たい(~하고 싶다-1인칭 희망표현)
> 行(い)く(가다) → 行(い)きます(갑니다) → 行(い)きたい(가고 싶다) → 行(い)きたくて(가고 싶고/가고 싶어서-연결형)
> ② 동사의 ます형+たい(~하고 싶다-1인칭 희망표현)
> 行(い)く(가다) → 行(い)きます(갑니다) → 行(い)きたい(가고 싶다)
> ③ 동사의 ます형+たがる(~하고 싶어 하다-3인칭 희망표현)
> 行(い)く(가다) → 行(い)きます(갑니다) → 行(い)きたがる(가고 싶어 하다) → 行(い)きたがります(가고 싶어 합니다)
> 그런데 문제에서는 괄호 뒤에 「います」가 있으므로 「行(い)きたがりいます」는 올바른 문법형식이 아니다.
> ④ 동사의 ます형+たがる(~하고 싶어 하다-3인칭 희망표현)
> 行(い)く(가다) → 行(い)きます(갑니다) → 行(い)きたがる(가고 싶어 하다) → 行(い)きたがっている(가고 싶어 하고 있다) → 行(い)きたがっています(가고 싶어 하고 있습니다)
> 단어 ▶ 妹いもうと 여동생 アメリカ 미국 大学だいがく 대학 行いく 가다
> 정답 ▶ 4

03. 동사의 ます형+はじめる ~하기 시작하다

「동사의 ます형」에 「はじめる(시작하다)」라는 동사를 접속시키면 「~하기 시작하다」라는 뜻이 된다.

最近 中国語を 習いはじめました。

최근에 중국어를 배우기 시작했습니다.

문제로 확인하기 ●

1 ちょうど レポートを ( )はじめた 時に 友だちが 来て しまった。

1 書いた 2 書く 3 書いて 4 書き

> 해석 ▶ 마침 리포트를 쓰기 시작했을 때에 친구가 와 버렸다.
> 해설 ▶ ① 書(か)く(쓰다) → 書(か)いた(썼다-과거형)
> ② 書(か)く(쓰다)

③ 書(か)く(쓰다) → 書(か)いて(쓰고/써서–연결형)

④ 동사의 ます형+はじめる (~하기 시작하다)

書(か)く(쓰다) → 書(か)きます(씁니다) → 書(か)きはじめる(쓰기 시작하다) → 書(か)きはじめた(쓰기 시작했다) → 書(か)きはじめた時(とき)に(쓰기 시작했을 때에)

⑤ ~てしまう (~해 버리다, ~하고 말다)

来(く)る(오다) → 来(き)て(오고/와서–연결형) → 来(き)てしまう(와 버리다) → 来(き)てしまった(와 버렸다)

단어 ▶ ちょうど 마침   レポート 리포트   書(か)く 쓰다   はじめる 시작하다   時(とき) 때
友(とも)だち 친구   来(く)る 오다

정답 ▶ 4

---

04. 동사의 ます형+だす ~하기 시작하다

「동사의 ます형」에 「だす(내다)」라는 동사를 접속시키면 「~하기 시작하다」라는 뜻으로, 「동사의 ます형+はじめる」처럼 동작의 시작을 나타낸다. 단 「동사의 ます형+だす」는 갑작스럽게 동작이 시작되는 경우에 주로 쓰인다.

急(きゅう)に 雨(あめ)が 降(ふ)りだした。
갑자기 비가 오기 시작했다.

문제로 확인하기

1 急(きゅう)に 汽車(きしゃ)が 動(うご)き(   )。

1 だしました   2 しました   3 やすいです   4 にくいです

해석 ▶ 갑자기 기차가 움직이기 시작했습니다.

해설 ▶ ① 동사의 ます형+だす (~하기 시작하다–갑자기)

動(うご)く(움직이다) → 動(うご)きます(움직입니다) → 動(うご)きだす(움직이기 시작하다) → 動(うご)きだしました(움직이기 시작했습니다)

② 動(うご)く(움직이다) → 動(うご)きます(움직입니다) → 動(うご)きました(움직였습니다)

따라서 「動(うご)きしました」는 올바른 문법형식이 아니다.

③ 동사의 ます형+やすい (~하기 쉽다, ~하기 편하다)

動(うご)く(움직이다) → 動(うご)きます(움직입니다) → 動(うご)きやすい(움직이기 쉽다) → 動(うご)きやすいです(움직이기 쉽습니다) 내용상 문맥에 맞지 않음.

④ 동사의 ます형+にくい(~하기 어렵다, ~하기 불편하다)

　　　動(うご)く(움직이다) → 動(うご)きます(움직입니다) → 動(うご)きにくい(움직이기 어렵다) →

　　　動(うご)きにくいです(움직이기 어렵습니다)　내용상 문맥에 맞지 않음.

단어 ▶　急きゅうに 갑자기　　汽車きしゃ 기차　　動うごく 움직이다

정답 ▶　1

---

05. 동사의 ます형+すぎる 지나치게 ~하다

「동사의 ます형」에 「すぎる(지나치다)」라는 동사를 접속시키면 「지나치게 ~하다, 너무 ~하다」라는 뜻이 된다. 형용사의 경우 형용사의 어간, 즉 い형용사의 경우에는 い를 탈락시킨 앞부분, な형용사의 경우에는 だ를 탈락시킨 앞부분에다 접속시키면 모양이나 상태가 「지나치게 ~이다, 너무 ~이다」라는 표현이 된다.

昨日(きのう)　お酒(さけ)を　飲(の)みすぎたので、頭(あたま)が　痛(いた)いです。

어제 술을 너무 많이 마셨기 때문에 머리가 아픕니다.

この　椅子(いす)は　私には　低(ひく)すぎる。

이 의자는 내게는 너무 낮다.

その　スカートは　派手(はで)すぎます。

그 치마는 지나치게 화려합니다.

문제로 확인하기 ○───────

1　砂糖(さとう)を　(　　　)すぎたので、甘(あま)くて　食(た)べられません。

　　1　入(はい)り　　　　　2　入(はい)って　　　　　3　入(い)れ　　　　　4　入(い)れて

　　해석 ▶　설탕을 지나치게 넣었기 때문에 달아서 먹을 수 없습니다.

　　해설 ▶　① 「入(はい)る」는 「들어가다」 「入(い)れる」는 「넣다」라는 뜻이다. 문맥상 「入(はい)る(들어가다)」가
　　　　　　 아니라 「入(い)れる(넣다)」라는 동사를 써야 한다.

　　　　　　② 동사의 ます형+すぎる(지나치게 ~하다, 너무 ~하다)

　　　　　　　入(い)れる(넣다) → 入(い)れます(넣습니다) → 入(い)れすぎる(지나치게 넣다) → 入(い)れす
　　　　　　　ぎた(지나치게 넣었다)

　　　　　　③ 食(た)べる(먹다) → 食(た)べられる(먹을 수 있다−2그룹동사의 가능형. 어미 る를 떼고 られる
　　　　　　　를 접속) → 食(た)べられます(먹을 수 있습니다) → 食(た)べられません(먹을 수 없습니다)

　　단어 ▶　砂糖さとう 설탕　　入いれる 넣다　　~ので ~때문에　　甘あまい 달다　　食たべる 먹다

　　정답 ▶　3

Part **01** _25

② この 店は （　　　）すぎると 思います。

1 高　　　　　2 高い　　　　3 高く　　　　4 高くて

> 해석 ▶ 이 가게는 너무 비싸다고 생각합니다.
> 해설 ▶ ① 형용사의 어간+すぎる(지나치게 ～이다, 너무 ～이다)
> 　　　　　高(たか)い(비싸다) → 高(たか)すぎる(너무 비싸다)
> 　　　　② 高(たか)いすぎる는 올바른 문법형식이 아니다.
> 　　　　③ 高(たか)く(비싸게–い형용사 어미 い를 く로 바꾸면 부사가 된다)
> 　　　　④ 高(たか)くて(비싸고/비싸서–연결형, い형용사는 어미 い를 くて로 바꾸면 연결형이 된다)
> 단어 ▶ 店みせ 가게　　高たかい 비싸다, 높다　　思おもう 생각하다
> 정답 ▶ 1

06. 동사의 ます형+つづける 계속 ～하다

「동사의 ます형」에 「つづける(계속하다)」라는 동사를 접속시키면 「계속 ～하다」라는 뜻이 된다.

朝から 晩まで 働きつづけます。 아침부터 밤까지 계속 일합니다.

문제로 확인하기

① 本を 5時間も 読み（　　　）と、目が 疲れます。

1 おわる　　　　2 つづける　　　3 はじめる　　　4 やすい

> 해석 ▶ 책을 5시간이나 계속 읽으면 눈이 피로해집니다.
> 해설 ▶ ① 동사의 ます형+おわる(다 ～하다)
> 　　　　　読(よ)む(읽다) → 読(よ)みます(읽습니다) → 読(よ)みおわる(다 읽다)
> 　　　　② 동사의 ます형+つづける(계속 ～하다)
> 　　　　　読(よ)む(읽다) → 読(よ)みます(읽습니다) → 読(よ)みつづける(계속 읽다)
> 　　　　③ 동사의 ます형+はじめる(～하기 시작하다)
> 　　　　　読(よ)む(읽다) → 読(よ)みます(읽습니다) → 読(よ)みはじめる(읽기 시작하다)
> 　　　　④ 동사의 ます형+やすい(～하기 쉽다, ～하기 편하다)
> 　　　　　読(よ)む(읽다) → 読(よ)みます(읽습니다) → 読(よ)みやすい(읽기 쉽다)
> 단어 ▶ 本ほん 책　　時間じかん 시간　　読よむ 읽다　　続つづける 계속하다　　目め 눈
> 疲つかれる 지치다, 피로해지다
> 정답 ▶ 2

07. 동사의 ます형+おわる 다 ~하다, ~하기를 마치다

「동사의 ます형」에 「おわる(끝나다)」라는 동사를 접속시키면 「다 ~하다, ~하기를 마치다」라는 뜻
이 된다.

その本、読みおわったら、貸して くれませんか。
그 책 다 읽으면 빌려주지 않겠습니까?

문제로 확인하기

1 食べ(　　　)、きれいに 片付けて ください。

　1　つづけたら　　　2　方だったら　　　3　すぎたら　　　4　おわったら

> 해석 ▶ 다 먹으면 깨끗하게 치워 주세요.
>
> 해설 ▶ ① 동사의 ます형+つづける(계속 ~하다)
> 食(た)べる(먹다) → 食(た)べます(먹습니다) → 食(た)べつづける(계속 먹다) → 食(た)べつづ
> けたら(계속 먹으면–たら 조건표현)
> ② 동사의 ます형+方(かた)(~하는 법)
> 食(た)べる(먹다) → 食(た)べます(먹습니다) → 食(た)べ方(かた)(먹는 법) → 食(た)べ方(かた)
> だった(먹는 법이었다—과거형) → 食(た)べ方(かた)だったら(먹는 법이면–たら 조건표현)
> ③ 동사의 ます형+すぎる(지나치게 ~하다, 너무 ~하다)
> 食(た)べる(먹다) → 食(た)べます(먹습니다) → 食(た)べすぎる(지나치게 먹다) → 食(た)べす
> ぎたら(지나치게 먹으면–たら 조건표현)
> ④ 동사의 ます형+おわる(다 ~하다)
> 食(た)べる(먹다) → 食(た)べます(먹습니다) → 食(た)べおわる(다 먹다) → 食(た)べおわった
> ら(다 먹으면–たら 조건표현)
> ⑤ きれいだ(깨끗하다) → きれいに(깨끗하게–な형용사 어미 だ를 に로 바꾸면 부사가 된다)
>
> 단어 ▶ 食(た)べる 먹다　　終(お)わる 끝나다　　きれいだ 깨끗하다, 예쁘다
> 片付(かたづ)ける 치우다, 정리하다
>
> 정답 ▶ 4

08. 동사의 ます형+やすい ～하기 쉽다, ～하기 편하다

「동사의 ます형」에 「やすい」를 접속시키면 「～하기 쉽다, ～하기 편하다」라는 뜻이 된다.

この　辞書（じしょ）は　字（じ）が　大（おお）きくて　読（よ）みやすい。

이 사전은 글자가 커서 읽기 쉽다.

문제로 확인하기

1️⃣　ここは　交通（こうつう）の　便（べん）も　いいし、とても　暮（く）らし（　　　）ところです。

　　1　すぎる　　　　　2　にくい　　　　　3　やすい　　　　4　て

해석 ▶	여기는 교통편도 좋고, 아주 살기 편한 곳입니다.
해설 ▶	① 동사의 ます형+すぎる(지나치게 ～하다, 너무 ～하다)
	暮（く）らす(살다) → 暮（く）らします(삽니다) → 暮（く）らしすぎる(지나치게 살다)
	② 동사의 ます형+にくい(～하기 어렵다, ～하기 불편하다)
	暮（く）らす(살다) → 暮（く）らします(삽니다) → 暮（く）らしにくい(살기 불편하다)
	③ 동사의 ます형+やすい(～하기 쉽다, ～하기 편하다)
	暮（く）らす(살다) → 暮（く）らします(삽니다) → 暮（く）らしやすい(살기 편하다)
	④ 暮（く）らす(살다) → 暮（く）らして(살고/살아서-연결형)
단어 ▶	ここ 여기, 이곳　　交通（こうつう） 교통　　便（べん） 편　　いい 좋다　　とても 매우
	暮（く）らす 살다　　ところ 곳, 장소
정답 ▶	3

09. 동사의 ます형+にくい ～하기 어렵다, ～하기 불편하다

「동사의 ます형」에 「にくい」를 접속시키면 「～하기 어렵다, ～하기 불편하다」라는 뜻이 된다.

この　辞書（じしょ）は　字（じ）が　小（ちい）さくて　読（よ）みにくい。 이 사전은 글자가 작아서 읽기 어렵다.

문제로 확인하기

1️⃣　この　箸（はし）は　短（みじか）すぎて、使（つか）い　（　　　）です。

　　1　やすい　　　　　2　にくい　　　　　3　たい　　　　　4　方（かた）

해석 ▶ 이 젓가락은 지나치게 짧아서 사용하기 불편합니다.

해설 ▶ ① 동사의 ます형+やすい (~하기 쉽다. ~하기 편하다)

使(つか)う(사용하다) → 使(つか)います(사용합니다) → 使(つか)いやすい(사용하기 편하다)

② 동사의 ます형+にくい (~하기 어렵다. ~하기 불편하다)

使(つか)う(사용하다) → 使(つか)います(사용합니다) → 使(つか)いにくい(사용하기 불편하다)

③ 동사의 ます형+たい (~하고 싶다)

使(つか)う(사용하다) → 使(つか)います(사용합니다) → 使(つか)いたい(사용하고 싶다)

④ 동사의 ます형+方(かた) (~하는 법)

使(つか)う(사용하다) → 使(つか)います(사용합니다) → 使(つか)い方(かた)(사용법)

⑤ 형용사의 어간+すぎる (지나치게 ~이다. 너무 ~이다)

短(みじか)い(짧다) → 短(みじか)すぎる(지나치게 짧다) → 短(みじか)すぎて(지나치게 짧고/
지나치게 짧아서-연결형)

단어 ▶ 箸はし 젓가락   短みじかい 짧다   使つかう 사용하다

정답 ▶ 2

10. 동사의 ます형+方(かた) ~하는 법

「동사의 ます형」에 「方(かた)(방법)」을 접속시키면 「~하는 법, ~하는 방법」이라는 뜻이 된다.

この 料理(りょうり)の 作(つく)り方(かた)は 簡単(かんたん)です。

이 요리의 만드는 법은 간단합니다.

문제로 확인하기 ◯

1 手紙(てがみ)の (   )方(かた)に ついて 説明(せつめい)します。

1 書(か)き   2 書(か)いて   3 書(か)いた   4 書(か)きます

해석 ▶ 편지 쓰는 법에 대해서 설명하겠습니다.

해설 ▶ ① 동사의 ます형+方(かた) (~하는 법)

書(か)く(쓰다) → 書(か)きます(씁니다) → 書(か)き方(かた)(쓰는 법)

② 書(か)く(쓰다) → 書(か)いて(쓰고/써서-연결형)

③ 書(か)く(쓰다) → 書(か)いた(썼다-과거형)

④ 書(か)く(쓰다) → 書(か)きます(씁니다)

⑤ 「~について」는 「(어떤 주제나 내용)에 대해서」라는 표현이다.

단어 ▶ 手紙てがみ 편지   書かく 쓰다   ~について ~에 대해서   説明せつめいする 설명하다

정답 ▶ 1

11.　동사의 ます형+ながら ～하면서

「동사의 ます형」에 「ながら」를 접속시키면 「～하면서」라는 뜻으로 동시에 어떤 동작이 진행됨을 나타낸다.

友_{とも}だちと　話_{はな}しながら　電車_{でんしゃ}を　待_まって　います。

친구와 이야기하면서 전철을 기다리고 있습니다.

문제로 확인하기

1 最近_{さいきん}（　　）ながら、電話_{でんわ}で　話_{はな}して　いる　人_{ひと}が　多_{おお}い。

　　1　歩_{ある}く　　　　　2　歩_{ある}き　　　　　3　歩_{ある}か　　　　　4　歩_{ある}いて

해석 ▶　최근에 걸으면서 전화로 이야기하는 사람이 많다.

해설 ▶　① 동사의 ます형+ながら(～하면서–동시진행)

　　　　歩(ある)く(걷다) → 歩(ある)きます(걷습니다) → 歩(ある)きながら(걸으면서)

　　　　따라서 「歩(ある)くながら」는 올바른 문법형식이 아니다.

　　　② 동사의 ます형+ながら(～하면서–동시진행)

　　　　歩(ある)く(걷다) → 歩(ある)きます(걷습니다) → 歩(ある)きながら(걸으면서–동시진행)

　　　③ 歩(ある)く(걷다) → 歩(ある)かない(걷지 않다–부정형)

　　　④ 歩(ある)く(걷다) → 歩(ある)いて(걷고/걸어서–연결형)

단어 ▶　最近_{さいきん} 최근　　歩_{ある}く 걷다　　電話_{でんわ} 전화　　話_{はな}す 이야기하다. 말하다

　　　人_{ひと} 사람　　多_{おお}い 많다

정답 ▶　2

もんだい４　つぎの文章を読んで、質問に答えてください。答えは１・２・３・４から最もよい
ものを一つえらびなさい。

　　春に財布を買うと縁起が良いといいます。
新製品の長財布。あなたのお財布、見てください。カードは何枚入りますか。
これはなんと34枚のカードを入れることができます。使いやすくて、見た目も
オシャレです。

　　４月いっぱいまでは4,900円の物をセール価格の2,940円で売っています。色
は赤、茶色、黄色、紫、ピンク、オレンジです。サイズは縦が10センチで横が19セ
ンチです。送料は無料です。

1　財布を4月30日に買うといくらになりますか。

　　１　4,900円

　　２　2,940円

　　３　無料

　　４　7,840円

봄에 지갑을 사면 재수가 좋다고 합니다.

신제품의 장지갑. 당신의 지갑을 보십시오! 카드는 몇 장 들어갑니까? 이것(이 제품)은 무려 34장의 카드를 넣을 수가 있습니다. 사용하기 편리하고, 겉모양도 멋집니다.

4월 말까지는 4,900엔짜리 제품을 세일 가격의 2,940엔으로 팔고 있습니다. 색상은 빨강, 갈색, 노란색, 보라색, 핑크, 오렌지입니다. 사이즈는 세로가 10센티미터이고, 가로가 19센티미터입니다. 배송료는 무료입니다.

1️⃣ 지갑을 4월 30일에 사면 얼마입니까?
  1 4,900엔 (X)
  2 2,940엔 (O)
  3 무료 (X)
  4 7,840엔 (X)

포인트 문법 ▶

★ 동사의 う단 형태(원형) + と ~면
  예) 買(か)う 사다 → 買(か)うと 사면

★ い형용사의 기본형 + という ~라고 한다
  예) 良(よ)い 좋다 → 良(よ)いという 좋다고 한다 → 良(よ)といいます 좋다고 합니다

★ 2그룹 동사의 て형(연결형) + ください ~해 주십시오!(부탁의 표현)
  예) 見(み)る 보다 → 見(み)て 보고, 봐서 → 見(み)てください 보십시오!

★ る로 끝나는 예외 1그룹 동사의 ます형(정중형)
  예) 入(はい)る 들어가(오)다 → 入(はい)り → 入(はい)ります 들어갑(옵)니다

★ 동사의 う단 형태(원형) + ことができる ~할 수 있다(가능표현 만드는 방법 중 하나임)
  예) 入(い)れる 넣다 → 入(い)れることができる 넣을 수 있다 → 入(い)れることができます 넣을 수 있습니다

★ 1그룹 동사의 ます형(정중형) + やすい ~하기 쉽다(편하다)
  예) 使(つか)う 사용하다 → 使(つか)い → 使(つか)います 사용합니다 → 使(つか)いやすい 사용하기 편하다 → 使(つか)いやすくて 사용하기 편하고, 사용하기 편해서

★ る로 끝나는 1그룹 동사의 て형(연결형) + ている ~하고 있다
  예) 売(う)る 팔다 → 売(う)って 팔고, 팔아서 → 売(う)っている 팔고 있다 → 売(う)っています 팔고 있습니다

단어 ▶ 春はる 봄   財布さいふ 지갑   買かう 사다   縁起えんぎが良よい 재수가 좋다
     言いう 말하다   新製品しんせいひん 신제품   長なが財布さいふ 장지갑   見みる 보다
     カード 카드   何枚なんまい 몇 장   入はいる 들어가(오)다   枚まい 장
     入いれる 넣다   できる 할 수 있다   使つかう 사용하다
     使つかいやすい 사용하기 편하다   見みた目め 겉모양   オシャレ 멋짐, 세련됨
     サイズ 사이즈   縦たて 세로   センチ 센티미터   横よこ 가로, 옆   価格かかく 가격
     売うる 팔다   送料そうりょう 배송료   無料むりょう 무료

정답 ▶ 2

CHAPTER 03 청해

과제 이해 문제 1

과제 이해 문제는 구체적인 과제 해결에 필요한 중요한 정보를 듣고 다음에 어떤 행동을 취할 것인지를 예측하는 문제이다. 따라서 「이 사람은 앞으로 무엇을 합니까? / 이 사람은 무엇을 해야만 합니까? / 어떤 것을 선택합니까?」와 같은 질문 패턴이 자주 나온다. 다양한 상황이 제시됨으로 먼저 어떤 주제에 대해 이야기를 하는지 주제 파악을 확실히 해야 한다. 중반 이후 갑작스러운 변수로 혼란을 주는 경우도 있으니 반전에 유의해 끝까지 집중하여 들어야 한다. 또한 대화 속에서 누구의 행동을 예측해야하는 지도 신경을 써야 한다.

문제로 확인하기

1番

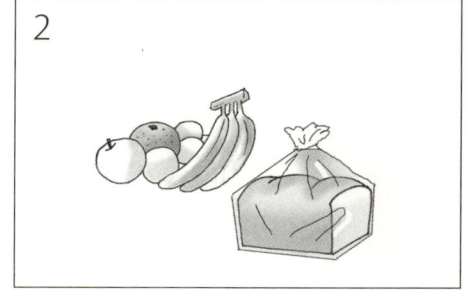

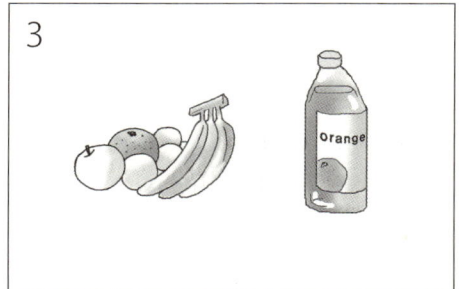

2番

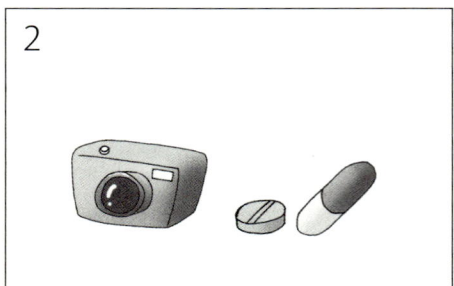

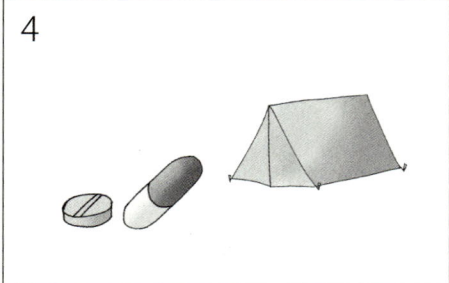

1번 문제

質問：女おんなの人ひとが男おとこの人ひとに電話てんわをします。女おんなの人ひとは何なにを買かって帰かえりますか。

女：これから、帰かえるけど、何かほしいものある？買かって帰かえるから。

男：あ、ありがとう。そうだね、ジュースと食しょくパン。それから…。

女：ちょっと待まって、ジュースはオレンジージュースでいいの？

男：うん、お願ねがい。それから、果物くだもの。

女：あ、果物くだものなら昨日きのう買かっといたよ。

男：そう、じゃ、それだけね。

女：分わかった。すぐ買かって帰かえるね。

女おんなの人ひとは何なにを買かって帰かえりますか。

해석 ▶

질문 : 여자가 남자에게 전화를 합니다. 여자는 무엇을 사서 돌아갑니까?

여 : 지금부터 돌아가는데 뭔가 필요한 것 있어? 사서 돌아갈 테니까.

남 : 아, 고마워. 글쎄, 주스와 식빵. 그리고...

여 : 잠깐 기다려. 주스는 오렌지주스로 괜찮아?

남 : 응. 부탁해. 그리고 과일.

여 : 아, 과일이라면 어제 사 놨어.

남 : 그래? 그러면 그것 뿐이야.

여 : 알았어. 곧 사서 돌아갈게.

여자는 무엇을 사서 돌아갑니까?

포인트문법 ▶

「〜とく」는 「〜ておく(〜해 놓다/〜해 두다)」의 회화체 축약형이다. 買(か)う(사다) → 買(か)っておく = 買(か)っとく(사 놓다) → 買(か)っておいた = 買(か)っといた(사 놓았다)

단어 ▶

これから 이제부터, 앞으로
帰かえる 돌아가다, 돌아오다
ほしい 갖고 싶다, 필요하다　　もの 물건, 것
ある 있다　　買かう 사다　　ジュース 주스
食しょくパン 식빵　　それから 그리고, 게다가
ちょっと 조금, 잠깐　　待まつ 기다리다
果物くだもの 과일　　昨日きのう 어제
だけ 뿐, 만　　分わかる 알다
すぐ 곧, 즉시

정답 ▶　4

2번 문제

質問：男の人が山登りについて話しています。山下さんが持っていくものは何んですか。

男：ええ、明日から一泊二日で富士山に行きますが、天気がいいそうです。だからきっと楽しく過ごせるでしょう。では、今から荷物を分けます。一日目の食べ物は吉田さん、二日目の食べ物は木村さん、カメラと薬は僕が持っていきます。あ、でも僕はテントも持っていかなければならないから、やっぱりカメラと薬は山下さんにお願いします。

山下さんが持っていくものは何んですか。

질문 : 남자가 등산에 대해 이야기하고 있습니다. 야마시타씨가 가지고 가는 것은 무엇입니까?

남 : 저어, 내일부터 1박 2일로 후지산에 가는데요, 날씨가 좋다고 합니다. 그러니까 틀림없이 즐겁게 보낼 수 있을 겁니다. 그럼, 지금부터 짐을 나누겠습니다. 1일째 음식은 요시다씨, 2일째 음식은 키무라씨, 카메라와 약은 제가 가지고 가겠습니다. 아, 하지만 저는 텐트도 가지고 가지 않으면 안 되기 때문에 역시 카메라와 약은 야마시타씨에게 부탁드릴게요.

야마시타씨가 가지고 가는 것은 무엇입니까?

① ~そうだ(라고 한다-들은 이야기) いい(좋다)
 → いいそうだ(좋다고 한다) → いいそうです
 (좋다고 합니다)
② 過(す)ごす(보내다) → 過(す)ごせる(보낼 수 있다-1그룹동사의 가능형. う단 어미를 え단으로 바꾸고 る를 접속)
③ ~なければならない(~하지 않으면 안 된다)
 持(も)っていく(가지고 가다) → 持(も)っていかない(가지고 가지 않다-부정형) → 持(も)っていかなければならない(가지고 가지 않으면 안 된다)

明日あした 내일　　一泊いっぱく 1박
二日ふつか 2일　　富士山ふじさん 후지산
行いく 가다　　天気てんき 날씨
だから 그러니까　　きっと 틀림없이, 반드시
楽たのしく 즐겁게　　過すごす 보내다
では 그러면, 그럼　　今いまから 지금부터
荷物にもつ 짐　　分わける 나누다
一日目いちにちめ 1일째
食たべ物もの 먹을거리, 음식
二日目ふつかめ 2일째　　カメラ 카메라
薬くすり 약　　持もつ 들다, 가지다
でも 하지만, 그러나　　テント 텐트
やっぱり 역시

Part 02

新 JLPT 종결자

CHAPTER 01 문자/어휘

필수 2자 한자

挨拶 あいさつ 인사	相手 あいて 상대	朝日 あさひ 아침 해
案内 あんない 안내	以下 いか 이하	医学 いがく 의학
医師 いし 의사	以上 いじょう 이상	以前 いぜん 이전
一家 いっか 일가	一緒 いっしょ 같음	一生 いっしょう 일생
一着 いっちゃく 한 벌	一定 いってい 일정	一杯 いっぱい 한 잔
一般 いっぱん 일반	移転 いてん 이전	以内 いない 이내
田舎 いなか 시골	意味 いみ 의미	印象 いんしょう 인상
受付 うけつけ 접수, 접수처	運動 うんどう 운동	永遠 えいえん 영원
営業 えいぎょう 영업	笑顔 えがお 웃는 얼굴	鉛筆 えんぴつ 연필
応援 おうえん 응원	大家 おおや 집주인	

문제로 확인하기

もんだい1 ＿＿＿＿＿の ことばは どう よみますか。1・2・3・4から いちばん いい
ものを ひとつ えらんで ください。

1 医学の 勉強(べんきょう)は むずかしそうです。

　　1　ぶんがく　　　　2　かがく　　　　　3　すうがく　　　　4　いがく

> 해석 ▶ 의학 공부는 어려울 것 같습니다.
> 해설 ▶ 1 文学 ぶんがく 문학　2 価額 かがく 가격　3 数学 すうがく 수학　4 医学 いがく 의학
> 포인트 문법 ▶ ★ い형용사의 끝 글자 い를 지우고 そうだ(양태 추측 표현) ~일 것 같다, ~해 보이다
> 　　　　　　　　예) 難(むずか)しい 어렵다 → 難(むずか)し → 難(むずか)しそうだ 어려울 것 같다 →
> 　　　　　　　　　　 難(むずか)しそうです 어려울 것 같습니다

② ダイエットを　するなら　<u>運動</u>を　した　ほうが　いいですよ。

1　じどう　　　　2　ろうどう　　　3　うんどう　　　4　さどう

해석 ▶	다이어트를 할 거라면 <u>운동</u>을 하는 편이 좋아요!
해설 ▶	1　**自動**じどう 자동　　　　　　　　2　**労働**ろうどう 노동
	3　**運動**うんどう 운동　　　　　　　　4　**作動**さどう 작동
포인트 문법 ▶	★ 동사의 う단 형태(원형) + なら ~할 거라면
	예) するなら 할 거라면, 買(か)うなら 살 거라면
	★ 동사의 た형(과거형) + ほうがいいですよ ~하는 편이 좋아요!
	예) する 하다 → して 하고, 해서 → した 했다 → したほうがいいですよ 하는 편이 좋아요!
단어 ▶	**ダイエット** 다이어트　　**する** 하다　　**方**ほう ~쪽, ~편　　**いい** 좋다
정답 ▶	3

단어익히기 필수 2자 한자

屋上おくじょう 옥상	**音楽**おんがく 음악	**温泉**おんせん 온천
海外かいがい 해외	**会議**かいぎ 회의	**解決**かいけつ 해결
外見がいけん 외관	**会場**かいじょう 회장, 집회장소	
外食がいしょく 외식	**解説**かいせつ 해설	**会費**かいひ 회비
価格かかく 가격	**係員**かかりいん 담당자	**家具**かぐ 가구
学者がくしゃ 학자	**学習**がくしゅう 학습	**確認**かくにん 확인
過去かこ 과거	**火事**かじ 화재	**家事**かじ 집안 일
家族かぞく 가족	**課長**かちょう 과장	**学期**がっき 학기
楽器がっき 악기	**各国**かっこく 각국	**家庭**かてい 가정
彼女かのじょ 여자친구, 그녀	**科目**かもく 과목	**彼氏**かれし 남자친구

環境 かんきょう 환경	関係 かんけい 관계	感謝 かんしゃ 감사
感心 かんしん 감탄	完全 かんぜん 완전	感動 かんどう 감동
管理 かんり 관리	気温 きおん 기온	機会 きかい 기회
期間 きかん 기간	帰国 きこく 귀국	

문제로 확인하기 ○

もんだい2　_____の　ことばは　どう　かきますか。1・2・3・4から　いちばん　いい　ものを　ひとつ　えらんで　ください。

1 昨日(きのう)　渋谷(しぶや)で　<u>かじ</u>が　あった　そうです。

　　1　火事　　　　　2　家事　　　　　3　化事　　　　　4　加事

> 해석 ▶　어제 시부야에서 <u>화재</u>가 있었다고 합니다.
> 해설 ▶　1　**火事**かじ 화재　　2　**家事**かじ 가사　　3　X　　　　4　X
> 포인트 문법 ▶　★ 장소 + で ~에서
> 　　　　　　　예) 東京(とうきょう)で 도쿄에서, 美容院(びよういん)で 미용실에서
> 　　　　　★ る로 끝나는 1그룹 동사의 た형(과거형) + そうだ ~했다고 한다
> 　　　　　예) ある 있다 → あって 있고, いて서 → あった 있었다 → あったそうだ 있었다고 한다
> 　　　　　　　→ あったそうです 있었다고 합니다
> 단어 ▶　昨日きのう 어제　　渋谷しぶや 시부야(일본의 지명중 하나)　　ある 있다
> 정답 ▶　1

2 英語(えいご)で　話(はな)す　<u>きかい</u>が　あまり　ありません。

　　1　機介　　　　　2　機回　　　　　3　機会　　　　　4　機械

> 해석 ▶　영어로 이야기 할 <u>기회</u>가 별로 없습니다.
> 해설 ▶　1　X　　　　　2　X　　　　　3　**機会**きかい 기회　　4　**機械**きかい 기계
> 포인트 문법 ▶　★ あまり + 부정문 그다지(별로) + 부정문
> 　　　　　　　예) あまりありません 별로 없습니다, あまり食(た)べません 별로 안 먹습니다
> 단어 ▶　英語えいご 영어　　話はす 이야기하다　　あまり 그다지, 별로　　ある 있다
> 　　　　あります 있습니다　　ありません 없습니다
> 정답 ▶　3

技術 ぎじゅつ 기술	季節 きせつ 계절	期待 きたい 기대
北区 きたく 북구	切手 きって 우표	切符 きっぷ 표
機能 きのう 기능	気分 きぶん 기분	急行 きゅうこう 급행
牛肉 ぎゅうにく 소고기	急用 きゅうよう 급한 용무	競争 きょうそう 경쟁
兄弟 きょうだい 형제	共通 きょうつう 공통	教育 きょういく 교육
教会 きょうかい 교회	兄弟 きょうだい 형제	興味 きょうみ 흥미, 관심
巨大 きょだい 거대	去年 きょねん 작년	記録 きろく 기록
禁止 きんし 금지	近所 きんじょ 근처, 이웃	空気 くうき 공기
空港 くうこう 공항	果物 くだもの 과일	靴下 くつした 양말
偶然 ぐうぜん 우연	苦労 くろう 고생	経営 けいえい 경영
計画 けいかく 계획	景気 けいき 경기	警官 けいかん 경찰관
経験 けいけん 경험	計算 けいさん 계산	今朝 けさ 오늘 아침
血液 けつえき 혈액	決心 けっしん 결심	欠席 けっせき 결석
欠点 けってん 결점		

문제로 확인하기

もんだい3 （　　　　）に　なにを　いれますか。1・2・3・4から　いちばん　いい　もの
を　ひとつ　えらんで　ください。

1 船よいで　（　　　　）が　悪く　なりました。

1　招待　　　　　2　気分　　　　　3　特急　　　　　4　切符

해석 ▸　배 멀미로 (기분(속))이 나빠졌습니다.

해설 ▸　1 招待 しょうたい 초대　2 気分 きぶん 기분　3 特急 とっきゅう 특급　4 切符 きっぷ 표

포인트 문법 ▸　★ 명사 + で(이유, 원인) ~로, ~때문에
　　　　　　　예) 船酔(ふなよ)いで 배 멀미로, 台風(たいふう)で 태풍으로, 태풍 때문에
　　　　　　★ い형용사의 부사형(끝 글자 い를 지우고 く) ~하게
　　　　　　　예) 悪(わる)い 나쁘다 → 悪(わる)く 나쁘게, 面白(おもしろ)い 재미있다 → 面白(おもし
　　　　　　　ろ)く 재미있게

2 夏休^{なつやす}みの　（　　　　）は　立^たてましたか。

1　水泳^{すいえい}　　　　2　旅行^{りょこう}　　　　3　宿題^{しゅくだい}　　　　4　計画^{けいかく}

해석 ▶	여름휴가 (계획)은 세우셨습니까?	
해설 ▶	1　水泳すいえい 수영	2　旅行りょこう 여행
	3　宿題しゅくだい 숙제	4　計画けいかく 계획
포인트 문법 ▶	★ 2그룹 동사의 ました형(정중한 과거형) ~했습니다	
	예) 立(た)てる 세우다 → 立(た)てます 세웁니다 → 立(た)てました 세웠습니다	
단어 ▶	夏休なつやすみ 여름휴가(방학)　　計画けいかくを立たてる 계획을 세우다	
정답 ▶	4	

단어익히기 필수 2자 한자 (유의어)

移転^{いてん} 이전 = 位置^{いち}、住所^{じゅうしょ}などを変^かえること　위치, 주소 등
을 바꾸는 것

田舎^{いなか} 시골 = 都会^{とかい}から離^{はな}れている地方^{ちほう}　도시에서 먼 지방

海外^{かいがい} 해외 = 外国^{がいこく}　외국

外見^{がいけん} 외관, 겉모습 = 見^みかけ　겉보기, 외관

会合^{かいごう} 회합, 모임 = 集^{あつ}まり　모임

価格^{かかく} 가격 = 値段^{ねだん}　가격

係員^{かかりいん} 담당자 = 担当者^{たんとうしゃ}　담당자

火事^{かじ} 화재 = 火災^{かさい}　화재

各国^{かっこく} 각국 = 国々^{くにぐに}　각국

関心 かんしん　관심 ＝ 興味 きょうみ　관심, 흥미

機会 きかい　기회 ＝ チャンス　기회

切符 きっぷ　표 ＝ チケット　티켓

希望 きぼう　희망 ＝ 望 のぞみ　희망

近所 きんじょ　근처, 이웃 ＝ ある場所 ばしょ から近 ちか いところ 어떤 장소로부터 가까운 곳

空港 くうこう　공항 ＝ ひこうきに乗 の ったり降 お りたりするところ 비행기를 타거나 내리는 곳(エアポート　공항)

偶然 ぐうぜん　우연 ＝ たまたま　마침, 우연히

果物 くだもの　과일 ＝ フルーツ　과일

靴下 くつした　양말 ＝ ソックス　양말

計画 けいかく　계획 ＝ プラン　계획

欠点 けってん　결점 ＝ 足 た りないところ　부족한 점

見物 けんぶつ　구경 ＝ 有名 ゆうめい なところなどを見 み て回 まわ ること 유명한 곳을 보며 돌아다니는 것

幸運 こううん　행운 ＝ すべてがうまくいくこと　모든 것이 잘 풀리는 것

郊外 こうがい　교외 ＝ 都市 とし に隣接 りんせつ した地域 ちいき 도시에 인접한 지역

工場 こうじょう　공장 ＝ ものをつくるところ　물건을 만드는 곳

交番 こうばん　지구대 ＝ 警官 けいかん がいるところ　경찰관이 있는 곳

幸福 こうふく　행복 ＝ 幸 しあわ せ　행복

今回 こんかい　이번 ＝ 今度 こんど　이번

在学 ざいがく　재학 ＝ 学生 がくせい として学校 がっこう に籍 せき をおいていること 학생으로서 학교에 적을 두고 있는 것

最近 さいきん　최근, 요즈음 ＝ このごろ　최근

もんだい4 ＿＿＿＿の たんごと だいたい おなじ いみの ぶんが あります。1・2・3・4から いちばん いい ものを ひとつ えらんで ください。

1　田舎(いなか)

1　都会(とかい)から 離(はな)れて いる 地方(ちほう)

2　日本(にほん)から 離(はな)れて いる 国(くに)

3　地方(ちほう)から 離(はな)れて いる 都会(とかい)

4　家(いえ)から 離(はな)れて いる 地方(ちほう)

해석 ▶　시골
1　도시에서 떨어져 있는 지방 (O)
2　일본에서 떨어져 있는 나라 (X)
3　지방에서 떨어져 있는 도시 (X)
4　집에서 떨어져 있는 지방 (X)

포인트 문법 ▶　★ 2그룹 동사의 て형(연결형) + いる ～되어져 있다
　　예) 離(はな)れる 떨어지다 → 離(はな)れて 떨어지고, 떨어져서 → 離(はな)れている 떨어져 있다
　　★ 동사의 う단 형태(원형) + 명사(명사수식형) ～한 + 명사
　　예) いる 있다 → いる地方(ちほう) 있는 지방

단어 ▶　都会(とかい) 도시　離(はな)れる 떨어지다　地方(ちほう) 지방　国(くに) 나라
　　日本(にほん) 일본　家(いえ) 집

정답 ▶　1

2　見物(けんぶつ)

1　映画(えいが)や テレビなどを 見(み)ながら なにかを 勉強(べんきょう)する こと

2　工場(こうじょう)などを 見(み)ながら なにかを 勉強(べんきょう)する こと

3　有名(ゆうめい)な ところ などを 見(み)て 回(まわ)る こと

4　デパートなどで 買(か)い物(もの)を する こと

해석 ▶ <u>구경</u>

1 영화나 텔레비전 등을 보면서 무엇인가를 공부하는 것 (X)
2 공장 등을 보면서 무엇인가를 공부하는 것 (X)
3 유명한 곳 등을 보며 돌아다니는 것 (O)
4 백화점 등에서 쇼핑을 하는 것 (X)

포인트 문법 ▶ ★ 2그룹 동사의 ます형 + ながら ~하면서
　　　　　예) 見(み)る 보다 → 見(み)ます 봅니다 → 見(み)ながら 보면서

　　　　★ 동사의 う단 형태(원형) + こと ~하는 것
　　　　　예) 勉強(べんきょう)する 공부하다 → 勉強(べんきょう)すること 공부하는 것

　　　　★ な형용사의 명사수식형(끝 글자 だ를 지우고 な + 명사) ~한 + 명사
　　　　　예) 有名(ゆうめい)だ 유명하다 → 有名(ゆうめい)な 유명한 → 有名(ゆうめい)なところ
　　　　　유명한 곳

단어 ▶ 映画(えいが) 영화　　など 등　　何(なに)か 무엇인가　　勉強(べんきょう)する 공부하다
　　こと 것　　工場(こうじょう) 공장　　有名(ゆうめい)な 유명한　　回(まわ)る 돌다, 돌아다니다
　　デパート 백화점　　買(か)い物(もの)をする 쇼핑을 하다

정답 ▶ 3

단어익히기　필수 2자 한자

結論 けつろん　결론	原因 げんいん　원인	玄関 げんかん　현관
元気 げんき　원기, 기운	研究 けんきゅう　연구	検査 けんさ　검사
現実 げんじつ　현실	減少 げんしょう　감소	見物 けんぶつ　구경
公園 こうえん　공원	高価 こうか　고가	効果 こうか　효과
郊外 こうがい　교외	合格 ごうかく　합격	工業 こうぎょう　공업
工場 こうじょう　공장	紅茶 こうちゃ　홍차	校長 こうちょう　교장
交通 こうつう　교통	後輩 こうはい　후배	誤解 ごかい　오해
国際 こくさい　국제	午後 ごご　오후	故障 こしょう　고장
個人 こじん　개인	午前 ごぜん　오전	小包 こづつみ　소포
今年 ことし　올해	言葉 ことば　말	小鳥 ことり　작은 새
小麦 こむぎ　밀	今回 こんかい　이번	混雑 こんざつ　혼잡
今週 こんしゅう　이번 주	今晩 こんばん　오늘 저녁	最近 さいきん　최근, 요즈음
最後 さいご　최후, 마지막	最高 さいこう　최고	最初 さいしょ　최초

もんだい5　つぎの　ことばの　つかいかたで　いちばん　いい　ものを　１・２・３・４から

　　　　　　ひとつ　えらんで　ください。

1　交通(こうつう)

1　文化(ぶんか)交通(こうつう)は　大切(たいせつ)な　ことです。

2　同(おな)じ　大学(だいがく)の　先輩(せんぱい)と　交通(こうつう)して　います。

3　交通(こうつう)する　ときは　バスを　利用(りよう)して　います。

4　この　まちは　交通(こうつう)が　便利(べんり)で　すみやすいです。

해석 ▶　교통

　　1　문화 교통은 중요한 일입니다. (X)

　　2　같은 대학 선배와 교통하고 있습니다. (X)

　　3　교통 할 때는 버스를 이용하고 있습니다. (X)

　　4　이 마을(읍내, 시내)은 교통이 편리하고 살기 편합니다. (O)

포인트 문법 ▶　★ 同(おな)じだ 라는 な형용사는 명사를 수식 할 때 だ를 지우고 な를 써주지 않는다(예외)

　　　　　　예) 同(おな)じだ 같다 → 同(おな)じ 大学(だいがく) 같은 대학

　　　　　　★ 3그룹 동사 중 する의 て형(연결형) + いる ~하고 있다

　　　　　　예) 利用(りよう)する 이용하다 → 利用(りよう)して 이용하고, 이용해서 → 利用(りよう)している 이용하고 있다 → 利用(りよう)しています 이용하고 있습니다

　　　　　　★ な형용사의 연결형(끝 글자 だ를 지우고 で) ~고, ~서

　　　　　　예) 便利(べんり)だ 편리하다 → 便利(べんり)で 편리하고, 편리해서

　　　　　　★ 1그룹 동사의 ます형(정중형) + やすい ~하기 쉽다, ~하기 편하다

　　　　　　예) 住(す)む 살다 → 住(す)みます 삽니다 → 住(す)みやすい 살기 편하다 → 住(す)みやすいです 살기 편합니다

단어 ▶　文化(ぶんか) 문화　　大切(たいせつ)な 중요한　　同(おな)じだ 같다　　先輩(せんぱい) 선배

　　　　時(とき) 때　　利用(りよう)する 이용하다　　この 이　　町(まち) 마을(읍내, 시내)

　　　　便利(べんり)だ 편리하다　　住(す)みやすい 살기 편하다

정답 ▶　4

2 最近（さいきん）

1 最近（さいきん）ごと 家族（かぞく）と やまのぼりを して います。

2 最近（さいきん）の 夏休（なつやす）みには 海外旅行（かいがいりょこう）を する 予定（よてい）です。

3 最近（さいきん） 徹夜（てつや）が 多（おお）くて とても つかれて います。

4 シャワーを あびた 後（あと）の 冷（つめ）たい ビールは 最近（さいきん）ですね。

해석 ▶ 최근

1 <u>최근</u>마다 가족과 등산을 하고 있습니다. (X)

2 <u>최근</u>의 여름휴가(방학)에는 해외여행을 할 예정입니다. (X)

3 <u>최근</u> 철야(밤샘이)가 많아서 매우 지쳐 있습니다. (O)

4 샤워를 한 후의 차가운 맥주는 <u>최근</u>이군요! (X)

포인트 문법 ▶ ★ 명사 + ごと ~마다

예) 毎週(まいしゅう) 매주 → 毎週(まいしゅう)ごと 매주 마다

★ 동사의 う단 형태(원형) + 予定(よてい) ~할 예정

예) 旅行(りょこう)する 여행하다 → 旅行(りょこう)する予定(よてい) 여행 할 예정 →
旅行(りょこう)する予定(よてい)です 여행 할 예정입니다

★ い형용사의 くて형(연결형) ~고, ~서

예) 多(おお)い 많다 → 多(おお)くて 많고, 많아서

★ 2그룹 동사의 た형(과거형) + 後(あと) ~한 후

예) 浴(あ)びる (샤워)하다, 끼얹다 → 浴(あ)びて (샤워)하고, (샤워)해서 → 浴(あ)びた (샤
워)했다 → 浴(あ)びた後(あと) (샤워) 한 후

단어 ▶ 家族（かぞく） 가족　　山登（やまのぼ）りをする 등산을 하다
夏休（なつやす）み 여름휴가(방학)　　海外旅行（かいがいりょこう） 해외여행
予定（よてい） 예정　　徹夜（てつや）をする 철야(밤샘을)를 하다　　多（おお）い 많다
疲（つか）れる 피로해지다, 지치다　　シャワーを浴（あ）びる 샤워를 하다　　後（あと） 후, 나중
冷（つめ）たい 차갑다, (성격)냉정하다　　ビール 맥주

정답 ▶ 3

CHAPTER 02 문법/독해

문법익히기 동사의 ない형 주요문형

01. 〜ないでください 〜하지 마세요

「〜ないでください」는 「〜하지 마세요」라는 뜻이다. 「〜てください(〜해 주세요)」의 부정표현으로 하지 말라고 의뢰를 하는 표현이다.

今日(きょう)は　お風呂(ふろ)に　入(はい)らないで　ください。
오늘은 목욕을 하지 마세요.

문제로 확인하기

1　「太(ふと)るから　夜遅(よるおそ)くは　（　　　　）」
　「はい、分(わ)かりました」

　1　食(た)べて　ください　　　　　　　2　食(た)べないで　ください

　3　食(た)べた　ほうが　いいです　　　4　食(た)べて　しまいました

> 해석 ▶ 「살찌니까 밤늦게는 먹지 마세요.」
> 「예, 알겠습니다.」
> 해설 ▶ ①　〜てください(〜해 주세요)
> 　　　　食(た)べる(먹다) → 食(た)べて(먹고/먹어서-연결형) → 食(た)べてください(먹어 주세요)
> 　　　②　〜ないでください(〜하지 마세요)
> 　　　　食(た)べる(먹다) → 食(た)べない(먹지 않다-부정형) → 食(た)べないでください(먹지 마세요)
> 　　　③　〜たほうがいい(〜하는 편이 좋다)
> 　　　　食(た)べる(먹다) → 食(た)べた(먹었다-과거형) → 食(た)べたほうがいい(먹는 편이 좋다) →
> 　　　　食(た)べたほうがいいです(먹는 편이 좋습니다)
> 　　　④　〜てしまう(〜해 버리다)
> 　　　　食(た)べる(먹다) → 食(た)べて(먹고/먹어서-연결형) → 食(た)べてしまう(먹어 버리다) → 食(た)
> 　　　　べてしまいます(먹어 버립니다) → 食(た)べてしまいました(먹어 버렸습니다)

02.　～ないほうがいい ～하지 않는 편이 좋다

「～ないほうがいい」는 「～하지 않는 편이 좋다」라는 어드바이스 표현이다.

タバコは　体からだに　よくないから、吸すわない　ほうが　いいですよ。
담배는 몸에 좋지 않기 때문에 피우지 않는 편이 좋아요.

문제로 확인하기

1 風邪かぜを　引ひいて　喉のどが　痛いたい　時ときは　歌うたを　（　　　）　ほうが　いいですよ。
　　1　歌うたった　　　　2　歌うたい　　　　　3　歌うたわない　　　4　歌うたって

해석 ▶　감기에 걸려 목이 아플 때는 노래를 부르지 않는 편이 좋아요.
해설 ▶　① ～たほうがいい(～하는 편이 좋다)
　　　　　歌(うた)う(노래부르다) → 歌(うた)った(노래불렀다-과거형) → 歌(うた)ったほうがいい(노래
　　　　　부르는 편이 좋다) → 歌(うた)ったほうがいいです(노래부르는 편이 좋습니다)
　　　　② 「歌(うた)いほうがいい」는 올바른 문법형식이 아니다.
　　　　③ ～ないほうがいい(～하지 않는 편이 좋다)
　　　　　歌(うた)う(노래부르다) → 歌(うた)わない(노래부르지 않다-부정형) → 歌(うた)わないほうが
　　　　　いい(노래부르지 않는 편이 좋다) → 歌(うた)わないほうがいいです(노래부르지 않는 편이 좋
　　　　　습니다)
　　　　④ 「歌(うた)ってほうがいい」는 올바른 문법형식이 아니다.
단어 ▶　風邪かぜを引ひく 감기에 걸리다　　喉のど 목　　痛いたい 아프다　　時とき 때
　　　　歌うた 노래　　歌うたう 노래부르다
정답 ▶　3

03. ～なくてもいい ～하지 않아도 된다

「～なくてもいい」는 「～하지 않아도 좋다, ～하지 않아도 된다」라는 허가를 나타내는 표현이다.

英語(えいご)を　あまり　使(つか)わなくても　いい　仕事(しごと)は　ありませんか。

영어를 별로 사용하지 않아도 되는 일은 없습니까?

문제로 확인하기

1 明日(あした)は　試験(しけん)なので　テキストを　持(も)って　（　　　）　いいです。

　1　こないでも　　　2　くないても　　　3　きなくでも　　　4　こなくても

해석 ▶	내일은 시험이기 때문에 교과서를 가지고 오지 않아도 됩니다.
해설 ▶	①　～なくてもいい(～하지 않아도 된다)
	くる(오다) → こない(오지 않다–부정형) → こなくてもいい(오지 않아도 된다) → こなくても いいです(오지 않아도 됩니다) 따라서 올바른 문법형식은 4번밖에 없다.
	②　「～ので」는 「～때문에」라는 뜻으로 원인과 이유를 나타낸다. 명사와 な형용사의 현재형에 접속할 때 접속 형태가 「～なので」인 것에 주의하자. 試験(しけん)(시험–명사) → 試験(しけん)なので (시험이기 때문에)　好(す)きだ(좋아하다–な형용사) → 好(す)きなので(좋아하기 때문에)
단어 ▶	明日(あした) 내일　　試験(しけん) 시험　　～ので ～때문에　　テキスト 텍스트(교과서)
	持(も)つ 들다, 가지다　　来(く)る 오다　　いい 좋다
정답 ▶	4

04. ～なくてもかまわない ～하지 않아도 상관없다

「～なくてもかまわない」는 「～なくてもいい」의 유사표현으로 「～하지 않아도 상관없다, ～하지 않아도 괜찮다」라는 허가표현이다. 「～なくてもかまいません(～하지 않아도 상관없습니다)」라는 공손형도 함께 알아두자.

一緒(いっしょ)に　行(い)きたくなければ、行(い)かなくても　かまわない。

함께 가고 싶지 않으면 가지 않아도 상관없다.

1 この 教室(きょうしつ)は 掃除(そうじ) （　　　） かまいません。

1　しなくても　　2　しなくでも　　3　しないても　　4　しないでも

> 해석 ▶ 이 교실은 청소하지 않아도 상관없습니다.
>
> 해설 ▶ ～なくてもかまいません(～하지 않아도 상관없습니다)
>
> する(하다) → しない(하지 않다–부정형) → しなくてもかまわない(하지 않아도 상관없다) → しなくてもかまいません(하지 않아도 상관없습니다)
>
> 단어 ▶ 教室(きょうしつ) 교실　掃除(そうじ)する 청소하다
>
> 정답 ▶ 1

05. ～なくてはいけない ～하지 않으면 안 된다

「～なくてはいけない」는 「～하지 않으면 안 된다. (반드시) ～해야 한다」라는 의무표현이다. 「～なくてはいけません(～하지 않으면 안 됩니다)」라는 공손형도 함께 알아두자.

宿題(しゅくだい)は かならず しなくては いけません。

숙제는 반드시 하지 않으면 안 됩니다.

1 明日(あした)の 会議(かいぎ)には、何(なに)が あっても 出席(しゅっせき)（　　　）。

1　しなくては いけない　　　　　2　しなくても いい

3　しても いい　　　　　　　　　4　しても かまわない

> 해석 ▶ 내일 회의에는 무슨 일이 있더라도 출석하지 않으면 안 된다.
>
> 해설 ▶ ① ～なくてはいけない(～하지 않으면 안 된다)
>
> する(하다) → しない(하지 않다–부정형) → しなくてはいけない(하지 않으면 안 된다)
>
> 「何(なに)があっても(무슨 일이 있더라도)」라는 표현이 있으므로 문맥상 1번밖에 정답이 되지 않는다.
>
> ② ～なくてもいい(～하지 않아도 된다)
>
> する(하다) → しない(하지 않다–부정형) → しなくてもいい(하지 않아도 된다)

③　～てもいい(～해도 된다)

　　する(하다) → して(하고/해서–연결형) → してもいい(해도 된다)

④　～てもかまわない(～해도 상관없다)　する(하다) → して(하고/해서–연결형) → してもかまわ

　　ない(해도 상관없다)

단어 ▶　　**明日** あした 내일　　**会議** かいぎ 회의　　**出席** しゅっせき **する** 출석하다

정답 ▶　　1

06.　**～なければならない** ～하지 않으면 안 된다

「～なければならない」는 「～なくてはいけない」의 유사표현으로 「～하지 않으면 안 된다. (반드시) ～해야 한다」는 의무표현이다. 「～なければなりません(～하지 않으면 안 됩니다)」라는 공손형도 함께 알아두자.

約束 やくそく **の　時間** じかん **は　守** まも **らなければ　ならない。**

약속 시간은 지키지 않으면 안 된다.

문제로 확인하기 ◯

1 　もう　すぐ　テニスの　試合 しあい が　あるから、毎日 まいにち 　練習 れんしゅう を　（　　　）　なりま
せん。

　　1　しなくても　　　2　しないで　　　　3　しなければ　　　4　せずに

해석 ▶　이제 곧 테니스 시합이 있기 때문에 매일 연습을 하지 않으면 안 됩니다.

해설 ▶　①　～なくても(～하지 않아도)

　　　　する(하다) → しない(하지 않다–부정형) → しなくても(하지 않아도)

②　～ないで(～하지 않고)

　　する(하다) → しない(하지 않다–부정형) → しないで(하지 않고)

③　～なければならない(～하지 않으면 안 된다)

　　する(하다) → しない(하지 않다–부정형) → しなければならない(하지 않으면 안 된다) → しな
　　ければなりません(하지 않으면 안 됩니다)

④　「～ずに」는 「～ないで」와 같은 표현으로 「～하지 않고」라는 뜻이다. する(하다) → しないで=せ
　　ずに(～하지 않고)

단어 ▶　もう 이제, 벌써　　すぐ 곧, 즉시　　テニス 테니스　　試合 しあい 시합　　ある 있다

　　　　～から ～때문에　　毎日 まいにち 매일　　練習 れんしゅう 연습　　する 하다

정답 ▶　3

07. ～ずに ～하지 않고

「～ずに」는 동사의 ない형에 접속하며 「～하지 않고」라는 뜻이다. 기본적으로 「～ないで(～하지 않고)」와 같은 표현이다.

飲む 마시다 → 飲まないで 마시지 않고 = 飲まずに 마시지 않고

食べる 먹다 → 食べないで 먹지 않고 = 食べずに 먹지 않고

する 하다 → しないで 하지 않고 = せずに 하지 않고-예외적인 접속 형태

문제로 확인하기

① 手術を ( ) に 視力が よく なる 方法を 教えて ください。

　　1　せず　　　　　2　しないで　　　　3　しない　　　　4　しず

해석 ▶ 수술을 하지 않고 시력이 좋아지는 방법을 가르쳐 주세요.

해설 ▶ ① 「～ずに(하지 않고)」는 동사의 ない형에 접속한다. 단 「する」동사의 경우에는 예외적인 형태를 띠니 주의하자. する(하다) → しない(하지 않다―부정형) → せずに＝しないで(하지 않고)

② 「しないで(하지 않고)」는 올바른 문법형식이지만 위 문장에서는 뒤에 「に」가 접속되어 있으므로 「しないでに」는 올바른 문법형식이 아니다.

③ 3번 지문의 「しないに」와 4번 지문의 「しずに」는 올바른 문법형식이 아니다.

④ いい(좋다) → よく(좋게―い형용사를 부사를 만들 때는 어미 い를 く로 바꾸면 된다. 단 いい(좋다)는 활용을 할 때 よい(좋다)가 활용을 하므로 いく가 아니라 よく가 된다) → よくなる(좋게 되다. 즉 좋아지다)

단어 ▶ 手術しゅじゅつ 수술　　する 하다　　視力しりょく 시력　　方法ほうほう 방법
　　　 教おしえる 가르치다

정답 ▶ 1

もんだい4　つぎの文章(ぶんしょう)を読んで、質問に答えてください。答えは1・2・3・4から最もよい
　　　　　　ものを一つえらびなさい。

　　母の日は、母へのありがたい気持ちを表現(ひょうげん)する日です。日本やアメリカでは5
月の第2日曜日ですが、その始(はじ)まりは世界中でいろいろで、日(ひ)にちも違います。
たとえばスペインでは5月の第1日曜日(だい　にちようび)、スウェーデンでは5月の最後の日曜日(さいご　にちようび)で
す。

　　日本では1949年ごろからアメリカを真似(まね)て5月の第2日曜日(だい　にちようび)に行われるように
なったそうです。母の日には普通カーネーションなどを贈(おく)るのが一般的(いっぱんてき)となっ
ていますが、最近ではカーネーションのほかにもバラやガーベラなども贈(おく)るそ
うです。また、通販(つうはん)で花を買って母の日のプレゼントとしてあげる人たちも多
いようです。

1　　日本で母の日はいつですか。
　　　1　5月の第1日曜日(だい　にちようび)
　　　2　5月の第2日曜日(だい　にちようび)
　　　3　5月の第3日曜日(だい　にちようび)
　　　4　5月の最後の日曜日(さいご　にちようび)

해석

    어머니의 날은 어머니에게 고마운 마음을 표현하는 날입니다. 일본이나 미국에서는 5월의 둘째 주 일요일입니다만, 그 시작은 전 세계에서 여러 가지로 날짜도 다릅니다. 예를 들면 스페인에서는 5월의 첫째 주 일요일, 스웨덴에서는 5월의 마지막 주 일요일입니다.

    일본에서는 1949년 무렵부터 미국을 모방해서 5월 둘째 주 일요일에 실시되었다고 합니다. 어머니날에는 보통 카네이션 등을 주는 것이 일반적으로 되어 있습니다만, 요즘에는 카네이션 외에도 장미나 거베라등도 준다고 합니다. 또한 통신판매(인터넷 통신 판매)로 꽃을 구매해서 어머니날 선물로 주는 사람들도 많은 듯합니다.

1. 일본에서 어머니의 날은 언제입니까?
   - 1 5월 첫째 주 일요일 (X)
   - 2 5월 둘째 주 일요일 (O)
   - 3 5월 셋째 주 일요일 (X)
   - 4 5월 마지막 주 일요일 (X)

포인트 문법

★ 명사 + です+ が ～입니다만

    예) 日曜日(にちようび) 일요일 → 日曜日(にちようび)です 일요일입니다 → 日曜日(にちようび)ですが 일요일입니다만

★ 1그룹 동사의 ます형(정중형) ～입니다

    예) 違(ちが)う 다르다 → 違(ちが)い → 違(ちが)います 다릅니다

★ 2그룹 동사의 て형(연결형) ～고, ～서

    예) 真似(まね)る 흉내 내다, 모방하다 → 真似(まね) → 真似(まね)て 모방하고, 모방해서

★ 우로 끝나는 1그룹 동사의 수동표현(끝 글자 う를 わ로 고치고 れる) ～되어지다, 당하다(예외라서 암기 할 것)

    예) 行(おこな)う 행하다, 실시하다 → 行(おこな)わ → 行(おこな)われる 행하여지다(행해지다), 실시되다

★ 동사의 う단 형태(원형) + ようになる ～하게 되다

    예) 行(おこな)われる 실시되다 → 行(おこな)われるようになる 실시되게 되다 → 行(おこな)われるようになって 실시되게 되고(되어서) → 行(おこな)われるようになった 실시되게 되었다

★ る로 끝나는 1그룹 동사의 た형(과거형) + そうだ ～었다고 한다(전문용법)

    예) なる 되다 → なって 되고, 되어서 → なった 되었다 → なったそうだ 되었다고 한다 → なったそうです 되었다고 합니다

★ 동사의 う단 형태(원형) + のが ～하는 것이

    예) 贈(おく)る 주다, 선사하다 → 贈(おく)るのが 주는 것이

★ る로 끝나는 1그룹 동사의 て형(연결형) + いる ～되어져 있다, ～하고 있다

    예) なる 되다 → なって 되고, 되어서 → なっている 되어져 있다 → なっています 되어져 있습니다

★ 우로 끝나는 1그룹 동사의 て형

    예) 買(か)う 사다 → 買(か)って 사고, 사서

★ 명사 + として ～로(써)

    예) プレゼント 선물 → プレゼントとして 선물로(써)

★ 동사의 명사수식형(う단 형태(원형) + 명사) ～한 + 명사

    예) あげる 주다 → あげる人(ひと) 주는 사람 → あげる人(ひと)たち 주는 사람들

★ い형용사의 기본형 + ようだ ～인 것 같다(～인 듯하다)

　예) 多(おお)い 많다 → 多(おお)いようだ 많은 것 같다, 많은 듯하다 → 多(おお)いようです 많은 것 같습
　　니다, 많은 듯합니다

단어 ▶　母(はは)の日(ひ) 어머니의 날　　ありがたい 고맙다, 감사하다　　気持(きも)ち 마음, 기분, 느낌
　　表現(ひょうげん)する 표현하다　　アメリカ 미국
　　第2(だいに)日曜日(にちようび) 제2 일요일(둘째 주 일요일)　　始(はじ)まり 시작
　　世界中(せかいじゅう) 전 세계, 온 세계　　いろいろ 여러 가지　　日(にち) 날짜
　　違(ちが)う 다르다, 틀리다　　例(たと)えば 예를 들면　　スペイン 스페인
　　第1(だいいち)日曜日(にちようび) 제1 일요일(첫째 주 일요일)　　スウェーデン 스웨덴
　　最後(さいご) 마지막, 최후　　頃(ごろ) 무렵, 즈음　　真似(まね)る 흉내 내다, 모방하다
　　行(おこな)う 행하다, 실시하다　　行(おこな)われる 실시되다, 행해지다
　　そうだ ～라고 한다(전문용법)　　普通(ふつう) 보통　　カーネーション 카네이션
　　贈(おく)る 주다, 선사하다　　一般的(いっぱんてき) 일반적　　最近(さいきん) 최근, 요즈음
　　ほかにも ...외에도, 그밖에도　　バラ 장미　　ガーベラ 거베라　　など ...등
　　また 또, 또한　　通販(つうはん) 통신판매(인터넷 통신 판매)　　買(か)う 사다
　　プレゼント 선물　　あげる 주다　　人(ひと)たち 사람들　　多(おお)い 많다
　　ようだ ～인 것 같다. ～인 듯하다

정답 ▶　2

청해익히기 **과제 이해 문제 2**

과제 이해 문제는 구체적인 과제 해결에 필요한 중요한 정보를 듣고 다음에 어떤 행동을 취할 것인지를 예측하는 문제이다. 따라서 「이 사람은 앞으로 무엇을 합니까? / 이 사람은 무엇을 해야만 합니까? / 어떤 것을 선택합니까?」와 같은 질문 패턴이 자주 나온다. 다양한 상황이 제시됨으로 먼저 어떤 주제에 대해 이야기를 하는지 주제 파악을 확실히 해야 한다. 중반 이후 갑작스러운 변수로 혼란을 주는 경우도 있으니 반전에 유의해 끝까지 집중하여 들어야 한다. 또한 대화 속에서 누구의 행동을 예측해야하는 지도 신경을 써야 한다.

문제로 확인하기

1番

1 三つとも紙で包みます

2 一つだけ紙で包みます

3 三つとも別の袋に入れます

4 一つだけ別の袋に入れます

2番

1 男の人の車で帰ります

2 男の人のお兄さんの車で帰ります

3 タクシーで帰ります

4 バスで帰ります

1번 문제

스크립트 ▶

質問：女<ruby>女<rt>おんな</rt></ruby>の人<ruby>人<rt>ひと</rt></ruby>が買<ruby>買<rt>か</rt></ruby>い物<ruby>物<rt>もの</rt></ruby>をしています。店<ruby>店<rt>みせ</rt></ruby>の店員<ruby>店員<rt>てんいん</rt></ruby>は品物<ruby>品物<rt>しなもの</rt></ruby>をどうしますか。

女：じゃ、これ、三<ruby>三<rt>みっ</rt></ruby>つお願<ruby>願<rt>ねが</rt></ruby>いします。

男：どうも、ありがとうございます。贈<ruby>贈<rt>おく</rt></ruby>り物<ruby>物<rt>もの</rt></ruby>ですか。

女：いいえ、だから、別<ruby>別<rt>べつ</rt></ruby>に包<ruby>包<rt>つつ</rt></ruby>まなくてもいいです。

男：はい、かしこまりました。

女：あ、やっぱり一<ruby>一<rt>ひと</rt></ruby>つは紙<ruby>紙<rt>かみ</rt></ruby>に包<ruby>包<rt>つつ</rt></ruby>んでいただけませんか。

男：はい、では、袋<ruby>袋<rt>ふくろ</rt></ruby>はどうなさいますか。

女：一緒<ruby>一緒<rt>いっしょ</rt></ruby>で結構<ruby>結構<rt>けっこう</rt></ruby>です。

男：はい、かしこまりました。

店<ruby>店<rt>みせ</rt></ruby>の店員<ruby>店員<rt>てんいん</rt></ruby>は品物<ruby>品物<rt>しなもの</rt></ruby>をどうしますか。

1 三<ruby>三<rt>みっ</rt></ruby>つとも紙<ruby>紙<rt>かみ</rt></ruby>で包<ruby>包<rt>つつ</rt></ruby>みます。

2 一<ruby>一<rt>ひと</rt></ruby>つだけ紙<ruby>紙<rt>かみ</rt></ruby>で包<ruby>包<rt>つつ</rt></ruby>みます。

3 三<ruby>三<rt>みっ</rt></ruby>つとも別<ruby>別<rt>べつ</rt></ruby>の袋<ruby>袋<rt>ふくろ</rt></ruby>に入<ruby>入<rt>い</rt></ruby>れます。

4 一<ruby>一<rt>ひと</rt></ruby>つだけ別<ruby>別<rt>べつ</rt></ruby>の袋<ruby>袋<rt>ふくろ</rt></ruby>に入<ruby>入<rt>い</rt></ruby>れます。

해석 ▶

질문 : 여자가 쇼핑을 하고 있습니다. 가게 점원은 물건을 어떻게 합니까?

여 : 그럼, 이거, 셋 부탁합니다.(주세요)

남 : 대단히 감사합니다. 선물입니까?

여 : 아니오, 그러니까 특별히 싸지 않아도 됩니다.

남 : 예, 잘 알았습니다.

여 : 아, 역시 하나는 종이에 싸 줄 수 없으시겠습니까?

남 : 예. 그럼, 봉지는 어떻게 하시겠습니까?

여 : 같이 넣어도 괜찮습니다.

남 : 예. 잘 알겠습니다.

가게 점원은 물건을 어떻게 합니까?

1 셋 다 종이로 쌉니다.

2 하나만 종이로 쌉니다.

3 셋 다 다른 봉지에 넣습니다.

4 하나만 다른 봉지에 넣습니다.

포인트 문법 ▶

① ～なくてもいいです(～하지 않아도 됩니다)
包(つつ)む(싸다) → 包(つつ)まない(싸지 않다-부정형) → 包(つつ)まなくてもいいです(싸지 않아도 됩니다)

② ～ていただけませんか(～해 줄 수 없으시겠습니까?) 包(つつ)む(싸다) → 包(つつ)んで(싸고/싸서-연결형) → 包(つつ)んでいただけませんか(싸 줄 수 없으시겠습니까?)

단어 ▶

買<ruby>買<rt>か</rt></ruby>い物<ruby>物<rt>もの</rt></ruby> 쇼핑, 장보기

店員<ruby>店員<rt>てんいん</rt></ruby> 점원　　三<ruby>三<rt>みっ</rt></ruby>つ 셋

どうも 대단히, 정말　　贈<ruby>贈<rt>おく</rt></ruby>り物<ruby>物<rt>もの</rt></ruby> 선물

だから 그러니까　　別<ruby>別<rt>べつ</rt></ruby>に 별로, 특별히

包<ruby>包<rt>つつ</rt></ruby>む 싸다　　やっぱり 역시

一<ruby>一<rt>ひと</rt></ruby>つ 하나　　紙<ruby>紙<rt>かみ</rt></ruby> 종이

では 그러면, 그럼　　袋<ruby>袋<rt>ふくろ</rt></ruby> 봉지, 주머니

一緒<ruby>一緒<rt>いっしょ</rt></ruby> 같이 함　　結構<ruby>結構<rt>けっこう</rt></ruby> 충분함

정답 ▶ 2

2번 문제

스크립트 ▶

質問：女おんなの人ひとが友ともだちの家うちに
　　行いきます。女おんなの人ひとは何なにで
　　帰かえりますか。

男：吉田よしださん、明日あした、駅えきに迎むか
　　えに行いくよ。

女：あ、大丈夫だいじょうぶだよ。バスで行いけ
　　ばいいから。

男：でも、明日あしたは日曜日にちようびだか
　　ら、バスもあまりないし、タクシーは高た
　　かいし、やっぱり迎むかえに行いくよ。

女：そうなんだ。じゃ、お願ねがいする。

男：でも、悪わるいけど、帰かえりはバスを使
　　つかってくれない？夕方ゆうがた、兄あにに
　　車くるまを貸かすことになって。

女：え、もちろん、いいわ。

女おんなの人ひとは何なにで帰かえりますか。

1　男おとこの人ひとの車くるまで帰かえりま
　　す。
2　男おとこの人ひとのお兄にいさんの車くるま
　　で帰かえります。
3　タクシーで帰かえります。
4　バスで帰かえります。

해석 ▶
질문 : 여자가 친구 집에 갑니다. 여자는 무엇으로(무
　　엇을 타고) 돌아갑니까?

남 : 요시다씨, 내일 역으로 마중 나갈게.
여 : 아, 괜찮아. 버스로 가면 되니까.
남 : 하지만 내일은 일요일이니까, 버스도 별로 없고,
　　택시는 비싸고, 역시 마중 나갈게.
여 : 그렇구나. 그러면 부탁해.
남 : 하지만 미안한데 돌아갈 때는 버스를 이용해 주
　　지 않을래? 저녁때 형에게 차를 빌려 주기로 되
　　어 있어서.
여 : 응. 물론, 좋아.

여자는 무엇으로(무엇을 타고) 돌아갑니까?

1　남자의 차로 돌아갑니다.
2　남자 형의 차로 돌아갑니다.
3　택시로 돌아갑니다.
4　버스로 돌아갑니다.

포인트 문법 ▶
① 동사의 ます형＋に(~하러) 迎(むか)える(맞
　다) → 迎(むか)えます(맞습니다) → 迎(むか)え
　に(맞으러, 즉 마중하러)
② ~てくれる(~해 주다) 使(つか)う(이용하다)
　→ 使(つか)ってくれる(이용해 주다) → 使(つ
　か)ってくれない？(이용해 주지 않을래?)

단어 ▶
明日あした 내일　　駅えき 역
迎むかえる 맞다, 맞이하다
行いく 가다　　大丈夫だいじょうぶだ 괜찮다
バス 버스　　日曜日にちようび 일요일
あまり 별로, 그다지　　タクシー 택시
高たかい 비싸다, 높다　　やっぱり 역시
お願ねがいする 부탁하다
悪わるい 나쁘다, 미안하다
帰かえり 돌아갈 때, 돌아올 때
使つかう 사용하다, 이용하다
夕方ゆうがた 해질녘, 저녁때　　兄あに 형, 오빠
貸かす 빌려 주다　　もちろん 물론

정답 ▶　4

Part 03

新 JLPT 종결자

CHAPTER 01 문자/어휘

단어익히기 필수 2자 한자

最新さいしん 최신	最大さいだい 최대	最低さいてい 최저
財布さいふ 지갑	採用さいよう 채용	材料ざいりょう 재료
作業さぎょう 작업	作品さくひん 작품	作文さくぶん 작문
座席ざせき 좌석	作家さっか 작가	雑誌ざっし 잡지
参加さんか 참가	試合しあい 시합	仕方しかた 방법
試験しけん 시험	事件じけん 사건	事故じこ 사고
自身じしん 자신	自然しぜん 자연	時代じだい 시대, 시절(때)
支度したく 준비, 채비	失業しつぎょう 실업	実験じっけん 실험
実習じっしゅう 실습	失敗しっぱい 실패	質問しつもん 질문
失礼しつれい 실례	支店してん 지점	自動じどう 자동
品物しなもの 상품	自分じぶん 자기 자신	市民しみん 시민

문제로 확인하기

もんだい1 ＿＿＿＿の ことばは どう よみますか。1・2・3・4から いちばん いい ものを ひとつ えらんで ください。

1 彼は 3年間の 間に 6回も 事故を 起こして います。

 1 じこ 2 しごと 3 じたい 4 じじ

> 해석 ▶ 그는 3년 동안에 여섯 번이나 사고를 내고 있습니다.
>
> 해설 ▶ 1 事故じこ 사고   2 仕事しごと 일   3 辞退じたい 사퇴   4 時事じじ 시사

포인트 문법 ▶ ★ 수량적인 말 + も ~이나(많다는 뉘앙스로 표현할 때)
　　　　　　　　　예) 二(ふた)つも 두개나, 五匹(ごひき)も 다섯 마리나
　　　　　　　★ す로 끝나는 1그룹 동사의 て형(연결형) + いる ~하고 있다
　　　　　　　　　예) 起(お)こす 일으키다 → 起(お)こして 일으키고, 일으켜서 → 起(お)こしている 일으
　　　　　　　　　키고(내고) 있다 → 起(お)こしています 일으키고(내고) 습니다
단어 ▶　彼かれ 그　　年間ねんかん 연간　　間あいだ 사이, 동안　　回かい ~회, ~번
　　　　起おこす 일으키다(내다)
정답 ▶　1

2 財布の 中に いくら 入(はい)って いますか。

　1　かばん　　　　2　さいふ　　　　3　へや　　　　4　ひきだし

해석 ▶　지갑 안에 얼마 들어 있습니까?
해설 ▶　1　鞄かばん 가방　　2　財布さいふ 지갑　　3　部屋へや 방　　4　引ひき出だし 서랍
포인트 문법 ▶ ★ る로 끝나는 예외 1그룹 동사의 て형(연결형) + いる ~되어져 있다(~해져 있다)
　　　　　　　　　예) 入(はい)る 들어가다 → 入(はい)って 들어가고, 들어가서 → 入(はい)っている 들어
　　　　　　　　　있다 → 入(はい)っています 들어있습니다
단어 ▶　中なか 안, 속　　いくら 얼마, 아무리　　入はいる 들어가(오)다　　いる 있다
　　　　います 있습니다
정답 ▶　2

단어익히기 필수 2자 한자

写真しゃしん 사진	邪魔じゃま 방해	自由じゆう 자유
習慣しゅうかん 습관	週間しゅうかん 주일, 주간	住所じゅうしょ 주소
住宅じゅうたく 주택	重要じゅうよう 중요	授業じゅぎょう 수업
宿題しゅくだい 숙제	宿泊しゅくはく 숙박	首相しゅしょう 수상
出席しゅっせき 출석	出発しゅっぱつ 출발	趣味しゅみ 취미
種類しゅるい 종류	準備じゅんび 준비	紹介しょうかい 소개
正月しょうがつ 정월	賞金しょうきん 상금	上司じょうし 상사

正直 しょうじき 정직	招待 しょうたい 초대	商品 しょうひん 상품
将来 しょうらい 장래, 미래	食事 しょくじ 식사	食堂 しょくどう 식당
食欲 しょくよく 식욕	書類 しょるい 서류	人生 じんせい 인생
診断 しんだん 진단	心配 しんぱい 걱정	水泳 すいえい 수영

문제로 확인하기 ○

もんだい2 _____の ことばは どう かきますか。1・2・3・4から いちばん いい
ものを ひとつ えらんで ください。

1 姉の しゅみは 本を 読む ことです。
  (あね)   (よ)

　　1　取味　　　　　2　主味　　　　　3　趣味　　　　　4　手味

> 해석 ▶ 언니(누나)의 <u>취미</u>는 책을 읽는 것입니다.
> 해설 ▶ 1 X　　　　2 X　　　　3 趣味しゅみ 취미　　4 X
> 포인트 문법 ▶ ★ 동사의 う단 형태(원형) + ことです ~하는 것입니다
>   예) 読(よ)む 읽다 → 読(よ)むことです 읽는 것입니다
> 단어 ▶ 姉あね 언니(누나)　本ほん 책　読よむ 읽다　こと 일, 사건, 것
> 정답 ▶ 3

2 子どもの 将来を しんぱいして いました。
  (こ)   (しょうらい)

　　1　配達　　　　　2　心理　　　　　3　失敗　　　　　4　心配

> 해석 ▶ 아이의 장래를 <u>걱정</u>하고 있었습니다.
> 해설 ▶ 1 配達はいたつ 배달　　　　2 心理しんり 심리
>   3 失敗しっぱい 실패　　　　4 心配しんぱい 걱정, 염려
> 포인트 문법 ▶ ★ 3그룹 동사 중 する의 て형(연결형) + いました ~하고 있었습니다
>   예) 心配(しんぱい)する 걱정하다 → 心配(しんぱい)して 걱정하고, 걱정해서 → 心配(しん
>   ぱい)している 걱정하고 있다 → 心配(しんぱい)しています 걱정하고 있습니다 →
>   心配(しんぱい)していました 걱정하고 있었습니다
> 단어 ▶ 子こども 아이, 어린이　将来しょうらい 장래, 미래　いる 있다　います 있습니다
>   いました 있었습니다
> 정답 ▶ 4

水道 すいどう 수도	数年 すうねん 수년	性格 せいかく 성격
生活 せいかつ 생활	政治 せいじ 정치	成人 せいじん 성인
成績 せいせき 성적	生徒 せいと 학생	西洋 せいよう 서양
世界 せかい 세계	説明 せつめい 설명	背中 せなか 등
全員 ぜんいん 전원	専攻 せんこう 전공	先日 せんじつ 일전
選手 せんしゅ 선수	先週 せんしゅう 지난 주	戦争 せんそう 전쟁
全体 ぜんたい 전체	洗濯 せんたく 세탁	選択 せんたく 선택
先輩 せんぱい 선배	全部 ぜんぶ 전부	専門 せんもん 전문
相談 そうだん 상담	卒業 そつぎょう 졸업	祖父 そふ 할아버지
体育 たいいく 체육	退院 たいいん 퇴원	台所 だいどころ 부엌
台風 たいふう 태풍	立場 たちば 입장	

문제로 확인하기

もんだい3 （　　　　）に　なにを　いれますか。1・2・3・4から　いちばん　いい　もの
を　ひとつ　えらんで　ください。

1 店員に　使い方を　（　　　　）して　もらいました。

    1　案内　　　　　2　売上　　　　　3　販売　　　　　4　説明

> 해석 ▶ 점원에게 사용법을 （ 설명 ）해 받았습니다(점원이 사용법을 설명해 주었습니다).
>
> 해설 ▶ 　1　案内 あんない 안내　　　　　　　　2　売上 うりあげ 매상
> 　　　　3　販売 はんばい 판매　　　　　　　　4　説明 せつめい 설명
>
> 포인트 문법 ▶ ★ 우로 끝나는 1그룹 동사의 ます형 + 方(かた) ~하는 방법
> 　　　　예) 使(つか)う 사용하다 → 使(つか)います 사용합니다 → 使(つか)い方(かた) 사용방법
> 　　　　★ 3그룹 동사 중 する의 て형(연결형) + もらう ~해 받다(~(상대방이)해 주다)
> 　　　　예) する 하다 → して 하고, 해서 → してもらう ~해 받다(~해 주다)
> 　　　　★ 우로 끝나는 1그룹 동사의 ました형(정중한 과거형)
> 　　　　예) もらう 받다 → もらいます 받습니다 → もらいました 받았습니다
>
> 단어 ▶ 店員 てんいん 점원　　使 つかう 사용하다　　方 かた 분, 방법　　もらう 받다
>
> 정답 ▶ 4

② 医者と　（　　　　　）してから　入院する　ことに　しました。

1　相談　　　　　2　卒業　　　　　3　退院　　　　　4　相手

해석 ▶ 의사와 （ 상담 ）하고 나서 입원하기로 했습니다.

해설 ▶ 1 상담　　　　　2 졸업　　　　　3 퇴원　　　　　4 상대

포인트 문법 ▶ ★ 3그룹 동사 중 する의 て형(연결형) + から　〜하고 나서
　　　　　예) する 하다 → して 하고, 해서 → してから 하고 나서
　　　　　★ 동사의 う단 형태(원형) + ことにする　〜하기로 하다
　　　　　예) 入院(にゅういん)する 입원하다 → 入院(にゅういん)することにする 입원하기로 하
　　　　　다 → 入院(にゅういん)することにします 입원하기로 합니다(하겠습니다) → 入院
　　　　　(にゅういん)することにしました 입원하기로 했습니다

단어 ▶ 医者いしゃ 의사　　入院にゅういんする 입원하다　　する 하다　　します 합니다
　　　　しました 했습니다

정답 ▶ 1

단어익히기 필수 2자 한자(유의어)

最低さいてい 최저 = とても質しつの悪わるいこと　매우 질이 안 좋은 것

作家さっか 작가 = ライター　작가

雑誌ざっし 잡지 = マガジン　잡지

参加さんか 참가 = 仲間入なかまいりすること　한 무리에 들어가는 것

仕方しかた 방법 = 方法ほうほう　방법

支度したく 준비, 채비 = 必要ひつようなものをそなえること　필요한 것을 갖추는
　　　　　　　　　　　　　　　　　　　　　　　　　　것

品物しなもの 상품, 물건 = 人が使つかったり食たべたりするためのもの　사람이
　　　　　　　　　　사용하거나 먹거나 하기 위한 물건

授業じゅぎょう 수업 = 学校がっこうなどで、学問がくもんを教おしえてもらう
　　　　　　　　こと　학교 등에서 학문을 가르쳐 받는 것

正月しょうがつ　정월　＝　1年ねんの最初さいしょの月つき　1년 중 맨 첫 달

商売しょうばい　장사　＝　商あきない　장사

将来しょうらい　장래, 미래　＝　これから先さきのこと　지금부터 앞으로의 일

職場しょくば　직장　＝　勤つとめ先さき　근무처, 직장

身長しんちょう　신장, 키　＝　背せの高たかさ　키

成人せいじん　성인　＝　大人おとな　성인, 어른

洗濯せんたく　세탁　＝　服ふくなどを洗あらって汚よごれを落おとすこと　옷 등을
빨아서 때를 없애는 것

全員ぜんいん　전원　＝　総員そういん　전원

相談そうだん　상담　＝　どうするかを決きめるために話はなし合あうこと　어떻게
할지 결정하기 위해서 서로 이야기하는 것

卒業そつぎょう　졸업　＝　学校がっこうの全課程ぜんかていを終おえること　학교의
전 과정을 마치는 것

卓球たっきゅう　탁구　＝　ピンポン　탁구

暖房だんぼう　난방　＝　部屋へやなどの中なかを暖あたためること、またはその装
置そうち　방 등의 내부를 따뜻하게 하는 것, 또는 그 장치

昼食ちゅうしょく　중식　＝　昼ひるごはん　점심

都合つごう　형편, 사정　＝　具合ぐあい　형편, 사정

店員てんいん　점원　＝　店みせなどで物ものを売うる仕事しごとをする人　가게 등에
서 물건을 파는 일을 하는 사람

年上としうえ　연상　＝　年としが上うえであること　나이가 위인 것

年下としした　연하　＝　年としが他ほかの人よりも少すくないこと　나이가 다른 사람
보다 적은 것

登山とざん　등산　＝　山登やまのぼり　등산

もんだい4 ＿＿＿＿の たんごと だいたい おなじ いみの ぶんが あります。1・
2・3・4から いちばん いい ものを ひとつ えらんで ください。

1 　暖房 (だんぼう)

1 部屋の 中の 温度を すずしく する こと
2 部屋の 中の 温度を ひくく する こと
3 部屋などの 中を つめたく する こと
4 部屋などの 中を あたためる こと

> 해석 ▶ 난방
> 1 방안의 온도를 시원하게 하는 것 (X)
> 2 방안의 온도를 낮게 하는 것 (X)
> 3 방 등의 안을 차게 하는 것 (X)
> 4 방 등의 안을 따뜻하게 하는 것 (O)
>
> 포인트 문법 ▶ ★ い형용사의 부사형(끝 글자 い를 지우고 く) + する ~하게 하다
> 예) 涼(すず)しい 시원하다 → 涼(すず)しく 시원하게 → 涼(すず)しくする 시원하게 하다
> ★ 동사의 う단 형태(원형) + 명사(명사수식형) ~하는 + 명사
> 예) 暖(あたた)める 따뜻하게 하다 → 暖(あたた)めること 따뜻하게 하는 것
>
> 단어 ▶ 部屋へや 방　中なか 안, 속, 가운데　温度おんど 온도　涼すずしい 시원하다
> 涼すずしく 시원하게　こと 것, 일　低ひくい 낮다　低ひくく 낮게
> 冷つめたい 차갑다　冷つめたく 차갑게　暖あたためる 따뜻하게 하다
>
> 정답 ▶ 4

2 　店員 (てんいん)

1 店で 物を ひろう 仕事を する 人
2 店で 物を つくる 仕事を する 人
3 店で 物を うる 仕事を する 人
4 店で 物を かう 仕事を する 人

해석 ▶ 점원

1 가게에서 물건을 줍는 일을 하는 사람 (X)

2 가게에서 물건을 만드는 일을 하는 사람 (X)

3 가게에서 물건을 파는 일을 하는 사람 (O)

4 가게에서 물건을 사는 일을 하는 사람 (X)

포인트 문법 ▶ ★ 장소명사 + で ~에서

예) 店(みせ) 가게 → 店(みせ)で 가게에서, 会社(かいしゃ) 회사 → 会社(かいしゃ)で 회사에서

단어 ▶ 店みせ 가게　物もの 물건, 것　拾ひろう 줍다　仕事しごと 일　する 하다

人ひと 사람　作つくる 만들다　売うる 팔다　買かう 사다

정답 ▶ 3

단어익히기　필수 2자 한자

団体 だんたい　단체	暖房 だんぼう　난방	地下 ちか　지하
地球 ちきゅう　지구	遅刻 ちこく　지각	注意 ちゅうい 주의
中止 ちゅうし 중지	駐車 ちゅうしゃ　주차	中心 ちゅうしん　중심
注文 ちゅうもん　주문	調子 ちょうし 상태	通過 つうか　통과
通信 つうしん 통신	通訳 つうやく 통역	都合 つごう 형편, 사정, 편의
手紙 てがみ 편지	出口 でぐち 출구	鉄道 てつどう 철도
手袋 てぶくろ 장갑	店員 てんいん 점원	電子 でんし 전자
電池 でんち 전지	電灯 でんとう 전등	道具 どうぐ 도구
動作 どうさ 동작	到着 とうちゃく 도착	動物 どうぶつ 동물
道路 どうろ 도로	都会 とかい 도시	時計 とけい 시계
床屋 とこや 이발소	年上 としうえ 연상	年下 とした 연하
途中 とちゅう 도중		

もんだい5　つぎの　ことばの　つかいかたで　いちばん　いい　ものを　1・2・3・4から

　　　　　ひとつ　えらんで　ください。

1️⃣　都合(つごう)

1　彼(かれ)は　都合(つごう)の　仕事(しごと)を　して　いる　そうです。

2　都合(つごう)が　あって　今日(きょう)の　パーティーには　行(い)けません。

3　今年(ことし)は　かならず　昇進試験(しょうしんしけん)に　都合(つごう)したいです。

4　衛星(えいせい)から　都合(つごう)を　送(おく)って　きます。

해석 ▶	형편, 사정, 편의
	1　그는 <u>형편</u>의 일을 하고 있다고 합니다. (X)
	2　<u>형편(사정)</u>이 있어 오늘 파티에는 갈 수 없습니다. (O)
	3　올해에는 반드시 승진 시험에 <u>형편</u>하고 싶습니다. (X)
	4　위성에서 <u>형편</u>을 보내오고 있습니다. (X)
포인트 문법 ▶	★ 동사의 う단 형태(원형) + そうだ 〜라고 한다(전문용법)
	예) いる 있다 → いるそうだ 있다고 한다 → いるそうです 있다고 합니다
	★ る로 끝나는 1그룹 동사의 て형(연결형) 〜하고, 〜해서
	예) ある 있다 → あって 있고, 있어서,　降(ふ)る 내리다 → 降(ふ)って 내리고, 내려서
	★ 1그룹 동사의 가능표현(끝 글자 う단을 え단으로 고치고 る) 〜할 수 있다
	예) 行(い)く 가다 → 行(い)け → 行(い)ける 갈 수 있다
	★ 3그룹 동사 중 する의 ます형 + たい 〜하고 싶다(본인의 희망표현)
	예) する 하다 → します 합니다 → したい 하고 싶다 → したいです 하고 싶습니다
	★ る로 끝나는 1그룹 동사의 て형(연결형) + くる 〜하고(해) 오다
	예) 送(おく)る 보내다 → 送(おく)って 보내고, 보내서 → 送(おく)ってくる 보내오다
단어 ▶	仕事(しごと) 일　　都合(つごう)がある 사정이 있다　　今日(きょう) 오늘　　パーティー 파티
	行(い)ける 갈 수 있다　　今年(ことし) 금년, 올해　　必(かなら)ず 반드시
	昇進試験(しょうしんしけん) 승진시험　　衛星(えいせい) 위성　　送(おく)る 보내다
	来(く)る 오다
정답 ▶	2

2 途中(とちゅう)

1 会議(かいぎ)途中(とちゅう)で 席(せき)を 立(た)ちました。

2 私(わたし)の ふるさとは 東京(とうきょう)と 大阪(おおさか)の 途中(とちゅう)に あります。

3 ご飯(はん)を 食(た)べる 途中(とちゅう)に 手(て)を 洗(あら)って ください。

4 仕事(しごと)が 終(お)わった 途中(とちゅう)で 友(とも)だちと ビールを 飲(の)みました。

해석 ▶ 도중

1 회의도중에 자리에서 일어났습니다. (O)

2 나의 고향은 도쿄와 오사카의 도중에 있습니다. (X)

3 밥을 먹는 도중에 손을 씻어 주십시오! (X)

4 일이 끝난 도중에 친구와 맥주를 마셨습니다. (X)

포인트 문법 ▶ ★ AとBの間(あいだ)に A와 B사이에

예) 東京(とうきょう)と大阪(おおさか)の間(あいだ)に 도쿄와 오사카 사이에

★ う로 끝나는 1그룹 동사의 て형(연결형) + ください ~해주십시오!(부탁의 표현)

예) 洗(あら)う 씻다 → 洗(あら)って 씻고, 씻어서 → 洗(あら)ってください 씻어주십시오!

★ る로 끝나는 1그룹 동사의 た형(과거형) + 後(あと)で ~한 후에

예) 終(お)わる 끝나다 → 終(お)わって 끝나고, 끝나서 → 終(お)わった 끝났다 → 終(お)わった後(あと)で 끝난 후에

단어 ▶ 会議(かいぎ) 회의   席(せき) 자리   立(た)つ 서다, 일어서다   ふるさと 고향

ご飯(はん) 밥   食(た)べる 먹다   手(て)を洗(あら)う 손을 씻다   終(お)わる 끝나다

終(お)わった 끝났다   友(とも)だち 친구   ビール 맥주   飲(の)む 마시다

飲(の)みます 마십니다   飲(の)みました 마셨습니다

정답 ▶ 1

CHAPTER 02 문법/독해

01. ～ている ～하고 있다/～해져 있다

「を＋타동사＋ている」는 「～하고 있다」라는 진행의 뜻을 나타내고 「が＋자동사＋ている」는 「～해져 있다」라는 상태의 뜻을 나타내는 표현이다. 그리고 자동사와 타동사를 가장 쉽게 구분하는 방법은 자동사는 목적어가 없이도 의미가 통하는 동사이고 타동사는 목적어가 있어야 의미가 완성되는 동사라고 구분하면 이해가 쉬울 것 같다.

お茶を 飲んで います。

차를 마시고 있습니다.

〈飲(の)む(마시다)는 목적어를 취하는 타동사이므로 「타동사＋ている」의 형태로 진행의 뜻을 나타낸다〉

窓が 開いて います。

창문이 열려져 있습니다.

〈開(あ)く(열리다)는 목적어 없이 사용되는 자동사이므로 「자동사＋ている」의 형태로 상태의 뜻을 나타낸다〉

문제로 확인하기

1 私は 今 手紙(　　　) 書いて います。

     1 が   2 に   3 で   4 を

해석 ▶ 나는 지금 편지를 쓰고 있습니다.

해설 ▶ 「を＋타동사＋ている」는 「～하고 있다」라는 진행의 뜻을 나타낸다. 書(か)く(쓰다-타동사) → 書(か)いて(쓰고/써서-연결형) → 書(か)いている(쓰고 있다-현재 진행) → 手紙(てがみ)を書(か)いています(편지를 쓰고 있습니다)

단어 ▶ 今いま 지금   手紙てがみ 편지   書かく 쓰다

정답 ▶ 4

② 部屋に 誰も いないのに 電気が （　　　　）。

1　つけて　います   2　ついて　います

3　つけます   4　ついて　あります

> 해석 ▶　방에 아무도 없는데도 전등이 켜져 있습니다.
> 해설 ▶　① つける(켜다–타동사) → つけて(켜고/켜서–연결형) → つけている(켜고 있다–타동사+ている
>   현재 진행) → つけています(켜고 있습니다) 앞부분이 「電気(でんき)が(전등이)」이므로 현재 진
>   행 표현은 문맥과 맞지 않다.
>   ② つく(켜지다–자동사) → ついて(켜지고/켜져서–연결형) → ついている(켜져 있다–자동사+て
>   いる 현재 상태) → ついています(켜져 있습니다)
>   ③ つける(켜다) → つけます(켭니다)
>   ④ 「자동사」는 「자동사+てある」라는 형태를 취하지 않는다. 따라서 つく(켜지다–자동사) → ついて
>   あります(올바른 문법형식이 아니다)
> 단어 ▶　部屋へや 방　　誰だれ 누구　　いる 있다　　～のに ～하는데도, ～함에도 불구하고
>   電気でんき 전기, 전등　　つく 켜지다
> 정답 ▶　2

02. ～てある ～해져 있다

「が+타동사+てある」는 「～해져 있다」라는 뜻으로 의도적으로 해 놓은 상태를 나타내는 표현이다.
상태를 나타내는 표현이므로 앞에 오는 조사가 「を」가 아니라 「が」가 되는 점에 주의하자.

壁に　ポスターを　貼って　います。

벽에 포스터를 붙이고 있습니다.
〈貼(は)る(붙이다)는 목적어를 취하는 타동사이다. 이 문장에서는 「타동사+ている」의 형태로 진행의 뜻을 나타낸다〉

壁に　ポスターが　貼って　あります。

벽에 포스터가 붙여져 있습니다.
〈貼(は)る(붙이다)는 목적어를 취하는 타동사인데 「타동사+てある」의 형태로 「누군가가 붙여놔서 붙여져 있는 상태이
다」라는 뉘앙스를 가진 표현이 된다〉

1 玄関(げんかん)に 美(うつく)しい 花(はな)が かざって （　　　　）。

　1　います　　　　2　です　　　　　3　します　　　　4　あります

> 해석 ▶　현관에 아름다운 꽃이 장식되어져 있습니다.
>
> 해설 ▶　① かざる(장식하다–타동사) → かざって(장식하고/장식해서–연결형) → かざっている(장식하고
> 있다–타동사+ている 현재 진행) → かざっています(장식하고 있습니다)
> 1번 지문이 정답이 되려면 앞에 「花(はな)が(꽃이)」가 「花(はな)を(꽃을)」로 바뀌어야 한다.
> ② です(입니다)
> ③ します(합니다)
> ④ 「が+타동사+てある」는 「～해져 있다」라는 상태를 나타내는 표현이다. かざる(장식하다–타동
> 사) → かざって(장식하고/장식해서–연결형) → かざってある(장식되어져 있다) → かざってあ
> ります(장식되어져 있습니다)
>
> 단어 ▶　玄関(げんかん) 현관　　美(うつく)しい 아름답다　　花(はな) 꽃　　かざる 장식하다
>
> 정답 ▶　4

2 教室(きょうしつ)に 大(おお)きい テーブル（　　　　） 置(お)いて あります。

　1　を　　　　　　2　で　　　　　　3　が　　　　　　4　と

> 해석 ▶　교실에 큰 테이블이 놓여져 있습니다.
>
> 해설 ▶　「が+타동사+てある(～해져 있다)」
> 置(お)く(놓다–타동사) → 置(お)いて(놓고/놓아서–연결형) → 置(お)いてある(놓여져 있다) → 置
> (お)いてあります(놓여져 있습니다) → テーブルが置(お)いてあります(테이블이 놓여져 있습니다)
>
> 단어 ▶　教室(きょうしつ) 교실　　大(おお)きい 크다　　テーブル 테이블　　置(お)く 놓다, 두다
> ある 있다
>
> 정답 ▶　3

03. ～ていく ～하고 가다/～해 가다/～해 나가다

「～ていく」는 「～하고 가다」라는 뜻 이외에 현재시점에서 앞으로의 상태변화 즉 「～해 가다/～해 나가다」라는 뜻도 있다.

私が　カメラを　持って　いきます。
내가 카메라를 가지고 가겠습니다.

この　製品は、今は　高いですが、これからは　安く　なって　いくだろう。
이 제품은 지금은 비싸지만 앞으로는 싸질 것이다.(싸게 되어 갈 것이다. 즉 싸질 것이다)

문제로 확인하기

1 山田さんの　お見舞いに　飲み物を　買って　（　　　）。

　　1　いましょう　　2　しましょう　　3　なりましょう　　4　いきましょう

> 해석 ▶ 야마다씨의 병문안에 음료수를 사 갑시다.
> 해설 ▶ ① いる(있다) → います(있습니다) → いましょう(있읍시다)
> 　　　② する(하다) → します(합니다) → しましょう(합시다)
> 　　　③ なる(되다) → なります(됩니다) → なりましょう(됩시다)
> 　　　④ ～ていく(～하고 가다)
> 　　　　買(か)う(사다) → 買(か)って(사고/사서-연결형) → 買(か)っていく(사 가다) → 買(か)っていきます(사 갑니다) → 買(か)っていきましょう(사 갑시다)
> 단어 ▶ お見舞(みま)い 병문안　飲(の)み物(もの) 음료수　買(か)う 사다　行(い)く 가다
> 정답 ▶ 4

2 この　研究を　これからも　（　　　）　いく　つもりです。

　　1　続ける　　　　2　続けて　　　　3　続けよう　　　　4　続けた

> 해석 ▶ 이 연구를 앞으로도 계속해 나갈 생각입니다.
> 해설 ▶ ① 続(つづ)ける(계속하다)
> 　　　② ～ていく(～하고 가다/～해 가다/～해 나가다)
> 　　　　続(つづ)ける(계속하다) → 続(つづ)けて(계속하고/계속해서-연결형) → 続(つづ)けていく(계속해 나가다)
> 　　　③ 続(つづ)ける(계속하다) → 続(つづ)けよう(계속해야지/계속하자-2그룹동사의 의지형, 어미 る를 떼고 よう를 접속)

④　続(つづ)ける(계속하다) → 続(つづ)けた(계속했다—과거형)

단어 ▶　**研究**けんきゅう 연구　　**これから** 이제부터, 앞으로　　**続**つづ**ける** 계속하다
　　　　つもり 생각, 작정

정답 ▶　2

04.　〜てくる 〜하고 오다/〜해 오다/〜하기 시작하다

「〜てくる」는 「〜하고 오다」라는 뜻 이외에 과거시점에서 지금까지의 상태변화 즉 「〜해 오다/〜하기 시작하다」라는 뜻도 있다.

お土産(みやげ)を　買(か)って　きました。
선물을 사 왔습니다.

私は　今(いま)まで　いろいろな　アルバイトを　経験(けいけん)して　きました。
나는 지금까지 여러가지 아르바이트를 경험해 왔습니다.

문제로 확인하기

①　おとといから　急(きゅう)に　寒(さむ)く　なって　（　　　）ね。

　　1　いきました　　2　きました　　3　おきました　　4　みました

해석 ▶　그저께부터 갑자기 추워지기 시작했네요.
해설 ▶　①　〜ていく(〜하고 가다/〜해 가다/〜해 나가다)
　　　　寒(さむ)い(춥다) → 寒(さむ)く(춥게—い형용사의 어미 い를 く로 바꾸면 부사가 된다) → 寒(さむ)くなる(춥게 되다, 즉 추워지다) → 寒(さむ)くなっていく(추워져 가다—현재 시점부터 앞으로 추워진다는 의미이므로 정답이 아님)
　　　　②　〜てくる(〜하고 오다/〜해 오다/〜하기 시작하다)
　　　　寒(さむ)くなる(추워지다)→ 寒(さむ)くなってくる(추워지기 시작하다) → 寒(さむ)くなってきました(추워지기 시작했습니다)
　　　　③　〜ておく(〜해 놓다)
　　　　寒(さむ)くなる(추워지다) → 寒(さむ)くなっておく(추워져 놓다—문맥에 맞지 않는 오답)
　　　　④　〜てみる(〜해 보다)
　　　　寒(さむ)くなる(추워지다) → 寒(さむ)くなってみる(추워져 보다—문맥에 맞지 않는 오답)
단어 ▶　**おととい** 그저께　　**〜から** 〜부터　　**急**きゅう**に** 갑자기　　**寒**さむ**い** 춥다　　**なる** 되다
정답 ▶　2

05. ～ておく ～해 두다, ～해 놓다

「동사의 て형」에 「おく(놓다, 두다)」라는 동사를 접속시키면 「～해 놓다, ～해 두다」라는 뜻이 된다.

飛行機の　予約は　して　おきました。

비행기 예약은 해 놨습니다.

書類は　テーブルの　上に　おいて　おいて　ください。

서류는 테이블 위에 놓아두세요. (「おく」는 「놓다, 두다」라는 뜻이므로 「おいておく」는 「놓아두다」라는 뜻이 된다)

문제로 확인하기

1 「窓を　閉めましょうか」

「いいえ、そのまま　開けて　（　　　）　ください」

　　1　みて　　　　　　2　いて　　　　　　3　しまって　　　4　おいて

> 해석 ▶ 「창문을 닫을까요?」「아니요, 그대로 열어 놓으세요.」
> 해설 ▶ ① ～てみる(～해 보다)
> 　　　　開(あ)ける(열다) → 開(あ)けてみる(열어 보다) → 開(あ)けてみてください(열어 보세요)
> 　　　　② ～ている(～하고 있다)
> 　　　　開(あ)ける(열다) → 開(あ)けている(열고 있다) → 開(あ)けていてください(열고 있으세요)
> 　　　　③ ～てしまう(～해 버리다)
> 　　　　開(あ)ける(열다) → 開(あ)けてしまう(열어 버리다) → 開(あ)けてしまってください(열어 버리세요)
> 　　　　④ ～ておく(～해 놓다)
> 　　　　開(あ)ける(열다) → 開(あ)けておく(열어 놓다) → 開(あ)けておいてください(열어 놓으세요)
> 단어 ▶ 窓まど 창문　　閉しめる 닫다　　そのまま 그대로　　開あける 열다　　ください 주십시오
> 정답 ▶ 4

06. ～てみる ～해 보다

「～てみる」는 시도를 나타내는 표현으로 「(시험 삼아) ～해 보다」라는 뜻이다.

日本の　ラーメンを　食べた　ことが　ないので、一度　食べて　みたいで
す。

일본라면을 먹은 적이 없기 때문에 한번 먹어 보고 싶습니다.

日本語で　日記を　書いて　みました。

일본어로 일기를 써 봤습니다.

문제로 확인하기

1   新しく　できた　博物館に　一度　（　　　）　みませんか。

　　1　行く　　　　　2　行った　　　　3　行って　　　　4　行かない

해석 ▶	새로 생긴 박물관에 한번 가 보지 않겠습니까?
해설 ▶	① 行(い)く (가다)
	② 行(い)く (가다) → 行(い)った (갔다–과거형)
	③ ～てみる (～해 보다)
	行(い)く (가다) → 行(い)って (가고/가서–연결형) → 行(い)ってみる (가 보다) → 行(い)ってみ ます (가 봅니다) → 行(い)ってみませんか (가 보지 않겠습니까?)
	④ 行(い)く (가다) → 行(い)かない (가지 않다–부정형)
	⑤ 新(あたら)しい (새롭다) → 新(あたら)しく (새로–い형용사의 어미 い를 く로 바꾸면 부사가 된 다)
	⑥ 「できる」는 「～할 수 있다」는 뜻 이외에 「생기다」「다～되다」라는 뜻이 있다.
단어 ▶	新(あたら)しい 새롭다, 새것이다　　できる 할 수 있다. 생기다. 다 되다
	博物館(はくぶつかん) 박물관　　一度(いちど) 한번　　行(い)く 가다
정답 ▶	3

07. ～てしまう ～해 버리다

「동사의 て형」에 「しまう(끝내다. 마치다)」라는 동사를 접속시키면 「～해 버리다. (하면 안 되는데)～하고 말다」라는 뜻이 된다. 회화체 축약형은 「～ちゃう」이다.

財布を 忘れて しまいました/忘れちゃいました。

지갑을 잊어 버렸습니다.(忘(わす)れてしまう＝忘(わす)れちゃう–축약형)

宿題も しないで 早く 寝て しまった/寝ちゃった。

숙제도 하지 않고 일찍 자 버렸다.(寝(ね)てしまう＝寝(ね)ちゃう–축약형)

문제로 확인하기 ●

1 お金が ないのに、高い ノートパソコンを （   ）。

1　買わない ほうが いい   2　買って しまった

3　買いたく ない   4　買わないで ください

> 해석 ▶ 돈이 없는데도 불구하고 비싼 노트북을 사 버렸다.
>
> 해설 ▶ ① ～ないほうがいい(～하지 않는 편이 좋다)
>
> 買(か)う(사다) → 買(か)わない(사지 않다–부정형) → 買(か)わないほうがいい(사지 않는 편이 좋다)
>
> ② ～てしまう(～해 버리다)
>
> 買(か)う(사다) → 買(か)って(사고/사서–연결형) → 買(か)ってしまう(사 버리다) → 買(か)ってしまった(사 버렸다)
>
> ③ 동사의 ます형＋たい(～하고 싶다–희망표현)
>
> 買(か)う(사다) → 買(か)います(삽니다) → 買(か)いたい(사고 싶다) → 買(か)いたくない(사고 싶지 않다–부정형)
>
> ④ ～ないでください(～하지 마세요)
>
> 買(か)う(사다) → 買(か)わない(사지 않다–부정형) → 買(か)わないでください(사지 마세요)
>
> ⑤ 「のに」는 「～하는데도, ～함에도 불구하고」라는 뜻으로 일반적인 예상과는 반대 되는 사항이 일어남을 나타내는 접속조사이다.
>
> 단어 ▶ お金かね 돈   ない 없다   ～のに ～하는데도, ～함에도 불구하고   高たかい 비싸다, 높다
>
> ノートパソコン 노트북   買かう 사다
>
> 정답 ▶ 2

08. ～てもいい　～해도 좋다, ～해도 된다

「～てもいい」는 「～해도 좋다, ～해도 된다」라는 뜻으로 허가를 나타내는 표현이다.

ここで　写真を　撮っても　いいですか。

여기에서 사진을 찍어도 됩니까?

문제로 확인하기

1　「明日　遊びに　（　　　　）」

　　「ええ、いつでも　どうぞ」

1　行っても　いいですか　　　　　　2　行かない　ほうが　いいですか

3　行きたいですか　　　　　　　　　4　行ったら　どうですか

해석 ▶ 「내일 놀러 가도 됩니까?」

　　　　「예, 언제든지 그렇게 하십시오.」

해설 ▶ ① ～てもいい(～해도 좋다, ～해도 된다)

　　　　行(い)く(가다) → 行(い)って(가고/가서-연결형) → 行(い)ってもいいですか(가도 됩니까?)

　　　② ～ないほうがいい(~하지 않는 편이 좋다)

　　　　行(い)く(가다) → 行(い)かない(가지 않다-부정형) → 行(い)かないほうがいいですか(가지 않는 편이 좋습니까?)

　　　③ 동사의 ます형+たい(~하고 싶다-희망표현)

　　　　行(い)く(가다) → 行(い)きます(갑니다) → 行(い)きたい(가고 싶다) → 行(い)きたいですか(가고 싶습니까?)

　　　④ ～たらどうですか(~하면 어떻습니까?, ~하는 게 어떻습니까?)

　　　　行(い)く(가다) → 行(い)った(갔다-과거형) → 行(い)ったら(가면) → 行(い)ったらどうですか(가면 어떻습니까?)

　　　⑤ 동사의 ます형+に(~하러-목적표현)

　　　　遊(あそ)ぶ(놀다) → 遊(あそ)びます(놉니다) → 遊(あそ)びに(놀러)

　　　⑥ 「どうぞ」는 상대편에게 무엇을 허락하거나 권하거나 할 때 쓰는 말이다. 따라서 「いつでもどうぞ」는 「언제든지 그렇게 하세요.」 즉, 위 문장에서는 언제든지 놀라오라는 의미이다.

단어 ▶ 明日 あした 내일　　遊 あそぶ 놀다　　行 いく 가다　　いつでも 언제든지

정답 ▶ 1

09. ～てもかまわない ～해도 상관없다, ～해도 괜찮다

「～てもかまわない」는 「～てもいい(～해도 좋다, ～해도 된다)」와 마찬가지로 허가를 나타내는 표현으로 「～해도 상관없다, ～해도 괜찮다」라는 뜻이다. 「～てもかまいません(～해도 상관없습니다)」라는 공손형도 함께 알아두자.

願書(がんしょ)は メールで 送(おく)っても かまわない。
원서는 메일로 보내도 상관없다.

この 話(はなし)は ほかの 人(ひと)に 話(はな)しても かまいません。
이 이야기는 다른 사람에게 이야기해도 상관없습니다.

문제로 확인하기 ○━━━━━━━━━━━━━━━━━━━

1 「英語(えいご)で 書(か)いても かまいませんか」

「(   )」

1　はい、書(か)いては　いけません　　2　いいえ、書(か)いても　いいです

3　はい、書(か)いても　かまいません　　4　いいえ、書(か)いた　ほうが　いいです

> 해석 ▶ 「영어로 써도 상관없습니까?」
> 　　　　「예, 써도 상관없습니다.」
> 해설 ▶ ① ～てはいけません(～해서는 안 됩니다)
> 　　　　書(か)く(쓰다) → 書(か)いて(쓰고/써서-연결형) → 書(か)いてはいけません(써서는 안 됩니다)
> 　　　　앞에 「はい」가 있어 문맥에 맞지 않음.
> 　　　　② ～てもいいです(～해도 좋습니다)
> 　　　　書(か)く(쓰다) → 書(か)いて(쓰고/써서-연결형) → 書(か)いてもいいです(써도 좋습니다)
> 　　　　앞에 「いいえ」가 있어 문맥에 맞지 않음.
> 　　　　③ ～てもかまわない(～해도 상관없다)
> 　　　　書(か)く(쓰다) → 書(か)いて(쓰고/써서-연결형) → 書(か)いてもかまわない(써도 상관없다) →
> 　　　　書(か)いてもかまいません(써도 상관없습니다)
> 　　　　④ ～たほうがいい(～하는 편이 좋다)
> 　　　　書(か)く(쓰다) → 書(か)いた(썼다-과거형) → 書(か)いたほうがいいです(쓰는 편이 좋습니다)
> 　　　　전체 문맥과 맞지 않는 표현이다.
> 단어 ▶ 英語(えいご) 영어　　書(か)く 쓰다
> 정답 ▶ 3

10. ～てはいけない ~해서는 안 된다

「～てはいけない」는 「~해서는 안 된다」라는 뜻으로 강한금지를 나타내는 표현이다. 「～てはいけません(~해서는 안 됩니다)」라는 공손형도 함께 알아두자.

まだ 家_{うち}に 帰_{かえ}っては いけない。

아직 집에 돌아가서는 안 된다.

大事_{だいじ}な 会議_{かいぎ}なので 遅_{おく}れては いけません。

중요한 회의이므로 늦어서는 안 됩니다.

문제로 확인하기

1
「ここで お弁当_{べんとう}を 食_たべては （　　　）か」

「いいえ、いいですよ」

1　かまいません	2　いいです
3　いけません	4　大丈夫_{だいじょうぶ}です

해석 ▶　「여기에서 도시락을 먹어서는 안 됩니까?」

「아니요, 괜찮습니다.」

해설 ▶　① ～てもかまいません(~해도 상관없습니다)

食(た)べる(먹다) → 食(た)べて(먹고/먹어서-연결형) → 食(た)べてもかまいません(먹어도 상관없습니다) 따라서 「食(た)べてはかまいません」은 문맥에 맞는 올바른 문법형식이 아니다.

② ～てもいいです(~해도 좋습니다)

食(た)べる(먹다) → 食(た)べて(먹고/먹어서-연결형) → 食(た)べてもいいです(먹어도 좋습니다) 따라서 「食(た)べてはいいです」는 문맥에 맞는 올바른 문법형식이 아니다.

③ ～てはいけません(~해서는 안 됩니다)

食(た)べる(먹다) → 食(た)べて(먹고/먹어서-연결형) → 食(た)べてはいけません(먹어서는 안 됩니다)

④ ～ても大丈夫(だいじょうぶ)です(~해도 괜찮습니다)

食(た)べる(먹다) → 食(た)べて(먹고/먹어서-연결형) → 食(た)べても大丈夫(だいじょうぶ)です(먹어도 괜찮습니다)

따라서 「食(た)べては大丈夫(だいじょうぶ)です」는 문맥에 맞는 올바른 문법형식이 아니다.

단어 ▶　お弁当_{べんとう} 도시락　食_たべる 먹다

정답 ▶　3

11. ～ちゃ ～해서는

「～ちゃ」는 「～ては」의 회화체 축약형이다. 「～では」는 「～じゃ」로 축약된다.

泣いては　だめだよ。

＝泣いちゃ　だめだよ。 (축약형)

울어서는 안 돼.

ご飯を　食べないで、薬を　飲んでは　だめだよ。

＝ご飯を　食べないで、薬を　飲んじゃ　だめだよ。 (축약형)

밥을 먹지 않고 약을 먹어서는 안 돼.

문제로 확인하기 ○

1 そんな　ことを　（　　　）　いけない。

　1　するちゃ　　　2　しじゃ　　　3　しちゃは　　　4　しちゃ

> 해석 ▶ 그런 일을 해서는 안 된다.
> 해설 ▶ 「～てはいけない」는 「～해서는 안 된다」라는 뜻. 그리고 「～ては」의 회화체 축약형이 「～ちゃ」이다.
> 따라서 する(하다) → して(하고/해서─연결형) → してはいけない＝しちゃいけない(해서는 안 된다)
> 단어 ▶ そんな 그런　こと 일. 것　する 하다
> 정답 ▶ 4

もんだい4　つぎの文章を読んで、質問に答えてください。答えは1・2・3・4から最もよい
　　　　　　ものを一つえらびなさい。

　　去年の冬、結婚してアメリカの田舎町に引っ越しました。そのため、母を一
人日本に残して来てしまいました。母はいつも「何でも送ってあげるから、必
要な物があったらいいなさい」と言ってくれます。田舎にいるため、和食の食
堂もないし、日本の物を買える店もないので、ほしい物がたくさんあります。
でも、一人ぐらしをしている母に頼むわけにはいけません。引っ越したばかり
なので、まだ友だちもいなくてとても寂しいです。
　　そんなある日、引っ越しの荷物の中に私の好きな作家の日本の小説が一冊入
っているのを見つけました。その小説を読んでいたら日本にいるような感じが
してすこし元気が出てきました。

                                                        「PHP」より

1　　この人は何をしてから元気が出てきましたか。

　　1　結婚してアメリカへ行ってからです。

　　2　日本にいる母に必要な物を送ってもらってからです。

　　3　アメリカで友だちがたくさんできてからです。

　　4　自分の好きな作家の本を読んでからです。

　지난해 겨울 결혼해서 미국의 시골 마을로 이사를 왔습니다. 그 때문에 어머니를 홀로 일본에 남겨두고 오고 말았습니다. 어머니는 언제나 「무엇이든 보내줄 테니 필요한 것이 있으면 말하거라!」라고 말씀해 주십니다. 시골에 있기 때문에 일식 식당도 없고, 일본 물건을 살 수 있는 가게도 없어서 갖고 싶은 물건이 많이 있습니다. 그렇지만, 혼자서 생활을 하고 있는 어머니에게 부탁할 수는 없습니다. 이사한지 얼마 되지 않아 아직 친구도 없어서 정말 외롭습니다.

　그러던 어느 날. 이삿짐 안에서 내가 좋아하는 작가의 일본 소설 1권이 들어 있는 것을 찾아냈습니다. 그 소설을 읽고 있었더니 일본에 있는 느낌이 들어서 조금 기운이 났습니다.

1️⃣　이 사람은 무엇을 하고 나서 기운이 났습니까?
　　1　결혼하고 미국에 가고 나서입니다. (X)
　　2　일본에 있는 어머니에게 필요한 물건을 부쳐 받고 나서입니다. (X)
　　3　미국에서 친구가 많이 생기고 나서입니다. (X)
　　4　자신이 좋아하는 작가의 책을 읽고 나서입니다. (O)

포인트 문법 ▶
★ 3그룹 동사 중 する의 て형(연결형) ～하고, ～해서
　예) 結婚(けっこん)する 결혼하다 → 結婚(けっこん)して 결혼하고, 결혼해서
★ す로 끝나는 1그룹 동사의 ました형(정중한 과거형) ～했습니다
　예) 引(ひ)っ越(こ)す 이사하다 → 引(ひ)っ越(こ)し 이사 → 引(ひ)っ越(こ)します 이사합니다 → 引(ひ)っ越しました 이사했습니다
★ す로 끝나는 1그룹 동사의 て형(연결형) ～고, ～서
　예) 残(のこ)す 남기다. 남겨두다 → 残(のこ)し 남김 → 残(のこ)して 남기고, 남겨두어서
★ 3그룹 동사 중 くる의 て형(연결형) + しまう ～해 버리다
　예) 来(く)る 오다 → 来(き)て 오고, 와서 → 来(き)てしまう 와버리다 → 来(き)てしまいます 와버립니다 → 来(き)てしまいました 와버렸습니다. 오고 말았습니다
★ る로 끝나는 1그룹 동사의 て형(연결형) + あげる ～해 주다(본인이)
　예) 送(おく)る 보내다 → 送(おく)って 보내고, 보내서 → 送(おく)ってあげる 보내주다
★ 동사의 う단 형태(원형) + から ～할 거(테)니까
　예) 送(おく)る 보내다 → 送(おく)るから 보낼 거니까(테니까)
★ る로 끝나는 1그룹 동사의 たら형(조건문) ～면
　예) ある 있다 → あって 있고, 있어서 → あった 있었다 → あったら 있으면
★ う로 끝나는 1그룹 동사의 ます형(정중형) + なさい ～하시오!
　예) 言(い)う 말하다 → 言(い)います 말합니다 → 言(い)い → 言(い)いなさい 말하시오!(말하거라!)
★ う로 끝나는 1그룹 동사의 て형(연결형) + くれる ～해주다(상대방이)
　예) 言(い)う 말하다 → 言(い)って 말하고, 말해서 → 言(い)ってくれる 말 해 주다
★ 동사의 う단 형태(원형) + ため ～때문에
　예) いる 있다 → いるため 있기 때문에
★ い형용사의 기본형 + し ～고, ～인데다가
　예) ない 없다 → ないし 없고, 없는데다가
★ 1그룹 동사의 가능표현(끝 글자 う단을 え단으로 고치고 る) ～할 수 있다
　예) 買(か)う 사다 → 買(か)え → 買(か)える 살 수 있다

★ い형용사의 기본형 + ので ~이어서, ~이기 때문에(이유, 원인)

　　예) ない 없다 → ないので 없어서, 없기 때문에

★ い형용사의 명사수식형(기본형 + 명사) ~한(인) + 명사

　　예) ほしい 갖고 싶다, 원하다 → ほしいもの 갖고 싶은 것(물건)

★ 3그룹 동사 중 する의 て형(연결형) + いる ~하고 있다

　　예) する 하다 → して 하고, 해서 → している 하고 있다

★ 동사의 う단 형태(원형) + わけにはいけません ~할 수는 없습니다

　　예) 頼(たの)む 부탁하다 → 頼(たの)むわけにはいけません 부탁할 수는 없습니다, 話(はな)す 이야기하다 → 話(はな)すわけにはいけません 이야기 할 수는 없습니다

★ す로 끝나는 1그룹 동사의 た형(과거형) + ばかり ~한지 얼마 안 됨

　　예) 引(ひ)っ越(こ)す 이사하다 → 引(ひ)っ越(こ)して 이사하고, 이사해서 → 引(ひ)っ越(こ)した 이사했다 → 引(ひ)っ越(こ)したばかり 이사한지 얼마 안 됨 → 引(ひ)っ越(こ)したばかりなので 이사한지 얼마 되지 않아서

★ な형용사의 명사수식형(끝 글자 だ를 지우고 な) ~한(~하는) + 명사

　　예) 好(す)きだ 좋아하다 → 好(す)きな 좋아하는 → 好(す)きな作家(さっか) 좋아하는 작가

★ 2그룹 동사의 ました형(정중한 과거형) ~했습니다

　　예) 見(み)つける 찾다, 발견하다 → 見(み)つけます 찾습니다 → 見(み)つけました 찾았습니다

★ む로 끝나는 1그룹 동사의 て형(연결형) ~고, ~서

　　예) 読(よ)む 읽다 → 読(よ)んで 읽고, 읽어서

★ 동사의 う단 형태(원형) + ような ~인(하는) 것 같은

　　예) いる 있다 → いるような 있는 것 같은

★ 3그룹 동사 중 来(く)る의 ました형(정중한 과거형) ~했습니다

　　예) 来(く)る 오다 → 来(き)ます 옵니다 → 来(き)ました 왔습니다

단어 ▶　去年きょねん 작년　　冬ふゆ 겨울　　結婚けっこんする 결혼하다　　田舎いなか 시골

町まち 마을, 동네　　引ひっ越こす 이사하다　　そのため 그 때문에　　母はは 엄마

一人ひとり 혼자, 홀로　　残のこす 남기다, 남겨두다　　来くる 오다　　~てしまう ~해버리다

いつも 늘, 언제나　　何なんでも 무엇이든　　送おくる 보내다, 부치다　　あげる 주다(본인이)

必要ひつようだ 필요하다　　必要ひつような 필요한　　ある 있다　　言いう 말하다

言いってくれる 말해주다(상대방이)　　和食わしょく 일본음식, 일본요리　　食堂しょくどう 식당

ない 없다(무생물)　　物もの 물건　　買かえる 살 수 있다　　店みせ 가게

ほしい 원하다, 갖고 싶다　　たくさん 많이　　でも 하지만, 그렇지만

一人ひとりぐらし 홀로 생활, 혼자 사는 것　　頼たのむ 부탁하다, 의뢰하다

~たばかり ~한지 얼마 안 됨　　ので ~이어서, ~때문에　　まだ 아직　　友達ともだち 친구

いない 없다(생물)　　とても 매우, 대단히　　寂さびしい 외롭다, 쓸쓸하다　　そんな 그런

ある日ひ 어느 날　　荷物にもつ 짐　　好すきだ 좋아하다　　作家さっか 작가

小説しょうせつ 소설　　一冊いっさつ 한 권　　入はいる 들어가(오)다

見みつける 찾다, 발견하다　　読よむ 읽다　　ようだ ~인것 같다, ~인 듯하다(주관적)

感かんじ 느낌　　少すこし 조금　　元気げんき 원기, 기운, 기력　　出でてくる 나오다

정답 ▶　4

청해익히기 과제 이해 문제 3

과제 이해 문제는 구체적인 과제 해결에 필요한 중요한 정보를 듣고 다음에 어떤 행동을 취할 것인지를 예측하는 문제이다. 따라서 「이 사람은 앞으로 무엇을 합니까? / 이 사람은 무엇을 해야만 합니까? / 어떤 것을 선택합니까?」와 같은 질문 패턴이 자주 나온다. 다양한 상황이 제시됨으로 먼저 어떤 주제에 대해 이야기를 하는지 주제 파악을 확실히 해야 한다. 중반 이후 갑작스러운 변수로 혼란을 주는 경우도 있으니 반전에 유의해 끝까지 집중하여 들어야 한다. 또한 대화 속에서 누구의 행동을 예측해야하는 지도 신경을 써야 한다.

문제로 확인하기

1番

1 水曜日

2 金曜日

3 土曜日

4 日曜日

2番

1 薬を2回飲まなければなりません

2 薬を3回飲まなければなりません

3 お風呂に入らなければなりません

4 病院に行かなければなりません

1번 문제

質問：旅行会社（りょこうがいしゃ）の人（ひと）が旅行（りょこう）のスケジュールについて説明（せつめい）しています。神戸（こうべ）へ行（い）くのはいつですか。

男：では、旅行（りょこう）の日程（にってい）を説明（せつめい）します。ええと、出発（しゅっぱつ）は１７日（にち）水曜日（すいようび）ですが、ここから大阪（おおさか）まではバスで行（い）きます。その日（ひ）泊（と）まるところは大阪（おおさか）市内（しない）にあるヒルトンホテルです。大阪（おおさか）では二晩（ふたばん）泊（と）まります。一日目（いちにちめ）も二日目（ふつかめ）も同（おな）じホテルです。で、次（つぎ）の日（ひ）、京都（きょうと）へ行（い）って、一晩（ひとばん）泊（と）まって、その次（つぎ）の日（ひ）神戸（こうべ）へ行（い）きます。

神戸（こうべ）へ行（い）くのはいつですか。

1 水曜日（すいようび）
2 金曜日（きんようび）
3 土曜日（どようび）
4 日曜日（にちようび）

질문 : 여행사 사람(직원)이 여행 스케줄에 대해 설명하고 있습니다. 고베로 가는 것은 언제입니까?

남 : 그러면, 여행의 일정을 설명하겠습니다. 저기, 출발은 17일 수요일인데요. 여기에서 오사카까지는 버스로 갑니다. 그 날 묵을 곳은 오사카시내에 있는 힐튼호텔입니다. 오사카에서는 이틀밤 묵습니다. 1일째도 2일째도 같은 호텔입니다. 그리고 다음날, 교토로 가서 하룻밤 묵고, 그 다음 날 고베로 갑니다.

고베로 가는 것은 언제입니까?

1 수요일
2 금요일
3 토요일
4 일요일

「へ(로, 으로)」는 동작·작용이 그 방향을 향하여 행해짐을 나타내는 조사이다. 발음을 할 때는 「え」로 하는 것에 주의하자.

旅行（りょこう）여행　　日程（にってい）일정
説明（せつめい）する 설명하다　　出発（しゅっぱつ）출발
水曜日（すいようび）수요일　　大阪（おおさか）오사카
～まで ～까지　　バス 버스　　行（い）く 가다
日（ひ）날　　泊（と）まる 묵다　　ところ 장소, 곳
市内（しない）시내　　ある 있다　　ホテル 호텔
二晩（ふたばん）이틀밤　　一日目（いちにちめ）1일째
二日目（ふつかめ）2일째　　同（おな）じ 같음
次（つぎ）다음　　京都（きょうと）교토
一晩（ひとばん）하룻밤　　神戸（こうべ）고베

2번 문제

스크립트 ▶

質問：女_{おんな}の人_{ひと}が薬局_{やっきょく}で話_{はな}しています。女_{おんな}の人_{ひと}は何をしなければなりませんか。

男：どうしましたか。

女：昨日_{きのう}から頭_{あたま}が痛_{いた}いです。

男：それはいけませんね。この薬_{くすり}を朝_{あさ}ご飯_{はん}と晩_{ばん}ご飯_{はん}の時_{とき}に、三_{みっ}つずつ飲_のんでください。

女：食_たべてから三_{みっ}つずつですね。ご飯_{はん}を食_たべない時_{とき}は、飲_のまなくてもいいですか。

男：いいえ、だめですよ。ご飯_{はん}もちゃんと食_たべて薬_{くすり}も飲_のんでください。

女：はい、そうします。

男：そして、今日_{きょう}はお風呂_{ふろ}に入_{はい}らないでください。

女：はい、分_わかりました。

男：お大事_{だいじ}に。

女_{おんな}の人_{ひと}は何をしなければなりませんか。

1 薬_{くすり}を2回_{かい}飲_のまなければなりません。

2 薬_{くすり}を3回_{かい}飲_のまなければなりません。

3 お風呂_{ふろ}に入_{はい}らなければなりません。

4 病院_{びょういん}に行_いかなければなりません。

해석 ▶
질문 : 여자가 약국에서 이야기하고 있습니다. 여자는 무엇을 하지 않으면 안 됩니까?

남 : 무슨 일입니까?

여 : 어제부터 머리가 아픕니다.

남 : 그거 좋지 않군요. 이 약을 아침밥과 저녁밥 때에 세 개씩 드세요.

여 : 먹고 나서 세 개씩이군요. 밥을 먹지 않을 때는 먹지 않아도 됩니까?

남 : 아니오. 안됩니다. 밥도 확실하게 드시고 약도 드세요.

여 : 예. 그렇게 하겠습니다.

남 : 그리고 오늘은 목욕을 하지 마세요.

여 : 예. 알겠습니다.

남 : 몸조리를 잘하세요.

여자는 무엇을 하지 않으면 안 됩니까?

1 약을 2번 마시지 않으면 안 됩니다.

2 약을 3번 마시지 않으면 안 됩니다.

3 목욕을 하지 않으면 안 됩니다.

4 병원에 가지 않으면 안 됩니다.

포인트 문법 ▶
① ～なくてもいいです(～하지 않아도 됩니다)
飲_のむ(마시다) → 飲_のまない(마시지 않다－부정형) → 飲_のまなくてもいいです(마시지 않아도 됩니다) 「薬_{くすり}を飲_のむ」는 「약을 먹다」는 뜻이다.

② ～ないでください(하지 마세요)
入_{はい}る(들어가다) → 入_{はい}らない(들어가지 않다－부정형) → 入_{はい}らないでください (들어가지 마세요)
「お風呂_{ふろ}に入_{はい}る」는 「목욕을 하다」라는 뜻이다.

단어 ▶
昨日_{きのう} 어제   ～から ～부터
頭_{あたま} 머리   痛_{いた}い 아프다
いけない 바람직스럽지 않다, 좋지 않다
薬_{くすり}を飲_のむ 약을 먹다
朝_{あさ}ご飯_{はん} 아침밥   晩_{ばん}ご飯_{はん} 저녁밥
時_{とき} 때   ～ずつ ～씩   食_たべる 먹다
だめだ 안 되다, 불가하다
ちゃんと 확실하게, 착실하게
そして 그리고   今日_{きょう} 오늘
お風呂_{ふろ}に入_{はい}る 목욕을 하다
分_わかる 알다
お大事_{だいじ}に 몸조리를 잘하세요, 몸조심하세요

정답 ▶ 1

PracticeTest 1 문자/어휘

もんだい1 ＿＿＿＿＿の ことばは どう よみますか。1・2・3・4から いちばん いい
ものを ひとつ えらんで ください。

1 大阪^{おおさか}駅までの 行き方が 分かりません。

   1 いえ   2 えき   3 みせ   4 りょう

2 絵を かく ために 色鉛筆を 買いました。

   1 せき   2 しき   3 いろ   4 しょく

3 3歳以下とは 3歳も 入りますか。

   1 いこう   2 いぜん   3 いじょう   4 いか

4 鉛筆 いちダースには 12本 入って います。

   1 えんぴつ   2 ふでばこ   3 たばこ   4 めがね

5 彼氏と プロ野球の 試合に 行きたいです。

   1 しごう   2 しあい   3 ためごう   4 ためあい

もんだい２　＿＿＿＿＿の　ことばは　どう　かきますか。１・２・３・４から　いちばん　いい
　　　　　ものを　ひとつ　えらんで　ください。

6 　昔から　からだが　弱かったので　よく　かぜを　ひきました。

　　1　頭　　　　　　2　胃　　　　　　3　体　　　　　　4　顔

7 　人間かんけいが　一番　難しいですね。

　　1　関糸　　　　2　関系　　　　3　問係　　　　4　関係

8 　私の　かぞくは　両親と　姉、兄の　5人です。

　　1　家族　　　　2　家旅　　　　3　定族　　　　4　定族

9 　こちらに　ごじゅうしょと　お電話番号を　お書きください。

　　1　名前　　　　2　住所　　　　3　趣味　　　　4　名字

10 　すいえいも　ダイエットに　効果が　あるでしょうか。

　　1　永遠　　　　2　散歩　　　　3　水泳　　　　4　運動

もんだい3　（　　　　）に　なにを　いれますか。1・2・3・4から　いちばん　いい　もの
を　ひとつ　えらんで　ください。

11　（　　　　）が　太いのが　コンプレックスです。

　　1　め　　　　　　　2　ほお　　　　　　3　かお　　　　　4　あし

12　（　　　　）を　焼いて　食べる　とき　何を　入れたら　おいしいですか。

　　1　ぎゅうにく　　2　おさけ　　　　　3　ぎゅうにゅう　4　おすし

13　（　　　　）の　親指の<small>おやゆび</small>　ところに　穴が　あいて　しまいました。

　　1　うわぎ　　　　2　くつした　　　　3　マフラー　　　4　ぼうし

14　新歓で<small>しんかん</small>　4年生の　（　　　　）に　お酒を　飲ませられました。

　　1　いっぱい　　　2　ともだち　　　　3　せんぱい　　　4　おとな

15　英語では　タイフーン、日本語では　（　　　　）と　いいます。

　　1　たいふう　　　2　ゆき　　　　　　3　かぜ　　　　　4　かみなり

もんだい4 ＿＿＿＿＿の ぶんと だいたい おなじ いみの ぶんが あります。1・2・3・4から いちばん いい ものを ひとつ えらんで ください。

16 あなたの 住んで いる ところを 教えて ください。

1 あなたの 住んで いる ばあいを 教えて ください。

2 あなたの 住んで いる きんじょを 教えて ください。

3 あなたの 住んで いる ちかくを 教えて ください。

4 あなたの 住んで いる ばしょを 教えて ください。

17 これは さいきん 流行って いる スタイルです。

1 これは しょうらい 流行って いる スタイルです。

2 これは さいこう 流行って いる スタイルです。

3 これは このごろ 流行って いる スタイルです。

4 これは らいねん 流行って いる スタイルです。

18 勉強の しかたが 悪いと 思います。

1 勉強の ほうこうが 悪いと 思います。

2 勉強の ほうほうが 悪いと 思います。

3 勉強の よみかたが 悪いと 思います。

4 勉強の かきかたが 悪いと 思います。

もんだい5　つぎの　ことばの　つかいかたで　いちばん　いい　ものを　1・2・3・4から
　　　　　ひとつ　えらんで　ください。

19　玄関（げんかん）

1　毎晩（まいばん）　家族（かぞく）と　玄関（げんかん）で　話（はなし）を　します。

2　本（ほん）が　好（す）きなので　玄関（げんかん）を　広（ひろ）く　したいです。

3　食事（しょくじ）は　玄関（げんかん）の　ほうで　しましょう。

4　靴（くつ）を　ぬいで　玄関（げんかん）から　お入（はい）りください。

20　注意

1　人（ひと）が　いないか、十分（じゅうぶん）に　注意（ちゅうい）して　運転（うんてん）してください。

2　じゃ、おしゃべりは　やめて　先生（せんせい）の　話（はなし）を　注意（ちゅうい）しなさい。

3　注意（ちゅうい）な　すいみんを　取（と）った　ほうが　いいと　思（おも）いますけど。

4　私（わたし）は　昔（むかし）から　注意（ちゅうい）が　かたい　人（ひと）が　好（す）きでした。

PracticeTest 2 문법

問題1　（　　　）に　何を　入れますか。1・2・3・4から　いちばん　いい　ものを　一つ
えらんで　ください。

1　寒く　なる　前に、ストーブを　（　　　）　行きましょう。

　　1　買う　　　　　　2　買いに　　　　3　買った　　　　4　買い

2　豚肉を　（　　　）やすい　大きさに　切って　ください。

　　1　食べる　　　　2　食べて　　　　3　食べ　　　　4　食べた

3　この　椅子は　小さいので　少し　（　　　）。

　　1　座りやすい　　　　　　　　　2　座りにくい

　　3　座りすぎる　　　　　　　　　4　座りつづける

4　この　料理の　（　　　）方を　教えて　ください。

　　1　作る　　　　　2　作って　　　　3　作った　　　　4　作り

5　行きたくなければ、（　　　）。

　　1　行かなくても　いい　　　　　　2　行かなければ　ならない

　　3　行っても　いい　　　　　　　　4　行って　ください

6　福田さんは　買い物を　（　　　）ので、お金が　なくなった。

　　1　したかった　　　2　しすぎた　　　　3　しやすい　　　　4　しておく

7　レストランの　前に、たくさんの　人が　（　　　）　います。

　　1　ならび　　　　　2　ならんで　　　　3　ならべ　　　　　4　ならべて

8　れいぞうこに　ケーキが　入れて　（　　　）。

　　1　あります　　　　2　います　　　　　3　なります　　　　4　します

9　ホテルは　予約して　ありますから、心配　（　　　）。

　　1　しなければ　なりません　　　　　2　して　ください

　　3　しても　いいです　　　　　　　　4　しないで　ください

10　最近　日本語の　勉強が　おもしろく　（　　　）　きました。

　　1　なる　　　　　　2　なり　　　　　　3　なって　　　　　4　なった

問題2 ___★___に 入る ものは どれですか。1・2・3・4から いちばん いい ものを
一つ えらんで ください。

11 _____ __★__ _____ _____。

    1　かまいません　2　は　　　　　3　見ても　　　4　辞書^{じしょ}

12 ねぼう_____、_____ __★__ _____ました。

    1　遅^{おく}れて　　　　2　学校に　　　3　して　　　4　しまい

13 博物館^{はくぶつかん}_____ _____ _____ __★__いけません。

    1　は　　　　　　2　写真^{しゃしん}を　　3　撮^とって　　4　では

14 この_____ _____ __★__ _____ください。

    1　ことは　　　　2　言わないで　3　も　　　　4　誰^{だれ}に

15 この_____ _____ _____ __★__ですか。

    1　はいて　　　　2　みても　　　3　靴を　　　4　いい

問題3　16 から　20 に　何を　入れますか。1・2・3・4から　いちばん　いい　も
　　　のを　一つ　えらんで　ください。

こんにちは。はじめまして。

私の　名前は　山田美浦 16 　いいます。今、高校　1年生で、趣味は　写
真を　撮る　ことと、映画を　見る　ことです。カメラを　2台　17 　い
ます。外国語の　勉強も　好きです。高校に　入ってから　中国語も　習い
18 。あまり　上手では　ありませんが、今　いっしょうけんめい　勉強し
て　います。写真とか　外国語に　興味の　ある　人と　友だちに　19 。
手紙は　日本語と　20 　中国語で　お願いします。手紙　待って　いま
す。

16 1 や   2 で   3 に   4 と

17 1 持_もって   2 待_まって   3 撮_とって   4 取_とって

18 1 すぎました   2 はじめました
    3 やすいです   4 にくいです

19 1 ならなければ　なりません
    2 なっても　いいです
    3 なりたいです
    4 ならなくても　かまいません

20 1 難_{むずか}しくて   2 難_{むずか}しすぎる
    3 簡単_{かんたん}で   4 簡単_{かんたん}な

PracticeTest 1 문자/어휘

문제 1

1 해석 ▶ 오사카 역까지 가는 길(방법)을 모릅니다.

해설 ▶ 1 家いえ 집   2 駅えき 역

     3 店みせ 가게   4 寮りょう 기숙사

포인트문법 ▶ ★ 1그룹 동사의 ます형 + 方(かた) ~하는 방법

예) 行(い)く 가다 → 行(い)きます 갑니다 → 行(い)き → 行(い)き方(かた) 가는 길(방법)

★ る로 끝나는 1그룹 동사의 ません형(정중한 현재부정형) ~하지 않습니다

예) 分(わ)かる 알다 → 分(わ)かります 압니다(이해합니다) → 分(わ)かりません 모릅니다,

모르겠습니다

단어 ▶ 駅えき 역   まで ~까지   行いく 가다   方かた 방법, 분   行いき方かた 가는 길(방법)

分わかる 알다, 이해할 수 있다

정답 ▶ 2

2 해석 ▶ 그림을 그리기 위해서 색연필을 샀습니다.

해설 ▶ 1 席せき 자리   2 四季しき 사계(사철)

     3 色いろ 색, 색채

     4 色しょく 색, 색깔 예) 天然色(てんねんしょく) 천연색

포인트문법 ▶ ★ 동사의 う단 형태(원형) + ために ~하기 위해서

예) 描(か)く 그리다 → 描(か)くために 그리기 위해서

★ う로 끝나는 1그룹 동사의 ました형(정중한 과거형) ~했습니다

예) 買(か)う 사다 → 買(か)い → 買(か)います 삽니다 → 買(か)いました 샀습니다

단어 ▶ 絵え 그림   描かく 그리다   色鉛筆いろえんぴつ 색연필   買かう 사다

정답 ▶ 3

3 해석 ▶ 3세 이하란 3세도 들어갑니까?

해설 ▶ 1 以降いこう 이후   2 以前いぜん 이전

     3 以上いじょう 이상   4 以下いか 이하

포인트문법 ▶ ★ 명사 + とは ~이란

예) 以下(いか) 이하 → 以下(いか)とは 이하란, 大人(おとな) 어른 → 大人(おとな)とは

어른이란

★ る로 끝나는 예외 1그룹 동사의 ます형(정중형) ~합니다

예) 入(はい)る 들어오(가)다 → 入(はい)り → 入(はい)ります 들어옵(갑)니다 → 入(はい)

りますか 들어옵(갑)니까?

단어 ▶ 歳さい 세, 나이   入はいる 들어오(가)다

정답 ▶ 4

4 해석 ▶ 연필 한 다스에는 12자루 들어 있습니다.

해설 ▶ 1 鉛筆えんぴつ 연필   2 筆箱ふでばこ 필통
　　　 3 煙草たばこ 담배   4 眼鏡めがね 안경

포인트문법 ▶ ★ 예외 1그룹 동사의 て형(연결형) ～고, ～서
　　　　　　　例) 入(はい)る 들어오(가)다 → 入(はい)って 들어오(가)고, 들어와(가)서
　　　　　　★ る로 끝나는 1그룹 동사의 て형(연결형) + います ～하고 있습니다, ～되어져 있습니다
　　　　　　　例) 入(はい)る(예외 1그룹 동사) 들어오(가)다 → 入(はい)って 들어오(가)고 → 入(はい)って
　　　　　　　いる 들어있다 → 入(はい)っています 들어있습니다

단어 ▶ 一いち 일, 하나   ダース (연필)다스   本ほん 책, 조수사(～자루, ～병, ～그루 등)
　　　 入はいる 들어오(가)다   いる 있다

정답 ▶ 1

5 해석 ▶ 그와 프로야구 시합에 가고 싶습니다.

해설 ▶ 1 ✕   2 試合しあい 시합
　　　 3 ✕   4 ✕

포인트문법 ▶ ★ 1그룹 동사의 ます형 + たい ～하고 싶다(본인의 희망표현)
　　　　　　　例) 行(い)く 가다 → 行(い)き → 行(い)きます 갑니다 → 行(い)きたい 가고싶다 → 行(い)
　　　　　　　きたいです 가고 싶습니다

단어 ▶ 彼氏かれし 그, 그이, 남자친구   プロ野球やきゅう 프로야구   行いく 가다
　　　 行いきたい 가고 싶다

정답 ▶ 2

문제2

6 해석 ▶ 옛날부터 몸이 약했기 때문에 자주 감기에 걸렸습니다.

해설 ▶ 1 頭あたま 머리   2 胃い 위
　　　 3 体からだ 몸, 신체   4 顔かお 얼굴

포인트문법 ▶ ★ い형용사의 과거형(끝 글자 い를 지우고 かった) ～었다
　　　　　　　例) 弱(よわ)い 약하다 → 弱(よわ) → 弱(よわ)かった 약했다
　　　　　　★ い형용사의 과거형 + ので ～ 때문에
　　　　　　　例) 弱(よわ)い 약하다 → 弱(よわ)かった 약했다 → 弱(よわ)かったので 약했기 때문에
　　　　　　★ い형용사의 부사형(끝 글자 い를 지우고 く) ～하게
　　　　　　　例) よい 좋다 → よく 좋게, 자주, 잘
　　　　　　★ く로 끝나는 1그룹 동사의 ます형(정중형) ～했습니다
　　　　　　　例) 風邪(かぜ)を引(ひ)く 감기에 들다 → 風邪(かぜ)を引(ひ)き → 風邪(かぜ)を引(ひ)き
　　　　　　　ます 감기에 듭니다 → 風邪(かぜ)を引(ひ)きました 감기에 들었습니다

단어 ▶ 昔むかし 예전, 옛날 から ~로 부터 弱よわい 약하다 よく 자주, 잘, 좋게
　　　　風邪かぜを引ひく 감기에 들다(걸리다)

정답 ▶ 3

7 해석 ▶ 인간관계가 제일 어렵네요.

해설 ▶ 1 ✕　　　　　　　　　　　　　2 ✕
　　　　3 ✕　　　　　　　　　　　　　4 関係かんけい 관계

포인트문법 ▶ ★ い형용사의 です형(정중형) ~입니다
　　　　　　예) 難(むずか)しい 어렵다 → 難(むずか)しいです 어렵습니다 → 難(むずか)しいですね
　　　　　　어렵네요

단어 ▶ 人間にんげん 인간　関係かんけい 관계　一番いちばん 가장, 제일
　　　　難むずかしい 어렵다

정답 ▶ 4

8 해석 ▶ 나의 가족은 부모님과 언니(누나), 오빠(형) 다섯 명입니다.

해설 ▶ 1 家族かぞく 가족　　　　　　　2 ✕
　　　　3 ✕　　　　　　　　　　　　4 ✕

포인트문법 ▶ ★ 명사 + と + 명사 ~와(과)
　　　　　　예) 姉(あね)と兄(あに) 언니와 오빠, りんごとみかん 사과와 귤

단어 ▶ 両親りょうしん 부모(양친)　姉あね 언니(누나)　兄あに 오빠(형)　5人ごにん 다섯 명

정답 ▶ 1

9 해석 ▶ 이쪽(여기)에 주소와 전화번호를 적어 주십시오!

해설 ▶ 1 名前なまえ 이름　　　　　　　2 住所じゅうしょ 주소
　　　　3 趣味しゅみ 취미　　　　　　　4 名字みょうじ 성

포인트문법 ▶ ★ 명사 앞에 ご를 붙이면 존경어가 되는 경우
　　　　　　예) 住所(じゅうしょ) 주소 → ご住所(じゅうしょ) 주소, 案内(あんない) 안내 → ご案内
　　　　　　(あんない) 안내
　　　　★ 명사 앞에 お를 붙이면 존경어가 되는 경우
　　　　　　예) 電話(でんわ) 전화 → お電話(でんわ) 전화, 名前(なまえ) 이름 → お名前(なまえ) 이름
　　　　　　(성함)
　　　　★ お + ます형 + ください(부탁의 표현) ~해 주십시오!
　　　　　　예) 書(か)く 쓰다 → 書(か)きます 씁니다(적습니다) → お書(か)きください 적어 주십시오!

단어 ▶ こちら 이쪽, 여기(こっち(이쪽), ここ(여기)의 공손어로 사용)　電話でんわ 전화
　　　　番号ばんごう 번호　書かく 쓰다　ください 주십시오!

정답 ▶ 2

10 해석 ▶ 수영도 다이어트에 효과가 있을까요?

해설 ▶ 1 永遠えいえん 영원   2 散歩さんぽ 산책

     3 水泳すいえい 수영   4 運動うんどう 운동

포인트문법 ▶ ★ 명사 + に効果(こうか)がある ~에 효과가 있다

예) ダイエットに効果(こうか)がある 다이어트에 효과가 있다, 花粉症(かふんしょう)に効果(こうか)がある 꽃가루 알레르기에 효과가 있다

★ 동사의 う단 형태(원형) + でしょうか ~일까요?

예) ある 있다 → あるでしょうか 있을까요?, 来(く)る 오다 → 来(く)るでしょうか 올까요?

단어 ▶ ダイエット 다이어트   効果こうか 효과   ある 있다   でしょう ~일 것입니다, ~겠지요!

정답 ▶ 3

문제3

11 해석 ▶ (다리)가 굵은 것이 콤플렉스입니다.

해설 ▶ 1 目め 눈   2 頬ほお 뺨

     3 顔かお 얼굴   4 足あし 다리, 발

포인트문법 ▶ ★ い형용사의 기본형 + のが ~한 것이

예) 太(ふと)い 굵다 → 太(ふと)いのが 굵은 것이, 安(やす)い 싸다 → 安(やす)いのが 싼 것이

단어 ▶ 太ふとい 굵다   コンプレックス 콤플렉스

정답 ▶ 4

12 해석 ▶ (소고기)를 구워 먹을 때 무엇을 넣으면 맛있습니까?

해설 ▶ 1 牛肉ぎゅうにく 소고기   2 お酒さけ 술

     3 牛乳ぎゅうにゅう 우유   4 お寿司すし 초밥

포인트문법 ▶ ★ く로 끝나는 1그룹 동사의 て형(연결형) ~고(서)

예) 焼(や)く 굽다 → 焼(や)いて 굽고, 구워서, 聞(き)く 듣다 → 聞(き)いて 듣고, 들어서

★ 동사의 う단 형태(원형) + 명사(명사수식형) ~한 + 명사

예) 食(た)べる 먹다 → 食(た)べる時(とき) 먹을 때, 飲(の)む 마시다 → 飲(の)む時(とき) 마실 때

★ 2그룹 동사의 たら형(조건문) ~면

예) 入(い)れる 넣다 → 入(い)れて 넣고, 넣어서 → 入(い)れた 넣었다 → 入(い)れたら 넣으면

단어 ▶ 焼やく 굽다, 태우다   食たべる 먹다   時とき 때   何なに 무엇   入いれる 넣다

美味おいしい 맛있다

정답 ▶ 1

13 해석 ▶ (양말) 엄지발가락 부분에 구멍이 나 버렸습니다.

해설 ▶ 1 上着うわぎ 상의(윗도리)　　　　2 **靴下**くつした 양말

3 **マフラー** 머플러　　　　4 **帽子**ぼうし 모자

포인트문법 ▶ ★ 명사 + のところに　～부분(곳)에

예) ポケット 주머니 → ポケットのところに　주머니 부분에

★ く로 끝나는 1그룹 동사의 て형(연결형) + しまう　～해 버리다

예) 穴(あな)が 開(あ)く 구멍이 나다 → 穴(あな)が 開(あ)いて 구멍이 나고, 구멍이 나서 → 穴(あな)が 開(あ)いてしまう 구멍이 나 버리다 → 穴(あな)が 開(あ)いてしまいます 구멍이 나 버립니다 → 穴(あな)が 開(あ)いてしまいました 구멍이 나 버렸습니다

단어 ▶ 親指おやゆび 엄지손가락　　**靴下**くつしたの親指おやゆび 양말 엄지발가락

所ところ 곳, 장소, 부분, 점　　穴あな 구멍　　開あく 열리다

穴あなが開あく 구멍이 나다

정답 ▶ 2

14 해석 ▶ 신입생 환영회에서 4학년 (선배)에게 술을 강요받았습니다.(선배가 술을 먹였습니다)

해설 ▶ 1 一杯いっぱい 가득함, 한잔　　　　2 友達ともだち 친구

3 **先輩**せんぱい 선배　　　　4 大人おとな 어른

포인트문법 ▶ ★ 사람 + に + 사역수동표현　～(누군가)로부터(～에게) ～를 강요받다

예) 先輩(せんぱい)に 선배로부터(선배에게), 先生(せんせい)に 선생님으로부터(선생님에게)

★ 1그룹 동사의 사역수동표현(끝 글자 う단을 あ단으로 고치고 せられる) (상대방에게) ～를 강요받다

예) 飲(の)む 마시다 → 飲(の)ま → 飲(の)ませる(사역) 마시게 하다 → 飲(の)ませられる (사역수동) 강제로 마시게 하다 → 飲(の)ませられます　강제로 마시게 합니다 → 飲(の)ませられました　강제로 마시게 했습니다(현대 구어체에서는 飲(の)まされました로 사용하는 추세임)

단어 ▶ 新歓しんかん 신입생 환영회(新入生(しんにゅうせい)歓迎会(かんげいかい)의 준말)

年生ねんせい 학년　　お酒さけ 술　　飲のむ 마시다　　飲のませる 마시게 하다

飲のませられる 마시는 것을 강요받다(강제로 마시게 하다)

정답 ▶ 3

15 해석 ▶ 영어로는 타이푼(typhoon), 일본어에서는 (타이후-(태풍))라고 합니다.

해설 ▶ 1 **台風**たいふう 태풍　　　　2 雪ゆき (내리는)눈

3 **風**かぜ 바람　　　　4 雷かみなり 천둥

포인트문법 ▶ ★ 명사 + という　～라고 하다(한다)

예) 台風(たいふう) 태풍 → 台風(たいふう)という 태풍이라고 한다 → 台風(たいふう)といいます　태풍이라고 합니다

★ う로 끝나는 1그룹 동사의 ます형(정중형)　～합니다

예) 言(い)う 말하다 → 言(い)い → 言(い)います　말합니다

단어 ▶ **英語**えいご 영어　　**タイフーン** 타이푼(typhoon), 태풍　　**日本語**にほんご 일본어

言いう 말하다

정답 ▶ 1

문제4

16 해석 ▶ <u>당신이 살고 있는 곳을 가르쳐 주십시오!</u>

1 당신이 살고 있는 경우를 가르쳐 주십시오! (X)

2 당신이 살고 있는 근처(이웃)를 가르쳐 주십시오! (X)

3 당신이 살고 있는 근처를 가르쳐 주십시오! (X)

4 당신이 살고 있는 장소를 가르쳐 주십시오! (O)

포인트문법 ▶ ★ む로 끝나는 1그룹 동사의 て형(연결형) + いる ～하고 있다

예) 住(す)む 살다 → 住(す)んで 살고, 살아서 → 住(す)んでいる 살고 있다

★ 동사의 う단 형태(원형) + ところ ～하는 곳(장소)

예) いる 있다 → いるところ 있는 곳, 食(た)べる 먹다 → 食(た)べるところ 먹는 곳(먹을

곳)

★ 2그룹 동사의 て형(연결형) + ください ～해 주십시오!(부탁의 표현)

예) 教(おし)える 가르치다 → 教(おし)えて 가르치고, 가르쳐서 → 教(おし)えてください

가르쳐 주십시오!

단어 ▶ **あなた** 당신　　**住**すむ 살다　　**いる** 있다　　**ところ** 장소, 곳　　**教**おしえる 가르치다

場合ばあい 경우　　**近所**きんじょ 이웃, 근처　　**近**ちかく 근처, 가까운 곳

場所ばしょ 장소

정답 ▶ 4

17 해석 ▶ <u>이것은 요즈음 유행하고 있는 스타일입니다.</u>

1 이것은 장래 유행하고 있는 스타일입니다. (X)

2 이것은 최고 유행하고 있는 스타일입니다. (X)

3 이것은 요즈음 유행하고 있는 스타일입니다. (O)

4 이것은 내년 유행하고 있는 스타일입니다. (X)

포인트문법 ▶ ★ る로 끝나는 1그룹 동사의 て형(연결형) + いる ～하고 있다

예) 流行(はや)る 유행하다 → 流行(はや)って 유행하고, 유행해서 → 流行(はや)っている

유행하고 있다

단어 ▶ **これ** 이것　　**最近**さいきん 최근, 요즈음　　**流行**はやる 유행하다　　**スタイル** 스타일

将来しょうらい 장래, 미래　　**最高**さいこう 최고　　**このごろ** 요즈음, 최근, 근래

来年らいねん 내년

정답 ▶ 3

18 해석 ▶ <u>공부하는 방법이 나쁘다고 생각합니다.</u>

1 공부하는 방향(위치)이 나쁘다고 생각합니다. (X)

2 공부하는 방법이 나쁘다고 생각합니다. (O)

3 공부하는 읽는 법이 나쁘다고 생각합니다. (X)

4 공부하는 쓰는 법이 나쁘다고 생각합니다. (X)

포인트문법 ▶ ★ い형용사의 기본형 + と思(おも)う ～라고 생각한다

예) 悪(わる)い 나쁘다 → 悪(わる)いと思(おも)う 나쁘다고 생각한다 → 悪(わる)いと思(おも)います 나쁘다고 생각합니다

★ う로 끝나는 1그룹 동사의 ます형(정중형)

예) 思(おも)う 생각하다 → 思(おも)い → 思(おも)います 생각합니다

★ 1그룹 동사의 ます형(정중형) + 方(かた) ～하는 방법

예) 読(よ)む 읽다 → 読(よ)み → 読(よ)みます 읽습니다 → 読(よ)み方(かた) 읽는 방법, 書(か)く 쓰다, 적다 → 書(か)き → 書(か)きます 씁니다, 적습니다 → 書(か)き方(かた) 쓰는(적는) 방법

단어 ▶ 勉強べんきょう 공부　　仕方しかた 하는 방법, 수단　　悪わるい 나쁘다
思おもう 생각하다　　方向ほうこう 방향　　方法ほうほう 방법
読よみ方かた 읽는 방법　　書き方かた 쓰는 방법

정답 ▶ 2

문제5

19 해석 ▶ 현관

1 매일 저녁 가족과 <u>현관</u>에서 이야기를 합니다. (X)

2 책을 좋아해서 <u>현관</u>을 넓게 하고 싶습니다. (X)

3 식사는 <u>현관</u> 쪽에서 합시다! (X)

4 구두를 벗고 현관에서 들어오세요! (O)

포인트문법 ▶ ★ な형용사중 好(す)きだ(좋아하다)는 목적격 조사 を대신에 が를 취하는 단어중 하나이다.

예) 好(す)きだ 좋아하다 → 本(ほん)が好(す)きだ 책을 좋아한다 → 本(ほん)が好(す)きです 책을 좋아합니다

★ な형용사의 명사수식형(끝 글자 だ를 지우고 な) + ので ～이어서, ～ 때문에

예) 好(す)きだ 좋아하다 → 好(す)きな 좋아하는 → 好(す)きなので 좋아해서

★ い형용사의 부사형(끝 글자 い를 지우고 く) + したい ～하게하고 싶다

예) 広(ひろ)い 넓다 → 広(ひろ)く 넓게 → 広(ひろ)くしたい 넓게 하고 싶다 → 広(ひろ)くしたいです 넓게 하고 싶습니다

★ ぐ로 끝나는 1그룹 동사의 て형(연결형) ～고, ～서

예) 脱(ぬ)ぐ 벗다 → 脱(ぬ)い → 脱(ぬ)いで 벗고, 벗어서

단어 ▶ 毎晩まいばん 매일 밤　　家族かぞく 가족　　話はなし 이야기　　する 하다

本ほん 책　　好すきだ 좋아하다　　広ひろい 넓다　　したい 하고 싶다

食事しょくじ 식사　　方ほう 쪽, 편　　靴くつを脱ぬぐ 구두를 벗다

入はいる 들어가(오)다

정답 ▶ 4

20 해석 ▶ 주의

1 사람이 없는지, 충분히 <u>주의</u>해서 운전해 주십시오! (O)

2 자, 수다는 그만 떨고 선생님의 이야기를 <u>주의</u>하세요! (X)

3 <u>주의</u>한 수면을 취하는 편이 좋다고 생각합니다만. (X)

4 나는 예전부터 <u>주의</u>가 딱딱한 사람을 좋아했습니다. (X)

포인트문법 ▶ ★ 2그룹 동사의 ない형(현재부정형) + か ~인지

예) いる 있다 → いない 없다 → いないか 없는지

★ 3그룹 동사 중 する의 て형(연결형) + ください ~해 주십시오!(부탁의 표현)

예) する 하다 → して 하고, 해서 → してください 해 주십시오!

★ 3그룹 동사 중 する의 ます형 + なさい ~하세요!

예) 注意(ちゅうい)する 주의하다 → 注意(ちゅうい)します 주의합니다 → 注意(ちゅうい)し → 注意(ちゅうい)しなさい 주의 하세요!

★ 동사의 ます형 + けど ~입니다만

예) 思(おも)う 생각하다 → 思(おも)います 생각합니다 → 思(おも)いますけど 생각합니다만

단어 ▶ 人ひと 사람　　十分じゅうぶんに 충분히　　運転うんてんする 운전하다

おしゃべりをやめる 수다를 그만 떨다　　話はなし 이야기

睡眠すいみんを取とる 수면을 취하다　　思おもう 생각하다　　昔むかし 예전, 옛날

固かたい 딱딱하다　　好すきだ 좋아하다

정답 ▶ 1

PracticeTest 2 문법

문제1

1 해석 ▶ 추워지기 전에 스토브를 사러 갑시다.

해설 ▶ ① 買(か)う(사다)

② 동사의 ます형+に(～하러-목적표현)

買(か)う(사다) → 買(か)います(삽니다) → 買(か)いに(사러)

③ 買(か)う(사다) → 買(か)った(샀다-과거형)

④ 「買(か)い」는 「買(か)う」의 「ます형」으로 이 자체만으로는 해설이 안 됨.

⑤ 寒(さむ)い(춥다) → 寒(さむ)く(춥게-い형용사의 어미 い를 く로 바꾸면 부사가 된다) → 寒(さむ)くなる(춥게 되다. 즉 추워지다)

⑥ 「동사의 원형＋前(まえ)に」는 「～하기 전에」라는 표현이다.

단어 ▶ 寒(さむ)い 춥다   前(まえ) 앞. 전   ストーブ 스토브   行(い)く 가다

정답 ▶ 2

2 해석 ▶ 돼지고기를 먹기 쉬운 크기로 잘라 주세요.

해설 ▶ ① 食(た)べる(먹다)

② 食(た)べる(먹다) → 食(た)べて(먹고/먹어서-연결형)

③ 동사의 ます형+やすい(～하기 쉽다. ～하기 편하다)

食(た)べる(먹다) → 食(た)べます(먹습니다) → 食(た)べやすい(먹기 쉽다. 먹기 편하다)

④ 食(た)べる(먹다) → 食(た)べた(먹었다-과거형)

⑤ 형용사의 어미를 떼고 さ로 바꾸면 명사가 된다.

예) い형용사-大(おお)きい(크다) → 大(おお)きさ(크기) 長(なが)い(길다) → 長(なが)さ(길이)

な형용사-大切(たいせつ)だ(소중하다) → 大切(たいせつ)さ(소중함) 便利(べんり)だ(편리하다) → 便利(べんり)さ(편리함)

⑥ 切(き)る(자르다. 끊다)는 예외 1그룹동사이다. 따라서 연결형이 「切(き)て」가 아니라 「切(き)って」가 되어야 한다.

단어 ▶ 豚肉(ぶたにく) 돼지고기   食(た)べる 먹다   大(おお)きさ 크기   切(き)る 자르다. 끊다

정답 ▶ 3

3 해석 ▶ 이 의자는 작기 때문에 조금 앉기 불편하다.

해설 ▶ ① 동사의 ます형+やすい(～하기 쉽다. ～하기 편하다)

座(すわ)る(앉다) → 座(すわ)ります(앉습니다) → 座(すわ)りやすい(앉기 편하다)

② 동사의 ます형+にくい(～하기 어렵다. ～하기 불편하다)

座(すわ)る(앉다) → 座(すわ)ります(앉습니다) → 座(すわ)りにくい(앉기 불편하다)

③ 동사의 ます형+すぎる(지나치게 ~하다, 너무 ~하다)
　　座(すわ)る(앉다) → 座(すわ)ります(앉습니다) → 座(すわ)りすぎる(지나치게 앉다)
④ 동사의 ます형+つづける(계속 ~하다)
　　座(すわ)る(앉다) → 座(すわ)ります(앉습니다) → 座(すわ)りつづける(계속 앉다)

단어 ▶ 椅子いす 의자　　小ちいさい 작다　　~ので ~때문에　　少すこし 조금　　座すわる 앉다
정답 ▶ 2

4 해석 ▶ 이 요리 만드는 법을 가르쳐 주세요.
해설 ▶ ① 作(つく)る(만들다)
② 作(つく)る(만들다) → 作(つく)って(만들고/만들어서–연결형)
③ 作(つく)る(만들다) → 作(つく)った(만들었다–과거형)
④ 동사의 ます형+方(かた)(~하는 법)
　　作(つく)る(만들다) → 作(つく)ります(만듭니다) → 作(つく)り方(かた)(만드는 법)

단어 ▶ 料理りょうり 요리　　教おしえる 가르치다
정답 ▶ 4

5 해석 ▶ 가고 싶지 않으면, 가지 않아도 된다.
해설 ▶ ① ~なくてもいい(~하지 않아도 된다)
　　行(い)く(가다) → 行(い)かない(가지 않다–부정형) → 行(い)かなくてもいい(가지 않아도 된다)
② ~なければならない(~하지 않으면 안 된다)
　　行(い)く(가다) → 行(い)かない(가지 않다–부정형) → 行(い)かなければならない(가지 않으면
안 된다)
③ ~てもいい(~해도 좋다, ~해도 된다)
　　行(い)く(가다) → 行(い)って(가고/가서–연결형) → 行(い)ってもいい(가도 된다)
④ ~てください(~해 주세요–부탁)
　　行(い)く(가다) → 行(い)って(가고/가서–연결형) → 行(い)ってください(가 주세요)
⑤ 동사의 ます형+たい(~하고 싶다–희망표현)
　　行(い)く(가다) → 行(い)きます(갑니다)→ 行(い)きたい(가고 싶다)
　　희망표현인「~たい」는 い형용사처럼 활용하면 된다. 따라서 부정형으로 바꿀 경우 어미 い를 떼
고 く로 바꾼 후 ない를 붙여준다. 行(い)きたい(가고 싶다) → 行(い)きたくない(가고 싶지 않다)
부정형 ない의 조건표현은 어미 い를 떼고 ければ를 붙여주며 된다. 行(い)きたくない(가고 싶지
않다) → 行(い)きたくなければ(가고 싶지 않으면)

단어 ▶ 行いく 가다　　いい 좋다
정답 ▶ 1

6 해석 ▶ 후쿠다씨는 쇼핑을 지나치게 했기 때문에 돈이 다 떨어졌다.

해설 ▶ ① 동사의 ます형+たい(~하고 싶다-희망표현)

する(하다) → します(합니다) → したい(하고 싶다) → したかった(하고 싶었다-희망표현인 「~たい」는 い형용사처럼 활용하면 된다. 따라서 과거형으로 바꿀 경우 어미 い를 떼고 かった를 붙여준다)

② 동사의 ます형+すぎる(지나치게 ~하다. 너무 ~하다)

する(하다) → します(합니다) → しすぎる(지나치게 하다) → しすぎた(지나치게 했다)

③ 동사의 ます형+やすい(~하기 쉽다. ~하기 편하다)

する(하다) → します(합니다) → しやすい(하기 쉽다)

④ ~ておく(~해 놓다.~해 두다)

する(하다) → して(하고/해서-연결형) → しておく(해 놓다)

단어 ▶ 買かい物もの 쇼핑, 장보기　　~ので ~때문에　　お金かね 돈

なくなる 없어지다. 다 떨어지다

정답 ▶ 2

7 해석 ▶ 레스토랑 앞에, 많은 사람이 줄서 있습니다.

해설 ▶ ① ならぶ(줄서다, 늘어서다) → ならびます(줄섭니다)

1번 지문의 「ならび」를 괄호 안에 넣으면 「ならびいます」가 되는데 올바른 문법형식이 아니다.

② ならぶ(줄서다, 늘어서다-자동사) → ならんで(줄서고/줄서서-연결형) → ならんでいます(줄서 있습니다-자동사+ている는 현재 상태를 나타내는 표현이다)

③ ならべる(줄지어 놓다, 죽 늘어놓다) → ならべます(줄지어 놓습니다)

1번 지문의 「ならべ」를 괄호 안에 넣으면 「ならべいます」가 되는데 올바른 문법형식이 아니다.

④ ならべる(줄지어 놓다, 죽 늘어놓다-타동사) → ならべて(줄지어 놓고/줄지어 놓아서-연결형) → ならべています(줄지어 놓고 있습니다-타동사+ている는 현재 진행을 나타내는 표현이다)

⑤ 자동사와 타동사를 가장 쉽게 구분하는 방법은 자동사는 목적어가 없이도 의미가 통하는 동사이고 타동사는 목적어가 있어야 의미가 완성되는 동사라고 구분하면 이해가 쉬울 것 같다. 따라서 ならぶ(줄서다, 늘어서다)는 자동사, ならべる(줄지어 놓다, 죽 늘어놓다)는 타동사이다.

단어 ▶ レストラン 레스토랑　　前まえ 앞, 전　　たくさん 많음, 많이　　人ひと 사람

ならぶ 줄서다, 늘어서다

정답 ▶ 2

8 해석 ▶ 냉장고에 케이크가 들어 있습니다.

해설 ▶ 「が+타동사+てある」는 「~해져 있다」라는 뜻으로 의도적으로 해 놓은 상태를 나타내는 표현이다. 入(い)れる(넣다-타동사) → 入(い)れてある(넣어져 있다. 즉 들어 있다) → 入(い)れてあります(들어 있습니다) 상태를 나타내는 표현이므로 앞에 오는 조사가 「を」가 아니라 「が」가 된다. 따라서 「ケーキが入(い)れてあります」가 정확한 문장이다. 만약 2번 지문의 「います」가 정답이 되려면 「を+타동사+ている(~하고 있다)」라는 현재 진행의 문장이 되어야 한다. 入(い)れる(넣다-타동사) → 入(い)れている(넣고 있다) → 入(い)れています(넣고 있습니다) → ケーキを入(い)れています(케이크를 넣고

있습니다) 그런데 위 문장에서는 「ケーキを(케이크를)」이 아니라 「ケーキが(케이크가)」가 되어 있으므로 「います」는 정답이 될 수 없다. 3번 지문의 「なります(됩니다)」와 4번 지문의 「します(합니다)」는 문맥에 맞지 않으므로 정답이 아니다.

단어 ▶ れいぞうこ 냉장고   ケーキ 케이크   入れる 넣다

정답 ▶ 1

⑨ 해석 ▶ 호텔은 예약되어 있기 때문에, 걱정하지 마세요.

해설 ▶ ① ～なければならない(～하지 않으면 안 된다)

心配(しんぱい)する(걱정하다) → 心配(しんぱい)しない(걱정하지 않다—부정형) → 心配(しんぱい)しなければならない(걱정하지 않으면 안 된다) → 心配(しんぱい)しなければなりません (걱정하지 않으면 안 됩니다—공손형)

② ～てください(～해 주세요—부탁)

心配(しんぱい)する(걱정하다) → 心配(しんぱい)して(걱정하고/걱정해서—연결형) → 心配(しんぱい)してください(걱정해 주세요)

③ ～てもいい(～해도 좋다, ～해도 된다)

心配(しんぱい)する(걱정하다) → 心配(しんぱい)して(걱정하고/걱정해서—연결형) → 心配(しんぱい)してもいい(걱정해도 된다) → 心配(しんぱい)してもいいです(걱정해도 됩니다)

④ ～ないでください(～하지 마세요)

心配(しんぱい)する(걱정하다) → 心配(しんぱい)しない(걱정하지 않다—부정형) → 心配(しんぱい)しないでください(걱정하지 마세요)

⑤ 「타동사+てある」는 「～해져 있다」라는 뜻으로 의도적으로 해 놓은 상태를 나타내는 표현이다. 予約(よやく)する(예약하다) → 予約(よやく)してある(예약되어 있다) → 予約(よやく)してあります(예약되어 있습니다)

단어 ▶ ホテル 호텔   予約よやく 예약   心配しんぱいする 걱정하다

정답 ▶ 4

⑩ 해석 ▶ 최근 일본어 공부가 재미있어지기 시작했습니다.

해설 ▶ ① おもしろい(재미있다) → おもしろく(재미있게—い형용사의 어미 い를 떼고 く로 바꾸면 부사가 된다) → おもしろくなる(재미있게 되다. 즉 재미있어지다) 1번 지문의 「おもしろくなるきました」는 올바른 문법형식이 아니다.

② おもしろくなる(재미있어지다) → おもしろくなります(재미있어집니다) → おもしろくなりました(재미있어졌습니다) 2번 지문의 「おもしろくなりきました」는 올바른 문법형식이 아니다.

③ 「～てくる」는 「～하고 오다」라는 뜻 이외에 과거시점에서 지금까지의 상태변화 즉 「～해 오다/～하기 시작하다」라는 뜻도 있다. おもしろくなる(재미있어지다) → おもしろくなって(재미있어지고/재미있어져서—연결형) → おもしろくなってくる(재미있어지기 시작하다) → おもしろくなってきます(재미있어지기 시작합니다) → おもしろくなってきました(재미있어지기 시작했습니다)

④ おもしろくなる(재미있어지다) → おもしろくなった(재미있어졌다-과거형)

4번 지문의 「おもしろくなったきました」는 올바른 문법형식이 아니다.

단어 ▶ 最近さいきん 최근　　日本語にほんご 일본어　　勉強べんきょう 공부

おもしろい 재미있다　　なる 되다

정답 ▶ 3

문제 2

11 辞書(じしょ)　★は　見(み)ても　かまいません。

해석 ▶ 사전은 봐도 상관없습니다.

해설 ▶ ~てもかまいません(~해도 상관없습니다)

見(み)る(보다) → 見(み)て(보고/봐서-연결형) → 見(み)てもかまいません(봐도 상관없습니다)

단어 ▶ 辞書じしょ 사전　　見みる 보다

정답 ▶ 2

12 ねぼうして、学校(がっこう)に　★遅(おく)れて　しまいました。

해석 ▶ 늦잠자서, 학교에 지각해 버렸습니다.

해설 ▶ ~てしまう(~해 버리다)

遅(おく)れる(지각하다) → 遅(おく)れて(지각하고/지각해서-연결형) → 遅(おく)れてしまう(지각해
버리다) → 遅(おく)れてしまいました(지각해 버렸습니다)

단어 ▶ ねぼうする 늦잠자다　　学校がっこう 학교　　遅おくれる 늦다, 지각하다

정답 ▶ 1

13 博物館(はくぶつかん)では　写真(しゃしん)を　撮(と)って　★は　いけません。

해석 ▶ 박물관에서는 사진을 찍어서는 안 됩니다.

해설 ▶ ~てはいけません(~해서는 안 됩니다)

撮(と)る(찍다) → 撮(と)って(찍고/찍어서-연결형) → 撮(と)ってはいけません(찍어서는 안 됩니다)

단어 ▶ 博物館はくぶつかん 박물관　　写真しゃしん 사진　　撮とる 찍다

정답 ▶ 1

14 このことは　誰(だれ)に　★も　言(い)わないでください。

해석 ▶ 이 일은 누구에게도 말하지 마세요.

해설 ▶ ~ないでください(~하지 마세요)

言(い)う(말하다) → 言(い)わない(말하지 않다-부정형) → 言(い)わないでください(말하지 마세요)

단어 ▶ この 이　　こと 일, 것　　誰だれ 누구　　言いう 말하다

정답 ▶ 3

15 この靴(くつ)を　はいて　みても　★いいですか。

해석 ▶　이 구두를 신어 봐도 됩니까?

해설 ▶　①　〜てみる(〜해 보다–시도)

　　　　　　　はく(신다) → はいて(신고/신어서–연결형) → はいてみる(신어 보다)

　　　　　②　〜てもいいです(〜해도 좋습니다, 〜해도 됩니다)

　　　　　　　はいてみる(신어 보다) → はいてみて(신어 보고, 신어 봐서–연결형) → はいてみてもいいです

　　　　　　　(신어 봐도 됩니다)

단어 ▶　この 이　　靴くつ 구두　　はく 신다

정답 ▶　4

문제3

해석 ▶

안녕하세요. 처음 뵙겠습니다.

제 이름은 야마다 미호 [16] 라고 합니다. 지금 고등학교 1학년으로, 취미는 사진을 찍는 것과 영화를 보는 것입니다. 카메라를 2대 [17] 가지고 있습니다. 외국어 공부도 좋아합니다. 고등학교에 들어가고 나서 중국어도 배우기 [18] 시작했습니다. 그다지 능숙하지는 않습니다만, 지금 열심히 공부하고 있습니다. 사진이라든지 외국어에 흥미가 있는 사람과 친구가 [19] 되고 싶습니다. 편지는 일본어와 [20] 간단한 중국어로 부탁합니다. 편지 기다리고 있겠습니다.

단어 ▶　名前なまえ 이름　　今いま 지금　　高校こうこう 고등학교　　年生ねんせい 학년

　　　　　趣味しゅみ 취미　　写真しゃしん 사진　　撮とる 찍다　　映画えいが 영화　　見みる 보다

　　　　　カメラ 카메라　　台だい 대　　持もつ 가지다, 들다　　外国語がいこくご 외국어

　　　　　勉強べんきょう 공부　　好すきだ 좋아하다　　入はいる 들어가다, 들어오다

　　　　　中国語ちゅうごくご 중국어　　習ならう 배우다　　あまり 별로, 그다지　　上手じょうずだ 능숙하다

　　　　　いっしょうけんめい 열심히　　興味きょうみ 흥미　　人ひと 사람　　友ともだち 친구

　　　　　手紙てがみ 편지　　日本語にほんご 일본어　　簡単かんたんだ 간단하다

　　　　　お願ねがいする 부탁하다　　待まつ 기다리다

16 **해설** ▶　①　や(이나, 이랑, 며–열거)

　　　　　②　で(에서–장소/으로–수단, 도구)

　　　　　③　に(에–시간, 장소/에게–대상)

　　　　　④　と(와, 과/라고) 〜という(〜라고 하다) → 〜といいます(〜라고 합니다)

정답 ▶　4

17 해설 ▶ ① 持(も)つ(가지다) → 持(も)って(가지고/가져서-연결형)

② 待(ま)つ(기다리다) → 待(ま)って(기다리고/기다려서-연결형)

③ 撮(と)る(찍다) → 撮(と)って(찍고/찍어서-연결형)

④ 取(と)る(집다) → 取(と)って(집고/집어서-연결형)

정답 ▶ 1

18 해설 ▶ ① 동사의 ます형+すぎる(지나치게 ~하다, 너무 ~하다)

習(なら)う(배우다) → 習(なら)います(배웁니다) → 習(なら)いすぎる(지나치게 배우다) → 習(なら)いすぎました(지나치게 배웠습니다)

② 동사의 ます형+はじめる(~하기 시작하다)

習(なら)う(배우다) → 習(なら)います(배웁니다) → 習(なら)いはじめる(배우기 시작하다) → 習(なら)いはじめました(배우기 시작했습니다)

③ 동사의 ます형+やすい(~하기 쉽다, ~하기 편하다)

習(なら)う(배우다) → 習(なら)います(배웁니다) → 習(なら)いやすい(배우기 쉽다) → 習(なら)いやすいです(배우기 쉽습니다)

④ 동사의 ます형+にくい(~하기 어렵다, ~하기 불편하다)

習(なら)う(배우다) → 習(なら)います(배웁니다) → 習(なら)いにくい(배우기 어렵다) → 習(なら)いにくいです(배우기 어렵습니다)

정답 ▶ 2

19 해설 ▶ ① ~なければなりません(~하지 않으면 안 됩니다)

なる(되다) → ならない(되지 않다-부정형) → ならなければなりません(되지 않으면 안 됩니다)

② ~てもいいです(~해도 좋습니다)

なる(되다) → なって(되고/되어서-연결형) → なってもいいです(되어도 좋습니다)

③ 동사의 ます형+たい(~하고 싶다)

なる(되다) → なります(됩니다) → なりたいです(되고 싶습니다)

④ ~なくてもかまいません(~하지 않아도 상관없습니다)

なる(되다) → ならない(되지 않다-부정형) → ならなくてもかまいません(되지 않아도 상관없습니다)

정답 ▶ 3

20 해설 ▶ ① 難(むずか)しい(어렵다) → 難(むずか)しくて(어렵고/어려워서-い형용사의 어미 い를 떼고 くて로 바꿔주면 연결형이 된다) → 難(むずか)しくて中国語(ちゅうごくご)(어렵고 중국어-문맥에 맞는 올바른 문법형식이 아니다)

② い형용사 어간+すぎる(지나치게 ~이다)

難(むずか)しい(어렵다) → 難(むずか)しすぎる(지나치게 어렵다) → 難(むずか)しすぎる中国語(ちゅうごくご)(지나치게 어려운 중국어-문법형식은 맞으나 문맥과 어울리지 않는다)

③ 簡単(かんたん)だ(간단하다) → 簡単(かんたん)で(간단하고/간단해서–な형용사의 어미 だ를 떼고 で로 바꿔주면 연결형이 된다) → 簡単(かんたん)で中国語(ちゅうごくご)(간단하고 중국어–문맥에 맞는 올바른 문법형식이 아니다)

④ 簡単(かんたん)だ(간단하다) → 簡単(かんたん)な(간단한–な형용사의 어미 だ를 な로 바꿔주면 명사를 수식하는 명사수식형이 된다) → 簡単(かんたん)な中国語(ちゅうごくご)(간단한 중국어–문법형식도 맞고 문맥과도 어울린다)

정답 ▶ 4

Part 04

新 JLPT 종결자

CHAPTER 01 문자/어휘

단어익히기 필수 2자 한자

特急 とっきゅう 특급	友達 ともだち 친구	努力 どりょく 노력
内容 ないよう 내용	荷物 にもつ 짐	入院 にゅういん 입원
人気 にんき 인기	人間 にんげん 인간	値段 ねだん 값
寝坊 ねぼう 늦잠	場合 ばあい 경우	拝見 はいけん 삼가 봄
配達 はいたつ 배달	売店 ばいてん 매점	場所 ばしょ 장소
発見 はっけん 발견	発表 はっぴょう 발표	花火 はなび 불꽃
母親 ははおや 엄마	番組 ばんぐみ 프로그램	反対 はんたい 반대
半年 はんとし 반년	販売 はんばい 판매	被害 ひがい 피해
比較 ひかく 비교	必要 ひつよう 필요	秘密 ひみつ 비밀
費用 ひよう 비용		

문제로 확인하기

もんだい1 ＿＿＿＿＿の ことばは どう よみますか。1・2・3・4から いちばん いい
ものを ひとつ えらんで ください。

1 妹（いもうと）は 入院して 5キロも やせました。

1 にゅういん　　2 たいいん　　3 びょういん　　4 やくいん

해석	여동생은 입원하고 5kg(킬로그램)나 살이 빠졌습니다.		
해설	1 入院 にゅういん 입원		2 退院 たいいん 퇴원
	3 病院 びょういん 병원		4 役員 やくいん 간부, 중역

포인트 문법 ▶ ★ 3그룹 동사 중 する의 て형(연결형) ~하고, ~해서

예) 入院(にゅういん)する 입원하다 → 入院(にゅういん)して 입원하고, 입원해서

★ 2그룹 동사의 ました형(정중한 과거형) ~했습니다

예) 痩(や)せる 살이 빠지다 → 痩(や)せます 살이 빠집니다 → 痩(や)せました 살이 빠졌습니다

단어 ▶ 妹いもうと 여동생   キロ 킬로그램   痩やせる 살이 빠지다, 마르다

정답 ▶ 1

---

② 結婚(けっこん)を　反対(はんたい)して　いる　父(ちち)に　メールを　送(おく)る　つもりです。

　1　はんにち　　　2　そうたい　　　3　はんたい　　　4　しょうたい

해석 ▶ 결혼을 반대하고 있는 아버지에게 메일을 보낼 생각입니다.

해설 ▶ 1 半日 はんにち 반나절   2 早退 そうたい 조퇴   3 反対 はんたい 반대   4 招待 しょうたい 초대

포인트 문법 ▶ ★ 사람 + に ~에게

예) 父(ちち) 아버지 → 父(ちち)に 아버지에게, 友達(ともだち) 친구 → 友達(ともだち)に 친구에게

★ 동사의 う단 형태(원형) + つもり ~할 작정(생각, 속셈)

예) 送(おく)る 보내다 → 送(おく)るつもり 보낼 생각 → 送(おく)るつもりです 보낼 생각입니다

단어 ▶ 結婚けっこん 결혼   いる 있다   父ちち 아버지   メール 메일   送おくる 보내다
つもり 작정, 생각, 속셈

정답 ▶ 3

단어익히기 필수 2자 한자

病気 びょうき 병	表現 ひょうげん 표현	広場 ひろば 광장
夫婦 ふうふ 부부	複雑 ふくざつ 복잡	復習 ふくしゅう 복습
部長 ぶちょう 부장	普通 ふつう 보통	物価 ぶっか 물가
船便 ふなびん 배편	文学 ぶんがく 문학	平和 へいわ 평화
変化 へんか 변화	返事 へんじ 대답, 응답	貿易 ぼうえき 무역
方向 ほうこう 방향	帽子 ぼうし 모자	方針 ほうしん 방침

方法 ほうほう 방법	法律 ほうりつ 법률	募集 ぼしゅう 모집
本人 ほんにん 본인	毎朝 まいあさ 매일 아침	毎週 まいしゅう 매주
毎晩 まいばん 매일 밤	満員 まんいん 만원	満点 まんてん 만점
身分 みぶん 신분		

문제로 확인하기 ○

もんだい2 ＿＿＿＿の ことばは どう かきますか。1・2・3・4から いちばん いい
　　　　　 ものを ひとつ えらんで ください。

1 彼女(かのじょ)の 成績(せいせき)は ふつうだ そうです。

　　1　普段　　　　　2　音通　　　　　3　交通　　　　　4　普通

　　　해석 ▶　그녀의 성적은 보통이라고 합니다.
　　　해설 ▶　1　普段 ふだん 평상시, 평소　　　　　2　X
　　　　　　　 3　交通 こうつう 교통　　　　　　　　 4　普通 ふつう 보통
　　　포인트 문법 ▶　★ な형용사의 기본형 + そうだ ～라고 한다(전문용법)
　　　　　　　 예) 普通(ふつう)だ 보통이다 → 普通(ふつう)だそうだ 보통이라고 한다 → 普通(ふつう)
　　　　　　　 だそうです 보통이라고 합니다
　　　단어 ▶　彼女 かのじょ 그녀, 여자친구　　成績 せいせき 성적
　　　정답 ▶　4

2 大(おお)きな 声(こえ)で へんじを して ください。

　　1　反事　　　　　2　返事　　　　　3　返時　　　　　4　返次

　　　해석 ▶　큰 소리로 대답을 해 주십시오!
　　　해설 ▶　1　X　　　　　2　返事 へんじ 대답　　3　X　　　　　4　X
　　　포인트 문법 ▶　★3그룹 동사 중 する의 て형(연결형) + ください(부탁의 표현) ～해 주십시오!
　　　　　　　 예) する 하다 → して 하고, 해서 → してください ～해 주십시오!
　　　단어 ▶　大 おおきな 큰　　声 こえ (목)소리　　する 하다　　ください 주십시오!
　　　정답 ▶　2

土産みやげ 선물(토산품)	未来みらい 미래	息子むすこ 아들
無料むりょう 무료	名刺めいし 명함	眼鏡めがね 안경
面接めんせつ 면접	目的もくてき 목적	紅葉もみじ 단풍
問題もんだい 문제	約束やくそく 약속	役割やくわり 역할
野菜やさい 야채	家賃やちん 집세	山道やまみち 산길
夕方ゆうがた 저녁때	優勝ゆうしょう 우승	夕飯ゆうはん 저녁밥
有料ゆうりょう 유료	行方ゆくえ 행방	輸出ゆしゅつ 수출
輸入ゆにゅう 수입	指輪ゆびわ 반지	用意ようい 준비, 채비

문제로 확인하기

もんだい3　（　　　）に　なにを　いれますか。1・2・3・4から　いちばん　いい　もの
　　　　を　ひとつ　えらんで　ください。

1　忘(わす)れないで、（　　　）を　きちんと　守(まも)って　ください。

　　1　役束　　　　　　2　約速　　　　　　3　約束　　　　　　4　薬束

> 해석 ▶　잊지 말고 (약속)을 제대로 지켜 주십시오!
> 해설 ▶　1 X　　　　　　2 X　　　　　　3 約束やくそく 약속　4 X
> 포인트 문법 ▶　★ 2그룹 동사의 ない형(부정형) + で ~하지 않고(말고)
> 　　　　　　　　예) 忘(わす)れる 잊다 → 忘(わす)れない 잊지 않다 → 忘(わす)れないで 잊지 말고
> 단어 ▶　忘わすれる 잊다　　忘わすれない 잊지 않다　　きちんと 제대로　　守まもる 지키다
> 　　　　約束やくそくを守まもる 약속을 지키다
> 정답 ▶　3

2　彼(かれ)から　ダイアつきの　婚約(こんやく)（　　　）を　もらいました。

　　1　靴下　　　　　2　指輪　　　　　3　手袋　　　　　4　帽子

해석 ▶ 애인으로부터 다이아가 박힌 약혼(반지)를 받았습니다.

해설 ▶ 1 **靴下**くつした 양말   2 **指輪**ゆびわ 반지   3 **手袋**てぶくろ 장갑   4 **帽子**ぼうし 모자

포인트 문법 ▶ ★ 사람 + から ~로 부터

　　　　　　예) 彼(かれ)から 그 사람으로부터, 先生(せんせい)から 선생님으로부터

단어 ▶ **ダイアつき** 다이아가 박힘(붙어있음)　　　**婚約**こんやく 약혼　　　**もらう** 받다

정답 ▶ 2

단어익히기　필수 2자 한자 (유의어)

友達ともだち 친구 = **友人**ゆうじん 친구

場面ばめん 장면 = **シーン** 장면

病気びょうき 병 = **人の心**こころ**や体**からだ**がよくない状態**じょうたい 사람의 마음이나 몸이 좋지 않은 상태

不足ふそく 부족 = **足**た**りないこと** 부족함

返事へんじ 대답 = **話**はなし**かけたとき答**こた**えることば** 말을 걸었을 때 대답하는 말

貿易ぼうえき 무역 = **外国**がいこく**から品物**しなもの**を買**か**ったり、外国**がいこく**に売**う**ったりすること** 외국으로부터 물건을 사거나 외국에 팔거나 하는 것

本日ほんじつ 오늘 = **今日**きょう 오늘

本人ほんにん 본인 = **当人**とうにん 본인

見本みほん 견본 = **サンプル** 샘플

未来みらい 미래 = **将来**しょうらい 미래

無料むりょう 무료 = **ただ** 무료, 공짜

目的もくてき 목적 = **目当**めあ**て** 목표

役者やくしゃ 배우 = **俳優**はいゆう 배우

役目やくめ 임무 = **任務**にんむ 임무

野菜やさい 야채 = **青物**あおもの 야채

家賃やちん 집세 = **部屋代**へやだい 집세, 방세

夕方ゆうがた 저녁때 = 夕暮ゆうぐれ 저녁때, 해질녘

優勝ゆうしょう 우승 = 試合しあいなどで一位いちになること 시합 등에서 1위가 되는 것

用事ようじ 용무, 일 = しなければならない用件ようけん 하지 않으면 안 돼는 용건

流行りゅうこう 유행 = 流行はやり 유행

両親りょうしん 부모 = 父ちちと母はは 아버지와 어머니

老人ろうじん 노인 = 年としをとった人 나이를 먹은 사람

和食わしょく 일식 = 日本料理にほんりょうり 일본요리

割引わりびき 할인 = 決きまっている値段ねだんより安やすくすること 정해진 가격보다 싸게 하는 것

문제로 확인하기

もんだい4 _____の たんごと だいたい おなじ いみの ぶんが あります。1・2・3・4から いちばん いい ものを ひとつ えらんで ください。

1　優勝ゆうしょう

1　試合しあいなどで　一位いちに　なる　ことです。

2　試合しあいなどで　まける　ことです。

3　試合しあいなどで　二位にいに　なる　ことです。

4　試合しあいなどに　さんかする　ことです。

해석 ▶　우승

　　1　시합 등에서 1위가 되는 것입니다. (O)

　　2　시합 등에서 지는 것입니다. (X)

　　3　시합 등에서 2위가 되는 것입니다. (X)

　　4　시합 등에 참가 하는 것입니다. (X)

포인트 문법 ▶　★ 명사 + になる ~이(가) 되다

　　예) 一位(いちい) 1위 → 一位(いちい)になる 1위가 되다

　　★ 동사의 う단 형태(원형) + 명사 (명사수식형) ~한(할) + 명사

　　예) なる 되다 → なること 되는 것, 負(ま)ける 지다 → 負(ま)けること 지는 것

★ 명사 + です형(정중형) ~입니다

예) りんご 사과 → りんごです 사과입니다. 友達(ともだち) 친구 → 友達(ともだち)です 친구입니다

단어 ▶ 試合しあい 시합   などで ...등에서   位い (등급, 순번) 위   成る 되다   こと 것, 일
負まける 지다   参加さんかする 참가하다

정답 ▶ 1

② 和食
わしょく

1 最近の　料理の　ことです。
さいきん　りょうり

2 西洋料理の　ことです。
せいようりょうり

3 古い　食べ物の　ことです。
ふる　た　もの

4 日本料理の　ことです。
にほんりょうり

해석 ▶ 일식

1 요즈음(최근)의 요리를 말합니다. (X)

2 서양 요리를 말합니다. (X)

3 오래된 음식을 말합니다. (X)

4 일본 요리를 말합니다. (O)

포인트 문법 ▶ ★ い형용사의 기본형 + 명사(명사수식형) ~한 + 명사

예) 古(ふる)い 오래되다, 낡다 → 古(ふる)い 食(た)べ物(もの) 오래된 음식

단어 ▶ 最近さいきん 요즈음, 최근   料理りょうり 요리   西洋料理せいようりょうり 서양요리
古ふるい 오래되다, 낡다   食た べ物もの 먹을거리, 음식   日本料理にほんりょうり 일본음식

정답 ▶ 4

用事 ようじ 용무, 일	様子 ようす 모양, 상황	洋服 ようふく 옷, 양복
予算 よさん 예산	予習 よしゅう 예습	予想 よそう 예상
四日 よっか 나흘(4일)	予定 よてい 예정	夜中 よなか 한밤중
予報 よほう 예보	予約 よやく 예약	理解 りかい 이해
利用 りよう 이용	料金 りょうきん 요금	流行 りゅうこう 유행
両国 りょうこく 양국	両親 りょうしん 부모	旅館 りょかん 여관
例外 れいがい 예외	歴史 れきし 역사	冷房 れいぼう 냉방
連休 れんきゅう 연휴	練習 れんしゅう 연습	連絡 れんらく 연락
労働 ろうどう 노동	若者 わかもの 젊은이	和食 わしょく 일식(일본요리)
割引 わりびき 할인		

문제로 확인하기

もんだい5　つぎの　ことばの　つかいかたで　いちばん　いい　ものを　1・2・3・4から　ひとつ　えらんで　ください。

1 予習(よしゅう)

1　明日(あした)の　授業(じゅぎょう)の　ために　予習(よしゅう)して　おきました。

2　今日(きょう)　習(なら)った　ことを　予習(よしゅう)して　おきました。

3　旅行(りょこう)で　泊(と)まる　ホテルの　予習(よしゅう)を　して　おきました。

4　夏休(なつやす)みに　彼氏(かれし)と　イタリアへ　行(い)く　予習(よしゅう)です。

> 해석 ▶　예습
> 1　내일 수업을 위해서 예습해 두었습니다. (O)
> 2　오늘 배운 것을 예습해 두었습니다. (X)
> 3　여행에서 묵을 호텔의 예습을 해 두었습니다. (X)
> 4　여름휴가(방학)에 그와 이탈리아에 갈 예습입니다. (X)
>
> 포인트 문법 ▶　★ 명사 + のために ~을 위해서, ~때문에
>
> 　　　　　예) 授業(じゅぎょう) 수업 → 授業(じゅぎょう)のために 수업을 위해서, 수업 때문에
>
> 　　　　★ 3그룹 동사 중 する의 て형(연결형) + おく ~해 두다

예) 予習(よしゅう)する 예습하다 → 予習(よしゅう)して 예습하고, 연습해서 → 予習(よしゅう)しておく 예습해 두다 → 予習(よしゅう)しておきます 예습해 둡니다 → 予習(よしゅう)しておきました 예습해 두었습니다

★ う로 끝나는 1그룹 동사의 た형(과거형) ~했다

예) 習(なら)う 배우다 → 習(なら)って 배우고, 배워서 → 習(なら)った 배웠다

단어 ▶ 明日あした 내일　　授業じゅぎょう 수업　　置おく 놓다, 두다　　今日きょう 오늘
習なら う 배우다　　旅行りょこう 여행　　泊とまる 묵다　　ホテル 호텔
夏休なつやすみ 여름휴가(방학)　　イタリア 이탈리아　　行いく 가다

정답 ▶　1

---

2 **旅館**(りょかん)

1　友だちと　旅館(りょかん)で　買(か)い物(もの)を　する　約束(やくそく)を　しました。

2　旅館(りょかん)で　映画(えいが)の　切符(きっぷ)を　買(か)って　きました。

3　日本(にほん)の　温泉旅館(おんせんりょかん)は　とても　高(たか)いです。

4　私(わたし)の　趣味(しゅみ)は　あちこち　旅館(りょかん)を　する　ことです。

해석 ▶　여관
1　친구와 여관에서 쇼핑을 할 약속을 했습니다. (X)
2　여관에서 영화표를 사 왔습니다. (X)
3　일본의 온천여관은 매우 비쌉니다. (O)
4　나의 취미는 여기저기 여관을 하는 것입니다. (X)

포인트 문법 ▶　★ 사람 + と ~와(과)
예) 友達(ともだち) 친구 → 友達(ともだち)と 친구와, 主人(しゅじん) 남편 → 主人(しゅじん)と 남편과
★ う로 끝나는 1그룹 동사의 て형(연결형) + くる ~하고 오다
예) 買(か)う 사다 → 買(か)って 사고, 사서 → 買(か)ってくる 사 오다 → 買(か)ってきます 사 옵니다 → 買(か)ってきました 사 왔습니다

단어 ▶　友達ともだち 친구　　買かい物もの 쇼핑　　約束やくそくをする 약속을 하다
映画えいがの切符きっぷ 영화표　　買かう 사다　　買かってくる 사오다
温泉おんせん 온천　　旅館りょかん 여관　　とても 매우　　高たかい 비싸다, 높다, (키)크다
私わたし 나　　趣味しゅみ 취미　　あちこち 여기저기

정답 ▶　3

문법익히기 동사의 た형 주요문형

01. 〜たり 〜たりする 〜하기도 하고 〜하기도 하다

「〜たり 〜たりする」는 「〜하기도 하고 〜하기도 하다/〜하거나 〜하거나 하다」라는 표현이다. 동사의 과거형에 접속되는 점에 주의하자.

バス停は バスに 乗ったり 降りたり する ところです。
버스정류장은 버스를 타거나 내리거나 하는 곳입니다.

休みの 日は 友だちと お酒を 飲んだり 映画を 見たり します。
쉬는 날에는 친구와 술을 마시기도 하고 영화를 보기도 합니다.

문제로 확인하기

1 学校に 行く 時、電車の 中で 音楽を （ a ） 本を （ b ） します。

　　1 a 聞きたり b 読みたり　　　　2 a 聞いたり b 読んだり
　　3 a 聞いて b 読んで　　　　　　4 a 聞くと b 読むと

> 해석 ▶　학교에 갈 때 전철 안에서 음악을 듣거나 책을 읽거나 합니다.
> 해설 ▶　① 聞(き)きたり/読(よ)みたり는「동사의 ます형, 즉 聞(き)き와 読(よ)み」에「〜たり 〜たりする(〜하기도 하고 〜하기도 하다/〜하거나 〜하거나 하다)」가 접속되어 있으므로 올바른 문법형식이 아니다.
> 　　　　② 〜たり 〜たりする(〜하기도 하고 〜하기도 하다/〜하거나 〜하거나 하다)
> 　　　　聞(き)く(듣다) → 聞(き)いた(들었다—과거형) → 聞(き)いたり(듣거나) / 読(よ)む(읽다) → 読(よ)んだ(읽었다—과거형) → 読(よ)んだり(읽거나)　따라서「音楽(おんがく)を聞(き)いたり本(ほん)を読(よ)んだりします(음악을 듣거나 책을 읽거나 합니다)」가 올바른 문장이다.

02. 〜たことがある 〜한 적이 있다

「〜たことがある」는 「동사의 과거형」에 「ことがある(일이 있다)」를 접속시킨 형태로 「〜한 적이 있다」라는 과거의 경험을 나타내는 표현이다. 동사의 현재형에 접속시킬 경우에는 과거의 경험이 아닌 「(때때로) 〜하는 경우가 있다/(때때로) 〜할 때가 있다」라는 뜻이 된다.

日本(にほん)の　映画(えいが)を　見(み)た　ことが　あります。
일본 영화를 본 적이 있습니다.(과거 경험)

私(わたし)は　たまに　弟(おとうと)と　一緒(いっしょ)に　買(か)い物(もの)に　行(い)く　ことが　あります。
나는 가끔 남동생과 함께 쇼핑을 가는 경우가 있습니다.(과거 경험이 아님)

문제로 확인하기

1　私(わたし)は　ときどき　仕事(しごと)で　アメリカへ　行(い)く　ことが　(　　　)。

　1　あります　　　2　します　　　3　います　　　4　なります

2 「浜田さんは　昔　ここに　（　　　　）　ことが　ありますか」

「いいえ、ありません」

1　来る　　　　　　　2　来て　　　　　　3　来た　　　　　4　来ない

해석 ▶ 「하마다씨는 예전에 이곳에 온 적이 있습니까?」

「아니요, 없습니다.」

해설 ▶ ① 「동사의 현재형+ことがある」는 「(때때로) ~하는 경우가 있다/(때때로) ~할 때가 있다」라는 뜻
이다. 来(く)る(오다) → 来(く)ることがある(오는 경우가 있다) → 来(く)ることがあります(오
는 경우가 있습니다) 앞에 「昔(むかし)(예전)」이라는 말이 있기 때문에 문맥과 맞지 않는 표현이다.

② 来(く)る(오다) → 来(き)て(오고/와서-연결형)

③ ~たことがある(~한 적이 있다-과거 경험)

来(く)る(오다) → 来(き)た(왔다-과거형) → 来(き)たことがある(온 적이 있다) → 来(き)たこ
とがあります(온 적이 있습니다)

④ 来(く)る(오다) → 来(こ)ない(오지 않다-부정형)

단어 ▶ 昔むかし 예전, 옛날　　ここ 여기, 이곳　　来くる 오다

정답 ▶ 3

3 富士山に　のぼった　（　　　　）が　ありますか。

1　くらい　　　　　　2　ところ　　　　　3　こと　　　　　4　もの

해석 ▶ 후지산에 오른 적이 있습니까?

해설 ▶ ① くらい(정도)

② ところ(장소, 곳)

③ ~たことがある(~한 적이 있다-과거 경험)

のぼる(오르다) → のぼった(올랐다-과거형) → のぼったことがある(오른 적이 있다) → のぼ
ったことがあります(오른 적이 있습니다)

④ もの(물건, 것)

단어 ▶ 富士山ふじさん 후지산　　のぼる 오르다

정답 ▶ 3

03. ～たことがない ～한 적이 없다

「～たことがない」는 「～たことがある(～한 적이 있다)」의 부정표현으로 「～한 적이 없다」라는 표현이다. 공손한 표현은 「～たことがないです/～たことがありません(～한 적이 없습니다)」이다.

私は　船<ruby>船<rt>ふね</rt></ruby>に　乗<ruby>乗<rt>の</rt></ruby>った　ことが　ない。
나는 배를 탄 적이 없다.

まだ　一度<ruby>一度<rt>いちど</rt></ruby>も　料理<ruby>料理<rt>りょうり</rt></ruby>を　作<ruby>作<rt>つく</rt></ruby>った　ことが　ありません。
아직 한 번도 요리를 만든 적이 없습니다.

문제로 확인하기

1 そんな　話<ruby>話<rt>はなし</rt></ruby>は　今<ruby>今<rt>いま</rt></ruby>まで　一度<ruby>一度<rt>いちど</rt></ruby>も　（　　　　）。

　　1　聞<ruby>聞<rt>き</rt></ruby>いた　ことが　ある　　　　　2　聞<ruby>聞<rt>き</rt></ruby>いた　ことが　ない

　　3　聞<ruby>聞<rt>き</rt></ruby>いた　ほうが　いい　　　　　4　聞<ruby>聞<rt>き</rt></ruby>いて　しまった

해석 ▶　그런 이야기는 지금까지 한 번도 들은 적이 없다.
해설 ▶　① ～たことがある(～한 적이 있다−과거 경험)
　　　　　聞(き)く(듣다) → 聞(き)いた(들었다−과거형) → 聞(き)いたことがある(들은 적이 있다)
　　　　② ～たことがない(～한 적이 없다−과거 경험)
　　　　　聞(き)く(듣다) → 聞(き)いた(들었다−과거형) → 聞(き)いたことがない(들은 적이 없다)
　　　　③ ～たほうがいい(～하는 편이 좋다−권유/조언)
　　　　　聞(き)く(듣다) → 聞(き)いた(들었다−과거형) → 聞(き)いたほうがいい(듣는 편이 좋다)
　　　　④ ～てしまう(～해 버리다)
　　　　　聞(き)く(듣다) → 聞(き)いて(듣고/들어서−연결형) → 聞(き)いてしまう(들어 버리다) → 聞(き)いてしまった(들어 버렸다)
단어 ▶　そんな 그런　　話<ruby>話<rt>はなし</rt></ruby> 이야기　　今<ruby>今<rt>いま</rt></ruby> 지금　　～まで ～까지　　一度<ruby>一度<rt>いちど</rt></ruby> 한 번
　　　　聞<ruby>聞<rt>き</rt></ruby>く 듣다, 묻다
정답 ▶　2

2 私<ruby>私<rt></rt></ruby>は　まだ　一度<ruby>一度<rt>いちど</rt></ruby>も　カクテルを　（　　　）　ことが　ありません。

　　1　飲<ruby>飲<rt>の</rt></ruby>む　　　　　2　飲<ruby>飲<rt>の</rt></ruby>まない　　　3　飲<ruby>飲<rt>の</rt></ruby>み　　　　　4　飲<ruby>飲<rt>の</rt></ruby>んだ

해석 ▶	나는 아직 한 번도 칵테일을 마신 적이 없습니다.
해설 ▶	① 飲(の)む(마시다)
	② 飲(の)む(마시다) → 飲(の)まない(마시지 않다-부정형)
	③ 飲(の)み(飲(の)む의 ます형으로 자체로는 해석 불가)
	④ ～たことがない(～한 적이 없다-과거 경험)
	飲(の)む(마시다) → 飲(の)んだ(마셨다-과거형) → 飲(の)んだことがない(마신 적이 없다) →
	飲(の)んだことがありません(마신 적이 없습니다)
단어 ▶	まだ 아직 一度いちど 한 번 カクテル 칵테일 飲のむ 마시다
정답 ▶	4

04. ～たほうがいい ～하는 편이 좋다

「～たほうがいい」는 동사의 과거형에 「ほうがいい(편이 좋다)」를 접속시킨 형태이다. 「～하는 편이 좋다」라는 뜻으로 상대방에게 권유나 조언을 할 때 주로 쓴다. 이렇게 조언이나 권유의 뜻으로 쓸 경우 반드시 동사의 た형(동사의 과거형)에 접속시켜야 한다.

それは　専門家(せんもんか)に　任(まか)せた　ほうが　いい。
그것은 전문가에게 맡기는 편이 좋다.

健康(けんこう)の　ために、毎日(まいにち)　運動(うんどう)を　した　ほうが　いいです。
건강을 위해서 매일 운동을 하는 편이 좋습니다.

문제로 확인하기 ◯

1 まだ 寒(さむ)いから　コートを　（　　　）　ほうが　いい。
1 着(き)られる　　　2 着(き)た　　　　3 着(き)て　　　　4 着(き)よう

해석 ▶	아직 추우니까 코트를 입는 편이 좋다.
해설 ▶	① 着(き)る(입다) → 着(き)られる(입을 수 있다-2그룹동사의 가능형. 어미 る를 られる로 바꾼다)
	② ～たほうがいい(～하는 편이 좋다-권유/조언)
	着(き)る(입다) → 着(き)た(입었다-과거형) → 着(き)たほうがいい(입는 편이 좋다)
	③ 着(き)る(입다) → 着(き)て(입고/입어서-연결형)
	④ 着(き)る(입다) → 着(き)よう(입어야지/입자-2그룹동사의 의지형. 어미 る를 떼고 よう를 접속)
단어 ▶	まだ 아직 寒さむい 춥다 ～から ～때문에 コート 코트 着きる 입다
	ほう 편. 쪽 いい 좋다
정답 ▶	2

2 そんなに　頭が　痛かったら、薬を　飲んだ　ほう（　　　）　いいですよ。

　　　1　が　　　　　　　2　に　　　　　　　3　で　　　　　　4　を

05. ～たまま ～한 채로

상태의 방치와 유지를 나타내는 표현이다. 접속 형태가 동사의 た형(동사의 과거형)인 점에 주의하
자.

電車が　止まっ**たまま**　動かない。
전철이 멈춘 채로 움직이지 않는다.

父は　眼鏡を　かけ**たまま**　寝て　います。
아버지는 안경을 쓴 채로 자고 있습니다.

문제로 확인하기

1 靴を　（　　　）まま　部屋に　入っても　いいですか。

　　　1　はく　　　　　　2　はき　　　　　　3　はいて　　　　4　はいた

③ はく(신다) → はいて(신고/신어서−연결형)
④ ～たまま(～한 채로)
　　はく(신다) → はいた(신었다−과거형) → はいたまま(신은 채로)
⑤ ～てもいい(～해도 좋다, ～해도 된다)
　　入(はい)る(들어가다) → 入(はい)って(들어가고/들어가서−연결형) → 入(はい)ってもいい(들어
　　가도 된다) → 入(はい)ってもいいです(들어가도 됩니다)

단어 ▶　靴くつ 구두　　　はく 신다　　　部屋へや 방　　　入はいる 들어가다, 들어오다
정답 ▶　4

② 　一日中いちにちじゅう　立たった（　　　）　仕事しごとを　したので、とても　疲つかれました。

　1　ら　　　　　　　2　ながら　　　　　　3　まま　　　　　　4　ために

해석 ▶　하루 종일 선 채로 일을 했기 때문에 매우 지쳤습니다.
해설 ▶　① ～たら(～하면−조건)
　　　　　立(た)つ(서다) → 立(た)った(섰다−과거형) → 立(た)ったら(서면−たら(～하면) 조건표현은 각
　　　　　품사의 과거형에 접속한다)
　　　　② 「동사의 ます형+ながら」는 「～하면서」라는 동시진행을 나타내는 표현이다. 따라서 「立(た)った
　　　　　ながら」는 올바른 문법형식이 아니다.
　　　　③ ～たまま(～한 채로)
　　　　　立(た)つ(서다) → 立(た)った(섰다−과거형) → 立(た)ったまま(선 채로)
　　　　④ 「～ために」는 크게 「～위해서」와 「～때문에」라는 뜻이 있다.
단어 ▶　一日中いちにちじゅう 하루 종일　　立たつ 서다　　仕事しごと 일　　する 하다
　　　　～ので ～때문에　　とても 매우　　疲つかれる 지치다, 피로해지다
정답 ▶　3

もんだい４　つぎの文章を読んで、質問に答えてください。答えは１・２・３・４から最もよい
　　　　　　ものを一つえらびなさい。

　11日14時46分ごろ、○○市で震度5.1の地震が起きました。市民の皆さまは、これからも余震が心配されますので、十分注意してください。もし余震が起きても、落ち着いて行動しましょう。

　地震が起こったらテレビやラジオなどで地震の情報を聞きながら、必ず窓は開けてください。ガスはとめて、断水の可能性がありますので、お風呂に水を溜めておくのもいいです。ぜったいに見物などには行かないようにしてください。

1　これは何のお知らせですか。
　　１　行動のお知らせ
　　２　情報のお知らせ
　　３　地震のお知らせ
　　４　断水のお知らせ

  11일 14시 46분쯤, ○○시에서 진도 5.1의 지진이 일어났습니다. 시민 여러분은 앞으로도 여진이 염려되기 때문에, 충분히 주의해 주십시오! 만약 여진이 일어나도 침착하게 행동합시다.
  지진이 일어나면 텔레비전이나 라디오 등에서 지진정보를 들으면서, 반드시 창문은 열어 주십시오! 가스는 끄고 단수의 가능성이 있기 때문에, 욕실에 물을 담아 두는 것도 괜찮습니다.
  절대로 구경 등에는(구경 하려는) 가지 않도록 해 주십시오!

Ⅰ 이것은 무슨 통지(알림)입니까?
    1 행동 통지 (X)
    2 정보 통지 (X)
    3 지진 통지 (O)
    4 단수 통지 (X)

★ 2그룹 동사의 ました형(정중한 과거형)
   예) 起(お)きる 일어나다, 발생하다 → 起(お)きます 일어납니다 → 起(お)きました 일어났습니다
★ 3그룹 동사 중 する의 수동표현 ～되어지다, ～당하다
   예) 心配(しんぱい)する 걱정(염려)하다 → 心配(しんぱい)される 염려되다 → 心配(しんぱい)されます 염려됩니다
★ 3그룹 동사 중 する의 て형(연결형) + ください ～해 주십시오!
   예) 注意(ちゅうい)する 주의하다 → 注意(ちゅうい)して 주의하고, 주의해서 → 意(ちゅうい)してください 주의해 주십시오!
★ 2그룹 동사의 て형(연결형) + も ～해도
   예) 起(お)きる 일어나다 → 起(お)きて 일어나고, 일어나서 → 起(お)きても 일어나도
★ く로 끝나는 1그룹 동사의 て형(연결형) ～고, ～서
   예) 落(お)ち着(つ)く 침착하다, 차분하다 → 落(お)ち着(つ)い → 落(お)ち着(つ)いて 침착하고, 침착해서
★ 3그룹 동사 중 する의 ましょう형(정중한 권유형) ～합시다!
   예) する 하다 → します 합니다 → しましょう 합시다!
★ る로 끝나는 1그룹 동사의 たら형(조건문) ～면
   예) 起(お)こる 일어나다, 발생하다 → 起(お)こって 일어나고, 일어나서 → 起(お)こった 일어났다 → 起(お)こったら 일어나면
★ く로 끝나는 1그룹 동사의 ます형(정중형) + ながら ～하면서
   예) 聞(き)く 듣다 → 聞(き)きます 듣습니다 → 聞(き)きながら 들으면서
★ 동사의 ます형(정중형) + ので ～ 때문에, ～이어서
   예) ある 있다 → あります 있습니다 → ありますので 있기 때문에
★ 2그룹 동사의 て형(연결형) + おく ～해 두다
   예) 溜(た)める (물을)가두다 → 溜(た)めて 가두고, 가두어서 → 溜(た)めておく 가두어 두다, 담아두다
★ く로 끝나는 1그룹 동사의 ない형(부정형) ～하지 않다
   예) 行(い)く 가다 → 行(い)か → 行(い)かない 가지 않다
★ 1그룹 동사의 ない형(부정형) + ようにする ～하지 않도록 하다
   예) 行(い)く 가다 → 行(い)かない 가지 않는다 → 行(い)かないように 가지 않도록 → 行(い)かないようにする 가지 않도록 하다

단어 ▶　頃ごろ 쯤, 경, 무렵　　震度しんど 진도　　地震じしん 지진
　　　　起おきる 일어나다, 발생하다　　市民しみん 시민　　皆様みなさま 여러분
　　　　これから 앞으로　　余震よしん 여진　　心配しんぱいされる 걱정되다, 염려되다
　　　　十分じゅぶん 충분히　　注意ちゅういする 주의하다　　もし 만약
　　　　落おち着つく 침착하다, 차분하다　　行動こうどうする 행동하다
　　　　起おこる 일어나다, 발생하다　　テレビ 텔레비전　　ラジオ 라디오　　など …등
　　　　情報じょうほう 정보　　聞きく 듣다, 묻다　　必かならず 반드시　　窓まど 창문
　　　　開あける 열다　　ガス 가스　　ガスを止とめる 가스를 끄다　　断水だんすい 단수
　　　　可能性かのうせい 가능성　　お風呂ふろ 목욕, 욕조, 욕실　　水みず 물(차가운 물)
　　　　溜ためる (물을)가두다, (일을)쌓아두다, 모으다, 모아두다　　置おく 놓다, 두다　　いい 좋다
　　　　絶対ぜったいに 절대로　　見物けんぶつ 구경　　行いかない 가지 않다

정답 ▶　3

CHAPTER 03 청해

청해익히기 **포인트 이해 문제 1**

포인트 이해 문제는 문장을 들려주고 내용을 잘 이해했는가를 묻는 문제로서 특히 여러 가지 사실에 근거해 문장 속에서 핵심 포인트를 집어낼 수 있는 가를 묻는 문제가 출제된다.

일반적으로 포인트 이해 문제는 다양한 주제의 문제가 많이 출제되므로 다양한 주제를 가진 문장을 많이 듣고 정확하게 전체내용을 파악해 핵심을 찾아내는 연습을 해야 한다. 특히 원인과 이유를 묻는 문제가 자주 출제되므로 문제를 풀 때 화자가 그런 행동을 취하는 원인과 이유가 무엇인지에 집중하며 문제를 푸는 연습을 많이 하는 것이 좋다.

문제로 확인하기

1番
1 忙しいから

2 お金がないから

3 疲れているから

4 土曜日も仕事があるから

2番
1 週末だから

2 平日だから

3 まだ時間が早いから

4 ここはもう銀行ではないから

1번 문제

스크립트 ▶

質問:旅行りょこうについて話はなしています。
　　　男おとこの人ひとはどうして旅行りょこうをしないのですか。

女:池田いけださん、今度こんどの週末しゅうまつも旅行りょこうですか。

男:ええ、そうしたいんですが、ちょっと…。

女:あ、最近さいきん、仕事しごとが忙いそがしいって言いっていましたね。土曜日どようびもお仕事しごとですか。

男:いや、それはないけど。

女:じゃあ、体からだの調子ちょうしが悪わるいんですか。

男:いや、ちょっと別べつの問題もんだいがあって。

女:え?

男:実じつは、先週せんしゅうお金かねを使つかいすぎてしまって…。

男おとこの人ひとはどうして旅行りょこうをしないのですか。

1　忙いそがしいから
2　お金かねがないから
3　疲つかれているから
4　土曜日どようびも仕事しごとがあるから

해석 ▶

질문 : 여행에 대해 이야기하고 있습니다. 남자는 왜 여행을 하지 않습니까?

여 : 이케다씨, 이번 주말도 여행가세요?

남 : 저어, 그렇게 하고 싶습니다만, 조금…

여 : 아, 최근에 일이 바쁘다고 말했지요? 토요일도 일하세요?

남 : 아니, 그것은 아닌데.

여 : 그럼, 몸 컨디션이 나쁘세요?

남 : 아니요, 조금 다른 문제가 있어서.

여 : 네?

남 : 실은, 지난 주 돈을 너무 써 버려서…

남자는 왜 여행을 하지 않습니까?

1　바쁘기 때문에
2　돈이 없기 때문에
3　피곤하기 때문에
4　토요일도 일이 있기 때문에

포인트 문법 ▶

① 동사의 ます형+すぎる(지나치게 ~하다, 너무 ~하다)
　　使(つか)う(사용하다) → 使(つか)います(사용합니다) → 使(つか)いすぎる(너무 사용하다)

② ~てしまう(~해 버리다)
　　使(つか)いすぎる(너무 사용하다) → 使(つか)いすぎてしまう(너무 사용해 버리다) → 使(つか)いすぎてしまって(너무 사용해 버려서)

단어 ▶

今度こんど 이번, 이 다음
週末しゅうまつ 주말　　旅行りょこう 여행
最近さいきん 최근　　仕事しごと 일
忙いそがしい 바쁘다　　言いう 말하다
土曜日どようび 토요일　　いや 아니오
体からだ 몸　　調子ちょうし 상태
悪わるい 나쁘다　　別べつ 다름
問題もんだい 문제　　実じつは 사실은
先週せんしゅう 지난 주　　お金かね 돈
使つかう 사용하다, 이용하다

정답 ▶ 2

2번 문제

스크립트 ▶

質問：男おとこの人ひとと女おんなの人ひとが話はなしています。銀行ぎんこうはどうして閉しまっていたのですか。

男：あれ？銀行ぎんこう、閉しまっていますね。

女：今日きょうは平日へいじつだから開あいているはずですけど。

男：開あくのは何時なんじですか。

女：いつも９時じです。

男：おかしいですね。もう１０時じ半はんですよ。

女：あら、ここ見みてください。銀行ぎんこうが移転いてんしたようですよ。

男：え、ほかのところに移うつったってことですか。

女：そうみたいですね。

銀行ぎんこうはどうして閉しまっていたのですか。

1 週末しゅうまつだから
2 平日へいじつだから
3 まだ時間じかんが早はやいから
4 ここはもう銀行ぎんこうではないから

해석 ▶

질문 : 남자와 여자가 이야기하고 있습니다. 은행은 왜 닫혀져 있었습니까?

남 : 어? 은행, 닫혀져 있군요.

여 : 오늘은 평일이니까 열려 있을 텐데요.

남 : 문을 여는 것은 몇 시입니까?

여 : 언제나 9시입니다.

남 : 이상하네요. 벌써 10시 반이에요.

여 : 어머나, 여기 보세요. 은행이 이전한 것 같아요.

남 : 어, 다른 곳으로 옮겼다는 말입니까?

여 : 그런 것 같네요.

은행은 왜 닫혀져 있었습니까?

1 주말이기 때문에
2 평일이기 때문에
3 아직 시간이 이르기 때문에
4 여기는 더 이상 은행이 아니기 때문에

포인트 문법 ▶

① ～ようだ(～한 것 같다—아마도 그런 것 같다고 주관적으로 추측하는 표현)
移転(いてん)する(이전하다) → 移転(いてん)した(이전했다—과거형) → 移転(いてん)したようだ(이전한 것 같다) → 移転(いてん)したようです(이전한 것 같습니다)

② ～みたいだ(～한 것 같다—아마도 그런 것 같다고 주관적으로 추측하는 표현)
そうみたいだ(그런 것 같다) → そうみたいです(그런 것 같습니다)

단어 ▶

銀行ぎんこう 은행   閉しまる 닫히다
今日きょう 오늘   平日へいじつ 평일
開あく 열리다, 문을 열다(개점하다)
～はずだ ～할(일) 것이다   いつも 언제나
おかしい 이상하다   見みる 보다
移転いてんする 이전하다   ほか 딴, 다른
ところ 곳, 장소   移うつる 옮기다
週末しゅうまつ 주말   まだ 아직
時間じかん 시간
早はやい 빠르다, 이르다

정답 ▶ 4

Part 05

新 JLPT 종결자

CHAPTER 01 문자/어휘

단어익히기 필수 3자 이상 한자

暗証番号	あんしょうばんごう	비밀 번호	一般的	いっぱんてき	일반적
運動会	うんどうかい	운동회	運動場	うんどうじょう	운동장
映画館	えいがかん	영화관	営業部	えいぎょうぶ	영업부
会議室	かいぎしつ	회의실	会社員	かいしゃいん	회사원
外出中	がいしゅつちゅう	외출 중	活動的	かつどうてき	활동적
可能性	かのうせい	가능성	観光客	かんこうきゃく	관광객
管理人	かんりにん	관리인	喫茶店	きっさてん	다방(찻집)
義務教育	ぎむきょういく	의무교육	救急車	きゅうきゅうしゃ	구급차
教科書	きょうかしょ	교과서	今日中	きょうじゅう	오늘 중
共通語	きょうつうご	공통어	銀行員	ぎんこういん	은행원
空気中	くうきちゅう	공기 중	区役所	くやくしょ	구청
警察官	けいさつかん	경찰관	化粧品	けしょうひん	화장품
血液型	けつえきがた	혈액형	結婚式	けっこんしき	결혼식
研究会	けんきゅうかい	연구회	研究室	けんきゅうしつ	연구실
研究所	けんきゅうじょ	연구소	航空便	こうくうびん	항공편
高血圧	こうけつあつ	고혈압	高校生	こうこうせい	고등학생

もんだい1 ＿＿＿＿＿の ことばは どう よみますか。1・2・3・4から いちばん いい
　　　　　ものを ひとつ えらんで ください。

① クラスの みんなが <u>運動場</u>を ひとまわり しました。

　1　うんどじょ　　　　　　　　　2　うんどうじょ

　3　うんどじょう　　　　　　　　4　うんどうじょう

해석 ▶　1　클래스(반) 모두가 <u>운동장</u>을 일주(한바퀴) 했습니다.

해설 ▶　1 X　　　　　　2 X　　　　　　3 X

　　　　4 **運動場**うんどうじょう 운동장

포인트 문법 ▶　★ 3그룹 동사 중 する의 ました형(정중한 과거형) ～했습니다

　　　　　　예) する 하다 → します 합니다 → しました 했습니다

단어 ▶　**クラス** 클래스　**皆**みんな 모두　　**ひとまわり** 일주(한바퀴)

정답 ▶　4

---

② だいがく
大学に <u>研究所</u>を つくりました。

　1　けんきゅうじょ　　　　　　　2　しけんじょう

　3　あんないじょ　　　　　　　　4　じむしょ

해석 ▶　대학에 연구소를 만들었습니다.

해설 ▶　1 **研究所**けんきゅうじょ 연구소　　　2 **試験場**しけんじょう 시험장

　　　　3 **案内所**あんないじょ 안내소　　　4 **事務所**じむしょ 사무소

포인트 문법 ▶　★ る로 끝나는 1그룹 동사의 ました형(정중한 과거형) ～했습니다

　　　　　　예) 作(つく)る 만들다 → 作(つく)リ → 作(つく)ります 만듭니다 → 作(つく)りました
만들었습니다

단어 ▶　**大学**だいがく 대학　**作**つくる 만들다　**作**つくりました 만들었습니다

정답 ▶　1

効果的 こうかてき	효과적	交差点 こうさてん	교차점
国際化 こくさいか	국제화	個人的 こじんてき	개인적
午前中 ごぜんちゅう	오전 중	最終的 さいしゅうてき	최종적
作業員 さぎょういん	작업원	参加者 さんかしゃ	참가자
三連休 さんれんきゅう	3일 연속 휴일	時間割 じかんわり	시간표
仕事先 しごとさき	근무처	思春期 ししゅんき	사춘기
指定席 していせき	지정석	自転車 じてんしゃ	자전거
支店長 してんちょう	지점장	自動車 じどうしゃ	자동차
自動的 じどうてき	자동적	事務所 じむしょ	사무소(사무실)
市役所 しやくしょ	시청	写真家 しゃしんか	사진가
自由化 じゆうか	자유화	手術室 しゅじゅつしつ	수술실
出張中 しゅっちょうちゅう	출장 중	出発日 しゅっぱつび	출발일
準備中 じゅんびちゅう	준비 중	奨学金 しょうがくきん	장학금
小学校 しょうがっこう	초등학교	小説家 しょうせつか	소설가

문제로 확인하기

もんだい2　_____の　ことばは　どう　かきますか。1·2·3·4から　いちばん　いい
　　　　　ものを　ひとつ　えらんで　ください。

1　今_{いま}から　書類_{しょるい}を　とりに　じむしょに　戻_{もど}ります。

　1　事務室　　　　2　事務所　　　　3　事務員　　　　4　事務課

　　　해석 ▶　지금부터 서류를 가지러 <u>사무실</u>에 되돌아 갈 겁니다.

　　　해설 ▶　1　事務室 じむしつ　사무실　　　　　2　事務所 じむしょ　사무소(사무실)
　　　　　　　3　事務員 じむいん　사무원　　　　　4　事務課 じむか　사무과

　포인트 문법 ▶　★ る로 끝나는 1그룹 동사의 ます형 + に(동작의 목적) ~하러
　　　　　　　　예) とる 가지다. 들다 → とります 가집니다 → とりに 가지러

　　　단어 ▶　今 いま 지금　書類 しょるい 서류　取 とる 가지다. 들다　戻 もどる 되돌아가(오)다

　　　정답 ▶　2

② 彼女(かのじょ)は しょうせつかに なりたがって います。

　　1　小説定　　　　2　小説化　　　　3　小説家　　　　4　小説花

해석 ▶　그녀는 <u>소설가</u>가 되고 싶어 하고 있습니다.

해설 ▶　1　X　　　　　　　　　　　　　　2　X
　　　　3　小説家 しょうせつか 소설가　　　4　X

포인트 문법 ▶　★ 1그룹 동사의 ます형 + たがる ～하고 싶어 하다
　　　　　예) なる 되다 → なります 됩니다 → なりたがる 되고 싶어 하다 → なりたがって 되고
　　　　　싶어 하고, 되고 싶어 해서 → なりたがっている 되고 싶어 하고 있다 → なりたがっ
　　　　　ています 되고 싶어 하고 있습니다

단어 ▶　彼女 かのじょ 그녀, 여자친구　　なる 되다　　なりたがる 되고 싶어 하다　　いる 있다

정답 ▶　3

단어익히기　필수 3자 이상 한자

証明書 しょうめいしょ　증명서	植物園 しょくぶつえん　식물원
食料品 しょくりょうひん　식료품	女性用 じょせいよう　여성용
新製品 しんせいひん　신제품	新聞社 しんぶんしゃ　신문사
生活費 せいかつひ　생활비	政治家 せいじか　정치가
成人式 せいじんしき　성인식	世界一 せかいいち　세계 제일
世界中 せかいじゅう　온 세계	世界旅行 せかいりょこう　세계여행
説明会 せつめいかい　설명회	全国的 ぜんこくてき　전국적
洗濯物 せんたくもの　세탁물	洗面所 せんめんじょ　세면장
専門家 せんもんか　전문가	体育館 たいいくかん　체육관
大学生 だいがくせい　대학생	大使館 たいしかん　대사관
誕生日 たんじょうび　생일	地下鉄 ちかてつ　지하철
駐車場 ちゅうしゃじょう　주차장	天気予報 てんきよほう　일기예보
電話代 でんわだい　전화요금	動物園 どうぶつえん　동물원

もんだい3 （　　　　）に　なにを　いれますか。1・2・3・4から　いちばん　いい　もの
を　ひとつ　えらんで　ください。

1 母（はは）と　留学（りゅうがく）の　（　　　　）に　行（い）って　きました。

   1　びょういん　　　　　　　　　　2　そつぎょうしき

   3　けっこんしき　　　　　　　　　　4　せつめいかい

해석 ▶　어머니와 유학 (설명회)에 다녀왔습니다.

해설 ▶　1　美容院 びょういん 미용실　　　　2　卒業式 そつぎょうしき 졸업식

        3　結婚式 けっこんしき 결혼식　　　　4　説明会 せつめいかい 설명회

포인트 문법 ▶　★ 1그룹 동사 중 行(い)く의 て형(연결형)

         예) 行(い)く 가다 → 行(い)っ → 行(い)って 가고, 가서(예외라서 외워야 함)

단어 ▶　留学 りゅうがく 유학　　行 い く 가다　　行 い って 가고　　行 い ってくる 갔다 오다, 다녀오다

정답 ▶　4

---

2 （　　　　）の　意見（いけん）を　聞（き）いた　ほうが　いいかも　しれません。

   1　せんもんか　　　　　　　　　　2　せんめんじょ

   3　せんたくもの　　　　　　　　　　4　せんたくき

해석 ▶　(전문가)의 의견을 듣는 편이 좋을지도 모릅니다.

해설 ▶　1　専門家 せんもんか 전문가　　　　2　洗面所 せんめんじょ 세면장

        3　洗濯物 せんたくもの 세탁물, 빨랫감　　4　洗濯機 せんたくき 세탁기

포인트 문법 ▶　★ く로 끝나는 1그룹 동사의 た형(과거형) + ほうがいい ~하는 편이 좋다

         예) 聞(き)く 듣다 → 聞(き)いて 듣고, 들어서 → 聞(き)いた 들었다 → 聞(き)いたほうが

         いい 듣는 편이 좋다

        ★ い형용사의 기본형 + かもしれません ~일지도 모릅니다

         예) いい 좋다 → いいかもしれません 좋을지도 모릅니다

단어 ▶　意見 いけん 의견　　聞 き く 듣다　　聞 き いた 들었다　　方 ほう 쪽, 편　　いい 좋다

정답 ▶　1

運動場うんどうじょう 운동장 = 運動うんどうをするための場所ばしょ 운동을 하기 위한 장소

映画館えいがかん 영화관 = 映画えいがを見みせるための施設せつ 영화를 보여 주기 위한 시설

会社員かいしゃいん 회사원 = サラリーマン 회사원

喫茶店きっさてん 다방 = コーヒーや紅茶こうちゃなどを飲のんだり、軽かるい食事しょくじなどができるところ 커피나 홍차 등을 마시거나 가벼운 식사 등을 할 수 있는 곳

教科書きょうかしょ 교과서 = 学校がっこうの本ほん 학교 책

個人的こじんてき 개인적 = プライベート 사적

再使用さいしよう 재사용 = 一度いちど使つかったものをもう一度いちど使用しようすること 한 번 사용한 물건을 한 번 더 사용하는 것

作業員さぎょういん 작업 원 = 仕事しごとをする人ひと 일을 하는 사람

時間割じかんわり 시간표 = スケジュール 스케줄

自動的じどうてき 자동적 = 自力じりきで動うごくようす 자력으로 움직이는 모습

事務所じむしょ 사무소(사무실) = オフィス 오피스

乗車券じょうしゃけん 승차권 = 乗車じょうしゃ切符きっぷ 승차권

日本製にほんせい 일본제 = 日本にほんでつくられたもの 일본에서 만들어진 물건

歯医者はいしゃ 치과 의사 = 歯はの治療ちりょうをする医者いしゃ 이 치료를 하는 의사

八百屋やおや 야채가게 = 野菜やさいを主おもに売うる店みせ 야채를 주로 판매하는 가게

もんだい4 _____の ぶんと だいたい おなじ いみの ぶんが あります。1・2・
3・4から いちばん いい ものを ひとつ えらんで ください。

1 <u>教科書を 必ず 持って きて ください。</u>

1 教授を 必ず 持って きて ください。

2 科学の 本だけ 必ず 持って きて ください。

3 書く ものを 必ず 持って きて ください。

4 学校の 本を 必ず 持って きて ください。

해석 ▶ <u>교과서를 반드시 가져 오십시오!</u>

1 교수를 반드시 가져 오십시오! (X)

2 화학 책만 반드시 가져 오십시오! (X)

3 쓸 것을 반드시 가져 오십시오! (X)

4 학교 책을 반드시 가져 오십시오! (O)

포인트 문법 ▶ ★ 3그룹 동사 중 来(く)る의 て형(연결형) + ください ~해 주십시오!

예) くる 오다 → きて 오고, 와서 → きてください 와주십시오!

단어 ▶ 教科書きょうかしょ 교과서　必かならず 반드시　持もつ 가지다, 들다

持もってくる 가지고 오다　教授きょうじゅ 교수　科学かがく 화학　だけ ~만

書かく 쓰다　物もの 물건　学校がっこう 학교

정답 ▶ 4

---

2 <u>四時に 事務所で 会いましょう。</u>

1 四時に オフィスで 会いましょう。

2 四時に グラウンドで 会いましょう。

3 四時に パークで 会いましょう。

4 四時に カフェで 会いましょう。

해석 ▶ <u>4시에 사무실에서 만납시다!</u>

　　　1　4시에 오피스에서 만납시다! (O)

　　　2　4시에 그라운드에서 만납시다! (X)

　　　3　4시에 파크에서 만납시다! (X)

　　　4　4시에 카페에서 만납시다! (X)

포인트 문법 ▶ ★ 장소 + で ～에서

　　　예) 事務所(じむしょ) 사무실 → 事務所(じむしょ)で 사무실에서, 日本(にほん) 일본 → 日本(にほん)で 일본에서

　　　★ 1그룹 동사의 ましょう형(정중한 권유형) ～합시다!

　　　예) 会(あ)う 만나다 → 会(あ)います 만납니다 → 会(あ)いましょう 만납시다!

단어 ▶ **4時**よじ 4시　　**事務所**じむしょ 사무소(사무실)　　**会**あう 만나다　　**会**あいましょう 만납시다!

　　　オフィス 오피스　　**グラウンド** 그라운드(운동장)　　**パーク** 파크(공원)　　**カフェ** 카페

정답 ▶　1

단어익히기 필수 3자 이상 한자

図書館としょかん	도서관	土曜日どようび	토요일
日本酒にほんしゅ	일본 술, 청주	日本製にほんせい	일본제
入学式にゅうがくしき	입학식	入場料にゅうじょうりょう	입장료
歯医者はいしゃ	치과 의사, 치과	博物館はくぶつかん	박물관
飛行機ひこうき	비행기	非常口ひじょうぐち	비상구
美容院びよういん	미용실	不規則ふきそく	불규칙
文房具屋ぶんぼうぐや	문방구점	北海道ほっかいどう	북해도
万年筆まんねんひつ	만년필	申込書もうしこみしょ	신청서
目的地もくてきち	목적지	八百屋やおや	야채가게
郵便局ゆうびんきょく	우체국	幼稚園ようちえん	유치원
留学生りゅうがくせい	유학생	料理屋りょうりや	음식점
留守番るすばん	빈집을 지킴	冷蔵庫れいぞうこ	냉장고

もんだい5　つぎの　ことばの　つかいかたで　いちばん　いい　ものを　1・2・3・4から
　　　　　　ひとつ　えらんで　ください。

1　歯医者（は　いしゃ）

1　あしが　痛い（いた）　ときは　<u>歯医者（は　いしゃ）</u>へ　行った（い）　ほうが　いいです。

2　はが　痛くて（いた）　<u>歯医者（は　いしゃ）</u>へ　行き（い）ました。

3　かみを　切る（き）　ために　<u>歯医者（は　いしゃ）</u>へ　行き（い）ました。

4　かいものを　する　ために　<u>歯医者（は　いしゃ）</u>へ　行く（い）　つもりです。

해석 ▶　치과 의사, 치과

　　　1　발이 아플 때는 <u>치과</u>에 가는 편이 좋습니다. (X)

　　　2　이가 아파서 <u>치과</u>에 갔습니다. (O)

　　　3　머리카락을 자르기 위해서 <u>치과</u>에 갔습니다. (X)

　　　4　쇼핑을 하기 위해서 <u>치과</u>에 갈 생각입니다. (X)

포인트 문법 ▶　★ 1그룹 동사 중 行(い)く의 た형(과거형) + ほうが いい ～하는 편이 좋다

　　　　　　예) 行(い)く 가다 → 行(い)って 가고, 가서 → 行(い)った 갔다 → 行(い)ったほうがい

　　　　　　　　い 가는 편이 좋다 → 行(い)ったほうがいいです 가는 편이 좋습니다

　　　　　　★ い형용사의 くて형(연결형) ～고, ～서

　　　　　　예) 痛(いた)い 아프다 → 痛(いた)くて 아프고, 아파서

　　　　　　★ 동사의 う단 형태(원형) + ために ～하기 위해서

　　　　　　예) 切(き)る 자르다 → 切(き)るために 자르기 위해서

　　　　　　★ 동사의 う단 형태(원형) + つもり ～할 생각(작정, 속셈)

　　　　　　예) 行(い)く 가다 → 行(い)くつもり 갈 생각 → 行(い)くつもりです 갈 생각입니다

단어 ▶　足(あし) 발, 다리　痛(いた)い 아프다　時(とき) 때　行(い)く 가다

　　　行(い)った 갔다　方(ほう) 쪽, 편　いい 좋다　歯(は) 이　行(い)きます 갑니다

　　　行(い)きました 갔습니다　髪(かみ) 머리카락　切(き)る 자르다, 끊다

　　　ために …때문에, 그래서, …위해서　買(か)い物(もの)をする 쇼핑을 하다

정답 ▶　2

② 文房具屋（ぶんぼうぐや）

1　文房具屋（ぶんぼうぐや）へ　よって　鉛筆（えんぴつ）を　買（か）いました。

2　野菜（やさい）を　買（か）う　ために　文房具屋（ぶんぼうぐや）へ　行（い）きました。

3　文房具屋（ぶんぼうぐや）へ　よって　くすりを　買（か）って　きました。

4　文房具屋（ぶんぼうぐや）へ　行（い）って　コーヒーでも　飲（の）みましょうか。

해석 ▶　문방구(점)

1　문방구(점)에 들러서 연필을 샀습니다. (O)

2　야채를 사기 위해서 문방구(점)에 갔습니다. (X)

3　문방구(점)에 들러서 약을 사 왔습니다. (X)

4　문방구(점)에 가서 커피라도 마실까요? (X)

포인트 문법 ▶　★ る로 끝나는 1그룹 동사의 て형(연결형) ～고, ～서

예) 寄(よ)る 들르다. 다가서다 → 寄(よ)って 들르고, 들러서

★ う로 끝나는 1그룹 동사의 ました형(정중한 과거형) ～했습니다

예)買(か)う 사다 → 買(か)います 삽니다 → 買(か)いました 샀습니다

★ 1그룹 동사 중 行(い)く의 て형(연결형) ～고, ～서

예) 行(い)く 가다 → 行(い)っ → 行(い)って 가고, 가서(예외라서 외워야 함)

★ 명사 + でも ～라도

예) コーヒー 커피 → コーヒーでも 커피라도, ビール 맥주 → ビールでも 맥주라도

★ 1그룹 동사의 ましょう형(정중한 권유형) ～합시다!

예) 飲(の)む 마시다 → 飲(の)みます 마십니다 → 飲(の)みましょう 마십시다! → 飲(の)みましょうか 마실까요?

단어 ▶　寄（よ）る 들르다. 다가서다　鉛筆（えんぴつ） 연필　買（か）う 사다　野菜（やさい） 야채

行（い）く 가다　薬（くすり） 약　買（か）ってくる 사 오다　コーヒー 커피

정답 ▶　1

CHAPTER 02 문법/독해

문법익히기 동사의 가능표현/동사의 의지표현

01. ～ことができる ～할 수 있다

「동사의 원형+ことができる」는 「～하는 것이 가능하다」 즉 「～할 수 있다」라는 가능표현이다. 가능표현의 부정표현은 「동사의 원형+ことができない(～할 수 없다)/동사의 원형+ことができません(～할 수 없습니다)」라고 하면 된다.

1時間　ぐらいは　待つ　ことが　できます。
1시간정도는 기다릴 수 있습니다.

この　鳥は　飛ぶ　ことが　できない。
이 새는 날 수 없다.

約束が　あるので、一緒に　行く　ことが　できません。
약속이 있기 때문에 같이 갈 수 없습니다.

문제로 확인하기

1 福井さんは　フランス語を　（　　　）　ことが　できます。
　　　1 話す　　　　　2 話せる　　　　3 話して　　　　4 話そう

　해석 ▶ 　후쿠이씨는 프랑스어를 말할 수 있습니다.
　해설 ▶ 　① 동사의 원형+ことができる(～할 수 있다-가능)
　　　　　　話(はな)す(말하다) → 話(はな)すことができる(말할 수 있다) → 話(はな)すことができます
　　　　　　(말할 수 있습니다)
　　　　　② 話(はな)せる(말할 수 있다-1그룹동사의 가능형. う단 어미를 え단으로 바꾸고 る를 접속)
　　　　　　2번 지문의 경우 ～ことができる(～할 수 있다-가능) 앞에 동사의 원형이 와야 하는데 동사의
　　　　　　가능형인 話(はな)せる가 접속되어 있으므로 올바른 문법형식이 아니다.

③ 話(はな)す(말하다) → 話(はな)して(말하고/말해서–연결형)

④ 話(はな)す(말하다) → 話(はな)そう(말해야지/말하자–1그룹동사의 의지형, う단 어미를 お단으로 바꾸고 う를 접속)

단어 ▶ フランス語で 프랑스어　話はなす 이야기하다, 말하다　こと 일, 것

できる 할 수 있다, 생기다, 다 되다

정답 ▶ 1

---

02. 동사의 가능형

일본어에서 가능을 표현하는 또 하나의 방법은 동사의 원형을 가능형으로 활용시키는 것이다.

1그룹동사의 가능형

う단 → え단+る (う단 어미를 え단으로 바꾸고 る를 붙인다)

会(あ)う 만나다 → 会(あ)える 만날 수 있다 → 会(あ)えない 만날 수 없다 → 会(あ)えます 만날 수 있습니다

読(よ)む 읽다 → 読(よ)める 읽을 수 있다 → 読(よ)めない 읽을 수 없다 → 読(よ)めます 읽을 수 있습니다

話(はな)す 말하다 → 話(はな)せる 말할 수 있다 → 話(はな)せない 말할 수 없다 → 話(はな)せます 말할 수 있습니다

2그룹동사의 가능형

る → られる (어미 る를 떼고 られる를 붙인다)

見(み)る 보다 → 見(み)られる 볼 수 있다 → 見(み)られない 볼 수 없다 → 見(み)られます 볼 수 있습니다

起(お)きる 일어나다 → 起(お)きられる 일어날 수 있다 → 起(お)きられない 일어날 수 없다 → 起(お)きられます 일어날 수 있습니다

3그룹동사의 가능형 (불규칙동사이므로 그냥 외우자)

する 하다 → できる 할 수 있다 → できない 할 수 없다 → できます 할 수 있습니다

くる 오다 → こられる 올 수 있다 → こられない 올 수 없다 → こられます 올 수 있습니다

1 コーヒーが 熱^{あつ}すぎて、(　　　)。

1　飲^のみなさい　　2　飲^のもう　　　3　飲^のめ　　　　4　飲^のめない

> 해석 ▶　커피가 지나치게 뜨거워서 마실 수 없다.
>
> 해설 ▶　① 동사의 ます형+なさい(~해라,~하시오-명령형)
> 飲(の)む(마시다) → 飲(の)みます(마십니다) → 飲(の)みなさい(마셔라)
> ② 飲(の)む(마시다) → 飲(の)もう(마셔야지/마시자-1그룹동사의 의지형. う단 어미를 お단으로 바꾸고 う를 접속)
> ③ 飲(の)む(마시다) → 飲(の)め(마셔-동사의 명령형. う단 어미를 え단으로 바꿈)
> ④ 飲(の)む(마시다) → 飲(の)める(마실 수 있다-1그룹동사의 가능형. う단 어미를 え단으로 바꾸고 る를 접속) → 飲(の)めない(마실 수 없다-가능의 부정형)
> ⑤ 형용사의 어간(어미를 뗀 앞부분)+すぎる(지나치게 ~이다, 너무 ~이다)
> 熱(あつ)い(뜨겁다) → 熱(あつ)すぎる(지나치게 뜨겁다) → 熱(あつ)すぎて(지나치게 뜨겁고/지나치게 뜨거워서-연결형)
>
> 단어 ▶　コーヒー 커피　　熱_{あつ}い 뜨겁다　　飲_のむ 마시다
>
> 정답 ▶　4

2 私は すっぱい ものは 食^たべる ことが できるけど、辛^{から}い ものは
(　　　)

1　食^たべる　　　2　食^たべた　　　3　食^たべられない　4　食^たべられる

> 해석 ▶　나는 신 것은 먹을 수 있지만 매운 것은 먹을 수 없다.
>
> 해설 ▶　① 食(た)べる(먹다)
> ② 食(た)べる(먹다) → 食(た)べた(먹었다-과거형)
> ③ 食(た)べる(먹다) → 食(た)べられる(먹을 수 있다-2그룹동사의 가능형. 어미 る를 떼고 られる를 접속) → 食(た)べられない(먹을 수 없다-가능의 부정형)
> ④ 食(た)べる(먹다) → 食(た)べられる(먹을 수 있다-2그룹동사의 가능형. 어미 る를 떼고 られる를 접속)
>
> 단어 ▶　すっぱい 시다　　もの 물건, 것　　食_たべる 먹다　　~けど ~이지만　　辛_{から}い 맵다
>
> 정답 ▶　3

❸ 母は バイクの 運転が （ 　　　）。

　1　します　　　　2　できます　　　3　されます　　　4　させます

03. 가능형과 헷갈리는 동사

자신의 의지와는 상관없이 자연적으로 보이거나 들린다고 하는 지각동사 「見(み)える(보이다)」와 「聞(き)こえる(들리다)」는 흔히 「見(み)られる(볼 수 있다-見(み)る의 가능형)」과 「聞(き)ける(들을 수 있다-聞(き)く의 가능형)」등과 헷갈리기 쉬우니 주의하자.

この ホテルの 窓から 富士山が 見える。
이 호텔 창문에서 후지산이 보인다.

この ホテルの 窓から 富士山が 見られる。
이 호텔 창문에서 후지산을 볼 수 있다.

となりの 部屋から ラジオの 音が 聞こえる。
옆방에서 라디오 소리가 들린다.

これが あれば、聞きたい 時に すぐ 音楽が 聞ける。
이것이 있으면 듣고 싶을 때에 즉시 음악을 들을 수 있다.

早く 帰れば、5時からの ニュースが 見られる。
빨리 돌아가면 5시부터 하는 뉴스를 볼 수 있다.

早く 帰れば、5時からの ニュースが 見える。 (X)
빨리 돌아가면 5시부터 하는 뉴스가 보인다.(문맥에 맞지 않는 틀린 표현)

1 アメリカに　行けば、本場の　オペラが　（　　　）。

　　1　見ます　　　　2　見せます　　　3　見えます　　　4　見られます

> 해석 ▶　미국에 가면 본고장의 오페라를 볼 수 있습니다.
>
> 해설 ▶　① 見(み)る(보다) → 見(み)ます(봅니다)
>
> 　　　　② 見(み)せる(보여주다) → 見(み)せます(보여줍니다)
>
> 　　　　③ 見(み)える(보이다) → 見(み)えます(보입니다)
>
> 　　　　④ 見(み)る(보다) → 見(み)られる(볼 수 있다-2그룹동사의 가능형. 어미 る를 떼고 られる를 접속) → 見(み)られます(볼 수 있습니다) 가능형 동사 앞에서 「을/를」에 해당하는 조사는 일반적으로 「が」를 쓴다.
>
> 　　　　⑤ 「ば」조건표현은 1그룹, 2그룹, 3그룹동사에 상관없이 う단 어미를 え단으로 바꾸고 ば를 접속시킨다. 行(い)く(가다) → 行(い)けば(가면)
>
> 단어 ▶　アメリカ 미국　　行いく 가다　　本場ほんば 본고장　　オペラ 오페라　　見みる 보다
>
> 정답 ▶　4

04.　동사의 가능형+ようになる ～할 수 있게 되다

보통 「동사의 원형+ようになる」는 변화를 나타내는 표현으로 「(안 하다가) ～하게 되다」라는 뜻이고, 「동사의 가능형+ようになる」는 변화를 나타내는 표현이긴 하나 가능형이 사용되었으므로 「(할 수 없다가) ～할 수 있게 되다」라는 뜻이 된다.

最近　よく　日記を　書く　ように　なりました。

최근에 자주 일기를 쓰게 되었습니다.(동사의 원형+ようになる-전에는 자주 안 썼는데 빈도가 늘었다는 뉘앙스)

英語で　日記が　書ける　ように　なりました。

영어로 일기를 쓸 수 있게 되었습니다.(동사의 가능형+ようになる-전에는 못 썼는데 쓸 수 있게 되었다는 뉘앙스)

1 日本語を　習ってから　日本の　歌が　（　　　）　ように　なりました。

　　1　歌う　　　　　2　歌って　　　　3　歌える　　　　4　歌った

해석 ▶ 일본어를 배우고 나서 일본 노래를 부를 수 있게 되었습니다.

해설 ▶ ① 「동사의 원형+ようになる」는 변화를 나타내는 표현으로 「(안 하다가) ~하게 되다」라는 뜻이다.

歌(うた)うようになりました(노래부르게 되었습니다) 이 지문이 정답이 되려면 앞부분의 「歌(うた)が(노래가)」가 「歌(うた)を(노래를)」이 되어야 한다.

② 歌(うた)う(노래부르다) → 歌(うた)って(노래부르고/노래불러서-연결형)

③ 동사의 가능형+ようになる(~할 수 있게 되다)

歌(うた)う(노래부르다) → 歌(うた)える(노래부를 수 있다-1그룹동사의 가능형. う단 어미를 え단으로 바꾸고 る를 접속) → 歌(うた)えるようになる(노래부를 수 있게 되다) → 歌(うた)えるようになりました(노래부를 수 있게 되었습니다)

④ 歌(うた)う(노래부르다) → 歌(うた)った(노래불렀다-과거형)

⑤ ~てから(~하고 나서)

習(なら)う(배우다) → 習(なら)って(배우고/배워서-연결형) → 習(なら)ってから(배우고 나서)

단어 ▶ 日本語(にほんご) 일본어   習(なら)う 배우다   日本(にほん) 일본   歌(うた) 노래

歌(うた)う 노래부르다

정답 ▶ 3

05. ~つもりだ ~할 생각이다

「동사의 원형+つもりだ」는 「~할 생각이다(~할 작정이다)」라는 뜻으로, 개인적인 계획이나 강한 의지를 나타내는 표현이다. 「동사의 부정형+つもりだ」는 「~하지 않을 생각이다(~하지 않을 작정이다)」라는 표현이다.

夏休(なつやす)みに 海外(かいがい) 旅行(りょこう)に 行(い)く つもりです。

여름방학 때에 해외여행을 갈 생각입니다.

夏休(なつやす)みは どこへも 行(い)かない つもりです。

여름방학 때는 어디에도 가지 않을 생각입니다.

문제로 확인하기

1 「大学(だいがく)の 入学(にゅうがく) 試験(しけん)を 受(う)けますか」

「はい、(   ) つもりです」

1 受(う)けます   2 受(う)ける   3 受(う)けよう   4 受(う)けない

해석 ▶	「대학 입학시험을 칠 겁니까?」

「예. 칠 생각입니다.」

해설 ▶ ① 受(う)ける(치르다) → 受(う)けます(칩니다. 칠 겁니다)

이 자체로는 문맥에 맞지만 「受(う)けますつもりです」는 올바른 문법형식이 아니다.

② 동사의 원형+つもりだ(~할 생각이다. ~할 작정이다)

受(う)ける(치르다) → 受(う)けるつもりです(칠 생각입니다)

③ 受(う)ける(치르다) → 受(う)けよう(쳐야지/치자-2그룹동사의 의지형. 어미 る를 떼고 よう를 접속)

④ 동사의 부정형+つもりだ(~하지 않을 생각이다)

受(う)ける(치르다) → 受(う)けない(치지 않다-부정형) → 受(う)けないつもりです(치지 않을 생각입니다) 이 지문이 정답이 되려면 앞부분이 「はい(예)」가 아니라 「いいえ(아니오)」가 되어야 한다.

단어 ▶ **大学**だいがく 대학　　**入学**にゅうがく 입학　　**試験**しけん 시험

受う**ける** 받다. 치르다(시험)　　**つもり** 생각. 작정

정답 ▶ 2

06. 동사의 의지형

동사의 의지형은 「~해야지」라는 본인의 의지를 나타내는 뜻과 「~하자」라며 누군가에게 권유를 하는 뜻이 있다.

1그룹동사의 의지형

う단 → お단+う (う단 어미를 お단으로 바꾸고 う를 붙인다)

待ま**つ** 기다리다 → **待**ま**とう** 기다려야지/기다리자

乗の**る** 타다 → **乗**の**ろう** 타야지/타자

遊あそ**ぶ** 놀다 → **遊**あそ**ぼう** 놀아야지/놀자

2그룹동사의 의지형

る → よう (어미 る를 떼고 よう를 붙인다)

起お**きる** 일어나다 → **起**お**きよう** 일어나야지/일어나자

教おし**える** 가르치다 → **教**おし**えよう** 가르쳐야지/가르치자

3그룹동사의 의지형 (불규칙동사이므로 그냥 외우자)

する 하다 → しよう 해야지/하자

くる 오다 → こよう 와야지/오자

문제로 확인하기 ⚪━━━━━━━━━━━━━━━━━

1 「お茶でも 飲みに （　　　）」

「うん、いいよ」

　1　行こう　　　　2　行くう　　　　3　行くよう　　　4　行おう

> 해석 ▶ 「차라도 마시러 가자.」
> 「응, 좋아.」
> 해설 ▶ ① 行(い)く(가다) → 行(い)こう(가자/가야지—1그룹동사의 의지형. う단 어미를 お단으로 바꾸고
> 　　　う를 접속)　따라서 2번, 3번, 4번 지문은 올바른 문법형식이 아니다.
> 　　　② 동사의 ます형+に(~하러)
> 　　　飲(の)む(마시다) → 飲(の)みます(마십니다) → 飲(の)みに(마시러) → 飲(の)みに行(い)く(마시
> 　　　러 가다) → 飲(の)みに行(い)こう(마시러 가자)
> 단어 ▶ お茶ちゃ 차　　飲のむ 마시다　　行いく 가다　　いい 좋다
> 정답 ▶ 1

2 あ、もう 12時だ。（　　　）！

　1　寝よ　　　　　2　寝よう　　　　3　寝るよう　　　4　寝ろう

> 해석 ▶ 아, 벌써 12시다. 자야지(자자)!
> 해설 ▶ 寝(ね)る(자다) → 寝(ね)よう(자야지/자자—2그룹동사의 의지형. 어미 る를 떼고 よう를 접속) 따라서
> 　　　1번, 3번, 4번 지문은 올바른 문법형식이 아니다.
> 단어 ▶ もう 이제, 벌써　　寝ねる 자다
> 정답 ▶ 2

3 「明日 もう 一度 （　　　）」

「うん、そうしよう」

　1　きろう　　　　2　きよう　　　　3　こよう　　　　4　くよう

해석 ▶	「내일 한 번 더 오자.」
	「응, 그렇게 하자.」
해설 ▶	① くる(오다)→ こよう(와야지/오자─3그룹동사의 의지형) 따라서 1번, 2번, 4번 지문은 올바른 문법 형식이 아니다.
	② する(하다)→ しよう(해야지/하자─3그룹동사의 의지형) → そうしよう(그렇게 해야지/그렇게 하자)
단어 ▶	明日あした 내일 もう一度いちど 다시, 한 번 더 来くる 오다 する 하다
정답 ▶	3

07. 동사의 의지형+と思(おも)う ~하려고 생각하다

「동사의 의지형+と思(おも)う」는 「~つもりだ」의 유사표현으로 직역을 하면 「~해야지 라고 생각 하다」즉 「~하려고 생각하다/~하려고 하다」라는 자신의 의지를 표현하는 대표적인 문형이다.

今日きょうは　図書館としょかんで　本ほんを　読よもうと　思おもって　います。
오늘은 도서관에서 책을 읽으려고 생각하고 있습니다.

車くるまが　ないので、友ともだちに　借かりようと　思おもいます。
차가 없기 때문에 친구에게 빌리려고 합니다.

문제로 확인하기

1 将来しょうらいは、田舎いなかで　（　　　）と　思おもって　います。

　　1　暮くらす　　　　2　暮くらそう　　　　3　暮くらして　　　　4　暮くらすよう

해석 ▶	장래에는 시골에서 살려고 생각하고 있습니다.
해설 ▶	동사의 의지형+と思(おも)う(~하려고 생각하다/~하려고 하다) 暮(く)らす(살다) → 暮(く)らそう (살아야지/살자─1그룹동사의 의지형, う단 어미를 お단으로 바꾸고 う를 접속) → 暮(く)らそうと思 (おも)う(살아야지라고 생각하다. 즉 살려고 생각하다) → 暮(く)らそうと思(おも)っています(살려 고 생각하고 있습니다) 1번 지문의 「暮(く)らす(살다)」는 「원형」 3번 지문의 「暮(く)らして(살고/살아 서)」는 「연결형」이므로 올바른 접속 형태가 아니고 4번 지문의 「暮(く)らすよう」는 올바른 1그룹동사 의 의지형 활용형태가 아니다.
단어 ▶	将来しょうらい 장래 田舎いなか 시골 暮くらす 살다 思おもう 생각하다
정답 ▶	2

08. 동사의 의지형+とする ~하려고 하다

「동사의 의지형+とする」는 「~하려고 하다」라는 뜻으로 「어떤 동작이 막 그렇게 행해지려는 직전」 이라는 뉘앙스를 나타낸다.

花が 散ろうと して います。

꽃이 지려고 하고 있습니다.

出かけようと した 時、お客さんが 来た。

외출하려고 했을 때, 손님이 왔다.

문제로 확인하기

1 彼が 何を （　　　）と して いるのか 全然 分かりません。

　　1　作る　　　　　2　作りたい　　　　3　作られる　　　　4　作ろう

> 해석 ▶ 그가 무엇을 만들려고 하고 있는 것인지 전혀 모르겠습니다.
>
> 해설 ▶ ① 作(つく)る(만들다)
> ② 동사의 ます형+たい (하고 싶다–희망표현)
> 作(つく)る(만들다)→ 作(つく)ります(만듭니다) → 作(つく)りたい(만들고 싶다)
> ③ 作(つく)られる(만들어지다–1그룹동사의 수동형. う단 어미를 あ단으로 바꾸고 れる를 접속)
> ④ 동사의 의지형+とする (~하려고 하다)
> 作(つく)る(만들다)→ 作(つく)ろう(만들어야지/만들자–1그룹동사의 의지형. う단 어미를 お단 으로 바꾸고 う를 접속) → 作(つく)ろうとする(만들려고 하다) → 作(つく)ろうとしている(만 들려고 하고 있다)
> ⑤ 「か(~ㄴ지)」는 불확실한 뜻을 나타내는 조사이다. 作(つく)ろうとしている(만들려고 하고 있다) → 作(つく)ろうとしているのか(만들려고 하고 있는 것인지)
>
> 단어 ▶ 彼かれ 그　作つくる 만들다　全然ぜんぜん 전혀　分わかる 알다
> 정답 ▶ 4

2 トイレに 入ろう（　　　）した 時、電話が 鳴った。

　　1　で　　　　　　2　と　　　　　　3　か　　　　　　4　も

해석 ▶	화장실에 들어가려고 했을 때 전화가 울렸다.
해설 ▶	① 동사의 의지형+とする(~하려고 하다)
	入(はい)る(들어가다) → 入(はい)ろう(들어가야지/들어가자—1그룹동사의 의지형, う단 어미를
	お단으로 바꾸고 う를 접속) → 入(はい)ろうとする(들어가려고 하다) → 入(はい)ろうとした
	(들어가려고 했다) → 入(はい)ろうとした時(とき)(들어가려고 했을 때)
단어 ▶	トイレ 화장실　　入はいる 들어가다, 들어오다　　時とき 때　　電話でんわ 전화
	鳴なる 울리다
정답 ▶	2

もんだい5　つぎの文章を読んで、質問に答えてください。答えは1・2・3・4から、いちばんいいものを一つえらんでください。

　会社に入ってしばらくの間、夜遅くまで徹夜をして家に帰ると12時が過ぎる日がほとんどでした。12時に帰っても母はいつも起きていて、私のために料理を暖めて出してくれました。そして私がご飯を食べていると、いつもとなりに座って、一日起きたことについておしゃべりをしていました。

　ある日、仕事のストレスや疲れで、母のおしゃべりが我慢できなくなって「ちょっと、疲れているんだから静かにしてほしいんだけど。早く寝たらどう?」と言ってしまいました。母は「ごめん!」と言いながら、肩をおとして部屋へ入りました。その後ろ姿を見て私は①すぐ後悔したし、心が痛かったです。

　その日以降は、私が夜遅く家に帰っても、母は部屋から出てこなくなりました。時々、少しだけ早く仕事が終わって家に帰ると、母はご飯だけ出してくれて、すぐ部屋に入ってしまいます。「この前はごめんなさい。たまには私と話そうよ!」と言いたいですが、恥ずかしくてどうしても言葉が出てきません。

　あの事件から半年、12時過ぎに帰って、もし台所の電気がついていると、あの日のことを思い出します。私は母のいない台所で「母は起きているのかなあ。今ならいろいろおしゃべりができるのに......,」と思ったりします。

　それで私は今日決めました。明日は必ず私の方から母にちゃんと謝って、仲直りするつもりです。

「PHP 4月」

1 この人が12時過ぎて家に帰った理由は何ですか。

1 夜遅くまで料理を食べたからです。

2 夜遅くまで仕事をしたからです。

3 夜遅くまでストレスがあったからです。

4 夜遅くまで疲れたからです。

2 この人は何を①すぐ後悔したのですか。

1 お母さんに酷く言ったこと

2 夜遅くご飯を食べたこと

3 12時過ぎまで徹夜をしたこと

4 お母さんとおしゃべりをしたこと

3 この人はどんな時、あの日のことを思い出しますか。

1 お母さんが肩をおとした時

2 家族とおしゃべりをしている時

3 台所の電気がついている時

4 台所にご飯がない時

4 この人は明日、何をするつもりですか。

1 お母さんのために料理をするつもりです。

2 台所でお母さんを待つつもりです。

3 夜遅く帰るつもりです。

4 お母さんに謝るつもりです。

　　회사에 들어가 한동안 밤늦게까지 철야(밤새움)를 하고 집에 돌아오면 12시가 넘는 날이 대부분이었습니다. 12시에 돌아가도 어머니는 언제나 일어나 있었고, 나를 위해서 요리를 따뜻하게 해서 내어 주었습니다. 그리고 내가 밥을 먹고 있으면, 언제나 옆에 앉아서 하루 일어났던 일에 대해서 수다를 떨었습니다.

　　어느 날 일로인한 스트레스와 피로로 어머니의 수다가 참을 수 없어서「좀 피곤하니까 조용히 해줬으면 좋겠는데, 일찍 자는 게 어때?」라고 말해 버리고 말았습니다. 어머니는「미안하다!」라고 하면서, 어깨를 축 늘어뜨리고 방으로 들어갔습니다. 그 뒷모습을 보고 나는① 바로 후회했고, 마음이 아팠습니다.

　　그 날 이후로는 내가 밤늦게 집에 돌아와도 어머니는 방에서 나오지 않게 되었습니다. 때때로 약간 일찍 일이 끝나서 집에 돌아오면, 어머니는 밥만 내어 주고는 바로 방으로 들어가 버립니다.「일전에는 미안했어요. 가끔은 저와 이야기 좀 해요!」라고 말하고 싶습니다만, 부끄러워서 도무지 말이 나오지 않습니다.

　　그 사건으로부터 반년(6개월). 12시 넘어 돌아와서, 만약에 부엌의 전기불이 켜져 있으면, 그 날 일을 생각합니다. 나는 어머니가 없는 부엌에서「어머니는 일어나(깨어) 계실까? 지금이라면 여러 가지 수다를 떨 수 있는데......」라고 생각하곤 합니다.

　　그래서 저는 오늘 결심했습니다. 내일은 반드시 제가 어머니에게 제대로 사과하고, 화해 할 생각입니다.

1 이 사람이 12시 넘어서 집에 돌아온 이유는 무엇입니까?

　　1　밤늦게까지 요리를 먹었기 때문입니다. (X)
　　2　밤늦게까지 일을 했기 때문입니다. (O)
　　3　밤늦게까지 스트레스가 있었기 때문입니다. (X)
　　4　밤늦게까지 피곤했기 때문입니다. (X)

정답 ▶　2

2 이 사람은 무엇을 ①바로 후회했습니까?

　　1　어머니에게 심하게 말한 것 (O)
　　2　밤늦게 밥을 먹은 것 (X)
　　3　12시 넘어서까지 철야(밤새움)를 한 것 (X)
　　4　어머니와 수다를 떤 것 (X)

정답 ▶　1

3 이 사람은 어떤 때에 그날 일을 생각합니까?

　　1　엄마가 어깨를 축 늘어뜨릴 때 (X)
　　2　가족과 수다(이야기)를 떨고 있을 때 (X)
　　3　부엌 불이 켜져 있을 때 (O)
　　4　부엌에 밥이 없을 때 (X)

정답 ▶　3

4 이 사람은 내일 무엇을 할 생각입니까?

　　1　어머니를 위해서 요리를 할 생각입니다. (X)
　　2　부엌에서 엄마를 기다릴 생각입니다. (X)
　　3　밤늦게 돌아올 생각입니다. (X)
　　4　엄마에게 사과할 생각입니다. (O)

정답 ▶　4

★ る로 끝나는 예외 1그룹 동사의 て형(연결형) ~고, ~서

예) 入(はい)る 들어가(오)다 → 入(はい)っ → 入(はい)って 들어가고, 들어가서

★ 3그룹 동사 중 する의 て형(연결형) ~고, ~서

예) する 하다 → して 하고, 해서

★ 동사의 う단 형태(원형) + と ~면

예) 帰(かえ)る 돌아가(오)다 → 帰(かえ)ると 돌아가(오)면

★ 2그룹 동사의 て형(연결형) + いる ~되어져 있다, ~해져 있다

예) 起(お)きる 일어나다 → 起(お)きて 일어나고, 일어나서 → 起(お)きている 일어나 있다(깨어 있다)

★ 명사 + のために ~을 위해서

예) 私(わたし) 나 → 私(わたし)のために 나를 위해서

★ す로 끝나는 1그룹 동사의 て형(연결형) + くれる ~해주다(상대방이)

예) 出(だ)す 내다 → 出(だ)して 내고, 내서 → 出(だ)してくれる 내주다 → 出(だ)してくれます 내 줍니다 → 出(だ)してくれました 내 주었습니다

★ 2그룹 동사의 た형(과거형) ~했다

예) 起(お)きる 일어나다 → 起(お)きて 일어나고, 일어나서 → 起(お)きた 일어났다

★ 명사 + について ~에 대해서

예) こと 일, 것 → ことについて 일(것)에 대해서

★ 명사 + で ~로 인해서(이유, 원인)

예) 疲(つか)れ 피로 → 疲(つか)れで 피로로 인해서, 風邪(かぜ) 감기 → 風邪(かぜ)で 감기로 인해서

★ 2그룹 동사의 ない형(부정형) + くなって ~하지 않게 되어서

예) できる 할 수 있다 → できない 할 수 없다 → できなくなる 할 수 없게 되다 → できなくなって 할 수 없게 되어서

★ な형용사의 부사형(끝 글자 だ를 지우고 に) ~하게

예) 静(しず)かだ 조용하다 → 静(しず)かに 조용하게, 조용히

★ 3그룹 동사 중 する의 て형(연결형) + ほしい ~했으면 좋겠다, ~하기를 바란다

예) する 하다 → して 하고, 해서 → してほしい 했으면 좋겠다

★ い형용사의 원형 + んだけど ~이지만, ~마는

예) ほしい 원하다, 갖고 싶다 → ほしいんだけど 원합니다만

★ 2그룹 동사의 たら형(조건문) ~면

예) 寝(ね)る 자다 → 寝(ね)て 자고, 자서 → 寝(ね)た 잤다 → 寝(ね)たら 자면

★ 1그룹 동사의 ます형(정중형 / 끝 글자 う단을 い단으로 고친다) + ながら ~하면서

예) 言(い)う 말하다 → 言(い)います 말 합니다 → 言(い)いながら 말하면서

★ 3그룹 동사 중 する의 た형(과거형) + し ~했고

예) する 하다 → して 하고, 해서 → した 했다 → したし 했고

★ い형용사의 かった형(과거형) ~었다

예) 痛(いた)い 아프다 → 痛(いた)かった 아팠다 → 痛(いた)かったです 아팠습니다

★ 3그룹 동사 중 来(く)る의 ない형(부정형) + く ~하지 않게

예) 来(く)る 오다 → 来(こ)ない 오지 않다 → 来(こ)なく 오지 않게 → 来(こ)なくなりました 오지 않게 되었습니다

★ る로 끝나는 예외 1그룹 동사의 て형(연결형) + しまう ~해 버리다

예) 入(はい)る 들어가(오)다 → 入(はい)って 들어가고, 들어가서 → 入(はい)ってしまう 들어가 버리다
→ 入(はい)ってしまいます 들어가 버립니다

★ 1그룹 동사의 권유형(끝 글자 う단을 お단으로 고치고 う) ~하자!

예) 話(はな)す 이야기하다 → 話(はな)そ → 話(はな)そう 이야기하자!

★ 1그룹 동사의 ます형(정중형) + たい ~하고 싶다(본인의 희망표현)

예) 言(い)う 말하다 → 言(い)います 말 합니다 → 言(い)いたい 말하고 싶다 → 言(い)いたいです 말하고 싶습니다

★ い형용사의 です형(정중형) + が ~입니다만

예) 言(い)いたい 말하고 싶다 → 言(い)いたいです 말하고 싶습니다 → 言(い)いたいですが 말하고 싶습니다만

★ い형용사의 くて형(연결형) ~고, ~서

예) 恥(は)ずかしい 부끄럽다 → 恥(は)ずかしくて 부끄럽고, 부끄러워서

★ 2그룹 동사의 ない형(부정형) ~하지 않는다

예) いる 있다 → いない 없다(생물), 食(た)べる 먹다 → 食(た)べない 먹지 않는다

★ 동사의 う단 형태(원형) + のに ~인데, ~텐데

예) できる 할 수 있다 → できるのに 할 수 있을 텐데

★ う로 끝나는 1그룹 동사의 たり형 ~하거나

예) 思(おも)う 생각하다 → 思(おも)って 생각하고, 생각해서 → 思(おも)った 생각했다 → 思(おも)ったり 생각하거나

★ 동사의 う단 형태(원형) + つもり ~할 생각

예) する 하다 → するつもり 할 생각 → するつもりです ~할 생각입니다

단어 ▶　会社 かいしゃ 회사　　入 はいる 들어가(오)다　　しばらく 잠시, 얼마동안
間 あいだ 사이, 동안　　夜遅 よるおそく 밤늦게　　徹夜 てつや 철야(밤새움)
帰 かえる 돌아가(오)다　　過 すぎる 지나다, 넘다　　ほとんど 거의, 대부분
いつも 언제나, 늘　　起 おきる 일어나다　　ために ...위해서, ...때문에　　料理 りょうり 요리
暖 あたためる 데우다, 따뜻하게 하다　　出 だす 내다　　くれる 주다(상대방이)
そして 그리고　　ご飯 はん 밥　　となり 옆, 이웃　　座 すわる 앉다　　一日 いちにち 하루
~について ~에 대해서　　おしゃべりをする 수다를 떨다　　ある日 ひ 어느 날
仕事 しごと 일　　ストレス 스트레스　　疲 つかれ 피로　　我慢 がまん 참음, 견딤, 인내
できない 할 수 없다　　ちょっと 잠깐, 좀　　疲 つかれる 피로해지다, 지치다
静 しずかに 조용하게, 조용히　　~てほしい ~하기를 바란다　　だけど 그렇지만
早 はやく 빨리, 일찍　　寝 ねる 자다　　言 いう 말하다　　ごめん 미안
肩 かたをおとす 어깨를 축 늘어뜨리다　　部屋 へや 방　　その 그　　後 うしろ 뒤
姿 すがた 모습　　見 みる 보다　　すぐ 곧, 즉시　　後悔 こうかいする 후회하다
心 こころ 마음　　痛 いたい 아프다　　以降 いこう 이후　　出 でてくる 나오다
なる 되다　　時々 ときどき 가끔, 때때로　　少 すこしだけ 조금만　　終 おわる 끝나다
この前 まえ 이전, 일전, 지난번　　たまには 가끔은　　話 はなす 이야기하다
話 はなそう 이야기하자!　　言 いいたい 말하고 싶다　　恥 はずかしい 부끄럽다, 창피하다

どうしても 도무지, 아무리해도   言葉ことば 말   事件じけん 사건   半年はんとし 반년
もし 만약   台所だいどころ 부엌   電気でんき 전기, 전기 불   つく (불이) 켜지다
ついている 켜져 있다   あの日ひ 그 날   思おもい出だす 생각나다, 생각해 내다
いない 없다(생물)   今いま 지금   今いまなら 지금이라면   いろいろ 여러 가지
思おもう 생각하다   それで 그래서   今日きょう 오늘   決きめる 결정하다, 정하다
明日あした 내일   必かならず 반드시   方ほう 쪽, 편
ちゃんと 틀림없이, 분명히, 반드시   謝あやまる 사과하다   仲直なかなおりする 화해하다
つもり 생각, 작정, 속셈

CHAPTER 03 청해

청해익히기 **포인트 이해 문제 2**

포인트 이해 문제는 문장을 들려주고 내용을 잘 이해했는가를 묻는 문제로서 특히 여러 가지 사실에 근거해 문장 속에서 핵심 포인트를 집어낼 수 있는 가를 묻는 문제가 출제된다.

일반적으로 포인트 이해 문제는 다양한 주제의 문제가 많이 출제되므로 다양한 주제를 가진 문장을 많이 듣고 정확하게 전체내용을 파악해 핵심을 찾아내는 연습을 해야 한다. 특히 원인과 이유를 묻는 문제가 자주 출제되므로 문제를 풀 때 화자가 그런 행동을 취하는 원인과 이유가 무엇인지에 집중하며 문제를 푸는 연습을 많이 하는 것이 좋다.

문제로 확인하기 ○

1番

1 林さんが友だちから買ってきたから

2 友だちのお母さんからもらってきたから

3 友だちが家にあったものをくれたから

4 林さんが作ったから

2番

1 学生があまり勉強しなかったから

2 テストの時間が短かったから

3 問題が難しすぎたから

4 問題の数がいつもより多かったから

1번 문제

스크립트 ▶

質問：男おとこの人ひとと女おんなの人ひとが話はしています。コーヒーカップはどうして林はやしさんの家いえにあるのですか。

女：林はやしさん、それ、すてきなコーヒーカップですね。どこで買かったんですか。

男：これ、いいでしょう。手作てづくりなんです。

女：え、自分じぶんで作つくったんですか。

男：いいえ。

女：じゃあ、誰だれか作つくってくれたんですか。

男：いや、実じつは、友ともだちの家いえにこれがあったんですよ。それで、僕ぼくもこんなコーヒーカップがほしいなあと言いったら、くれたんですよ。

女：あ、そうなんですか。

男：その友ともだちのお母かあさんが作つくったらしいです。

コーヒーカップはどうして林はやしさんの家いえにあるのですか。

1 林はやしさんが友ともだちから買かってきたから

2 友ともだちのお母かあさんからもらってきたから

3 友ともだちが家いえにあったものをくれたから

4 林はやしさんが作つくったから

해석 ▶

질문 : 남자와 여자가 이야기하고 있습니다. 커피 컵은 왜 하야시씨의 집에 있습니까?

여 : 하야시씨, 그거 멋진 커피 컵이군요. 어디에서 샀습니까?

남 : 이거 좋지요? 수제품입니다.

여 : 어? 직접 만드셨어요?

남 : 아니오.

여 : 그럼, 누군가 만들어 줬습니까?

남 : 아니, 실은, 친구 집에 이게 있었습니다. 그래서 나도 이런 커피 컵을 갖고 싶다고 말했더니 줬습니다.

여 : 아. 그렇습니까?

남 : 그 친구의 엄마가 만든 것 같습니다.

커피 컵은 왜 하야시씨의 집에 있습니까?

1 하야시씨가 친구로부터 사 왔기 때문에

2 친구의 엄마로부터 받아 왔기 때문에

3 친구가 집에 있던 것을 줬기 때문에

4 하야시씨가 만들었기 때문에

포인트 문법 ▶

① ～でしょう(～이지요?-동의를 구하거나 재차 확인하는 표현)

いい(좋다) → いいでしょう(좋지요?)

② ～てくれる(～해 주다-상대방이 내게)

作(つく)る(만들다) → 作(つく)って(만들고/만들어서-연결형) → 作(つく)ってくれる(만들어 주다) → 作(つく)ってくれた(만들어 주었다) → 作(つく)ってくれたんです(만들어 주었습니다-んです는 회화체에서 쓰는 강조용법)

③ 「たら」조건표현은 뒷문장에 과거시제가 오면 「～했더니」라는 뜻을 가진다. 言(い)う(말하다) → 言(い)った(말했다-과거형) → 言(い)ったら(말했더니)

단어 ▶

すてきだ 멋지다　コーヒーカップ 커피 컵

どこ 어디　買かう 사다

手作てづくり 수제, 손수 만듦

自分じぶんで 스스로　作つくる 만들다

実じつは 사실은　友ともだち 친구

家いえ 집　それで 그래서

ほしい 갖고 싶다, 필요하다　言いう 말하다

くれる 주다

정답 ▶ 3

2번 문제

스크립트 ▶

質問：先生と学生が話して
　　　います。先生はどうしてテスト
　　　の点数がよくなかったと考
　　　えていますか。

先生　：皆さん、おとといのテストの点数
　　　　はよくありませんでしたね。
　　　　皆あまり勉強しなかっ
　　　　たようですね。
学生１：いえ、先生、いつもより問題
　　　　が難しかったです。
先生　：そんなことはありません。
学生２：問題が多すぎて、時間
　　　　が足りませんでした。
先生　：問題の数も時間もい
　　　　つもと一緒でしたよ。来週
　　　　のテストはしっかり準備
　　　　してください。

先生はどうしてテストの点数が
よくなかったと考えていますか。

1　学生があまり勉強しなか
　　ったから
2　テストの時間が短かったから
3　問題が難しすぎたから
4　問題の数がいつもより多か
　　ったから

해석 ▶

질문 : 선생님과 학생들이 이야기하고 있습니다. 선
　　　생님은 왜 테스트 점수가 좋지 않았다고 생각
　　　하고 있습니까?

선생님 : 여러분 그저께 테스트 점수는 좋지 않았습
　　　　니다. 모두 별로 공부하지 않았던 것 같네요.
학생 1 : 아니요. 선생님, 평소보다 문제가 어려웠습
　　　　니다.

선생님 : 그렇지 않습니다.
학생 2 : 문제가 너무 많아서, 시간이 충분하지 않았
　　　　습니다.
선생님 : 문제 수도 시간도 평소와 같았습니다. 다
　　　　음 주 테스트는 확실히 준비해 주세요.

선생님은 왜 테스트 점수가 좋지 않다고 생각하고
있습니까?

1　학생들이 별로 공부하지 않았기 때문에
2　테스트 시간이 짧았기 때문에
3　문제가 너무 어려웠기 때문에
4　문제 수가 평소보다 많았기 때문에

포인트 문법 ▶

① ~ようだ(~한 것 같다–아마도 그런 것 같다고
　주관적으로 추측하는 표현)
　勉強(べんきょう)する(공부하다) → 勉強(べん
　きょう)しない(공부하지 않다) → 勉強(べんき
　ょう)しなかった(공부하지 않았다) → 勉強(べ
　んきょう)しなかったようだ(공부하지 않았던
　것 같다) → 勉強(べんきょう)しなかったよう
　です(공부하지 않았던 것 같습니다)
② 형용사 어간+すぎる(지나치게 ~이다. 너무 ~
　이다)
　多(おお)い(많다) → 多(おお)すぎる(너무 많다)
　→ 多(おお)すぎて(너무 많고/너무 많아서)

단어 ▶

おととい 그저께　　テスト 테스트
あまり 별로, 그다지
勉強べんきょうする 공부하다　　いえ 아니오
先生せんせい 선생님　　いつも 언제나, 평소
~より ~보다　　問題もんだい 문제
難むずかしい 어렵다　　多おおい 많다
時間じかん 시간　　足たりる 충분하다. 족하다
数かず 수　　一緒いっしょだ 같다
来週らいしゅう 다음 주　　しっかり 확실히
準備じゅんびする 준비하다

정답 ▶ 1

Part 06

新 JLPT 종결자

CHAPTER 01 문자/어휘

단어익히기 필수 동사

会あう 만나다	開あく 열리다	開あける 열다
明あける (날이) 새다	集あつまる 모이다	集あつめる 모으다
余あまる 남다	謝あやまる 사과하다	表あらわす 나타내다
ある 있다(무생물)	歩あるく 걷다	行いく 가다
いじめる 따돌리다	急いそぐ 서두르다, 재촉하다	いたす 하다 (する의 겸양어)
いただく 먹다, 마시다, 받다의 겸양어		祈いのる 기도하다
いる 있다(생물)	植うえる 심다	
伺うかがう 묻다, 듣다 의 겸양어		受うける 받다
動うごき始はじめる 움직이기 시작하다		動うごく 움직이다
失うしなう 잃다	写うつす 찍다	映うつる 비치다
移うつる 옮기다	生うまれる 태어나다	売うる 팔다

문제로 확인하기

もんだい1　_____の　ことばは　どう　よみますか。1・2・3・4から　いちばん　いい　ものを　ひとつ　えらんで　ください。

1　みんなで　データを　<u>集めて</u>　います。

　　1　しめて　　　　2　はじめて　　　3　とめて　　　　4　あつめて

해석 ▶	모두가(모두 함께) 데이터를 <u>모으고</u> 있습니다.
해설 ▶	1 閉しめて 닫고 / 閉しめる 닫다
	2 始はじめて 시작하고 / 始はじめる 시작하다
	3 止とめて 세우고 / 止とめる 세우다
	4 集あつめて 모으고 / 集あつめる 모으다
포인트 문법 ▶	★ 2그룹 동사의 て형(연결형) + います ~하고 있습니다
	예) 集(あつ)める → 集(あつ)めて 모으고, 모아서 → 集(あつ)めている 모으고 있다 →
	集(あつ)めています 모으고 있습니다
단어 ▶	みんなで 모두가(모두 함께)　　データ 데이터　　いる 있다　　います 있습니다
정답 ▶	4

2 危ないから　階段では　<u>急がない</u>　ほうが　いいです。
あぶ　　　　　　かいだん

　1　さわがない　　2　こがない　　　3　いそがない　　4　およがない

해석 ▶	위험하니까 계단에서는 <u>서두르지 않는</u> 편이 좋습니다.
해설 ▶	1 騒さわがない (떠들지 않는다) / 騒さわぐ 떠들다
	2 漕こがない (배를) 젓지 않는다 / 漕こぐ (배를) 젓다
	3 急いそがない 서두르지 않는다 / 急いそぐ 서두르다
	4 泳およがない 헤엄치지 않는다 / 泳およぐ 헤엄치다
포인트 문법 ▶	★ い형용사의 기본형 + から(이유, 원인) ~이니까
	예) 危(あぶ)ない 위험하다 → 危(あぶ)ないから 위험하니까
	★ ぐ로 끝나는 1그룹 동사의 ない형(부정형) + ほうがいい ~하지 않는 편이 좋다
	예) 急(いそ)ぐ 서두르다 → 急(いそ)が → 急(いそ)がない 서두르지 않다 → 急(いそ)が
	ないほうがいい 서두르지 않는 편이 좋다 → 急(いそ)がないほうがいいです 서두
	르지 않는 편이 좋습니다
단어 ▶	危あぶない 위험하다　　階段かいだん 계단　　方ほう ~쪽, ~편　　いい 좋다
정답 ▶	3

得 える 얻다　　　　　追おう 쫓다　　　　　起きる 일어나다

置おく 놓다　　　　　送おくる 보내다　　　遅おくれる 늦다, 지각하다

起おこす 일으키다　　行おこなう 행하다　　怒おこる 화내다

教おしえる 가르치다　　押おす 누르다　　　落おちる 떨어지다

落おとす 떨어뜨리다　　訪おとずれる 방문하다　驚おどろく 놀라다

覚おぼえる 기억하다, 암기하다　思おい出だす 생각해 내다　泳およぐ 수영하다

降おりる 내리다, 내려오다　折おる 접다, 꺾다　　折おれる 꺾이다

終おわる 끝나다　　　　飼かう (동물)기르다　　買かう 사다

返かえす 반환하다　　　かかる 걸리다, (비용)들다　確認かくにんする 확인하다

囲かこむ 둘러싸다　　　飾かざる 장식하다　　　かしこまる 알다(わかる의 겸양어)

문제로 확인하기

もんだい2　_____の　ことばは　どう　かきますか。1・2・3・4から　いちばん　いい
　　　　　ものを　ひとつ　えらんで　ください。

1　友ともだちに　おいわいものを　おくらなければ　なりません。

　　1　送らなければ　　　　　　　　2　降らなければ

　　3　取らなければ　　　　　　　　4　作らなければ

해석 ▶ 친구에게 축하선물을 보내지 않으면 안 됩니다.

해설 ▶ 1　送おくらなければ 보내지 않으면 / 送おくる 보내다

　　　2　降ふらなければ 내리지 않으면 / 降ふる 내리다

　　　3　取とらなければ 집지 않으면 / 取とる 집다

　　　4　作つくらなければ 만들지 않으면 / 作つくる 만들다

포인트 문법 ▶ ★ る로 끝나는 1그룹 동사의 ない형(부정형) + なければなりません ~하지 않으면 안 됩니다

　　　　　예) 送(おく)る 보내다 → 送(おく)ら → 送(おく)らない 보내지 않다 → 送(おく)らな →

　　　　　送(おく)らなければ 보내지 않으면 → 送(おく)らなければなりません 보내지 않으

　　　　　면 안 됩니다

단어 ▶ 友ともだち 친구　　お祝いわいもの 축하선물　　なる 되다　　なります 됩니다

정답 ▶ 1

2 お金を　かえすために　アルバイトを　して　います。
　(かね)

　1　貸す　　　　　　　2　返す　　　　　　3　指す　　　　　　4　借す

해석 ▶　　돈을 돌려주기 위해서 아르바이트를 하고 있습니다.

해설 ▶　　1　貸(か)す 빌려 주다　2　返(かえ)す 돌려주다　3　指(さ)す 가리키다, 지적하다　4　X

포인트 문법 ▶　★ 동사의 う단 형태(원형) + ために ~하기 위해서

　　　예) 返(かえ)す 돌려주다 → 返(かえ)すために 돌려주기 위해서

　　★ 3그룹 동사 중 する의 て형(연결형) + いる ~하고 있다

　　　예) する 하다 → して 하고, 해서 → している 하고 있다 → しています 하고 있습니다

단어 ▶　　お金(かね) 돈　　アルバイト 아르바이트　　する 하다　　いる 있다

정답 ▶　　2

단어익히기　필수 동사

貸(か)す 빌려주다	数(かぞ)える 세다	片付(かたづ)ける 정리하다
構(かま)う 상관하다	通(かよ)う 다니다	借(か)りる 빌리다
可愛(かわい)がる 귀여워하다	乾(かわ)く 마르다, 건조하다	変(か)わる 변하다
考(かんが)える 생각하다	感(かん)じる 느끼다	頑張(がんば)る 분발하다
消(き)える 꺼지다	聞(き)かせる 들려주다	効(き)く 효력이 있다, 듣다
聞(き)く 듣다	決(き)まる 결정되다	決(き)める 결정하다
切(き)れる 떨어지다, 끊기다	下(くだ)さる 주시다	配(くば)る 나누어 주다
組(く)み立(た)てる 조립하다	暮(く)らす 살다	比(くら)べる 비교하다
くれる 주다	暮(く)れる (해가) 저물다	怪我(けが)をする 다치다
消(け)す 끄다	合(ごう)コンする 미팅하다	故障(こしょう)する 고장 나다

문제로 확인하기 ⬤ ━━━━━━━━━━━━━━━━━━━━━━━━━

もんだい3　（　　　　）に　なにを　いれますか。1・2・3・4から　いちばん　いい　もの
　　　　　を　ひとつ　えらんで　ください。

1　1月から　ヨガ教室に　（　　　　）　ように　なりました。

　　1　かよう　　　　　2　かぞえる　　　　3　かかる　　　　　4　がんばる

> 해석 ▶　1월부터 요가 교실에 （ 다니 ）게 되었습니다.
>
> 해설 ▶　1　通かよう 다니다　　　　　　　　　2　数かぞえる (수를)세다
>
> 　　　　3　かかる 걸리다　　　　　　　　　4　頑張がんばる 끝까지 노력하다
>
> 포인트 문법 ▶　★ 동사의 う단 형태(원형) + ようになりました ~하게 되었습니다
>
> 　　　　　예) 通(かよ)う 다니다 → 通(かよ)うように 다니게, 다니도록 → 通(かよ)うようになる
>
> 　　　　　다니게 되다 → 通(かよ)うようになります 다니게 됩니다 → 通(かよ)うようになり
>
> 　　　　　ました 다니게 되었습니다
>
> 단어 ▶　1月いちがつ 1월　　ヨガ 요가　　教室きょうしつ 교실　　なる 되다　　なります 됩니다
>
> なりました 되었습니다
>
> 정답 ▶　1

2　転んで　ひざを　（　　　　）　しまいました。

　　1　こしょうして　　2　たいいんして　　3　けがして　　　　4　なおして

> 해석 ▶　넘어져서 무릎을 （ 다치고)말았습니다.
>
> 해설 ▶　1　故障こしょうして　고장 나고 / 故障こしょうする 고장 나다
>
> 　　　　2　退院たいいんして　퇴원하고 / 退院たいいんする　퇴원하다
>
> 　　　　3　怪我けがして　다치고 / 怪我けがする　다치다
>
> 　　　　4　治なおして　고치고 / 治なおす　고치다
>
> 포인트 문법 ▶　★ 2그룹 동사의 て형(연결형) ~고, ~서
>
> 　　　　　예) 倒(たお)れる 넘어지다 → 倒(たお)れて 넘어지고, 넘어져서
>
> 　　　　★ 3그룹 동사 중 する의 て형(연결형) + しまう ~해 버리다
>
> 　　　　　예) 怪我(けが)する 다치다 → 怪我(けが)して 다치고, 다쳐서 → 怪我(けが)してしまう
>
> 　　　　　다쳐버리다 → 怪我(けが)してしまいます 다쳐버리고 맙니다 → 怪我(けが)してしま
>
> 　　　　　いました 다치고 말았습니다
>
> 단어 ▶　転ころぶ 구르다. 넘어지다　　膝ひざ 무릎　　しまう 끝나다. 마치다. ~하여 버리다, ~하고 말다
>
> 정답 ▶　3

集あつまる　모이다　＝　多おおくの人や物ものが一つところに寄よる　많은 사람이나 물건이 한 곳에 모이다

集あつめる　모으다　＝　多おおくの人や物ものを一つところにまとめる　많은 사람이나 물건을 한 곳에 한데 모으다

謝あやまる　사과하다　＝　悪わるかったと思おもって相手あいてにゆるしを請こう　잘못했다고 생각하고 상대에게 용서를 빌다

慌あわてる　당황하다　＝　びっくりしてふだんの落おち着つきがなくなる　놀라서 평소의 침착성이 없어지다

言いい返かえす　말대답하다　＝　相手あいてに言葉ことばを返かえす　상대방에게 대답하다

売うる　팔다　＝　お金かねをもらって物ものを他人たにんに渡わたす　돈을 받고 타인에게 물건을 건네주다

得える　얻다　＝　手てに入いれる　손에 넣다

遅おくれる　늦다, 지각하다　＝　ある基準きじゅんよりおそくなる　어떤 기준보다 늦어지다

怒おこる　화내다　＝　腹はらを立たてる　화내다

教おそわる　배우다　＝　習ならう　배우다

驚おどろく　놀라다　＝　びっくりする　놀라다

覚おぼえる　암기하다　＝　暗記あんきする　암기하다

確認かくにんする　확인하다　＝　確たしかめる　확인하다

飾かざる　장식하다　＝　いろいろな物ものをつけて美うつくしく見みえるようにする　여러 가지 물건을 붙여서 아름답게 보이도록 하다

片付かたづける　정리하다　＝　物ものを適当てきとうな場所ばしょにきちんと入いれておく　물건을 적당한 장소에 깔끔이 넣어두다

暮くらす　살다, 지내다　＝　生活せいかつする　살다, 지내다, 생활하다

比くらべる　비교하다　＝　比較ひかくする　비교하다

暮くれる　저물다　＝　夜よるになる　날이 저물다

誘さそう　권하다, 꾀다　＝　一緒いっしょに行動こうどうするようにすすめる　함께 행동하도록 권하다

冷さめる 식다 = 冷ひえる 식다

仕舞しまう 끝내다, 치우다 = 終おえる 끝내다, 마치다

失敗しっぱいする 실패하다 = うまくいかない 잘 안되다

문제로 확인하기 ○

もんだい4 _____の ぶんと だいたい おなじ いみの ぶんが あります。1・2・3・4から いちばん いい ものを ひとつ えらんで ください。

1 約束時間より 30分 遅れて きました。

   1 約束時間より 30分 おもしろく きました。

   2 約束時間より 30分 おかしく きました。

   3 約束時間より 30分 はやく きました。

   4 約束時間より 30分 おそく きました。

해석 ▶ 약속시간보다 30분 늦게 왔습니다.

   1 약속시간보다 30분 재미있게 왔습니다. (X)

   2 약속시간보다 30분 이상하게 왔습니다. (X)

   3 약속시간보다 30분 빨리 왔습니다. (X)

   4 약속시간보다 30분 늦게 왔습니다. (O)

포인트 문법 ▶ ★ 명사 + より ～보다

   예) 時間(じかん)より 시간보다, 私(わたし)より 나보다

   ★ 2그룹 동사의 て형(연결형) + くる ～해오다

   예) 遅(おく)れる 늦다 → 遅(おく)れて 늦고, 늦어서 → 遅(おく)れてくる 늦게 오다

   ★ 3그룹 동사 중 来(く)る의 ました형(정중한 과거형) ～입니다

   예) 来(く)る 오다 → 来(き)ます 옵니다 → 来(き)ました 왔습니다

   ★ い형용사의 부사형(끝 글자 い를 지우고 く) ～하게

   예) 面白(おもしろ)い 재미있다 → 面白(おもしろ)く 재미있게

단어 ▶ 約束やくそく 약속　時間じかん 시간　より ～보다　遅おくれる 늦다, 지각하다

   来くる 오다　面白おもしろく 재미있게　おかしく 이상하게　早はやく 빨리, 일찍

   遅おそく 늦게

정답 ▶ 4

2 <u>日が　暮れて　さきが　あまり　見えません。</u>

1　朝に　なって　さきが　あまり　見えません。

2　夜に　なって　さきが　あまり　見えません。

3　くもって　さきが　あまり　見えません。

4　火事で　さきが　あまり　見えません。

해석 ▶　<u>날이 저물어서 앞이 별로 보이지 않습니다.</u>

　　　1　아침이 되어 앞이 별로 보이지 않습니다. (X)

　　　2　밤이 되어 앞이 별로 보이지 않습니다. (O)

　　　3　흐려져 앞이 별로 보이지 않습니다. (X)

　　　4　화재로 앞이 별로 보이지 않습니다. (X)

포인트 문법 ▶　★ 2그룹 동사의 ません형(현재부정형) ～지 않습니다

　　　예) 見(み)える 보이다 → 見(み)えます 보입니다 → 見(み)えません 보이지 않습니다

　　　★ 명사 + になる ～이(가) 되다

　　　예) 朝(あさ)になる 아침이 되다 → 朝(あさ)になって 아침이 되고, 아침이 되어서

단어 ▶　日ひが暮くれる 날이 저물다　　さき 앞, 끝　　見みえる 보이다　　朝あさ 아침

　　　なる 되다　　あまり 그다지, 별로　　夜よる 밤　　曇くもる 흐리다　　火事かじ 화재

정답 ▶　2

단어익히기　필수 동사

断ことわる 거절하다	困こまる 곤란해지다	混こむ (길이)막히다, 붐비다
転ころぶ 구르다, 넘어지다	怖こわがる 무서워하다	壊こわす 망가뜨리다
壊こわれる 고장 나다, 부서지다	咲さく 피다	さしあげる 드리다
指さす 가리키다	誘さそう 권하다, 꾀다	冷さめる 식다
騒さわぐ 떠들다	触さわる 만지다	叱しかる 꾸짖다
失敗しっぱいする 실패하다	支配しはいする 지배하다	支払しはらう 지불하다
仕舞しまう 끝내다, 치우다	示しめす 나타내다	占しめる 차지하다
喋しゃべる 수다 떨다	紹介しょうかいする 소개하다	招待しょうたいする 초대하다
知しる 알다	信しんじる 믿다	

もんだい5 つぎの ことばの つかいかたで いちばん いい ものを 1・2・3・4から
ひとつ えらんで ください。

1 さしあげる

1 部長は 私たちに コーヒーを おごって <u>さしあげる</u> つもりです。

2 父は 弟を 毎朝 車で おくって <u>さしあげて</u> います。

3 私は 友だちの お母さんに 花を <u>さしあげました</u>。

4 先生が 私に 辞書を <u>さしあげました</u>。

해석 ▶	드리다
	1 부장님은 우리들에게 커피를 한턱 내 <u>드릴</u> 생각입니다. (X)
	2 아버지는 남동생을 매일 아침 차로 데려다 <u>드리고</u> 있습니다. (X)
	3 나는 친구 어머니에게 꽃을 <u>드렸습니다</u>. (O)
	4 선생님이 나에게 사전을 <u>드렸습니다</u>. (X)
포인트 문법 ▶	★ る로 끝나는 1그룹 동사의 て형(연결형) + さしあげる ~해 드리다
	예) おごる 한턱내다 → おごって 한턱내고(내서) → おごってさしあげる 한턱 내 드리다
	★ 사람 + に ~에게
	예) 私(わたし)에 나에게, お母(かあ)さん에 어머니에게
단어 ▶	部長ぶちょう 부장 たち ~들(복수형) コーヒー 커피 おごる 한턱내다
	つもり 작정, 속셈, 생각 父ちち 아버지 弟おとうと 남동생
	毎朝まいあさ 매일아침 車くるま 차 送おくる 보내다, 배웅하다, 데려다 주다
	友ともだち 친구 お母かあさん 어머니 先生せんせい 선생님 辞書じしょ 사전
정답 ▶	3

2 騒ぐ

1　お酒を　飲んで　夜　おそくまで　騒いでは　いけません。

2　騒いで　行ったら　会議に　まにあうかも　しれません。

3　両手で　ボートを　いっしょうけんめい　騒ぎました。

4　この　プールでは　何月から　騒ぐ　ことが　できますか。

해석 ▶　떠들다

1　술을 마시고 밤늦게까지 떠들어서는 안 됩니다. (O)

2　떠들고 가면 회의 시간에 맞출 수 있을지도 모릅니다(늦지 않을지도 모릅니다). (X)

3　양손으로 보트를 열심히 떠들었습니다. (X)

4　이 풀(수영장)에서는 몇 월부터 떠들 수 있습니까? (X)

포인트 문법 ▶　★ む로 끝나는 1그룹 동사의 て형(연결형) ~고, ~서

예) 飲(の)む 마시다 → 飲(の)んで 마시고, 마셔서

★ ぐ로 끝나는 1그룹 동사의 て형(연결형) + はいけません ~해서는 안 됩니다

예) 騒(さわ)ぐ 떠들다 → 騒(さわ)いで 떠들고, 떠들어서 → 騒(さわ)いではいけません

떠들어서는 안 됩니다

★ 1그룹 동사 중 行(い)く의 た형(과거형) + ら ~면(たら조건문)

예) 行(い)く 가다 → 行(い)って 가고, 가서 → 行(い)ったら 가면

★ 동사의 う단 형태(원형) + かもしれません ~일지도 모릅니다

예) 間(ま)に合(あ)う 시간에 늦지 않게 대다(늦지 않다) → 間(ま)に合(あ)うかもしれま

せん 늦지 않을지도 모릅니다

★ 동사의 う단 형태(원형) + ことができる ~할 수 있다(가능표현)

예) 騒(さわ)ぐ 떠들다 → 騒(さわ)ぐことができる 떠들 수 있다 → 騒(さわ)ぐことがで

きます 떠들 수 있습니다

단어 ▶　お酒さけ 술　　飲のむ 마시다　　夜よる 밤　　遅おそく 늦게　　まで ~까지

騒さわぐ 떠들다　　いけません 안 됩니다　　行いく 가다　　会議かいぎ 회의

間まに合あう 시간에 늦지 않게 대다　　かもしれません ~일지도 모릅니다

両手りょうて 양손　　ボート 보트　　一生懸命いっしょうけんめい 열심히

プール 풀(수영장)　　何月なんがつ 몇 월　　出来できる 할 수 있다

정답 ▶　1

CHAPTER 02 문법/독해

> **문법익히기** 명령 및 지시/ 전달/비유, 예시 표현

01. 동사의 명령형 ～해

명령형은 그대로 사용하면 어투가 너무 강하므로 상하관계가 확실한 사이에서만 쓴다. 친구 사이에서는 「よ」를 붙여 쓰면 조금 부드러운 어감이 된다.

1그룹동사의 명령형

う단 → え단 (う단 어미를 え단으로 바꾼다)

行く 가다 → 行け 가

入る 들어가다 → 入れ 들어가

2그룹동사의 명령형

る → ろ (어미 る를 ろ로 바꾼다)

起きる 일어나다 → 起きろ 일어나

見る 보다 → 見ろ 봐

3그룹동사의 명령형 (불규칙동사이므로 그냥 외우자)

する 하다 → しろ 해 / せよ 해

くる 오다 → こい 와

문제로 확인하기

1 早く 家に （　　　　）よ。

1 帰り　　　　2 帰れ　　　　3 帰ろ　　　　4 帰れなさい

해석 ▶	빨리 집에 돌아가.
해설 ▶	① 帰(かえ)리는 帰(かえ)る(돌아가다)의 「ます형」으로 이 자체로는 해석이 불가.
	② 帰(かえ)る(돌아가다) → 帰(かえ)れ(돌아가ㅡ1그룹동사의 명령형. う단 어미를 え단으로 바꿈)
	③ 「帰(かえ)る」는 예외 1그룹동사이므로 1그룹처럼 활용해야지 「帰(かえ)ろ」와 같이 2그룹동사의 명령형처럼 활용해서는 안 된다.
	④ 동사의 ます형+なさい(~해라ㅡ명령)
	帰(かえ)る(돌아가다) → 帰(かえ)ります(돌아갑니다) → 帰(かえ)りなさい(돌아가라) 4번 지문은 「帰(かえ)れなさい」가 되어 있으므로 올바른 문법형식이 아니다.
단어 ▶	早はやく 빨리　家うち 집　帰かえる 돌아가다, 돌아오다
정답 ▶	2

2 火事(か じ)だよ。早(はや)く（　　　）。

1　逃(に)げる　　　2　逃(に)げろなさい　3　逃(に)げるな　　・　4　逃(に)げろ

해석 ▶	화재야. 빨리 도망가!
해설 ▶	① 逃(に)げる(도망가다)
	② 동사의 ます형+なさい(~해라ㅡ명령)
	逃(に)げる(도망가다) → 逃(に)げます(도망갑니다) → 逃(に)げなさい(도망가라)
	2번 지문은 「逃(に)げろなさい」가 되어 있으므로 올바른 문법형식이 아니다.
	③ 동사의 원형+な(~하지 마ㅡ금지 표현)
	逃(に)げる(도망가다) → 逃(に)げるな(도망가지 마)
	④ 逃(に)げる(도망가다) →
	逃(に)げろ(도망가ㅡ2그룹동사의 명령형. 어미 る를 ろ로 바꾼다)
	⑤ 종조사 「よ」는 문장 끝에 붙어 상대에게 알리는 뜻을 나타낸다.
단어 ▶	火事かじ 화재　早はやく 빨리　逃にげる 도망가다
정답 ▶	4

3 もう　すぐ　試合(し あい)だ！いっしょうけんめい　練習(れんしゅう)（　　　）！

1　しろ　　　　　2　しる　　　　　3　せろ　　　　　4　しろう

해석 ▶	이제 곧 시합이다! 열심히 연습해!
해설 ▶	する(하다) → しろ(해ㅡ3그룹동사의 명령형) 따라서 2번, 3번, 4번 지문은 올바른 문법형식이 아니다.
단어 ▶	もう 이제, 벌써　すぐ 곧, 즉시　試合しあい 시합　いっしょうけんめい 열심히
	練習れんしゅうする 연습하다
정답 ▶	1

02. 동사의 ます형+なさい ～하시오, ～해라

일본어에서 명령표현으로 바꾸는 방법에는 동사 자체를 명령형으로 활용시키는 방법과 「동사의 ます형」에 「なさい」를 접속시키는 방법이 있다. 「동사의 ます형+なさい」쪽이 동사 자체를 명령형으로 활용하는 것 보다는 부드러운 어투이다. 흔히 교사가 학생에게 부모가 자녀에게 사용하는 경우가 많다.

全部 食べなさい。

전부 먹어라.

傘を 持って 行きなさい。

우산을 가지고 가거라.

문제로 확인하기

1 遅くても　１０時までには　帰って　（　　　　）。

　1　こなさい　　　　2　くなさい　　　　3　くるなさい　　　4　きなさい

해석 ▶ 늦더라도 10시까지는 돌아와라.

해설 ▶ ① 동사의 ます형+なさい(～해라-명령)

くる(오다) → きます(옵니다) → きなさい(와라)　따라서 1번, 2번, 3번 지문은 올바른 문법형식이 아니다.

② 「～ても」는 각 품사의 연결형(て형)에 も가 접속된 형태로 「～라도」라는 뜻을 나타낸다. 遅(おそ)い(늦다) → 遅(おそ)くて(늦고/늦어서-い형용사의 연결형은 어미 い를 떼고 くて로 바꿈) → 遅(おそ)くても(늦더라도)

단어 ▶ 遅おそい 늦다　～まで ～까지　帰かえる 돌아가다. 돌아오다　来くる 오다

정답 ▶ 4

03. 동사의 원형＋な ～하지 마

「～하지 마」라는 부정명령 즉 금지표현을 만들 때는 「동사의 원형」에 종조사 「な」를 붙이면 된다. 「なよ」의 형태로 쓰면 조금 부드러운 어감이 된다.

そんな ことを 言^いうな。
그런 말 하지 마.

この 手紙^{てがみ}を 見^みるなよ。
이 편지를 보지 마.

문제로 확인하기

1 ノックも しないで 勝手^{かって}に 入^{はい}る（　　　）!

1 だよ   2 なだ   3 なよ   4 だな

해석 ▶ 노크도 하지 않고 마음대로 들어오지 매!

해설 ▶ ① 동사의 원형＋な(～하지 마–금지 표현)
入(はい)る(들어오다) → 入(はい)るな(들어오지 마) → 入(はい)るなよ(들어오지 마–종조사 「よ」를 붙이면 조금 부드러운 어감이 된다) 1번, 2번, 4번 지문은 올바른 문법형식이 아니다.
② ～ないで(～하지 않고)
する(하다) → しない(하지 않다–부정형) → しないで(하지 않고)

단어 ▶ ノック 노크   する 하다   勝手^{かって}に 제멋대로, 마음대로
入^{はい}る 들어가다, 들어오다

정답 ▶ 3

04. ～ように言^いう ～하도록 말하다

「동사의 원형＋ように言^いう」는 「～하도록 말하다」라는 뜻으로 일종의 지시표현이다. 반대로 「동사의 부정형＋ように言^いう」는 「～하지 않도록 말하다」라는 표현이다. 또한 「言^いう(말하다)」의 수동형인 「言^いわれる(말을 듣다)」를 써서 「～ように言^いわれる(～를 하라는 말을 듣다)」의 형태로도 자주 쓰인다.

すみませんが、吉田^{よしだ}さんに 明日^{あした} 早^{はや}く 来^くる ように 言^いって ください。
죄송합니다만, 요시다씨에게 내일 일찍 오도록 말해 주세요.

すみませんが、吉田さんに 明日は 来ない ように 言って ください。

죄송합니다만, 요시다씨에게 내일은 오지 않도록 말해 주세요.

先生に、もっと 練習を する ように 言われた。

선생님에게 더 연습을 하라는 말을 들었다.

문제로 확인하기

1 池田さんに あまり タバコを 吸わない （　　　） 言って ください。

    1　ようだ   2　ように   3　ような   4　ようと

> 해석 ▶ 이케다씨에게 너무 담배를 피우지 않도록 말해 주세요.
>
> 해설 ▶ ① 동사의 부정형+ように言(い)う(~하지 않도록 말하다-지시표현)
> 吸(す)う(피우다) → 吸(す)わない(피우지 않다-부정형) → 吸(す)わないように言(い)う(피우지 않도록 말하다) → 吸(す)わないように言(い)ってください(피우지 않도록 말해 주세요)
> ② 「あまり」는 「별로, 그다지」라는 뜻 이외에 「너무, 지나치게」라는 뜻으로도 쓰인다.
>
> 단어 ▶ あまり 별로(그다지), 너무(지나치게)　タバコ 담배　吸すう 피우다　言いう 말하다
> ください 주십시오
>
> 정답 ▶ 2

2 母から 髪を （　　　） ように 言われました。

    1　切る   2　切って   3　切ろう   4　切れる

> 해석 ▶ 엄마에게 머리카락을 자르라는 말을 들었습니다.
>
> 해설 ▶ ① ~ように言(い)われる(~를 하라는 말을 듣다)
> 切(き)る(자르다) → 切(き)るように言(い)われる(자르라는 말을 듣다) → 切(き)るように言(い)
> われました(자르라는 말을 들었습니다)
> ② 切(き)る(자르다) → 切(き)って(자르고/잘라서-연결형)
> 切(き)る는 예외 1그룹동사이므로 연결형이 切(き)て가 아니라 切(き)って가 된다.
> ③ 切(き)る(자르다) → 切(き)ろう(잘라야지/자르자-1그룹동사의 의지형. う단 어미를 お단으로 바꾸고 う를 접속)
> ④ 切(き)る(자르다) → 切(き)れる(자를 수 있다-1그룹동사의 가능형. う단 어미를 え단으로 바꾸고 る를 접속)
>
> 단어 ▶ 母はは 엄마(어머니)　~から ~부터　髪かみ 머리카락　切きる 자르다, 끊다
> 言いう 말하다
>
> 정답 ▶ 1

05. 〜ようにする 〜하도록 하다

「동사의 원형+ようにする」는 「〜하도록 하다」라는 뜻으로 「의도적으로 노력해 그렇게 하려고 하다」라는 뉘앙스를 가진 표현이다. 반대로 「동사의 부정형+ようにする」는 「〜하지 않도록 하다」라는 표현이다.

毎日　運動を　する　ように　して　います。
매일 운동을 하도록 하고 있습니다.

無理な　運動は　しない　ように　して　います。
무리한 운동은 하지 않도록 하고 있습니다.

문제로 확인하기

1 健康の　ために　果物と　野菜を　たくさん　（　　　）　ように　して　います。

1 食べた　　　　　2 食べる　　　　　3 食べて　　　　　4 食べたい

해석 ▶ 건강을 위해서 과일과 야채를 많이 먹도록 하고 있습니다.
해설 ▶ ① 食(た)べる(먹다) → 食(た)べた(먹었다–과거형)
　　② 동사의 원형+ようにする(〜하도록 하다)
　　　食(た)べる(먹다) → 食(た)べるようにする(먹도록 하다) → 食(た)べるようにしています(먹도록 하고 있습니다)
　　③ 食(た)べる(먹다) → 食(た)べて(먹고/먹어서–연결형)
　　④ 동사의 ます형+たい(〜하고 싶다–희망표현)
　　　食(た)べる(먹다) → 食(た)べます(먹습니다) → 食(た)べたい(먹고 싶다)
　　⑤ 명사의 ために(〜를 위해서)
　　　健康(けんこう)(건강) → 健康(けんこう)のために(건강을 위해서)
　　　「健康(けんこう)をために」로 틀리기 쉬우니 주의하자.
단어 ▶ 健康けんこう 건강　〜ために 〜위해서, 〜때문에　果物くだもの 과일
　　野菜やさい 야채　たくさん 많이　食たべる 먹다
정답 ▶ 2

2 インスタント 食品(しょくひん)は 体(からだ)に 悪(わる)いので できるだけ （　　） して くだ

さい。

1 食(た)べなくて　　　　　　　　　　　2 食(た)べる ように

3 食(た)べない ように　　　　　　　　　4 食(た)べないで

해석 ▶ 인스턴트 식품은 몸에 나쁘기 때문에 가능한 한 먹지 않도록 해 주세요.

해설 ▶ ① ～なくて(～하지 않아서–원인과 이유를 나타냄)

食(た)べる (먹다) → 食(た)べない(먹지 않다–부정형) → 食(た)べなくて(먹지 않아서)

② 동사의 원형+ようにする(～하도록 하다)

食(た)べる (먹다) → 食(た)べるようにする(먹도록 하다) → 食(た)べるようにしてください(먹도록 해 주세요) 문법형식은 맞으나 문맥과는 어울리지 않는다.

③ 동사의 부정형+ようにする(～하지 않도록 하다)

食(た)べる (먹다) → 食(た)べない(먹지 않다–부정형) → 食(た)べないようにする(먹지 않도록 하다) → 食(た)べないようにしてください(먹지 않도록 해 주세요)

④ ～ないでください(～하지 마세요)

食(た)べる (먹다) → 食(た)べない(먹지 않다–부정형) → 食(た)べないでください(먹지 마세요) 위 문장에서는 「ください」앞에 「して」가 있으므로 4번 지문이 괄호에 들어가면 올바른 문법형식이 되지 않는다.

단어 ▶ インスタント 인스턴트　　食品(しょくひん) 식품　　体(からだ) 몸　　悪(わる)い 나쁘다

できるだけ 가능한 한　　食(た)べる 먹다

정답 ▶ 3

---

06. ～そうだ ～라고 하다

「～そうだ」는 흔히 「전문의 そうだ」라고도 하는데 「각 품사의 기본형」에 접속해 직접 들은 이야기를 다른 사람에게 전달하는 표현이다. 특히 명사의 현재형일 경우 「명사だ＋そうだ」의 접속 형태가 되는 점에 주의하자. 다른 곳에서 들은 것의 출처나 추측의 근거를 나타내는 「～によると(～에 의하면, ～에 따르면)」과 자주 호응해서 쓰므로 함께 알아두자.

명사

学生(がくせい)だそうだ　학생이라고 한다(현재)

学生(がくせい)ではないそうだ　학생이 아니라고 한다(현재 부정)

学生(がくせい)だったそうだ　학생이었다고 한다(과거)

学生<ruby>学生<rt>がくせい</rt></ruby>ではなかったそうだ　학생이 아니었다고 한다(과거 부정)

い형용사

寒<ruby>寒<rt>さむ</rt></ruby>いそうだ　춥다고 한다(현재)

寒<ruby>寒<rt>さむ</rt></ruby>くないそうだ　춥지 않다고 한다(현재 부정)

寒<ruby>寒<rt>さむ</rt></ruby>かったそうだ　추웠다고 한다(과거)

寒<ruby>寒<rt>さむ</rt></ruby>くなかったそうだ　춥지 않았다고 한다(과거 부정)

な형용사

好<ruby>好<rt>す</rt></ruby>きだそうだ　좋아한다고 한다(현재)

好<ruby>好<rt>す</rt></ruby>きではないそうだ　좋아하지 않는다고 한다(현재 부정)

好<ruby>好<rt>す</rt></ruby>きだったそうだ　좋아했다고 한다(과거)

好<ruby>好<rt>す</rt></ruby>きではなかったそうだ　좋아하지 않았다고 한다(과거 부정)

동사

行<ruby>行<rt>い</rt></ruby>くそうだ　간다고 한다(현재)

行<ruby>行<rt>い</rt></ruby>かないそうだ　가지 않는다고 한다(현재 부정)

行<ruby>行<rt>い</rt></ruby>ったそうだ　갔다고 한다(과거)

行<ruby>行<rt>い</rt></ruby>かなかったそうだ　가지 않았다고 한다(과거 부정)

문제로 확인하기

1 昨日<ruby>昨日<rt>きのう</rt></ruby>の　テストは　（　　　）　そうです。

1 難<ruby>難<rt>むずか</rt></ruby>しい　　　2 難<ruby>難<rt>むずか</rt></ruby>しくて　　　3 難<ruby>難<rt>むずか</rt></ruby>しくない　　　4 難<ruby>難<rt>むずか</rt></ruby>しかった

해석 ▶ 어제 테스트는 어려웠다고 합니다.

해설 ▶ ① 難(むずか)しい(어렵다) → 難(むずか)しいそうだ(어렵다고 한다) → 難(むずか)しいそうです (어렵다고 합니다)

② 難(むずか)しい(어렵다) → 難(むずか)しくて(어렵고/어려워서–연결형)

③ 難(むずか)しい(어렵다) → 難(むずか)しくない(어렵지 않다–부정형) → 難(むずか)しくない そうだ(어렵지 않다고 한다) → 難(むずか)しくないそうです(어렵지 않다고 합니다)

④ 難(むずか)しい(어렵다) → 難(むずか)しかった(어려웠다–과거형) → 難(むずか)しかったそう だ(어려웠다고 한다) → 難(むずか)しかったそうです(어려웠다고 합니다)

단어 ▶ 昨日<ruby>昨日<rt>きのう</rt></ruby> 어제　　テスト 테스트　　難<ruby>難<rt>むずか</rt></ruby>しい 어렵다

정답 ▶ 4

2 天気予報に　よると、明日　雪が　（　　）　そうです。

1　降る　　　　　　2　降って　　　　　3　降り　　　　　4　降った

07. ～と言(い)う ～라고 말하다, ～라고 하다

인용을 나타내는 표현이다. 회화체에서는 「と(라고)」대신에 「って(라고)」를 사용해 「～って言(い)う」로도 쓴다.

日本では　ご飯を　食べる　前に　「いただきます」と　言います。
일본에서는 밥을 먹기 전에 「잘 먹겠습니다」라고 말합니다.

문제로 확인하기 ●

1 妹が　留学　したい（　　）　言います。

1　で　　　　　　2　に　　　　　　3　と　　　　　　4　を

08. ～ようだ/～ような/～ように ～같다/～같은/～같이

비유를 하거나 예시를 하는 표현이다. 「まるで(마치)」와 같은 부사와 호응해서 쓰는 경우가 많다. 보통 「명사の+ようだ(ような/ように)」「동사의 기본형+ようだ(ような/ように)」의 형태로 사용된다.

顔が 赤くて りんごの ようだ。

얼굴이 빨개서 사과 같다.

りんごの ような 顔です。

사과 같은 얼굴입니다.

りんごの ように 顔が 赤いです。

사과 같이 얼굴이 빨갛습니다.

顔が 赤くて お酒を 飲んだ ようだ。

얼굴이 빨개서 술을 마신 것 같다.

お酒を 飲んだ ような 顔です。

술을 마신 것 같은 얼굴입니다.

お酒を 飲んだ ように 顔が 赤いです。

술을 마신 것 같이 얼굴이 빨갛습니다.

문제로 확인하기

1 橋本さんは まるで モデルの (   ) 背が 高いです。

　　 1 ようだ　　　　2 ような　　　　3 ように　　　　4 ようの

> **해석 ▶** 하시모토씨는 마치 모델 같이 키가 큽니다.
> **해설 ▶** ① ～ようだ(～같다)
> 　　　　　　モデルのようだ(모델 같다)
> 　　　　　② ～ような(～같은)
> 　　　　　　モデルのような(모델 같은)
> 　　　　　③ ～ように(～같이, ～처럼)
> 　　　　　　モデルのように(모델 같이)
> 　　　　　④ モデルのようの(올바른 문법형식이 아니다)
> **단어 ▶** まるで 마치　　モデル 모델　　背せが高たかい 키가 크다
> **정답 ▶** 3

2 彼は　（　　　）　ように　寝て　います。

1　死ぬ　　　　　2　死んで　　　　3　死んだ　　　4　死に

해석 ▶　그는 죽은 것 같이 자고 있습니다.

해설 ▶　① 死(し)ぬ(죽다) → 死(し)ぬように(죽는 것 같이) 문맥에 맞지 않음.

　　　　② 死(し)ぬ(죽다) → 死(し)んで(죽고/죽어서–연결형)

　　　　③ 死(し)ぬ(죽다) → 死(し)んだ(죽었다–과거형) → 死(し)んだように(죽은 것 같이)

　　　　④ 死(し)ぬ(죽다) → 死(し)にます(죽습니다)
　　　　　「死(し)に」는 「死(し)ぬ(죽다)」의 ます형으로 「死(し)にように」는 올바른 문법형식이 아니다.

단어 ▶　彼かれ 그　　死しぬ 죽다　　寝ねる 자다

정답 ▶　3

もんだい5　つぎの文章を読んで、質問に答えてください。答えは1・2・3・4からいちばん
　　　　　いいものを一つえらんでください。

子どもの頃

　私は、昭和40年10月18日、会社勤めをしていた両親の初めての子どもとして生まれた。父が38歳、母が37歳のとき。母は、出産予定日の二、三日前まで出勤していたらしい。手術室の前で首を長くして待っていた父は、看護婦さんから、「おめでとうございます。女の子ですよ」と言われたとき、すぐ「①ええ?! 女の子か」と、残念そうに言ったらしい。

　生まれてくる子どもは、男の子と勝手に思い込んでいたからだ。しかし、その残念さは、ベッドで寝ている私の顔を見て、すぐになくなったようで、「本当に、かわいい子ね。。。」と言いながら退院するまでの間、毎日病院に来ていたそうだ。

　生まれて数か月間、夜泣きひとつしなかった私は、非常に育てやすかったらしい。でも、母乳を全然飲まなかったため、ミルクだけで育てられたらしい。

　両親には、遅く生まれたこともあり、それこそ目の中に入れても痛くないというほどに、かわいがられた。祖母もとてもかわいがってくれた。そのせいか、私は非常に甘えん坊に育った。

　昭和45年、市内にある幼稚園に入園した。この幼稚園にはスクールバスがなくて、みんな歩いて通っていた。会社勤めをしていた母の代わりに送り迎えは祖母がしてくれた。一人っ子で、それにわがままいっぱいに育てられた私は、幼稚園に入園するまで、ほかの子どもたちと遊ぶことは全然なかった。それで、祖母のそばから離れることができず、教室の入り口で、つないでいた祖母の手を離されると、「おばあちゃん、帰らないで!」と言いながら泣いた。

でも、だんだん友だちもたくさんできたし、幼稚園の生活にもなれて、本当に楽しかった。私はどこにでもいる普通の子どもだったし、幸せだった。

大平光代「だから、あなたも生きぬいて」より

1 この人のお母さんは出産予定日のいつまで仕事をしていましたか。

1 出産予定日のいつかぐらい前まで

2 出産予定日のよっかぐらい前まで

3 出産予定日のみっかぐらい前まで

4 出産予定日のむいかぐらい前まで

2 この人は小さいときどんな子どもでしたか。

1 ご飯よりミルクのほうが好きな子でした。

2 となりの子たちと遊ぶのが好きな子でした。

3 非常にまじめな子でした。

4 非常に甘えん坊でした。

3 どうしてお父さんは「①ええ?! 女の子か」と残念そうに言いましたか。

1 女の子と勝手に思い込んでいたからです。

2 男の子と勝手に思い込んでいたからです。

3 子どもがあまりほしくなかったからです。

4 また、女の子が生まれたからです。

4 この内容と合っているものはどれですか。

1　小さいときから、両親は会社勤めをしていました。

2　この人は小さいとき夜泣きをよくする子でした。

3　祖母の代わりに送り迎えは母がしてくれました。

4　幼稚園の生活は全然楽しくなかったです。

해석 ▶

어릴 적

나는 쇼와(昭和)40년 10월18일, 회사근무를 하고 있던 부모님의 첫 아이로 태어났다. 아버지가 38세, 어머니가 37세 때. 어머니는 출산 예정일 2, 3일전까지 출근하고 있었던 것 같다. 수술실 앞에서 애타게 기다리고 있었던 아버지는 간호사에게 「축하합니다! 여자 아이예요!」라는 말을 들었을 때 곧바로 「①어?! 여자아이야?」하면서 유감스럽게 말한 것 같다.

태어날 아이는 사내아이라고 마음대로 생각했기 때문이다. 그러나 그 유감스러운 마음은 침대에서 자고 있는 나의 얼굴을 보고 곧바로 없어진 것 같았고, 「정말로, 귀여운 아이야~~」라고 하면서 퇴원할 때까지, 매일 병원에 왔었다고 한다.

태어나 수개월 동안, 밤에 하나도 울지 않았던 나는 매우 기르기 쉬웠던(편했던) 것 같다. 그렇지만 모유를 전혀 마시지 않았기 때문에 우유만으로 자란 것 같다.

부모님에게는 늦게 태어난 것이라 그야말로 눈에 넣어도 아프지 않을 만큼 귀여움을 받았다. 할머니도 매우 귀여워해 주셨다. 그 때문인지 나는 매우 응석꾸러기로 자랐다.

쇼와(昭和)45년 시내에 있는 유치원에 입학했다. 이 유치원에는 통학 버스가 없어서, 모두 걸어 다니고 있었다. 회사 근무를 하고 있었던 어머니 대신에 전송과 마중(등, 하교)은 할머니가 해 주었다. 외동딸에 정말 버릇없이 자란 나는 유치원에 입학할 때까지 다른 아이들과 노는 일이 전혀 없었다. 그래서 할머니 곁에서 떨어지지 못하고, 교실 입구에서 잡고 있던 할머니의 손이 풀리면 「할머니, 가지 마」라고 하면서 울었다.

그렇지만, 점점 친구도 많이 생겼고, 유치원 생활에도 익숙해져 정말로 즐거웠다. 나는 어디에라도(어디에나) 있는 보통 아이였었고 행복했었다.

1 이 사람의 어머니는 출산 예정일의 언제까지 일을 하고 있었습니까?

　　1　출산 예정일 5일정도 전까지 (X)

　　2　출산 예정일 4일정도 전까지 (X)

　　3　출산 예정일 3일정도 전까지 (O)

　　4　출산 예정일 6일정도 전까지 (X)

정답 ▶　3

2 이 사람은 어렸을 때 어떤 아이였습니까?

    1 밥보다 우유를 좋아하는 아이였습니다. (X)

    2 이웃 아이들과 노는 것을 좋아하는 아이였습니다. (X)

    3 매우 성실한 아이였습니다. (X)

    4 매우 응석꾸러기였습니다. (O)

정답 ▶   4

3 어째서 아버지는 ①어?! 여자아이야?」라고 유감스럽게 말했습니까?

    1 여자 아이라고 마음대로 생각했기 때문입니다. (X)

    2 사내아이라고 마음대로 생각했기 때문입니다. (O)

    3 아이를 별로 원치 않았기 때문입니다. (X)

    4 또, 여자 아이가 태어났기 때문입니다. (X)

정답 ▶   2

4 이 내용과 일치하는 것은 어느 것입니까?

    1 어렸을 때부터 부모님은 회사 근무를 하고 있었습니다. (O)

    2 이 사람은 어릴 때 밤에 잘 우는 아이였습니다. (X)

    3 할머니 대신에 전송과 마중(등, 하교)은 어머니가 해 주었습니다. (X)

    4 유치원 생활은 전혀 즐겁지 않았습니다. (X)

정답 ▶   1

포인트 문법 ▷

★ 3그룹 동사 중 する의 て형(연결형) + いた ~하고 있었다

    예) する 하다 → して 하고,해서 → している 하고 있다 → していた 하고 있었다

★ 2그룹 동사의 た형(과거형) ~했다

    예) 生(う)まれる 태어나다 → 生(う)まれて 태어나고, 태어나서 → 生(う)まれた 태어났다

★ 2그룹 동사의 た형(과거형) + らしい ~인 듯하다(~인 것 같다, ~인 모양이다)

    예) いる 있다 → いて 있고, 있어서 → いた 있었다 → いたらしい 있었던 것 같다

★ い형용사의 부사형(끝 글자 い를 지우고 く) ~하게

    예) 長(なが)い 길다 → 長(なが)く 길게

★ 2그룹 동사의 たら형(조건) ~면, ~하니까

    예) 言(い)われる 일컬어지다, 말 되어지다, 불리다 → 言(い)われて 일컬어지고(서) → 言(い)われた 일컬어졌다 → 言(い)われたら 일컬어지면, 일 컬어지니까

★ な형용사의 어간(だ를 지운모습) + そうに ~듯이(~하게)

    예) 残念(ざんねん)だ 유감스럽다 → 残念(ざんねん)そうだ 유감스러울 것 같다 → 残念(ざんねん)そうに 유감스럽게(유감스러운 듯이)

★ う로 끝나는 1그룹 동사의 た형(과거형) + ようで ~인 것 같고, ~인 듯 하고

    예) なる 되다 → なって 되고, 되어서 → なった 되었다 → なったようだ 된 것 같다 → なったようで 된 것 같(았)고

★ う로 끝나는 1그룹 동사의 ます형(정중형) + ながら ~하면서

    예) 言(い)う 말하다 → 言(い)います 말합니다 → 言(い)いながら 말 하면서

★ 2그룹 동사의 た형(과거형) + そうだ(전문용법) ~했다고 한다

예) いる 있다 → いて 있고, 있어서 → いた 있었다 → いたそうだ 있었다고 한다

★ 3그룹 동사 중 する의 과거부정형 ~하지 않았다

예) する 하다 → しない 하지 않다 → しなかった 하지 않았다

★ 2그룹 동사의 ます형(정중형) + やすかった ~하기 쉬웠다(편했다)

예) 育(そだ)てる 기르다 → 育(そだ)てます 기릅니다 → 育(そだ)てやすい 기르기 쉽다 → 育(そだ)てやすかった 기르기 쉬웠다(편했다)

★ い형용사의 과거형(끝 글자 い를 지우고 かった) + らしい ~인 듯하다(~인 것 같다, ~인 모양이다)

예) やすい 쉽다 → やすかった 쉬웠다 → やすかったらしい 쉬웠던 것 같다

★ む로 끝나는 1그룹 동사의 ない형(부정형) + かったため ~하지 않았기 때문에

예) 飲(の)む 마시다 → 飲(の)まない 마시지 않다 → 飲(の)まなかった 마시지 않았다 → 飲(の)まなかったため 마시지 않았기 때문에

★ る로 끝나는 1그룹 동사의 ます형이 문장의 중간에서 연결형으로 사용되는 경우도 있다. ~고, ~서

예) ある 있다 → あります 있습니다 → あり 있고, 있어서

★ い형용사의 현재부정형(끝 글자 い를 지우고 くない) ~하지 않는다

예) 痛(いた)い 아프다 → 痛(いた)くない 아프지 않다

★ い형용사의 현재부정형 + というほどに ~라고 할 정도로

예) 痛(いた)い 아프다 → 痛(いた)くない 아프지 않다 → 痛(いた)くないというほどに 아프지 않을 정도로

★ る로 끝나는 1그룹 동사의 て형(연결형) + くれる ~해 주다(상대방이)

예) かわいがる 귀여워하다 → かわいがって 귀여워하고, 귀여워해서 → かわいがってくれる 귀여워해 주다

★ い형용사의 くて형(연결형) ~하, ~서

예) ない 없다 → なくて 없고, 없어서

★ 2그룹 동사의 ない형(부정형) + ず ~하지 않고

예) できる 할 수 없다 → できない 할 수 없다 → できず 할 수 없고(하지 못하고)

★ 2그룹 동사의 う단 형태(원형) + と ~면

예) 離(はな)される 떼어지다, 풀리다 → 離(はな)されると 떼어지면, 풀리면

★ 1그룹 동사의 ない형(부정형) + で ~하지마!

예) 帰(かえ)る 돌아가(오)다 → 帰(かえ)らない 돌아가(오)지 않다 → 帰(かえ)らないで 돌아가(오)지마!

★ 2그룹 동사의 た형(과거형) + し ~고, ~인데다가

예) できる 생기다, 할 수 있다 → できて 생기고, 생겨서 → できた 생겼다 → できたし 생겼고

★ な형용사의 과거형(끝 글자 だ를 지우고 だった) ~했다, ~였다

예) 幸(しあわ)せだ 행복하다 → 幸(しあわ)せだった 행복했다

단어 ▶　子供こども 아이, 어린이　　頃ころ 때, 무렵, 시절

昭和しょうわ 서기 1926년12월25일~1989년1월7일 사이의 일본의 연호

会社勤かいしゃづとめ 회사에서 근무함　　両親りょうしん 부모

初はじめて 처음으로, 최초로　　生うまれる 태어나다　　出産しゅっさん 출산

予定日よていび 예정일　　出勤しゅっきんする 출근하다　　手術室しゅじゅつしつ 수술실

首くびを長ながくする 목을 길게 하다　　待まつ 기다리다　　看護婦かんごふ 간호사

おめでとうございます 축하합니다　　女おんなの子こ 여자아이

言いわれる 일컬어지다, 불리다　　すぐ 곧, 바로　　残念ざんねんだ 유감스럽다

男おとこの子こ 남자아이(사내아이)　　勝手かってに 마음대로, 제멋대로

思おもい込こむ 굳게 믿다, 믿어 버리다, 생각하다　　しかし 그러나

残念ざんねんさ 유감스러움　　ベッド 침대　　寝ねている 자고있다　　顔かお 얼굴

なくなる 없어지다　　本当ほんとうに 정말로　　可愛かわいい 귀엽다

退院たいいんする 퇴원하다　　間あいだ 사이, 동안　　毎日まいにち 매일

病院びょういん 병원　　数すうか月げつ 수개월　　間かん 간

夜泣よなき 젖먹이가 밤에 욺　　ひとつ 하나, 한개　　非常ひじょうに 대단히

育そだてる 기르다　　育そだてやすい 기르기 쉽다(수월하다)　　でも 그렇지만

母乳ぼにゅう 모유　　全然ぜんぜん 전혀　　飲のまない 마시지 않다　　ミルク 우유

だけで ~만으로　　育そだてられる 키워지다, 자라다　　遅おそい 늦다, 느리다

それこそ 그야말로　　目めの中なかに入いれる 눈안에 넣다　　痛いたい 아프다

ほど 만큼　　かわいがられる 귀여움을 받다　　祖母そぼ 할머니　　くれる 주다(상대방이)

そのせいか 그 탓인지(가), 그 때문인지　　甘あまえん坊ぼう 응석받이, 응석꾸러기

育そだつ 자라다　　市内しない 시내　　幼稚園ようちえん 유치원

入園にゅうえん 입원(유치원에 입학)　　スクールバス 스쿨버스　　皆みんな 모두

歩あるく 걷다　　通かよう 다니다　　母ははの代かわりに 엄마(어머니) 대신에

送おくり迎むかえ 전송과 마중　　一人ひとりっ子こ 독자　　それに 게다가

わがままいっぱい 정말 버릇없음　　たち 들(복수형)　　遊あそぶ 놀다

全然ぜんぜん 전혀　　それで 그래서　　そば 가까이, 곁　　離はなれる 떨어지다, 떠나다

教室きょうしつ 교실　　入いり口ぐち 입구　　つないでいる 붙잡고 있다

離はなされる 떼어지다, 풀리다　　おばあちゃん 할머니　　帰かえる 돌아가(오)다

泣なく 울다　　でも 그렇지만　　だんだん 점점　　友達ともだち 친구

たくさん 많이　　できる 생기다, 할 수 있다, 완성되다　　生活せいかつ 생활

慣なれる 습관이 되다, 길들다　　楽たのしい 즐겁다　　どこにでもいる 어디에라도 있다

普通ふつう 보통　　幸しあわせだ 행복하다

CHAPTER 03 청해

> **청해익히기** 포인트 이해 문제 3
>
> 포인트 이해 문제는 문장을 들려주고 내용을 잘 이해했는가를 묻는 문제로서 특히 여러 가지 사실에 근거해 문장 속에서 핵심 포인트를 집어낼 수 있는 가를 묻는 문제가 출제된다.
>
> 일반적으로 포인트 이해 문제는 다양한 주제의 문제가 많이 출제되므로 다양한 주제를 가진 문장을 많이 듣고 정확하게 전체내용을 파악해 핵심을 찾아내는 연습을 해야 한다. 특히 원인과 이유를 묻는 문제가 자주 출제되므로 문제를 풀 때 화자가 그런 행동을 취하는 원인과 이유가 무엇인지에 집중하며 문제를 푸는 연습을 많이 하는 것이 좋다.

문제로 확인하기

1番

1 乗る電車を間違えたから

2 約束の時間を間違えたから

3 ねぼうしたから

4 時計が鳴らなかったから

2番

1 お酒をたくさん飲むから

2 あぶらっこいものをたくさん食べるから

3 運動をしないから

4 カロリーが高い飲み物をたくさん飲むから

1번 문제

스크립트 ▶

質問：男おとこの人ひとと女おんなの人ひとが話はなしています。男おとこの人ひとはどうして遅おくれましたか。

男：ああ、ごめん。待まった？

女：待まったよ。４０分ふんも。時間じかんを間違まちがえたかと思おもった。

男：ごめんね。反対はんたいのほうへ行いく電車でんしゃに乗のってしまって…。

女：うそ、電車でんしゃ、乗のらないでしょう。

男：ごめん、あのう、朝あさ、時計とけいが鳴ならなくて…。

女：時計とけいが鳴なったのに起おきなかったんでしょう。

男：ごめん、そうなんだ。

男おとこの人ひとはどうして遅おくれましたか。

1　乗のる電車でんしゃを間違まちがえたから
2　約束やくそくの時間じかんを間違まちがえたから
3　ねぼうしたから
4　時計とけいが鳴ならなかったから

해석 ▶

질문 : 남자와 여자가 이야기하고 있습니다. 남자는 왜 늦었습니까?

남 : 아, 미안. 기다렸어?

여 : 기다렸어. 40분이나. 시간을 착각했다고 생각했어.

남 : 미안해. 반대쪽으로 가는 전철을 타 버려서...

여 : 거짓말, 전철 타지 않잖아?

남 : 미안. 저기, 아침에 시계가 울리지 않아서...

여 : 시계가 울렸는데 일어나지 않은 거잖아?

남 : 미안, 그래.

남자는 왜 늦었습니까?

1　타는 전철을 착각했기 때문에
2　약속 시간을 착각했기 때문에
3　늦잠 잤기 때문에
4　시계가 울리지 않았기 때문에

포인트 문법 ▶

① 〜てしまう(〜해 버리다)
　　乗(の)る(타다) → 乗(の)って(타고/타서-연결형) → 乗(の)ってしまう(타 버리다) → 乗(の)ってしまって(타 버려서)

② 〜でしょう・〜んでしょう(〜이지요?-동의를 구하거나 재차 확인하는 표현)
　　乗(の)る(타다) → 乗(の)らない(타지 않다-부정형) → 乗(の)らないでしょう(타지 않지요?)
　　起(お)きる(일어나다) → 起(お)きない(일어나지 않다-부정형) → 起(お)きなかった(일어나지 않았다-과거 부정형) → 起(お)きなかったんでしょう(일어나지 않았지요?)

단어 ▶

ごめん 미안　　待(ま)つ 기다리다
時間じかん 시간
間違まちがえる 착각하다, 잘못 알다
思おもう 생각하다　　反対はんたい 반대
ほう 편, 쪽　　行いく 가다
電車でんしゃ 전철　　乗のる 타다
うそ 거짓말　　朝あさ 아침
時計とけい 시계　　鳴なる 울리다
起おきる 일어나다　　約束やくそく 약속
ねぼうする 늦잠 자다

정답 ▶　3

2번 문제

스크립트 ▶

質問：男おとこの人ひとと女おんなの人ひとが話はなしています。男おとこの人ひとはどうして痩やせないのですか。

男：また２キロ太ふとっちゃった。どうしたらいいのかな。

女：あぶらっこいもの、食たべすぎじゃない？

男：ううん、ほとんど食たべていないけど。

女：じゃ、お酒さけは？

男：お酒さけも月つき一回いっかいしか飲のんでいないけど。

女：そう？そうすると、運動不足うんどうぶそくだね。

男：でも、毎朝まいあさ１時間じかん半はんぐらいジョギングしたり泳およいだりしてるのに。

女：変へんだね。運動うんどうしてから、食たべたり飲のんだりしない？

男：あ、そういえば喉のどが渇かわくから、コーラとかジュースを３、４本ほんぐらい飲のんでいる。

女：それじゃ、痩やせられないよ。

男おとこの人ひとはどうして痩やせないのですか。

1　お酒さけをたくさん飲のむから
2　あぶらっこいものをたくさん食たべるから
3　運動うんどうをしないから
4　カロリーが高たかい飲のみ物ものをたくさん飲のむから

해석 ▶

질문 : 남자와 여자가 이야기하고 있습니다. 남자는 왜 살이 빠지지 않습니까?

남 : 또 2킬로 살쪄 버렸어. 어떻게 하면 좋을까?

여 : 기름기 많은 거 과식하는 거 아니야?

남 : 으응, 거의 먹지 않는데.

여 : 그럼, 술은?

남 : 술도 한 달에 한 번 밖에 마시지 않는데.

여 : 그래? 그렇다면 운동부족이구나.

남 : 하지만 매일 아침 1시간 반 정도 조깅하거나 헤엄치거나 하고 있는데...

여 : 이상하네. 운동하고 나서 먹거나 마시거나 하지 않아?

남 : 아, 그러고 보면 목이 마르니까, 콜라라든지 주스를 3, 4병정도 마시고 있어.

여 : 그러면 살이 빠질 수 없어.

남자는 왜 살이 빠지지 않습니까?

1　술을 많이 마시기 때문에
2　기름진 것을 많이 먹기 때문에
3　운동을 하지 않기 때문에
4　칼로리가 높은 음료를 많이 마시기 때문에

포인트 문법 ▶

① 「~ちゃう(~해 버리다)」는 「~てしまう」의 회화체 축약형이다.
太(ふと)る(살찌다) → 太(ふと)ってしまう=太(ふと)っちゃう(살쪄 버리다) → 太(ふと)ってしまった=太(ふと)っちゃった(살쪄 버렸다)

② ~たり ~たりする(~하기도 하고 ~하기도 하다, ~하거나 ~하거나 하다)
ジョギングする(조깅하다) → ジョギングした(조깅했다-과거형) → ジョギングしたり(조깅하거나) / 泳(およ)ぐ(헤엄치다) → 泳(およ)いだ(헤엄쳤다-과거형) → 泳(およ)いだり(헤엄치거나)
따라서 ジョギングしたり泳(およ)いだりする(조깅하거나 헤엄치거나 하다) → ジョギングし

たり泳(およ)いだりしてる(조깅하거나 헤엄치거나 하고 있다—してる(하고 있다)는 している(하고 있다)에서 い가 탈락된 형태이다. 회화체에서는 이렇게「い」가 탈락되는 경우가 많다)

③ 痩(や)せる(살이 빠지다) → 痩(や)せられる(살이 빠질 수 있다-2그룹동사의 가능형. 어미 る를 떼고 られる를 접속) → 痩(や)せられない(살이 빠질 수 없다)

단어 ▶

また 또, 다시　　太ふとる 살찌다

あぶらっこい 기름지다 食たべすぎ 과식

ほとんど 거의, 대부분　　食たべる 먹다

お酒さけ 술　　月つき 달, 한 달

回かい 회, 번　　～しか ～밖에　　飲のむ 마시다

運動不足うんどうぶそく 운동부족

毎朝まいあさ 매일 아침　　ジョギング 조깅

泳およぐ 헤엄치다　　～のに ～인데(불만·원망·비난 등의 심정을 나타냄)

変へんだ 이상하다　　そういえば 그러고 보면

喉のど 목　　渇かわく 마르다

コーラ 콜라　　ジュース 주스

～本ほん 가늘고 긴 것을 세는 말(병, 개비, 자루 등등)

痩やせる 살이 빠지다

정답 ▶ 4

MeMo

Practice Test 1 문자/어휘

もんだい1 _____の　ことばは　どう　よみますか。1・2・3・4から　いちばん　いい
　　　　　ものを　ひとつ　えらんで　ください。

1　先生の　お手紙は　拝見しました。

　　1　はいけん　　　2　けいぐ　　　　3　ごらん　　　　4　ぞんじ

2　二人の　実力（じつりょく）を　比較して　みました。

　　1　きたかく　　　2　ほくかく　　　3　ひこう　　　　4　ひかく

3　化粧品売り場は　一階で　ございます。

　　1　かしょうひん　　　　　　　　　　2　かしょうしな

　　3　けしょうひん　　　　　　　　　　4　けしょうすい

4　みなさんの　成功（せいこう）を　祈ります。

　　1　すわります　　2　いのります　　3　かります　　　4　さわります

5　昨日は　授業を　受ける　気が　まったく　なかったんです。

　　1　はける　　　　2　きける　　　　3　うける　　　　4　とける

もんだい2 ＿＿＿＿＿の ことばは どう かきますか。1・2・3・4から いちばん いい
　　　　　 ものを ひとつ えらんで ください。

6　かるい びょうきなので 心配ありません。

　　　1　病気　　　　　2　病着　　　　　3　病来　　　　　4　病機

7　これから ぼうえきに ついて 勉強したいです。

　　　1　貿駅　　　　　2　貿易　　　　　3　買易　　　　　4　貝易

8　彼は じてんしゃ通勤を 考えて いる そうです。
　　　　　　　　　（つうきん）

　　　1　自伝車　　　　2　自働車　　　　3　自転車　　　　4　自動車

9　この 財布は 誰が おとしたんでしょうね。

　　　1　届とした　　　2　忘とした　　　3　拾とした　　　4　落とした

10　彼を おもいだすたびに 会いたく なります。

　　　1　重い出す　　　2　主い出す　　　3　面い出す　　　4　思い出す

もんだい3　（　　　）に　なにを　いれますか。1・2・3・4から　いちばん　いい　もの
を　ひとつ　えらんで　ください。

11　私は　（　　　）が　二人で　長男は　大学生で　次男は　高校生です。
　　1　いとこ　　　　2　いもうと　　　　3　むすめ　　　　4　むすこ

12　日本の　化粧品を　中国に　（　　　）する　仕事を　して　います。
　　1　ゆにゅつ　　　2　ゆにゅ　　　　3　ゆしゅつ　　　4　ゆうしゅ

13　（　　　）に　よると　明日は　雨が　降る　そうです。
　　1　でんきよほう　　　　　　　　　2　てんきよほう
　　3　げんきよほう　　　　　　　　　4　けんこうよほう

14　机の　上を　（　　　）のは　いつも　母です。
　　1　かう　　　　　2　かたづける　　3　すてる　　　4　はしる

15　部屋を　出る　ときは　忘れずに　電気を　（　　　）　ください。
　　1　きって　　　　2　けして　　　　3　きえて　　　4　ついて

もんだい4 ＿＿＿＿＿の ぶんと だいたい おなじ いみの ぶんが あります。1・2・3・4から いちばん いい ものを ひとつ えらんで ください。

16 名前を 呼ばれたら すぐ へんじを して ください。

1 名前を 呼ばれたら すぐ 「はい」と わらって ください。

2 名前を 呼ばれたら すぐ 「はい」と あやまって ください。

3 名前を 呼ばれたら すぐ 「はい」と こたえて ください。

4 名前を 呼ばれたら すぐ 「はい」と おこって ください。

17 子どもと えいがかんに 行って きました。

1 子どもと えいがを 見て きました。

2 子どもと しばいを 見て きました。

3 子どもと がかを 見て きました。

4 子どもと えを 見て きました。

18 先生が 英語の たんごを おぼえさせました。

1 先生が 英語の たんごを べんきょうさせました。

2 先生が 英語の たんごを かかせました。

3 先生が 英語の たんごを いわせました。

4 先生が 英語の たんごを あんきさせました。

もんだい5　つぎの　ことばの　つかいかたで　いちばん　いい　ものを　1・2・3・4から
　　　　　ひとつ　えらんで　ください。

19　歴史

1　就職の　ために　会社に　歴史書を　だして　きました。

2　学生時代　歴史は　得意でしたが、体育は　苦手でした。

3　英語が　好きだから　歴史の　先生に　なりたいです。

4　陸上は　きらいでしたが、ボールで　する　歴史は　好きでした。

20　咲く

1　新しい　仕事は　咲きましたか。

2　数学の　問題を　咲いて　いるんですが、むずかしいです。

3　桜の　花が　咲いたら　花見に　行きましょうね。

4　傘を　さいて　いるのに　かぜが　つよくて　大変です。

PracticeTest 2 문법

問題1 （　　　）に　何を　入れますか。1・2・3・4から　いちばん　いい　ものを　一つ
えらんで　ください。

1　私は　一度も　タバコを　（　　　）　ことが　ありません。

　　1　吸う　　　　　　2　吸い　　　　　　3　吸った　　　　4　吸って

2　雨が　降るかも　しれないから　今日は　傘を　持って　（　　　）　ほうが
いいですよ。

　　1　行かない　　　2　行った　　　　3　行って　　　　4　行こう

3　めがねを　かけた（　　　）　顔を　洗って　しまいました。

　　1　まま　　　　　2　ので　　　　　3　し　　　　　　4　ら

4　お金が　ほしいから、来週から　アルバイトを　（　　　）と　思います。

　　1　する　　　　　　2　して　　　　　3　するよう　　　4　しよう

5　この　本は　やさしいから、子どもでも　（　　　）。

　　1　読める　　　　　　　　　　　　2　読めない

　　3　読めることができる　　　　　　4　読むことができない

6　早く　行けば、6時からの　映画が　（　　　）。

　　1　見る　　　　　2　見える　　　　3　見せる　　　　4　見られる

7 となりの 部屋から 話し声が （　　　）。

1　聞く　　　　　　　　　　　　2　聞こえる

3　聞かせる　　　　　　　　　　4　聞いて　しまう

8 母（　　　） 料理が 上手に なりたい。

1　のように　　　2　のような　　　3　ように　　　4　ような

9 「ちょっと 休まない?」

「うん、（　　　）」

1　休むよう　　　2　休もう　　　3　休める　　　4　休みなさい

10 天気予報に よると 明日は （　　　）そうだ。

1　雨　　　　　　2　雨で　　　　　3　雨だ　　　　4　雨の

問題2 ___★___に 入る ものは どれですか。1・2・3・4から いちばん いい ものを 一つ えらんで ください。

11　今_____ _____ ___★___ _____あります。

　　1　引っ越した　　2　ことが　　　3　5回　　　　4　まで

12　彼女に_____ ___★___ _____ _____ください。

　　1　行かない　　　2　言って　　　3　ように　　　4　一人で

13　彼は_____ _____ _____ ___★___人です。

　　1　でも　　　　　2　誰と　　　　3　なれる　　　4　友だちに

14　車_____ _____ ___★___ _____なりました。

　　1　運転が　　　　2　できる　　　3　ように　　　4　の

15　土曜日に_____ _____ ___★___ _____思います。

　　1　と　　　　　　2　へ　　　　　3　大阪　　　　4　行こう

問題3 16 から 20 に 何を 入れますか。1・2・3・4から いちばん いい も
のを 一つ えらんで ください。

　　私は 高校を 卒業したら 専門学校に 16 と 思って います。将来
美容師に 17 。美容師に なる ためには、専門学校で いろいろ 勉強
しなければ なりません。

　　いちばん 入りたい 専門学校は、日本美容専門学校です。その 専門学校
は 私の 家から 近くて、歩いても 18 。歩いて 10分しか かかりま
せん。 19 、とても 大きくて、きれいな 学校です。実は 姉も その
学校に 通って います。今 私は その 学校に 入る 20 いっしょ
うけんめい 勉強して います。

16　1　入る　　　　2　入って　　　　3　入ろう　　　　4　入れ

17　1　なりたく　ないです

　　2　なった　ほうが　いいです

　　3　なっても　かまいません

　　4　なりたい　からです

18　1　行ける　ことが　できます

　　2　行けます

　　3　行く　ことが　できません

　　4　行けません

19　1　そして　　　　2　しかし　　　　3　でも　　　　4　それでは

20　1　たびに　　　　2　のに　　　　3　ので　　　　4　ために

PracticeTest I 문자/어휘

문제 1

1　해석 ▶　선생님의 편지는 <u>받아보</u>았습니다.

　　해설 ▶　1 **拝見**はいけん 배견, 삼가봄　　　2 **敬具**けいぐ 경구(편지 끝의 인사말)

　　　　　　3 **ご覧**らん 보심　　　　　　　　4 **存**そんじ 알고 있음

　　포인트 문법 ▶　★ 명사 앞에 お를 붙여서 존경어를 만드는 경우도 있다.

　　　　　　예) 手紙(てがみ) 편지 → お手紙(てがみ) 편지, 電話(でんわ) 전화 → お電話(でんわ) 전화

　　　　　　★ 3그룹 동사 중 する의 ました형(정중한 과거형)

　　　　　　예) する 하다 → します 합니다 → しました 했습니다

　　단어 ▶　**先生**せんせい 선생님　　　**手紙**てがみ 편지

　　　　　　拝見はいけん**する** 배견하다, 삼가 보다(読(よ)む 읽다 의 겸양어)

　　정답 ▶　1

2　해석 ▶　두 사람의 실력을 <u>비교</u>해 보았습니다.

　　해설 ▶　1 ✕　　　　　　　　　　　　2 ✕

　　　　　　3 **飛行**ひこう 비행　　　　　　4 **比較**ひかく 비교

　　포인트 문법 ▶　★ 3그룹 동사 중 する의 て형(연결형) 하고, 해서

　　　　　　예)する 하다 → して 하고, 해서

　　　　　　★ 동사의 て형 + みる ~해 보다

　　　　　　예) する 하다 → して 하고, 해서 → してみる 해 보다, 飲(の)む 마시다 → 飲(の)んで 마시고, 마셔서 → 飲(の)んでみる 마셔보다

　　　　　　★ 2그룹 동사의 ました형(정중한 과거형) ~했습니다

　　　　　　예) 見(み)る 보다 → 見(み) → 見(み)ます 봅니다 → 見(み)ました 보았습니다

　　단어 ▶　**二人**ふたり 두 명, 두 사람　　　**実力**じつりょく 실력　　　**比較**ひかく**する** 비교하다

　　　　　　見みる 보다

　　정답 ▶　4

3　해석 ▶　<u>화장품</u> 매장은 1층입니다.

　　해설 ▶　1 ✕　　　　　　　　　　　　2 ✕

　　　　　　3 **化粧品**けしょうひん 화장품　　　4 **化粧水**けしょうすい 화장수

　　포인트 문법 ▶　★ ~です의 겸양어로 ~でございます를 사용함 ~입니다

　　　　　　예) 一階(いっかい)です 1층입니다 → 一階(いっかい)でございます 1층입니다

　　단어 ▶　**売**うり**場**ば 매장　　　**一階**いっかい 1층

　　정답 ▶　3

4 해석 ▶ 여러분의 성공을 <u>빕니다</u>.

해설 ▶ 1 座すわります 앉습니다 / 座すわる 앉다

2 祈いのります 빕니다 / 祈いのる 빌다

3 借かります 빌립니다 / 借かりる 빌리다

4 触さわります 만집니다 / 触さわる 만지다

포인트 문법 ▶ ★ る로 끝나는 1그룹 동사의 ます형(정중형) ~합니다

예) 祈(いの)る 빌다 → 祈(いの)り 기원, 기도 → 祈(いの)ります 빕니다. 座(すわ)る 앉다

→ 座(すわ)り → 座(すわ)ります 앉습니다

단어 ▶ 皆様みなさま 여러분   成功せいこう 성공   祈いのる 빌다, 기도하다

정답 ▶ 2

5 해석 ▶ 어제는 수업을 <u>받을</u> 생각이 전혀 없었습니다.

해설 ▶ 1 履はける (하의)입을 수 있다 / 履はく 입다   2 聞きける 물을 수 있다 / 聞きく 묻다

3 受うける (수업을)받다   4 溶とける 녹다

포인트 문법 ▶ ★ い형용사의 과거형(끝글자 い를 지우고 かった) ~었다

예) ない 없다 → なかった 없었다 → なかったんです 없었습니다. よい 좋다 → よかった

좋았다 → よかったんです 좋았습니다

단어 ▶ 昨日きのう 어제   授業じゅぎょう 수업   受うける (수업을)받다   気き 생각, 마음

まったく 전혀   ない 없다   なかった 없었다

정답 ▶ 3

문제2

6 해석 ▶ 가벼운 병이므로 걱정 없습니다.

해설 ▶ 1 病気びょうき 병   2 X

3 X   4 X

포인트 문법 ▶ ★ い형용사의 명사수식형(기본형 + 명사) ~인(한) 명사

예) 軽(かる)い 가볍다 → 軽(かる)い 病気(びょうき) 가벼운 병

★ 명사 + なので ~이므로, ~이니까

예) 病気(びょうき) 병 → 病気(びょうき)なので 아파서(아프니까)

風邪(かぜ) 감기 → 風邪(かぜ)なので 감기가 들어서(감기 때문에)

단어 ▶ 軽かるい 가볍다   心配しんぱい 근심, 걱정   ある 있다   あります 있습니다

ありません 없습니다

정답 ▶ 1

7 해석 ▶ 앞으로(이제부터) <u>무역</u>에 대해서 공부하고 싶습니다.

해설 ▶ 1 X   2 貿易 ぼうえき 무역

　　　　3 X   4 X

포인트 문법 ▶ ★ 명사 + について ~에 대해서

　　　　　　예) 貿易(ぼうえき) 무역 → 貿易(ぼうえき)について 무역에 대해서

　　　　　　★ 3그룹 동사 중 する의 ます형 + たい ~하고 싶다(본인의 희망표현) ~하고 싶다

　　　　　　예) する 하다 → します 합니다 → したい 하고 싶다 → したいです 하고 싶습니다

단어 ▶ これから 앞으로(이제부터)　　貿易 ぼうえき 무역　　勉強 べんきょう 공부　　したい 하고 싶다

정답 ▶ 2

8 해석 ▶ 그는 <u>자전거통근</u>을 생각하고 있다고 합니다.

해설 ▶ 1 X   2 X

　　　　3 自転車 じてんしゃ 자전거   4 自動車 じどうしゃ 자동차

포인트 문법 ▶ ★ 2그룹 동사의 て형(연결형) ~고, ~서

　　　　　　예) 考(かんが)える 생각하다 → 考(かんが)え 생각 → 考(かんが)えて 생각하고, 생각해서

　　　　　　★ 2그룹 동사의 て형(연결형) + いる ~하고 있다

　　　　　　예) 考(かんが)える 생각하다 → 考(かんが)えて 생각하고, 생각해서 → 考(かんが)えてい
　　　　　　　　る 생각하고 있다

　　　　　　★ 동사의 う단 형태(원형) + そうだ ~라고 한다(전문용법)

　　　　　　예) いる 있다 → いるそうだ 있다고 한다 → いるそうです 있다고 합니다

단어 ▶ 彼 かれ 그, 그이(남자친구)　　通勤 つうきん 통근　　考 かんがえる 생각하다　　いる 있다

정답 ▶ 3

9 해석 ▶ 이 지갑은 누가 <u>떨어뜨린</u> 걸까요?

해설 ▶ 1 X   2 X

　　　　3 X

　　　　4 落 おとした 떨어뜨렸다 / 落 おとす 떨어뜨리다

포인트 문법 ▶ ★ す로 끝나는 1그룹 동사의 た형(과거형) ~했다

　　　　　　예) 落(お)とす 떨어뜨리다 → 落(お)として 떨어뜨리고, 떨어뜨려서 → 落(お)とした 떨어
　　　　　　　　뜨렸다

　　　　　　★ 동사의 た형(과거형) + んでしょうね ~한 걸까요?

　　　　　　예) 話(はな)す 이야기하다 → 話(はな)して 이야기하고, 이야기해서 → 話(はな)した 이야
　　　　　　　　기했다 → 話(はな)したんでしょうね 이야기 한 걸까요?

단어 ▶ この 이　　財布 さいふ (돈)지갑　　誰 だれ 누구

정답 ▶ 4

10 해석 ▶ 그를 <u>생각할</u> 때마다 만나고 싶어집니다.

해설 ▶ 1 X 　　　　　　　　　　　　　　 2 X

3 X 　　　　　　　　　　　　　　 4 思おもい出だす 생각해 내다. 생각나다

포인트 문법 ▶ ★ 동사의 う단 형태(원형) + たびに 〜할 때마다(적마다)

예) 思(おも)い出(だ)す 생각나다 → 思(おも)い出(だ)すたびに 생각 날 때마다

★ い형용사의 부사형(끝 글자 い를 지우고 く) 〜하게

예) 面白(おもしろ)い 재미있다 → 面白(おもしろ)く 재미있게, 会(あ)いたい 만나고 싶다
→ 会(あ)いたく 만나고 싶게

★ い형용사의 부사형 + なる 〜하게 되다(〜해 지다)

예) 会(あ)いたい 만나고 싶다 → 会(あ)いたく 만나고 싶게 → 会(あ)いたくなる 만나고 싶
어지다 → 会(あ)いたくなります 만나고 싶어집니다

단어 ▶ たびに 〜때마다(적마다)　　会あう 만나다　　会あいたい 만나고 싶다(보고 싶다)　　なる 되다
なります 됩니다

정답 ▶ 4

문제3

11 해석 ▶ 나는 (아들)이 둘로 장남은 대학생이고 차남은 고등학생입니다.

해설 ▶ 1 従兄弟いとこ 사촌 　　　　　　　 2 妹いもうと 여동생

3 娘むすめ 딸 　　　　　　　　　 4 息子むすこ 아들

포인트 문법 ▶ ★ 명사 + で(연결형) 〜이고

예) 大学生(だいがくせい) 대학생 → 大学生(だいがくせい)で 대학생이고

★ 사람을 셀 때는 한 사람, 두 사람만 예외적으로 읽는다.

예) 一人(ひとり) 한 사람 → 二人(ふたり) 두 사람 → 三人(さんにん) 세 사람 → 四人(よ
にん) 네 사람......

단어 ▶ 二人ふたり 두 사람　　長男ちょうなん 장남　　大学生だいがくせい 대학생
二男じなん 차남　　高校生こうこうせい 고등학생

정답 ▶ 4

12 해석 ▶ 일본의 화장품을 중국에 (수출)하는 일을 하고 있습니다.

해설 ▶ 1 X 　　　　　　　　　　　　　　 2 X

3 輸出ゆしゅつ 수출 　　　　　　　　 4 X

포인트 문법 ▶ ★ 동사의 명사수식형(う단 형태(원형) + 명사 〜하는 + 명사

예) する 하다 → する仕事(しごと) 하는 일 → 輸出(ゆしゅつ)する仕事(しごと) 수출하는 일

★ 3그룹 동사 중 する의 て형(연결형) + いる 〜하고 있다

예) する 하다 → して 하고, 해서 → している 하고 있다 → しています 하고 있습니다

단어 ▶ 日本にほん 일본   化粧品けしょうひん 화장품   中国ちゅうごく 중국
　　　仕事しごと 일   いる 있다

정답 ▶ 3

13 **해석 ▶** (일기예보)에 따르면 내일은 비가 내린다고 합니다.

해설 ▶ 1 ✕　　　　　　　　　　　　　2 天気予報てんきよほう 일기예보
　　　3 ✕　　　　　　　　　　　　　4 ✕

포인트 문법 ▶ ★ 명사 + によると ～에 따르면(의하면)
　　　예) ニュース 뉴스 → ニュースによると 뉴스에 따르면, 天気予報(てんきよほう) 일기예
　　　보 → 天気予報(てんきよほう)によると 일기예보에 따르면
　　　★ 동사의 う단 형태(원형) + そうだ ～라고 한다(전문용법)
　　　예) 降(ふ)る 내리다 → 降(ふ)るそうだ 내린다고 한다 → 降(ふ)るそうです 내린다고 합니다

단어 ▶ 明日あした 내일   雨あめ 비   降ふる (비, 눈이)내리다   そうだ ～라고 한다

정답 ▶ 2

14 **해석 ▶** 책상 위를 (정리하는)것은 언제나 어머니입니다.

해설 ▶ 1 買かう 사다　　　　　　　　　　2 片付かたづける 정리하다
　　　3 捨すてる 버리다　　　　　　　　　4 走はしる 달리다

포인트 문법 ▶ ★ 동사의 う단 형태(원형) + のは ～하는 것은
　　　예) 片付(かたづ)ける 정리하다 → 片付(かたづ)けるのは 정리하는 것은

단어 ▶ 机つくえ 책상   上うえ 위   いつも 언제나, 항상   母はは 어머니(엄마)

정답 ▶ 2

15 **해석 ▶** 방을 나올 때는 잊지 말고 불을 (꺼) 주십시오!

해설 ▶ 1 切きる 자르다　　　　　　　　　2 消けす 지우다, (불을)끄다
　　　3 消きえる 지워지다(없어지다)　　　4 付つく (불이)켜지다

포인트 문법 ▶ ★ 2그룹 동사의 ない형(부정형) + ずに ～하지 않고, ～하지 말고
　　　예) 忘(わす)れる 잊다 → 忘(わす)れない 잊지 않다 → 忘(わす)れないで 잊지 말고 → 忘
　　　(わす)れずに 잊지 말고
　　　★ 동사의 て형(연결형) + ください ～해 주십시오!
　　　예) 消(け)す 끄다 → 消(け)して 끄고, 꺼서 → 消(け)してください 꺼 주십시오!

단어 ▶ 部屋へや 방   出でる 나가(오)다   時とき 때   忘わすれる 잊다
　　　電気でんき 전기(전기 불)   電気でんきを消けす 불을 끄다   ください 주십시오!

정답 ▶ 2

문제4

16 **해석 ▶** <u>이름을 불리면(호명을 당하면) 바로 대답을 해 주십시오!</u>

　1　이름을 불리면(호명을 당하면) 바로「네」라고 웃어 주십시오! (X)

　2　이름을 불리면(호명을 당하면) 바로「네」라고 사과해 주십시오! (X)

　3　이름을 불리면(호명을 당하면) 바로「네」라고 대답해 주십시오! (O)

　4　이름을 불리면(호명을 당하면) 바로「네」라고 화내 주십시오! (X)

포인트 문법 ▶ ★ ぶ로 끝나는 1그룹 동사의 수동 표현(끝 글자 う단을 あ단으로 고치고 れる) ～당하다(～되어지다)

　예) 呼(よ)ぶ 부르다 → 呼(よ)ば → 呼(よ)ばれる 불리다 → 呼(よ)ばれて 불리고, 불려서 → 呼(よ)ばれた 불렸다 → 呼(よ)ばれたら 불리면(호명을 당하면)

★ 동사의 う단 형태(원형) + と ～면(조건문)

　예) 呼(よ)ぶ 부르다 → 呼(よ)ぶと 부르면

★ う, つ, る 로 끝나는 1그룹 동사의 て형(연결형) ～고, ～서

　예) 笑(わら)う 웃다 → 笑(わら)って 웃고, 웃어서, 待(ま)つ 기다리다 → 待(ま)って 기다리고, 기다려서, 謝(あやま)る 사과하다 → 謝(あやま)って 사과하고, 사과해서

단어 ▶ 名前なまえ 이름　　呼よぶ 부르다　　呼よばれる 불리다　　すぐ 바로, 즉시

返事へんじ 대답, 응답　　笑わらう 웃다　　謝あやまる 사과하다　　答こたえる 대답하다

怒おこる 화내다

정답 ▶ 3

17 **해석 ▶** <u>아이와 영화관에 다녀왔습니다.</u>

　1　아이와 영화를 보고 왔습니다. (O)

　2　아이와 연극을 보고 왔습니다. (X)

　3　아이와 화가를 보고 왔습니다. (X)

　4　아이와 그림을 보고 왔습니다. (X)

포인트 문법 ▶ ★ 1그룹 동사 중 行(い)く의 て형(연결형) ～고, ～서

　예) 行(い)く 가다 → 行(い)って 가고, 가서(예외 단어라서 외워야 함)

★ 3그룹 동사 중 来(く)る의 ました형(정중한 과거형)

　예) 来(く)る 오다 → 来(き)ます 옵니다 → 来(き)ました 왔습니다

★ 동사의 て형(연결형) + くる ～하고 오다

　예) 行(い)く 가다 → 行(い)って 가고, 가서 → 行(い)ってくる 갔다 오다, 다녀오다, 見(み)る 보다 → 見(み)て 보고, 봐서 → 見(み)てくる 보고 오다

단어 ▶ 子供こども 아이　　映画えいが 영화　　映画館えいがかん 영화관　　行いく 가다

来くる 오다　　見みる 보다　　芝居しばい 연극　　画家がか 화가　　絵え 그림

정답 ▶ 1

18 **해석** ▶ <u>선생님이 영어 단어를 외우게 했습니다(시켰습니다).</u>

1 선생님이 영어 단어를 공부시켰습니다. (X)

2 선생님이 영어 단어를 쓰게 했습니다. (X)

3 선생님이 영어 단어를 말하게 했습니다. (X)

4 선생님이 영어 단어를 암기시켰습니다. (O)

포인트 문법 ▶ ★ 2그룹 동사의 사역표현(끝 글자 る를 지우고 させる) ~하게 하다, ~하게 시키다

예) 覚(おぼ)える 외우다 → 覚(おぼ)えさせる 외우게 하다 → 覚(おぼ)えさせます 외우게 합니다(시킵니다) → 覚(おぼ)えさせました 외우게 했습니다(시켰습니다)

★ 3그룹 동사 중 する의 사역표현(불규칙이라서 암기해야 함) ~시키다, ~하게 하다

예) 勉強(べんきょう)する 공부하다 → 勉強(べんきょう)させる 공부시키다 → 勉強(べんきょう)させます 공부 시킵니다 → 勉強(べんきょう)させました 공부 시켰습니다(하게 했습니다)

★ 1그룹 동사의 사역표현(끝 글자 う단을 あ단으로 고치고 せる) ~하게 하다, ~시키다(단 う로 끝난 동사만 예외적으로 わ로 변함)

예) 言(い)う 말하다 → 言(い)わ → 言(い)わせる 말하게 하다 → 言(い)わせます 말하게 합니다 → 言(い)わせました 말하게 했습니다(시켰습니다), 書(か)く 쓰다 → 書(か)か → 書(か)かせます 쓰게 합니다 → 書(か)かせました 쓰게 했습니다

단어 ▶ 先生せんせい 선생님　英語えいご 영어　単語たんご 단어

覚おぼえさせる 외우게 시키다　勉強べんきょうさせる 공부시키다

書かかせる 쓰게 하다　言いわせる 말하게 하다　暗記あんきさせる 암기시키다

정답 ▶ 4

문제5

19 **해석** ▶ 역사

1 취직을 위해서 회사에 <u>역사</u>서를 제출하고 왔습니다. (X)

2 학생시절 <u>역사</u>는 자신 있었습니다만, 체육은 서툴렀습니다. (O)

3 영어를 좋아하기 때문에 <u>역사</u> 선생님이 되고 싶습니다. (X)

4 육상은 싫어했습니다만, 공으로 하는 <u>역사</u>는 좋아했습니다. (X)

포인트 문법 ▶ ★ 명사 + のために ~를 위해서

예) 就職(しゅうしょく) 취직 → 就職(しゅうしょく)のために 취직(취업)을 위해서

★ な형용사의 でした형(정중한 과거형) ~었습니다

예) 苦手(にがて)だ 서투르다 → 苦手(にがて)です 서투릅니다 → 苦手(にがて)でした 서툴렀습니다

★ な형용사의 でした형(정중한 과거형) + が ~이었습니다만

예) 得意(とくい)だ 자신 있다 → 得意(とくい)です 자신 있습니다 → 得意(とくい)でした 자신 있었습니다 → 得意(とくい)でしたが 자신 있었습니다만

★ な형용사의 기본형 + から ~ 때문에(이유, 원인)

　　예) 好(す)きだ 좋아하다 → 好(す)きだから 좋아하기 때문에

★ る로 끝나는 1그룹 동사의 ます형 + たい ~하고 싶다(본인의 희망표현)

　　예) なる 되다 → なります 됩니다 → なりたい 되고 싶다 → なりたいです 되고 싶습니다

단어 ▶ 　就職しゅうしょく 취직(취업)　　会社かいしゃ 회사　　書しょ ~서

　出だす 내다, 제출하다　　来くる 오다　　学生時代がくせいじだい 학생시절(학창시절)

　得意とくいだ 자신 있다　　体育たいいく 체육　　苦手にがてだ 서투르다

　英語えいご 영어　　好すきだ 좋아하다　　先生せんせい 선생님　　成なる 되다

　成なりたい 되고 싶다　　陸上りくじょう 육상　　嫌きらいだ 싫어하다

　ボール 볼(공)　　する 하다

정답 ▶ 　2

20 해석 ▶ 　피다

1　새로운 일은 <u>피었습니까</u>? (X)

2　수학 문제를 <u>피어</u> 있습니다만, 어렵습니다. (X)

3　벚꽃이 <u>피면</u> 꽃구경 가요!(O)

4　우산을 <u>피어</u> 있는데 바람이 세서 큰일입니다. (X)

포인트 문법 ▶ 　★ い형용사의 명사수식형(い형용사의 기본형 + 명사) ~인(한) + 명사

　　예) 新(あたら)しい 새롭다 → 新(あたら)しい仕事(しごと) 새로운 일

★ く로 끝나는 1그룹 동사의 ました형(정중한 과거형) ~했습니다

　예) 咲(さ)く 피다 → 咲(さ)き (꽃이)핌 → 咲(さ)きます 핍니다 → 咲(さ)きました 피었습니다

★ く로 끝나는 1그룹 동사의 て형(연결형) + いる ~되어져 있다(해져 있다)

　예) 咲(さ)く 피다 → 咲(さ)いて 피고, 피어서 → 咲(さ)いている 피어있다 → 咲(さ)いているんです 피어있습니다

★ く로 끝나는 1그룹 동사의 たら형(조건문) ~면

　예) 咲(さ)く 피다 → 咲(さ)いて 피고, 피어서 → 咲(さ)いた 피었다 → 咲(さ)いたら 피면

★ 동사의 う단 형태(원형) + のに ~인데

　예) いる 있다 → いるのに 있는데, 飲(の)む 마시다 → 飲(の)むのに 마시는데

★ い형용사의 くて형(연결형) ~고, ~서

　예) 強(つよ)い 강하다, 세다 → 強(つよ)くて 세고, 세서

단어 ▶ 　新あたらしい 새롭다　　仕事しごと 일　　数学すうがく 수학　　問題もんだい 문제

　難むずかしい 어렵다　　桜さくらの花はな 벚꽃　　花見はなみ 꽃구경(벚꽃놀이)

　行いく 가다　　行いきましょう 갑시다!　　傘かさ 우산

　風かぜが強つよい 바람이 세다　　大変たいへんだ 대단하다, 엄청나다

정답 ▶ 　3

PracticeTest 2 문법

문제1

1 해석 ▶ 나는 한 번도 담배를 피운 적이 없습니다.

해설 ▶ ① 「동사의 현재형+ことがある」는 「(때때로) ~하는 경우가 있다/(때때로) ~할 때가 있다」라는 뜻이다. 吸(す)う(피우다) → 吸(す)うことがある(피우는 경우가 있다) → 吸(す)うことがあります(피우는 경우가 있습니다) → 吸(す)うことがありません(피우는 경우가 없습니다) 앞부분에 「一度(いちど)も(한 번도)」가 있기 때문에 문맥과 맞지 않는 표현이다.

② 吸(す)う(피우다) → 吸(す)います(피웁니다)
吸(す)い는 吸(す)う의 ます형으로 이 자체만으로는 해설이 안 됨.

③ ~たことがある(~한 적이 있다-과거 경험)
吸(す)う(피우다) → 吸(す)った(피웠다-과거형) → 吸(す)ったことがある(피운 적이 있다) → 吸(す)ったことがあります(피운 적이 있습니다) → 吸(す)ったことがありません(피운 적이 없습니다)

④ 吸(す)う(피우다) → 吸(す)って(피우고/피워서-연결형)

단어 ▶ 一度いちど 한 번   タバコ 담배   吸すう 들이 마시다(피우다-담배)

정답 ▶ 3

2 해석 ▶ 비가 내릴지도 모르니까 오늘은 우산을 가지고 가는 편이 좋아요.

해설 ▶ ① ~ないほうがいい(~하지 않는 편이 좋다)
行(い)く(가다) → 行(い)かない(가지 않다-부정형) → 持(も)って行(い)かないほうがいい(가지고 가지 않는 편이 좋다) → 持(も)って行(い)かないほうがいいです(가지고 가지 않는 편이 좋습니다) 문법형식은 맞으나 문맥과 어울리지 않음.

② ~たほうがいい(~하는 편이 좋다)
行(い)く(가다) → 行(い)った(갔다-과거형) → 持(も)って行(い)ったほうがいい(가지고 가는 편이 좋다) → 持(も)って行(い)ったほうがいいです(가지고 가는 편이 좋습니다)

③ 行(い)く(가다) → 行(い)って(가고/가서-연결형)

④ 行(い)く(가다) → 行(い)こう(가야지/가자-1그룹동사의 의지형. う단 어미를 お단으로 바꾸고 う를 접속)

⑤ ~かもしれない(~할(일)지도 모른다. 그럴지도 모르고 아닐지도 모름)
降(ふ)る(내리다) → 降(ふ)るかもしれない(내릴지도 모른다)

⑥ 문장 끝에 붙는 종조사 「よ」는 상대에게 알리는 뜻을 나타낸다.

단어 ▶ 雨あめ 비   降ふる 내리다   今日きょう 오늘   傘かさ 우산   持もつ 들다. 가지다

정답 ▶ 2

3 해석 ▶ 안경을 쓴 채로 얼굴을 씻어 버렸습니다.(세수를 해 버렸습니다)

　　해설 ▶ ① ～たまま(～한 채로)

　　　　　めがねをかける(안경을 쓰다) → めがねをかけた(안경을 썼다–과거형) → めがねをかけたまま

　　　　　(안경을 쓴 채로)

　　　　② ～ので(～때문에)

　　　　　めがねをかける(안경을 쓰다) → めがねをかけた(안경을 썼다–과거형) → めがねをかけたので

　　　　　(안경을 썼기 때문에)

　　　　③ ～し(～하고–열거)

　　　　　めがねをかける(안경을 쓰다) → めがねをかけた(안경을 썼다–과거형) → めがねをかけたし

　　　　　(안경을 썼고)

　　　　④ ～たら(～하면–조건/～했더니–발견)

　　　　　めがねをかける(안경을 쓰다) → めがねをかけた(안경을 썼다–과거형) → めがねをかけたら

　　　　　(안경을 쓰면/안경을 썼더니)

　　　　⑤ ～てしまう(～해 버리다)

　　　　　洗(あら)う(씻다) → 洗(あら)って(씻고/씻어서–연결형) → 洗(あら)ってしまう(씻어 버리다) →

　　　　　洗(あら)ってしまいました(씻어 버렸습니다)

　　단어 ▶ **めがね** 안경　　**かける** 몸에 걸치다, 걸다　　**顔**かお 얼굴　　**洗**あらう 씻다

　　정답 ▶ 1

4 해석 ▶ 돈이 필요하기 때문에 다음 주부터 아르바이트를 하려고 생각합니다.

　　해설 ▶ ① する(하다)

　　　　② する(하다) → して(하고/해서–연결형)

　　　　③ するよう(올바른 문법형식이 아니다)

　　　　④ 동사의 의지형+と思(おも)う(～하려고 생각하다/～하려고 하다)

　　　　　する(하다) → しよう(해야지/하자–3그룹동사 「する」의 의지형은 「しよう」이다) → しようと

　　　　　思(おも)う(해야지라고 생각하다, 즉 하려고 생각하다) → しようと思(おも)います(하려고 생각

　　　　　합니다)

　　단어 ▶ **お金**かね 돈　　**ほしい** 갖고 싶다, 필요하다　　**～から** ～때문에, ～부터

　　　　　来週らいしゅう 다음 주　　**アルバイト** 아르바이트　　**思**おもう 생각하다

　　정답 ▶ 4

5 해석 ▶ 이 책은 쉬우니까 아이라도 읽을 수 있다.

　　해설 ▶ ① 読(よ)む(읽다) → 読(よ)める(읽을 수 있다–1그룹동사의 가능형. う단 어미를 え단으로 바꾸고 る

　　　　　를 접속)

　　　　② 読(よ)む(읽다) → 読(よ)める(읽을 수 있다–1그룹동사의 가능형. う단 어미를 え단으로 바꾸고 る

　　　　　를 접속) → 読(よ)めない(읽을 수 없다–가능의 부정형)

　　　　③ 동사의 원형+ことができる(～할 수 있다–가능)

　　　　　読(よ)む(읽다) → 読(よ)むことができる(읽을 수 있다)

「読(よ)める(읽을 수 있다)」는 「読(よ)む(읽다)」의 가능형으로 「読(よ)めることができる」는 올바른 문법형식이 아니다.

④ 동사의 원형+ことができる(~할 수 있다-가능)

読(よ)む(읽다) → 読(よ)むことができる(읽을 수 있다) → 読(よ)むことができない(읽을 수 없다)

⑤ 각 품사의 て형(연결형)+も(~하더라도, ~이더라도)

子(こ)ども(아이) → 子(こ)どもで(명사+で-명사의 연결형) → 子(こ)どもでも(아이라도)

단어 ▶ 本ほん 책　やさしい 쉽다　~から ~때문에　子こども 아이　読よむ 읽다

정답 ▶ 1

---

6 해석 ▶ 빨리 가면 6시부터 하는 영화를 볼 수 있다.

해설 ▶ ① 見(み)る(보다)

② 見(み)える(보이다)

③ 見(み)せる(보여주다)

④ 見(み)る(보다) → 見(み)られる(볼 수 있다-2그룹동사의 가능형. 어미 る를 떼고 られる를 접속)

⑤ 「ば」조건표현은 1그룹, 2그룹, 3그룹동사에 상관없이 う단 어미를 え단으로 바꾸고 ば를 접속시킨다. 行(い)く(가다) → 行(い)けば(가면)

단어 ▶ 早はやく 빨리　行いく 가다　映画えいが 영화　見みる 보다

정답 ▶ 4

---

7 해석 ▶ 옆방에서 말소리가 들린다.

해설 ▶ ① 聞(き)く(듣다)

② 聞(き)こえる(들리다)

③ 聞(き)く(듣다) → 聞(き)かせる(듣게 하다. 즉 들려주다-1그룹동사의 사역형. う단 어미를 あ단으로 바꾸고 せる를 접속)

④ ~てします(~해 버리다)

聞(き)く(듣다) → 聞(き)いて(듣고/들어서-연결형) → 聞(き)いてしまう(들어 버리다)

단어 ▶ となり 옆, 옆집　~から ~부터　話はなし声こえ 말소리　聞きく 듣다, 묻다

정답 ▶ 2

---

8 해석 ▶ 엄마 같이 요리가 능숙하게 되고 싶다.(요리를 잘하고 싶다)

해설 ▶ ① 명사の+ように(~같이) → 母(はは)のように(엄마 같이)

② 명사の+ような(~같은) → 母(はは)のような(엄마 같은)

③ 명사の+ように(~같이) → 母(はは)ように(「の」가 빠져 있으므로 올바른 문법형식이 아니다)

④ 명사の+ような(~같은) → 母(はは)ような(「の」가 빠져 있으므로 올바른 문법형식이 아니다)

⑤ 上手(じょうず)だ(능숙하다) → 上手(じょうず)に(능숙하게-な형용사 어미 だ를 に로 바꾸면 부사가 된다)

⑥ 동사의 ます형+たい (~하고 싶다-희망표현)

　　なる(되다) → なります(됩니다) → なりたい(되고 싶다) → 上手(じょうず)になりたい(능숙하게 되고 싶다. 능숙해지고 싶다)

단어 ▶ 母はは 엄마(어머니)　　料理りょうり 요리　　上手じょうずだ 능숙하다　　なる 되다

정답 ▶ 1

9 해석 ▶ 「잠깐 쉬지 않을래?」

「응, 쉬자.」

해설 ▶ ① 休(やす)むよう (올바른 문법형식이 아니다)

② 休(やす)む(쉬다) → 休(やす)もう(쉬어야지/쉬자-1그룹동사의 의지형. う단 어미를 お단으로 바꾸고 う를 접속) 동사의 의지형은 의지의 뜻뿐만 아니라 권유의 뜻도 있다.

③ 休(やす)む(쉬다) → 休(やす)める(쉴 수 있다-1그룹동사의 가능형. う단 어미를 え단으로 바꾸고 る를 접속)

④ 동사의 ます형+なさい (~해라-명령)

　　休(やす)む(쉬다) → 休(やす)みます(쉽니다) → 休(やす)みなさい(쉬어라)

단어 ▶ ちょっと 조금, 잠깐　　休やすむ 쉬다

정답 ▶ 2

10 해석 ▶ 일기예보에 따르면 내일은 비라고 한다.

해설 ▶ ① 雨(あめ)(비) → 雨(あめ)そうだ (올바른 문법형식이 아님)

② 雨(あめ)で(비이고/비로-연결형) → 雨(あめ)でそうだ (올바른 문법형식이 아님)

③ 雨(あめ)だ(비이다) → 雨(あめ)だそうだ (비라고 한다)

「각 품사의 기본형+そうだ(~라고 한다)」는 들은 이야기를 전달하는 표현이다. 명사의 현재형일 경우 「명사だ+そうだ」의 접속 형태를 취하니 주의하자.

④ 雨(あめ)の(비의) → 雨(あめ)のそうだ (올바른 문법형식이 아님)

단어 ▶ 天気予報てんきよほう 일기예보　　~によると ~에 따르면(~에 의하면)　　明日あした 내일

雨あめ 비

정답 ▶ 3

문제 2

---

11 今まで　5回(かい)　★引(ひ)っ越(こ)した　ことがあります.

해석 ▶ 지금까지 5번 이사한 적 있습니다.

해설 ▶ ~たことがあります (~한 적이 있습니다-과거 경험)

引(ひ)っ越(こ)す(이사하다) → 引(ひ)っ越(こ)した(이사했다-과거형) → 引(ひ)っ越(こ)したことがあります(이사한 적이 있습니다)

단어 ▶ 今いま 지금　　~まで ~까지　　回かい 회, 번　　引ひっ越こす 이사하다

정답 ▶ 1

12 彼女(かのじょ)に 一人(ひとり)で ★行(い)かない ように 言(い)ってください。

해석 ▶ 그녀에게 혼자서 가지 않도록 말해 주세요.

해설 ▶ 동사의 부정형+ように 言(い)う(~하지 않도록 말하다)

行(い)く(가다) → 行(い)かない(가지 않다–부정형) → 行(い)かないように 言(い)う(가지 않도록 말하다) → 行(い)かないように 言(い)ってください(가지 않도록 말해 주세요)

단어 ▶ 彼女かのじょ 그녀 一人ひとりで 혼자서 行いく 가다 言いう 말하다

정답 ▶ 1

13 彼(かれ)は 誰(だれ)と でも 友(とも)だちに ★なれる 人(ひと)です。

해석 ▶ 그는 누구와라도 친구가 될 수 있는 사람입니다.

해설 ▶ ① ~でも(전면적인 긍정 또는 부정을 나타냄. ~든지, ~이라도) → 誰(だれ)とでも(누구와라도)

② 명사+になる(~이(가) 되다) → 友(とも)だちになる(친구가 되다)

③ なる(되다) → なれる(될 수 있다–1그룹동사의 가능형. う단 어미를 え단으로 바꾸고 る를 접속) → 友(とも)だちになれる(친구가 될 수 있다)

단어 ▶ 彼かれ 그 誰だれ 누구 友ともだち 친구 なる 되다 人ひと 사람

정답 ▶ 3

14 車の 運転(うんてん)が ★できる ようになりました。

해석 ▶ 차 운전을 할 수 있게 되었습니다.

해설 ▶ 동사의 가능형+ようになる(할 수 있게 되다)

する(하다) → できる(할 수 있다–する의 가능형) → できるようになる(할 수 있게 되다) → できるようになりました(할 수 있게 되었습니다)

단어 ▶ 車くるま 차 運転うんてん 운전 できる 할 수 있다

정답 ▶ 2

15 土曜日(どようび)に 大阪(おおさか) へ ★行(い)こう と思います。

해석 ▶ 토요일에 오사카로 가려고 합니다.

해설 ▶ 동사의 의지형+と思(おも)う(~하려고 생각하다/~하려고 하다)

行(い)く(가다) → 行(い)こう(가야지/가자–1그룹동사의 의지형. う단 어미를 お단으로 바꾸고 う를 접속) → 行(い)こうと思(おも)う(가야지라고 생각하다. 즉 가려고 하다) → 行(い)こうと思(おも)います(가려고 합니다)

단어 ▶ 土曜日どようび 토요일 大阪おおさか 오사카 行いく 가다 思おもう 생각하다

정답 ▶ 4

문제 3

해석 ▶

나는 고등학교를 졸업하면 전문학교에 16 들어가려고 생각하고 있습니다. 장래, 미용사가 17 되고 싶기 때문입니다. 미용사가 되기 위해서는 전문학교에서 여러 가지 공부하지 않으면 안 됩니다.

제일 들어가고 싶은 전문학교는 일본 미용 전문학교입니다. 그 전문학교는 집에서 가까워서 걸어서도 18 갈 수 있습니다. 걸어서 10분밖에 걸리지 않습니다. 19 그리고 매우 크고, 깨끗한(예쁜) 학교입니다. 실은, 언니도 그 학교에 다니고 있습니다. 지금 나는 그 학교에 들어가기 20 위해서 열심히 공부하고 있습니다.

단어 ▶ 高校こうこう 고등학교　　卒業そつぎょうする 졸업하다　　専門学校せんもんがっこう 전문학교
入はいる 들어가다, 들어오다　　思おもう 생각하다　　将来しょうらい 장래　　美容師びようし 미용사
なる 되다　　~ために ~위해서　　いろいろ 여러 가지　　勉強べんきょうする 공부하다
いちばん 제일　　家いえ 집　　近ちかい 가깝다　　歩あるく 걷다　　行いく 가다
~しか ~밖에　　かかる 걸리다　　そして 그리고　　とても 매우, 대단히　　大おおきい 크다
きれいだ 예쁘다, 깨끗하다　　学校がっこう 학교　　実じつは 사실은　　姉あね 언니, 누나
通かよう 다니다　　いっしょうけんめい 열심히

16 **해설 ▶**
① 入(はい)る(들어가다)
② 入(はい)る(들어가다) → 入(はい)って(들어가고/들어가서-연결형)
③ 동사의 의지형+と思(おも)う(~하려고 생각하다/~하려고 하다)
入(はい)る(들어가다) → 入(はい)ろう(들어가야지/들어가자- 1그룹동사의 의지형. う단 어미를 お단으로 바꾸고 う를 접속) → 入(はい)ろうと思(おも)う(들어가야지라고 생각하다, 즉 들어가려고 생각하다) → 入(はい)ろうと思(おも)っています(들어가려고 생각하고 있습니다)
④ 入(はい)る(들어가다) → 入(はい)れ(들어가-1그룹동사의 명령형. う단 어미를 え단으로 바꿈)

정답 ▶ 3

17 **해설 ▶**
① 동사의 ます형+たい(~하고 싶다)
なる(되다) → なります(됩니다) → なりたい(되고 싶다) → なりたくない(되고 싶지 않다) → なりたくないです(되고 싶지 않습니다)
② ~たほうがいいです(~하는 편이 좋습니다)
なる(되다) → なった(되었다-과거형) → なったほうがいいです(되는 편이 좋습니다)
③ ~てもかまいません(~해도 상관없습니다)
なる(되다) → なって(되고/되어서-연결형) → なってもかまいません(되어도 상관없습니다)
④ 동사의 ます형+たい(~하고 싶다)
なる(되다) → なります(됩니다) → なりたい(되고 싶다) → なりたいからです(되고 싶기 때문입니다)

정답 ▶ 4

18 해설 ▶ ① 동사의 원형+ことができる(~할 수 있다-가능)

行(い)く(가다) → 行(い)くことができる(갈 수 있다)

「行(い)ける(갈 수 있다)」는 「行(い)く(가다)」의 가능형으로 「行(い)けることができる」는 올바른 문법형식이 아니다.

② 行(い)く(가다) → 行(い)ける(갈 수 있다-1그룹동사의 가능형. う단 어미를 え단으로 바꾸고 る를 접속) → 行(い)けます(갈 수 있습니다)

③ 동사의 원형+ことができる(~할 수 있다-가능)

行(い)く(가다) → 行(い)くことができる(갈 수 있다) → 行(い)くことができます(갈 수 있습니다) → 行(い)くことができません(갈 수 없습니다)

④ 行(い)く(가다) → 行(い)ける(갈 수 있다-1그룹동사의 가능형. う단 어미를 え단으로 바꾸고 る를 접속) → 行(い)けます(갈 수 있습니다) → 行(い)けません(갈 수 없습니다)

정답 ▶ 2

19 해설 ▶ ① そして(그리고)

② しかし(그러나)

③ でも(그러나)

④ それでは (그러면)

정답 ▶ 1

20 해설 ▶ ① ~たびに(~할 때마다) → 入(はい)るたびに(들어갈 때마다)

② ~のに(~하는데도, ~함에도 불구하고) → 入(はい)るのに(들어가는데도)

③ ~ので(~때문에) → 入(はい)るので(들어가기 때문에)

④ ~ために(~위해서) → 入(はい)るために(들어가기 위해서)

정답 ▶ 4

Part 07

新 JLPT 종결자

CHAPTER 01 문자/어휘

단어익히기 필수 동사

閉しめる 닫다	調しらべる 조사하다, 알아보다	信しんじる 믿다
空すく 비다	進すすむ 나아가다	勧すすめる 권하다
捨すてる 버리다	住すむ 살다	座すわる 앉다
洗濯せんたくする 세탁하다	掃除そうじする 청소하다	育そだつ 자라다
相談そうだんする 상담하다	退院たいいんする 퇴원하다	確たしかめる 확인하다
足たす 더하다	助たすかる 구조되다	助たすける 돕다
訪たずねる 방문하다	尋たずねる 묻다	叩たたく 치다, 때리다, 두드리다
立たつ 서다	建たてる (집을)세우다	楽たのしむ 즐기다
食たべ終おわる 다 먹다	足たりる 충분하다	注意ちゅういする 주의하다
疲つかれる 지치다, 피곤해지다	着つく 도착하다	

문제로 확인하기

もんだい1 ＿＿＿＿＿の ことばは どう よみますか。1・2・3・4から いちばん いい
ものを ひとつ えらんで ください。

1　はちに　ごを　足すと　じゅうさんに　なります。

　　1　たす　　　　　2　さす　　　　　3　かす　　　　　4　はなす

해석 ▶ 8 에 5 를 <u>더하면</u> 13이 됩니다.

해설 ▶ 　1　足たす 더하다　　　　　　　2　指さす 가리키다, 지적하다

　　　　3　貸かす 빌려주다　　　　　　4　話はなす 이야기하다

포인트 문법 ▶ ★ 동사의 う단 형태(원형) + と ～면(조건문)

　　　　예) 足(た)す 더하다 → 足(た)すと 더하면, 会(あ)う 만나다 → 会(あ)うと 만나면

★ 명사 + になる ~이(가) 되다

　　예) 13になる 13이 되다, 大人(おとな)になる 어른이 되다

단어 ▶ 　八はち 팔(8)　　　五ご 오(5)　　　十三じゅうさん 십삼(13)　　　成なる 되다

　　　なります 됩니다

정답 ▶ 　1

2　最近さいきん 日本にほんの 漫画まんがを <u>楽しんで</u> います。

　1　かなしんで　　2　たのしんで　　3　よろしんで　　4　うれしんで

해석 ▶ 　요즈음 일본 만화를 <u>즐기고</u> 있습니다.

해설 ▶ 　1　悲かなしんで 슬퍼하고 / 悲かなしむ 슬퍼하다

　　　2　楽たのしんで 즐기고 / 楽たのしむ 즐기다

　　　3　X　　　　　　　　　　　　　　　　　　4　X

포인트 문법 ▶ 　★ む로 끝나는 1그룹 동사의 て형(연결형) + いる ~하고 있다

　　　예) 楽(たの)しむ 즐기다 → 楽(たの)しんで 즐기고 → 楽(たの)しんでいる 즐기고 있다

　　　→ 楽(たの)しんでいます 즐기고 있습니다

단어 ▶ 　最近さいきん 요즈음, 최근　　日本にほん 일본　　漫画まんが 만화

　　　楽たのしむ 즐기다　　いる 있다　　います 있습니다

정답 ▶ 　2

단어익히기　필수 동사

作つくる 만들다	伝つたえる 전하다	続つづく 계속되다, 이어지다
続つづける 계속하다	積つもる 쌓이다	連つれる 동반하다
出会であう 만나다	手伝てつだう 거들다	通とおる 지나다
閉とじる 닫다	届とどく 배달되다, 닿다	届とどける 보내다
飛とぶ 날다	止とまる 멈추다, 서다	泊とまる 묵다, 숙박하다
止とめる 세우다	取とる 집다, 취하다	直なおす 고치다
流ながす 흘리다	流ながれ出でる 흘러나오다	流ながれる 흐르다
泣なき付つく 울며 매달리다	亡なくなる 돌아가시다, 죽다	悩なやむ 고민하다, 괴로워하다

習ならう 배우다　　並ならぶ 늘어서다　　鳴なる (소리가) 울리다

慣なれる 습관이 되다　　願ねがう 바라다, 원하다

문제로 확인하기 ○

もんだい2 ＿＿＿＿の ことばは どう かきますか。1・2・3・4から いちばん いい
ものを ひとつ えらんで ください。

1 駅（えき）の 前（まえ）の ホテルに とまる ことに しました。

　　1　止まる　　　　2　泊まる　　　　3　始まる　　　　4　閉まる

> 해석 ▶　역 앞의 호텔에 묵기로 했습니다.
> 해설 ▶　1　止とまる 멈추다　　　　　　　　2　泊とまる 묵다, 숙박하다
> 　　　　3　始はじまる 시작되다　　　　　　4　閉しまる 닫히다
> 포인트 문법 ▶　★ 장소 + の前(まえ) ～의 앞
> 　　　　예) 駅(えき)の前(まえ) 역 앞, 学校(がっこう)の前(まえ) 학교 앞
> 　　　　★ 장소 + に泊(と)まる ～에 묵다(숙박하다)
> 　　　　예) ホテルに泊(と)まる 호텔에 묵다, 旅館(りょかん)に泊(と)まる 여관에 묵다
> 　　　　★ 동사의 う단 형태(원형) + ことにする ～하기로 하다
> 　　　　예) 泊(と)まる 묵다 → 泊(と)まることにする 묵기로 하다 → 泊(と)まることにします
> 　　　　묵기로 하겠습니다(합니다, 할 겁니다) → 泊(と)まることにしました 묵기로 했습니다
> 단어 ▶　駅えき 역　　前まえ 앞　　ホテル 호텔　　泊とまる 묵다　　する 하다
> 　　　　します 합니다　　しました 했습니다
> 정답 ▶　2

2 彼（かれ）は お父（とう）さんが なくなって 泣（な）いた そうです。

　　1　忘くなって　　2　良くなって　　3　亡くなって　　4　濃くなって

> 해석 ▶　그는 아버지가 돌아가셔서 울었다고 합니다.
> 해설 ▶　1　X
> 　　　　2　良よくなって 좋아져 / 良よくなる 좋아지다
> 　　　　3　亡なくなって 돌아가셔서 / 亡なくなる 죽다, 돌아가시다
> 　　　　4　濃こくなって 진해져 / 濃こくなる 진해지다

단어익히기　필수 동사

残(のこ)る	남다	飲(の)みすぎる	과음하다
伸(の)びる	늘다, 자라다	乗(の)り換(か)える	갈아타다
拝見(はいけん)する	배견하다	運(はこ)ぶ	나르다, 운반하다
始(はじ)まる	시작되다	始(はじ)める	시작하다
走(はし)る	달리다	外(はず)す	떼다.(자리를)뜨다
働(はたら)く	일하다	発見(はっけん)する	발견하다
はめる	끼다	流行(はや)る	유행하다
貼(は)る	바르다, 붙이다	冷(ひ)える	추워지다, 차가워지다, 식다
びっくりする	깜짝 놀라다	開(ひら)く	열리다
拾(ひろ)う	줍다	広(ひろ)がる	넓어지다, 퍼지다
増(ふ)える	증가하다	増(ふ)やす	늘리다
降(ふ)り出(だ)す	내리기 시작하다	減(へ)らす	줄이다
減(へ)る	감소하다	勉強(べんきょう)する	공부하다
干(ほ)す	말리다	参(まい)る	오다, 가다의 겸양어
曲(ま)がる	돌다, 구부러지다		

もんだい3 （　　　　）に　なにを　いれますか。1・2・3・4から　いちばん　いい　もの
を　ひとつ　えらんで　ください。

1　財布を　（　　　　）　交番に　とどけないと　いけません。

　　1　捨てたら　　　　2　貰ったら　　　　3　買ったら　　　　4　拾ったら

> 해석 ▶　지갑을　（ 주우면 ）파출소(지구대)에 신고하지 않으면 안 됩니다.
>
> 해설 ▶　1　捨すてたら 버리면 / 捨すてる 버리다　　　2　貰もらったら 받으면 / 貰もらう 받다
>
> 　　　　3　買かったら 사면 / 買かう 사다　　　　4　拾ひろったら 주우면 / 拾ひろう 줍다
>
> 포인트 문법 ▶　★ う로 끝나는 1그룹 동사의 た형 + ら(たら 조건문) ~면
>
> 　　　　예) 拾(ひろ)う 줍다 → 拾(ひろ)って 줍고, 주워서 → 拾(ひろ)った 주웠다 → 拾(ひろ)っ
>
> 　　　　たら 주우면
>
> 　　　　★ 2그룹 동사의 ない형(부정형) + と ~하지 않으면
>
> 　　　　예) 届(とど)ける 신고하다 → 届(とど)けない 신고하지 않다 → 届(とど)けないと 신고하
>
> 　　　　지 않으면
>
> 　　　　★ 2그룹 동사의 ない형(부정형) + といけません ~하지 않으면 안 됩니다
>
> 　　　　예) 届(とど)ける 신고하다 → 届(とど)けない 신고하지 않다 → 届(とど)けないと 신고
>
> 　　　　하지 않으면 → 届(とど)けないといけません 신고하지 않으면 안 됩니다
>
> 단어 ▶　財布さいふ 지갑　　拾ひろう 줍다　　交番こうばん 파출소(지구대)
>
> 　　　　届とどける 신고하다, 보내다, 닿게 하다　　いけません 안 됩니다
>
> 정답 ▶　4

2　2時ごろ　先生の　お宅に　（　　　　）　よろしいでしょうか。

　　1　いただいても　　　　　　　　2　くださっても

　　3　まいっても　　　　　　　　　4　めしあがっても

> 해석 ▶　2시경에 선생님 댁에　（ 가도 ）괜찮을까요?
>
> 해설 ▶　1　いただいても 받아도 / いただく 받다
>
> 　　　　2　くださっても 주셔도 / くださる 주시다(상대방이)
>
> 　　　　3　参まいっても 가도, 와도 / 参まいる 가다, 오다(行(い)く 가다, 来(く)る 오다 의 겸양어)
>
> 　　　　4　めしあがっても 드셔도 / めしあがる 드시다
>
> 포인트 문법 ▶　★ い형용사의 기본형 + でしょうか ~일까요?
>
> 　　　　예) よろしい 좋다, 괜찮다 → よろしいです 괜찮습니다 → よろしいでしょうか 괜찮을
>
> 　　　　까요?

단어익히기   필수 동사 (유의어)

座すわる 앉다 = 席せきに腰こしをおろす 자리에 걸터앉다

育そだつ 자라다 = 大おおきくなる 크다, 자라다

足たす 더하다 = 加くわえる 더하다

尋たずねる 묻다 = 聞きく 묻다

経たつ 지나다 = 過すぎる 지나다

足たりる 충분하다 = 充分じゅうぶんだ 충분하다

疲つかれる 지치다 = 元気げんきがなくなる 힘이 없어지다

伝つたえる 전하다 = 言葉ことばなどで知しらせる 말 등으로 알리다

直なおす 고치다 = もとのいい状態じょうたいに戻もどす 원래의 좋은 상태로 되돌리다

願ねがう 바라다, 원하다 = 希望きぼうすることを祈いのる 희망하는 것을 기도하다

運はこぶ 나르다, 운반하다 = 物ものや人をある場所ばしょからほかの場所ばしょへ
　　　　　　　　　　　　　　　うごかす 물건이나 사람을 어느 장소에서 다른 장소로 옮기다

働はたらく 일하다 = 仕事しごとをする 일을 하다

冷ひえる 식다 = 冷つめたくなる 차가워지다

減へらす 줄이다 = 物ものの数かず、量りょうを少すくなくする 물건의 수, 양을 적
　　　　　　　　　　　　　게 하다

干ほす 말리다 = 乾かわかす 말리다

間違まちがえる 잘못하다 = 過あやまる 잘못하다

目立めだつ 눈에 띄다 = 特とくに人目ひとめにつく 특히 남에 눈에 띄다

もんだい4　_____の　ぶんと　だいたい　おなじ　いみの　ぶんが　あります。1・2・
　　　　3・4から　いちばん　いい　ものを　ひとつ　えらんで　ください。

1　道を　たずねた　ことが　ありますか。

　1　道を　聞いた　ことが　ありますか。

　2　道を　教えた　ことが　ありますか。

　3　道に　迷った　ことが　ありますか。

　4　道を　歩いた　ことが　ありますか。

해석 ▶　길을 물었던 적이 있습니까?

　1　길을 물었던 적이 있습니까? (O)

　2　길을 가르쳤던 적이 있습니까? (X)

　3　길을 헤맸던 적이 있습니까? (X)

　4　길을 걸었던 적이 있습니까? (X)

포인트 문법 ▶　★ 2그룹 동사의 た형(과거형) + ことがあります ~한 적이 있습니다(과거의 경험)

　　　　예) 尋(たず)ねる 묻다, 찾다 → 尋(たず)ねて 묻고, 물어서 → 尋(たず)ねた 물었다 → 尋
　　　　(たず)ねたこと 물었던 적 → 尋(たず)ねたことがあります 물었던 적이 있습니다 →
　　　　尋(たず)ねたことがありますか 물었던 적이 있습니까?

단어 ▶　道みち 길　　尋たずねる 묻다, 찾다　　こと 일, 것, 적, 수　　ある 있다
　　あります 있습니다

정답 ▶　1

2　お茶が　ひえて　しまいました。

　1　お茶が　さむく　なりました。

　2　お茶が　つめたく　なりました。

　3　お茶が　あつく　なりました。

　4　お茶が　あたたかく　なりました。

해석 ▶ <u>차가 식어 버렸습니다.</u>
　　　1 차가 추워 졌습니다. (X)
　　　2 차가 차가워 졌습니다. (O)
　　　3 차가 더워(뜨겁게) 졌습니다. (X)
　　　4 차가 따뜻해 졌습니다. (X)

포인트 문법 ▶ ★ 2그룹 동사의 て형(연결형) + しまう ～해 버리다
　　　예) 冷(ひ)える 식다. 추워지다 → 冷(ひ)えて 식고, 식어서 → 冷(ひ)えてしまう 식어버리다
　　　　 → 冷(ひ)えてしまいます 식어버립니다 → 冷(ひ)えてしまいました 식어버렸습니다
　　　★ い형용사의 부사형(끝 글자 い를 지우고 く) ～하게
　　　예) 寒(さむ)い 춥다 → 寒(さむ)く 춥게, 冷(つめ)たい 차갑다 → 冷(つめ)たく 차갑게

단어 ▶ お茶ちゃ 차　　冷ひえる 식다. 추워지다　　しまう 끝내다. ～하여 버리다
　　　寒さむい 춥다　　寒さむく 춥게　　冷つめたい 차갑다　　冷つめたく 차갑게
　　　暑あつい 덥다　　暑あつく 더워, 덥게　　暖あたたかい 따뜻하다
　　　暖あたたかく 따뜻하게

정답 ▶ 2

단어익히기　필수 동사

間違まちがう 틀리다	間違まちがえる 잘못하다
待まつ 기다리다	学まなぶ 배우다
間まに合あう 시간에 늦지 않게 대다	守まもる 지키다
見みかける 눈에 띄다	迎むかえる 맞이하다, 맞다
目立めだつ 눈에 띄다	申もうし込こむ 신청하다
持もつ 가지다, 들다	モテる (이성에게)인기가 있다
戻もどる 되돌아오(가)다	役立やくだつ 도움이 되다
痩やせる 마르다, 살이 빠지다	辞やめる 그만두다
やり直なおす 다시 하다	汚よごれる 더러워지다
読よみ終おわる 다 읽다	寄よる 들르다, 접근하다
喜よろこぶ 기뻐하다	分わかる 알다, 이해할 수 있다
沸わく (물)끓다	

別わかれる 헤어지다

分わける 나누다

忘わすれる 잊다

渡わたす 건네다

笑わらう 웃다

割われる (컵 등이)깨지다, 갈라지다

문제로 확인하기 ●

もんだい５　つぎの　ことばの　つかいかたで　いちばん　いい　ものを　１・２・３・４から
　　　　　ひとつ　えらんで　ください。

1 痩(や)せる

1　大学(だいがく)に　入(はい)ったら　髪(かみ)を　痩(や)せたいです。

2　彼(かれ)は　背(せ)が　とても　痩(や)せて　いる　そうです。

3　よる　遅(おそ)く　食(た)べると　痩(や)せるんですよ。

4　ダイエットを　はじめてから　３キロ　痩(や)せました。

해석 ▶　마르다, 살이 빠지다

　　　1　대학에 들어가면 머리카락을 <u>마르고</u> 싶습니다. (X)

　　　2　그는 키가 매우 <u>마르고</u> 있다고 합니다. (X)

　　　3　밤늦게 먹으면 <u>살이 빠지는</u> 거예요. (X)

　　　4　다이어트를 시작하고 나서 3킬로 <u>(살이)빠졌습니다</u>. (O)

포인트 문법 ▶　★ 루로 끝나는 예외 1그룹 동사의 た형(과거형) + ら(たら조건문) ~면

　　　　　예) 入(はい)る 들어가(오)다 → 入(はい)って 들어가고, 들어가서 → 入(はい)った 들어갔
　　　　　　　다 → 入(はい)ったら 들어가면

　　　　　★ 2그룹 동사의 ます형(정중형) + たい ~하고 싶다(본인의 희망표현)

　　　　　예) 痩(や)せる 마르다, 살이 빠집니다 → 痩(や)せます 마릅니다 → 痩(や)せたい 마르고
　　　　　　　싶다 → 痩(や)せたいです 마르고 싶습니다

　　　　　★ 2그룹 동사의 て형(연결형) + いる ~되어져 있다

　　　　　예) 痩(や)せる 마르다 → 痩(や)せて 마르고, 말라서 → 痩(や)せている 말라 있다(말랐다)

　　　　　★ 동사의 う단 형태(원형) + そうだ ~라고 한다(전문용법)

　　　　　예) いる 있다 → いるそうだ 있다고 한다 → いるそうです 있다고 합니다

　　　　　★ 2그룹 동사의 て형(연결형) + から ~하고 나서(동작의 순서)

　　　　　예) 始(はじ)める 시작하다 → 始(はじ)めて 시작하고, 시작해서 → 始(はじ)めてから 시
　　　　　　　작하고 나서

단어 ▶　大学(だいがく) 대학　入(はい)る 들어가(오)다　髪(かみ) 머리카락　痩(や)せる 마르다

　　　痩(や)せたい 마르고 싶다　彼(かれ) 그　背(せ) 키　とても 매우　夜(よる) 밤

2 割われる

1　コップが　割われて　びっくりしました。

2　9を　3で　割われると　3に　なります。

3　彼かれの　せいで　いい　雰囲気ふんいきが　割われました。

4　貝かいを　食たべて　お腹なかを　割われました。

해석 ▶　(컵 등이)깨지다, 갈라지다

1　컵이 깨져서 깜짝 놀랐습니다. (O)

2　9를 3으로 깨면 3이 됩니다. (X)

3　그의 탓으로 좋은 분위기가 깨졌습니다.(분위기가 깨지다는 壊(こわ)れる를 사용함) (X)

4　조개를 먹고 배를 깨졌습니다. (X)

포인트 문법 ▶　★ 2그룹 동사의 て형(연결형) ～고, ～서

예) 割(わ)れる 깨지다 → 割(わ)れて 깨지고, 깨져서

★ 3그룹 동사 중 する(하다)의 ました형(정중한 과거형) ～했습니다

예) びっくりする 깜짝 놀라다 → びっくりします 깜짝 놀랍니다 → びっくりしました
깜짝 놀랐습니다

★ 명사 + になる ～이(가) 되다

예) 3になる 3이 되다 → 3になります 3이 됩니다

★ 인칭 대명사 + の + せいで ～탓으로

예) 彼(かれ)のせいで 그의 탓으로, あなたのせいで 당신 탓으로

단어 ▶　コップ 컵　　びっくりする 깜짝 놀라다　　成なる 되다　　彼かれ 그, 그이

せいで 탓으로　　いい 좋다　　雰囲気ふんいき 분위기　　貝かい 조개

食たべる 먹다　　お腹なか 배

정답 ▶　1

CHAPTER 02 문법/독해

문법익히기 주고받는 표현 / 동작의 시점 / 원인, 이유

01. 주고받는 표현

주고받는 표현에서 구체적인 사물을 주거나 받을 때는 「あげる(주다), くれる(주다), もらう(받다)」라는 동사를 사용하면 된다. 단 어떤 행동을 해 주거나 해 받을 때는 「~てあげる(~해 주다) ~てくれる(~해 주다) ~てもらう(~해 받다)」처럼 동사의 연결형에 접속해서 사용한다. 주체가 누구인지에 따라 쓰이는 동사가 달라지므로 아래 표를 꼼꼼히 외워두도록 하자.

	누가 주는가	누가 주는가	누가 받는가
주체	나 → 제3자 제3자 → 제3자	제3자 → 나(나의 가족)	나 → 제3자, 제3자 → 나 제3자 → 제3자
손윗사람	さしあげる (드리다) てさしあげる (해 드리다)	くださる (주시다) てくださる (해 주시다)	いただく (받다) ていただく (해 받다/상대방이 ~해 주시다)
동등한 관계	あげる (주다) てあげる (해 주다)	くれる (주다) てくれる (해 주다)	もらう (받다) てもらう (해 받다/상대방이 ~해 주다)
손아랫사람 동식물	やる (주다) てやる (해 주다)	くれる (주다) てくれる (해 주다)	もらう (받다) てもらう (해 받다/상대방이 ~해 주다)

02. 〜てやる/〜てあげる/〜てさしあげる ～해 주다/～해 주다/～해 드리다

동물이나 식물, 손아랫사람에게 무엇인가를 줄 때는 「やる(주다)」를 쓴다. 내가 남에게 무엇인가를 줄 때, 제3자가 제3자에게 무엇인가를 줄 때는 「あげる(주다)」를 사용한다. 손윗사람에게 무엇인가를 드릴 때는 「さしあげる(드리다)」를 쓰면 된다. 어떤 동작을 해 줄 경우에는 「〜てやる(～해 주다)/〜てあげる(～해 주다)/〜てさしあげる(～해 드리다)」와 같이 동사의 연결형에 접속해 사용한다.

猫<small>ねこ</small>に　えさを　やりました。
고양이에게 먹이를 주었습니다.

友<small>とも</small>だちに　財布<small>さいふ</small>を　あげました。
친구에게 지갑을 주었습니다.

彼女<small>かのじょ</small>に　料理<small>りょうり</small>を　作<small>つく</small>って　あげました。
여자 친구에게 요리를 만들어 주었습니다.

吉田<small>よしだ</small>さんが　先生<small>せんせい</small>に　地図<small>ちず</small>を　描<small>か</small>いて　さしあげました。
요시다씨가 선생님께 지도를 그려 드렸습니다.

문제로 확인하기

1　私は　弟<small>おとうと</small>に　漢字<small>かんじ</small>の　読<small>よ</small>み方<small>かた</small>を　教<small>おし</small>えて　（　　　　）。

　1　さしあげました　　　　　　　2　くれました

　3　やりました　　　　　　　　　4　くださいました

해석 ▶　나는 남동생에게 한자 읽는 법을 가르쳐 주었습니다.

해설 ▶　① 〜てさしあげる(윗사람에게 ～해 드리다)
教(おし)える(가르치다) → 教(おし)えて(가르치고/가르쳐서-연결형) → 教(おし)えてさしあげる(가르쳐 드리다) → 教(おし)えてさしあげました(가르쳐 드렸습니다)　남동생은 윗사람이 아니므로 문맥에 맞지 않는다.

② 〜てくれる(남이 나에게 ～해 주다)
教(おし)える(가르치다) → 教(おし)えて(가르치고/가르쳐서-연결형) → 教(おし)えてくれる(가르쳐 주다) → 教(おし)えてくれました(가르쳐 주었습니다)　내가 남동생 즉, 남에게 가르쳐 준 것이므로 문맥에 맞지 않는다.

③ 〜てやる(아랫사람에게 ～해 주다)
教(おし)える(가르치다) → 教(おし)えて(가르치고/가르쳐서-연결형) → 教(おし)えてやる(가르쳐 주다) → 教(おし)えてやりました(가르쳐 주었습니다)

④ ～てくださる(윗사람이 ～해 주시다)

教(おし)える(가르치다) → 教(おし)えて(가르치고/가르쳐서–연결형) → 教(おし)えてくださる
(가르쳐 주시다) → 教(おし)えてくださいました(가르쳐 주셨습니다) 윗사람이 내게 가르쳐 주
셨다는 뜻이므로 문맥에 맞지 않는다.

⑤ 동사의 ます형+方(かた)(～하는 법)

読(よ)む(읽다) → 読(よ)みます(읽습니다) → 読(よ)み方(かた)(읽는 법)

단어 ▶ 弟おとうと 남동생　　漢字かんじ 한자　　読よむ 읽다　　教おしえる 가르치다　　やる 주다

정답 ▶ 3

---

2 先生(せんせい)に　駅(えき)までの　行(い)き方(かた)を　教(おし)えて　(　　　　)。

1　やりました　　　　　　　　　2　くれました

3　くださいます　　　　　　　　4　さしあげました

해석 ▶ 선생님에게 역까지 가는 법을 가르쳐 드렸습니다.

해설 ▶
① ～てやる(아랫사람에게 ～해 주다)

教(おし)える(가르치다) → 教(おし)えて(가르치고/가르쳐서–연결형) → 教(おし)えてやる(가르
쳐 주다) → 教(おし)えてやりました(가르쳐 주었습니다) 선생님은 아랫사람이 아니므로 문맥에
맞지 않는다.

② ～てくれる(남이 나에게 ～해 주다)

教(おし)える(가르치다) → 教(おし)えて(가르치고/가르쳐서–연결형) → 教(おし)えてくれる(가
르쳐 주다) → 教(おし)えてくれました(가르쳐 주었습니다) 선생님이 내게 가르쳐 준 것이 아니
므로 문맥에 맞지 않는다.

③ ～てくださる(윗사람이 ～해 주시다)

教(おし)える(가르치다) → 教(おし)えて(가르치고/가르쳐서–연결형) → 教(おし)えてくださる
(가르쳐 주시다) → 教(おし)えてくださいました(가르쳐 주셨습니다) 이 지문이 정답이 되려면
앞부분에 「先生(せんせい)に(선생님에게)」가 「先生(せんせい)が(선생님이)」로 바뀌어야 한다.

④ ～てさしあげる(윗사람에게 ～해 드리다)

教(おし)える(가르치다) → 教(おし)えて(가르치고/가르쳐서–연결형) → 教(おし)えてさしあげ
る(가르쳐 드리다) → 教(おし)えてさしあげました(가르쳐 드렸습니다)

⑤ 동사의 ます형+方(かた)(～하는 법)

行(い)く(가다) → 行(い)きます(갑니다) → 行(い)き方(かた)(가는 법)

단어 ▶ 先生せんせい 선생님　　駅えき 역　　～まで ～까지　　行いく 가다　　教おしえる 가르치다
さしあげる 드리다

정답 ▶ 4

03. ~てくれる/~てくださる ～해 주다/~해 주시다

남이 나, 혹은 나랑 동격화 시킬 수 있는 인물(나의 가족)에게 무엇인가를 줄 때는 「くれる(주다)」를 사용한다. 손윗사람이 무엇인가를 주실 때는 「くださる(주시다)」를 쓰면 된다. 어떤 동작을 해 줄 경우에는 「~てくれる(~해 주다)/~てくださる(해 주시다)」와 같이 동사의 연결형에 접속해 사용한다.

中村さんが　母に　お土産を　くれました。

나카무라씨가 엄마에게 선물을 주었습니다.

林先生が　親切に　説明して　くださった。

하야시 선생님이 친절하게 설명해 주셨다.

문제로 확인하기 ○

1 友だちが　私の　宿題を　手伝って　（　　　）。

1　くれました　　　　　　　　2　あげました

3　もらいました　　　　　　　4　いただきました

해석 ▶　친구가 내 숙제를 도와주었습니다.
해설 ▶　① ～てくれる(남이 나에게 ～해 주다)
　　　　手伝(てつだ)う(돕다) → 手伝(てつだ)って(돕고/도와서-연결형) → 手伝(てつだ)ってくれる(도와주다) → 手伝(てつだ)ってくれました(도와주었습니다)
　　　　② ～てあげる(내가 남에게 ～해 주다, 혹은 남이 남에게 ～해 주다)
　　　　手伝(てつだ)う(돕다) → 手伝(てつだ)って(돕고/도와서-연결형) → 手伝(てつだ)ってあげる(도와주다) → 手伝(てつだ)ってあげました(도와주었습니다) 친구가 나를 도와준 것이므로 문맥에 맞지 않는다.
　　　　③ ～てもらう(상대방에게 ～해 받다, 즉 상대방이 ～해 주다)
　　　　手伝(てつだ)う(돕다) → 手伝(てつだ)って(돕고/도와서-연결형) → 手伝(てつだ)ってもらう(도와 받다, 즉 남이 도와주다) → 手伝(てつだ)ってもらいました(도와주었습니다) 이 지문이 정답이 되려면 앞부분의 「友(とも)だちが(친구가)」가 「友(とも)だちに(친구에게)」로 바뀌어야 한다.
　　　　④ ～ていただく(윗사람에게 ～해 받다, 즉 윗사람이 ～해 주시다)
　　　　手伝(てつだ)う(돕다) → 手伝(てつだ)って(돕고/도와서-연결형) → 手伝(てつだ)っていただく(도와 받다, 즉 윗사람이 도와주시다) → 手伝(てつだ)っていただきました(도와주셨습니다) 이 지문이 정답이 되려면 앞부분의 「友(とも)だちが(친구가)」가 「윗사람에게(윗사람에게)」로 바뀌어야 한다.
단어 ▶　友(とも)だち 친구　　宿題(しゅくだい) 숙제　　手伝(てつだ)う 돕다　　くれる 주다
정답 ▶　1

2 「すてきな　写真ですね。山野さんが　撮ったんですか。」

　　「いいえ、これは　先生が　撮って　（　　　）　写真です」

　　1　もらった　　　2　くださった　　　3　さしあげた　　　4　いただいた

해석 ▶　「멋진 사진이네요. 야마노씨가 찍으셨어요?」

　　　「아니오, 이것은 선생님이 찍어 주신 사진입니다.」

해설 ▶　① 〜てもらう(상대방에게 〜해 받다. 즉 상대방이 〜해 주다)

　　　撮(と)る(찍다) → 撮(と)って(찍고/찍어서-연결형) → 撮(と)ってもらう(찍어 받다. 즉 상대방이 찍어 주다) → 撮(と)ってもらった(찍어 주었다) 이 지문이 정답이 되려면 앞부분의 「先生(せんせい)が(선생님이)」가 「先生(せんせい)に(선생님에게)」로 바뀌어야 한다. 先生(せんせい)に撮(と)ってもらった(선생님에게 찍어 받았다. 즉 선생님이 찍어 주었다-선생님이 윗사람이긴 하지만 경우에 따라서 선생님과 아주 친한 상황에서는 존칭인 いただく가 아닌 もらう를 쓸 수도 있다)

　　　② 〜てくださる(윗사람이 〜해 주시다)

　　　撮(と)る(찍다) → 撮(と)って(찍고/찍어서-연결형) → 撮(と)ってくださる(찍어 주시다) → 撮(と)ってくださった(찍어 주셨다)

　　　③ 〜てさしあげる(윗사람에게 〜해 드리다)

　　　撮(と)る(찍다) → 撮(と)って(찍고/찍어서-연결형) → 撮(と)ってさしあげる(찍어 드리다) → 撮(と)ってさしあげた(찍어 드렸다) 선생님이 어떤 윗사람에게 사진을 찍어 드렸다는 의미.

　　　④ 〜ていただく(윗사람에게 〜해 받다. 즉 윗사람이 〜해 주시다)

　　　撮(と)る(찍다) → 撮(と)って(찍고/찍어서-연결형) → 撮(と)っていただく(찍어 받다. 즉 윗사람이 찍어 주시다) → 撮(と)っていただいた(윗사람이 찍어 주셨다)

　　　이 지문이 정답이 되려면 앞부분의 「先生(せんせい)が(선생님이)」가 「先生(せんせい)に(선생님에게)」로 바뀌어야 한다. 先生(せんせい)に撮(と)っていただいた(선생님에게 찍어 받았다. 즉 선생님이 찍어 주셨다)

단어 ▶　**すてきだ** 멋지다　　**撮とる** 찍다　　**先生せんせい** 선생님　　**くださる** 주시다
　　　写真しゃしん 사진

정답 ▶　2

04. 〜てもらう/〜ていただく

〜해 받다(상대방이 〜해 주다)/〜해 받다(손윗사람이 〜해 주시다)

남에게 무엇인가를 받을 경우 「もらう(받다)」를 사용한다. 손윗사람에게 무엇인가를 받을 때는 「いただく(받다)」를 쓰면 된다. 남에게 어떤 행위를 해 받을 경우에는 「〜てもらう」를 쓰면 되지만 한국어에서는 잘 쓰지 않는 표현이다. 따라서 해석을 「〜해 받다」로 하게 되면 어색하기 때문에 「(상대

방이) ~해 주다」로 해석하는 것이 자연스럽다. 「~ていただく」도 마찬가지로 「(손윗사람에게) ~해 받다」가 아니라 「(손윗사람이) ~해 주시다」로 해석하는 것이 자연스럽다. 그리고 흔히 의뢰나 부탁을 할 때 「~てください(~해 주세요)」나 「~てくださいませんか(~해 주시지 않으시겠습니까?)」도 많이 쓰지만 「もらう(받다)」의 가능형인 「もらえる(받을 수 있다)」와 「いただく(받다)」의 가능형인 「いただける(받을 수 있다)」를 사용해 「~てもらえますか(~해 줄 수 있습니까?)/~てもらえませんか(~해 줄 수 없습니까?)/~ていただけますか(~해 줄 수 있으시겠습니까?)/~ていただけませんか(~해 줄 수 없으시겠습니까?)」라는 형태로도 자주 사용되므로 알아두자.

父に　カメラを　修理して　もらった。

아버지에게 카메라를 수리해 받았다.(아버지가 카메라를 수리해 주었다)

先生に　本を　買って　いただきました。

선생님에게 책을 사 받았습니다.(선생님이 책을 사 주셨습니다)

문제로 확인하기

1　「新しい　傘ですね。誰かに　（　　　　）」

　「いいえ、アルバイトを　した　お金で　買いました」

　1　くれましたか　　　　　　　　　2　あげましたか

　3　くださいましたか　　　　　　　4　もらいましたか

해석 ▶ 「새 우산이네요. 누군가에게 받았습니까?」
「아니오, 아르바이트를 한 돈으로 샀습니다.」

해설 ▶ ① くれる(남이 내게 주다) → くれましたか(주었습니까?) 이 지문이 정답이 되려면 앞부분의 「誰(だれ)かに(누군가에게)」가 「誰(だれ)かが(누군가가)」로 바뀌어야 한다.

② あげる(내가 남에게 주다. 혹은 남이 남에게 주다) → あげましたか(주었습니까?) 내가 남에게 준 내용이 아니므로 문맥에 맞지 않는다.

③ くださる(윗사람이 주시다) → くださいましたか(주셨습니까?) 윗사람이 내게 주신 내용이 아니므로 문맥에 맞지 않는다.

④ もらう(받다) → もらいましたか(받았습니까?)

⑤ 「か(ㄴ가)」는 흔히 의문사에 붙어 불확실한 뜻을 나타낸다.
誰(だれ)(누구) → 誰(だれ)か(누구인가), いつ(언제) → いつか(언제인가)

단어 ▶ 新(あたら)しい 새롭다, 새것이다　傘(かさ) 우산　誰(だれ) 누구　もらう 받다
アルバイト 아르바이트　お金(かね) 돈　買(か)う 사다

정답 ▶ 4

② 「窓を　開けて（　　　）」

「ええ、いいですよ」

1　あげたいですか

2　くださいましたか

3　いただけませんか

4　もらいましたか

해석 ▶　「창문을 열어 줄 수 없으시겠습니까?」

「예, 좋아요.」

해설 ▶　① ～てあげる(내가 남에게 ~해 주다, 혹은 남이 남에게 ~해 주다) → ～てあげたい(~해 주고 싶
다−동사의 ます형+たい ~하고 싶다) → 開(あ)けてあげたいですか(열어 주고 싶습니까?)

② ～てくださる(윗사람이 ~해 주시다) → 開(あ)けてくださいましたか(열어 주셨습니까?)

③ ～ていただく(윗사람에게 ~해 받다. 즉 윗사람이 ~해 주시다)

「いただける」는 「いただく」의 가능형이다. 따라서 「～ていただけませんか」는 「~해 받을 수 없
겠습니까? 즉, ~해 줄 수 없으시겠습니까? ~해 주세요」라는 의미이다. 開(あ)けていただけま
せんか(열어 줄 수 없으시겠습니까?)

④ ～てもらう(상대방에게 ~해 받다. 즉 상대방이 ~해 주다)

開(あ)けてもらいましたか(열어 받았습니까? 즉, 상대방이 열어 주었습니까?)

단어 ▶　窓まど 창문　　開あける 열다　　ええ 예(긍정 · 승낙 등을 나타내는 대답)　　いい 좋다

정답 ▶　3

05.　～ところだ/～ているところだ/～たところだ

～하려는 참이다/～하고 있는 중이다/막 ～했다

「동사의 원형＋ところだ」는 「～하려는 참이다」라는 뜻으로 그 동작이 일어나기 바로 직전의 상태를
나타낸다. 「～ているところだ」는 「～하고 있는 중이다」라는 뜻으로 동작이 완료되지 않고 진행 중
인 상태를 나타낸다. 「～たところだ」는 「막 ～했다」라는 뜻으로 동작이 바로 직전에 막 끝난 상태
를 나타낸다.

今から　宿題を　する　ところです。

지금부터 숙제를 하려는 참입니다.

今　宿題を　して　いる　ところです。

지금 숙제를 하고 있는 중입니다.

今　宿題を　した　ところです。

지금 막 숙제를 했습니다.

문제로 확인하기 ○────────────────

1 今から　（　　　）　ところです。

　　1　出かけて　　　2　出かける　　　3　出かけた　　　4　出かけよう

> 해석 ▶　지금부터 외출하려는 참입니다.
>
> 해설 ▶　① 出(で)かける(외출하다) → 出(で)かけて(외출하고/외출해서–연결형)
>
> 　　　　② 동사의 원형＋ところだ(～하려는 참이다)
>
> 　　　　　　出(で)かける(외출하다) → 出(で)かけるところです(외출하려는 참입니다)
>
> 　　　　③ ～たところだ(막 ～했다)
>
> 　　　　　　出(で)かける(외출하다) → 出(で)かけた(외출했다–과거형) → 出(で)かけたところです(막 외출했습니다)
>
> 　　　　④ 出(で)かける(외출하다) → 出(で)かけよう(외출해야지/외출하자–2그룹동사의 의지형. 어미 る를 떼고 よう를 접속)
>
> 　　　　　　「出(で)かけようところだ」는 올바른 문법형식이 아니다.
>
> 단어 ▶　今(いま) 지금　　～から ～부터　　出(で)かける 나가다. 외출하다.
>
> 정답 ▶　2

2 「今、忙しいですか」

　　「はい、レポートを　（　　　）　ところです」

　　1　書いた　　　2　書かない　　　3　書こう　　　4　書いて　いる

> 해석 ▶　「지금, 바쁩니까?」
>
> 　　　　「예. 리포트를 쓰고 있는 중입니다.」
>
> 해설 ▶　① ～たところだ(막 ～했다)
>
> 　　　　　　書(か)く(쓰다) → 書(か)いた(썼다–과거형) → 書(か)いたところです(막 썼습니다)
>
> 　　　　　　지금 바쁘냐고 물었을 때 「はい(예)」라고 대답했으므로 문맥에 맞지 않는다.
>
> 　　　　② 書(か)く(쓰다) → 書(か)かない(쓰지 않다–부정형)
>
> 　　　　③ 書(か)く(쓰다) → 書(か)こう(써야지/쓰자–1그룹동사의 의지형. う단 어미를 お단으로 바꾸고 う를 접속)
>
> 　　　　④ ～ているところだ(～하고 있는 중이다)
>
> 　　　　　　書(か)く(쓰다) → 書(か)いて(쓰고/써서–연결형) → 書(か)いているところです(쓰고 있는 중입니다)

3 「ファックスは 送おりましたか」

「はい、ちょうど 今いま（　　　　）」

1　送おって ください

2　送おって いただけませんか

3　送おった ところです

4　送おった からです

해석 ▶　「팩스는 보냈습니까?」

「예, 마침 지금 막 보냈습니다.」

해설 ▶　①　~てください(~해 주세요)

送(おく)る(보내다) → 送(おく)って(보내고/보내서-연결형) → 送(おく)ってください(보내 주세요)

②　~ていただけませんか(~해 줄 수 없으시겠습니까?)

送(おく)る(보내다) → 送(おく)って(보내고/보내서-연결형) → 送(おく)っていただけませんか (보내 줄 수 없으시겠습니까?)

③　~たところだ(막 ~했다)

送(おく)る(보내다) → 送(おく)った(보냈다-과거형) → 送(おく)ったところです(막 보냈습니다)

④　~から(~때문에, ~이므로)

送(おく)る(보내다) → 送(おく)った(보냈다-과거형) → 送(おく)ったからです(보냈기 때문입니다)

단어 ▶　ファックス 팩스　送おくる 보내다　ちょうど 마침　今いま 지금

정답 ▶　3

06. ~ため(に) ~때문에/~위해서

「~ため(に)」는 「~위해서」라는 뜻으로 목적을 나타내기도 하고, 「~때문에」라는 뜻으로 원인이나 이유를 나타내기도 한다. 명사의 경우 접속 형태가 「명사のため(に)」인 점에 주의하자.

事故じこが あった ために、道みちが こんで います。(원인)

사고가 있었기 때문에 길이 막히고 있습니다.

その 試合は 雪の ため 中止に なった。(원인)

그 시합은 눈 때문에 중지가 되었다.

健康の ために 運動を して います。(목적)

건강을 위해서 운동을 하고 있습니다.

試験 勉強を する ために 図書館に 行きました。(목적)

시험공부를 하기 위해서 도서관에 갔습니다.

문제로 확인하기

1 病気（　　　）ため 学校を 欠席した。

   1　から   2　に   3　で   4　の

해석 ▶ 병 때문에 학교를 결석했다.

해설 ▶ 「명사のため(に)」는 「명사 때문에」라는 뜻이다.

단어 ▶ 病気びょうき 병　　学校がっこう 학교　　欠席けっせきする 결석하다

정답 ▶ 4

2 車を 買う（　　　）貯金を して いる。

   1　ために   2　ことに   3　ものに   4　なら

해석 ▶ 차를 사기 위해서 저금을 하고 있다.

해설 ▶ ① ～ために(～위해서)　買(か)う(사다) → 買(か)うために(사기 위해서)

② 「～ことに」는 일반적으로 「동사의 원형＋ことになる(～하게 되다-결정)」「동사의 원형＋ことにする(～하기로 하다-결정)」의 형태로 사용된다. 「こと」를 「일. 것」이라고 본다면 「買(か)うことに」는 「사는 일에」라는 뜻이 된다.

③ 「もの」는 「물건. 것」이라는 뜻이다. 따라서 「買(か)うものに」는 「사는 물건에」라는 뜻이 된다.

④ 「なら」조건표현은 동사에 접속 될 경우 그 동작을 한다는 것을 전제로 한 조건이므로 주로 어드 바이스나 대안을 제시할 때 쓰는 조건표현이다. 따라서 買(か)う(사다) → 買(か)うなら(살 거라 면/산다면)

단어 ▶ 車くるま 차　　買かう 사다　　貯金ちょきん 저금　　する 하다

정답 ▶ 1

もんだい5　つぎの文章を読んで、質問に答えてください。答えは 1・2・3・4からいちばん
　　　　　いいものを一つえらんでください。

　　私たちは鏡を見れば、自分の姿を知ることができます。同じく、①人生に起
きていることを見れば、自分の心の中を知ることができます。

　　ところで、あなたは鏡の中の自分の姿が気に入らないときはどうしますか。

　　例えば、鏡の中の自分を見て、髪が乱れているとします。そんなとき、どう
しますか。鏡のほうに手をのばして、鏡の中の自分の髪を触ろうとしても、で
きませんよね。たぶんあなたは、自分自身の頭に手をのばして、髪をきれいに
するはずです。すると、鏡の中の自分の髪もきれいになります。

　　ですから、人生の問題を根本的に解消するためには、自分の心の中の原因を
解消する必要があります。自分の心の中を変えることをしないで、ただ相手だ
けが変わってくれることばかり願っていたらだめです。

　　ここで、「心の中を変える必要がある」というのは、決して「現実的な行動
をする必要がない」ということではありません。

　　例えば、自分がだれかからいじめられているのであれば、まずは自分を守る
現実的な行動が必要でしょう。

　　現実の中でベストを尽くして行動しながら、同時に、心の中も変えていくこ
とが大切です。

野口嘉則「鏡の法則」より

1　①人生に起きていることを見れば何が分かりますか。

　1　人生の問題があるのが分かります。

　2　鏡の中の自分が分かります。

　3　相手の心の中が分かります。

　4　自分の心の中が分かります。

2　人生の問題を根本的に解消するためにはどうするべきですか。

　1　自分の心の中の原因を解消するべきです。

　2　相手だけが変わってくれることばかり願っているべきです。

　3　自分の心の中を変えないべきです。

　4　鏡の中の自分の姿を見るべきです。

3　誰かからいじめられているときは、まず何が必要ですか。

　1　乱れている髪をきれいにすることが必要です。

　2　鏡の中の自分の姿を見ることが必要です。

　3　自分を守る現実的な行動が必要です。

　4　自分も相手をいじめる準備をすることが必要です。

4　この内容と合っていないものはどれですか。

　1　人生に起きていることだけでも、自分の心の中を知ることができます。

　2　心の中を変えていくことは大切ではないです。

　3　相手だけが変わってくれることばかり願っていたらだめです。

　4　誰かからいじめられているときは、自分を守る現実的な行動が必要です。

해석 ▶

우리는 거울을 보면, 자신의 모습을 알 수 있습니다. 마찬가지로 ①인생에서 일어나고 있는 것을 보면, 자신의 마음속을 알 수 있습니다.

그런데 당신은 거울안의 자신의 모습이 마음에 들지 않을 때는 어떻게 합니까?

예를 들어, 거울안의 자신을 보고 머리카락이 흐트러져 있다고 하겠습니다. 그럴 때 어떻게 합니까? 거울 쪽에 손을 뻗어서 거울속의 자신의 머리카락에 손을 대려고 해도 안 되겠지요? 아마 당신은 자기 자신의 머리에 손을 뻗어서 머리카락을 예쁘게 할 것입니다. 그러면 거울속의 자신의 머리카락도 예쁘게 될 것입니다.

그러니까 인생문제를 근본적으로 해소하기 위해서는 자신의 마음속의 원인을 해소할 필요가 있습니다. 자신의 마음속을 바꾸지 않고, 단지 상대방만이 변화되어 주기만을 바라고 있으면 안 됩니다.

여기서 「마음속을 바꿀 필요가 있다」라고 하는 것은, 결코 「현실적인 행동을 할 필요가 없다」라고 하는 것이 아닙니다.

예를 들어 자신이 누군가로부터 괴롭힘을 당하고 있다면, 우선은 자신을 지키는 현실적인 행동이 필요하겠지요. 현실 속에서 최선을 다해 행동하면서 동시에 마음속도 변화시켜 가는 것이 중요합니다.

1 ①인생에서 일어나고 있는 것을 보면 무엇을 알 수 있습니까?
　　1　인생의 문제가 있는 것을 알 수 있습니다. (X)
　　2　거울속의 자신을 알 수 있습니다. (X)
　　3　상대방의 마음속을 알 수 있습니다. (X)
　　4　자신의 마음속을 알 수 있습니다. (O)
정답 ▶　4

2 인생문제를 근본적으로 해소하기 위해서는 어떻게 해야 합니까?
　　1　자신의 마음속의 원인을 해소해야 합니다. (O)
　　2　상대방만이 변화되어 주기만을 바라고 있어야 합니다. (X)
　　3　자신의 마음속을 바꾸지 않아야 합니다. (X)
　　4　거울속의 자신의 모습을 봐야 합니다. (X)
정답 ▶　1

3 누군가로부터 괴롭힘을 당하고 있을 때는 우선 무엇이 필요합니까?
　　1　흐트러져 있는 머리카락을 예쁘게 하는 것이 필요합니다. (X)
　　2　거울속의 자신의 모습을 보는 것이 필요합니다. (X)
　　3　자신을 지키는 현실적인 행동이 필요합니다. (O)
　　4　자신도 상대를 괴롭힐 준비를 하는 것이 필요합니다. (X)
정답 ▶　3

4 이 내용과 맞지 않는 것은 어느 것입니까?
　　1　인생에서 일어나고 있는 것만으로도 자신의 마음속을 알 수 있습니다. (X)
　　2　마음속을 바꾸어 가는 것은 중요하지 않습니다. (O)
　　3　상대방만이 변화되어 주기만을 바라고 있으면 안 됩니다. (X)
　　4　누군가로부터 괴롭힘을 당하고 있을 때는 자신을 지키는 현실적인 행동이 필요합니다. (X)
정답 ▶　2

★ 2그룹 동사의 ば조건문(끝 글자 る를 れ로 바꾸고 ば) ～면

예) 見(み)る 보다 → 見(み)れ → 見(み)れば 보면

★ 동사의 う단 형태(원형) + ことができる(가능표현) ～할 수 있다

예) 知(し)る 알다 → 知(し)ることができる 알 수 있다 → 知(し)ることができます 알 수 있습니다

★ 예외 1그룹 동사의 ない형(부정형) ～하지 않다

예) 気(き)に入(い)る 마음에 들다 → 気(き)に入(い)ら → 気(き)に入(い)らない 마음에 들지 않는다

★ 2그룹 동사의 て형(연결형) + いる ～하고있다, ～되어져 있다

예) 乱(みだ)れる 흐트러지다 → 乱(みだ)れて 흐트러지고, 흐트러져서 → 乱(みだ)れている 흐트러져 있다

★ す로 끝나는 1그룹 동사의 て형(연결형) ～하고, ～해서

예) 伸(の)ばす (팔을)뻗다, 늘이다 → 伸(の)ばして (팔을)뻗고, 뻗어서

★ な형용사의 부사형(끝 글자 だ를 지우고 に) ～하게

예) きれいだ 예쁘다, 깨끗하다, 정갈하다 → きれいに 예쁘게

★ 1그룹 동사의 의지형(끝 글자 う단을 お단으로 바꾸고 う) + としても ～하려고 해도

예) 触(さわ)る 만지다 → 触(さわ)ろ → 触(さわ)ろう 만져야지!(만져야겠다!) → 触(さわ)ろうとしても 만지려고 해도

★ 동사의 う단 형태(원형) + はずです (당연히) ～할 터, ～일 것, ～할 것

예) する 하다 → するはずです 할 것입니다

★ 동사의 う단 형태(원형) + ためには ～하기 위해서는

예) 解消(かいしょう)する 해소하다 → 解消(かいしょう)するためには 해소하기 위해서는

★ 동사의 ない형(부정형) + で ～하지 않고

예) する 하다 → しない 하지 않다 → しないで 하지 않고

★ 2그룹 동사의 たら형(조건문) ～면

예) いる 있다(생물) → いて 있고, 있어서 → いた 있었다 → いたら 있으면

★ 명사 + ではありません(현재부정형) ～이(가) 아닙니다

예) こと 것, 일 → ことではありません 것이 아닙니다

★ 2그룹 동사의 수동표현(끝 글자 る를 지우고 られる) ～되어지다, ～당하다

예) いじめる 괴롭히다 → いじめ 괴롭힘 → いじめられる 괴롭힘을 당하다 → いじめられて 괴롭힘을 당하고(당해서) → いじめられている 괴롭힘을 당하고 있다

★ な형용사의 명사수식형(끝 글자 だ를 지우고 な + 명사) ～한 + 명사

예) 現実的(げんじつてき)だ 현실적이다 → 現実的(げんじつてき)な 현실적인 → 現実的(げんじつてき)な行動(こうどう) 현실적인 행동

★ 3그룹 동사의 ます형(정중형) + ながら ～하면서

예) する 하다 → します 합니다 → し → しながら 하면서

★ 2그룹 동사의 て형(연결형) + いく ～해(하고) 가다

예) 変(か)える 바꾸다, 변화시키다 → 変(か)えて 바꾸고, 바꾸어서 → 変(か)えていく 바꾸어 가다

단어 ▶　鏡かがみ 거울　　見みる 보다　　自分じぶん 자기 자신　　姿すがた 모습

知しる 알다　　できる 할 수 있다, 생기다, 되다　　同おなじく 마찬가지로

人生じんせい 인생　　起おきる 일어나다　　心こころの中なか 마음속

ところで 그런데　　気きに入いる 마음에 들다　　例たとえば 예를 들면

髪かみ 머리카락　　乱みだれる 흐트러지다　　そんなとき 그럴 때　　方ほう 쪽, 편

手を伸のばす 손을 뻗다　　触さわる 만지다　　たぶん 아마

自分自身じぶんじしん 자기 자신　　頭あたま 머리　　はず 당연히 ~할 터, ~일 것, ~할 것

きれいに 예쁘게, 정갈하게　　問題もんだい 문제　　根本的こんぽんてきに 근본적으로

解消かいしょうする 해소하다　　ためには ~위해서는　　原因げんいん 원인

必要ひつようだ 필요하다　　変かえる 바꾸다, 변화시키다　　しない 하지 않다

ただ 단지, 그저　　相手あいて 상대　　変かわる 변하다　　ばかり ~만

願ねがう 바라다, 원하다　　駄目だめだ 허사다, 소용없다　　ここで 여기서

決けっして 결코　　現実的げんじつてきな 현실적인　　行動こうどう 행동

だれか 누군가　　いじめられる 괴롭힘을 당하다　　まず 우선　　守まもる 지키다

ベストを尽つくす 최선을 다하다　　同時どうじに 동시에

大切たいせつだ 귀중하다, 소중하다, 중요하다

CHAPTER 03 청해

청해익히기 발화 표현 문제 1

발화 표현 문제는 그림을 보면서 질문을 듣고 정답을 고르는 문제이다. 일상생활 속에서 일어날 수 있는 다양한 상황이나 장면을 그림으로 제시한 후 적절한 대답을 찾는 문제이다. 일러스트를 보면서 어떠한 상황에서 발생하는 문제인가를 신속하게 파악하는 것이 중요하다.

문제로 확인하기

1番

2番

3番

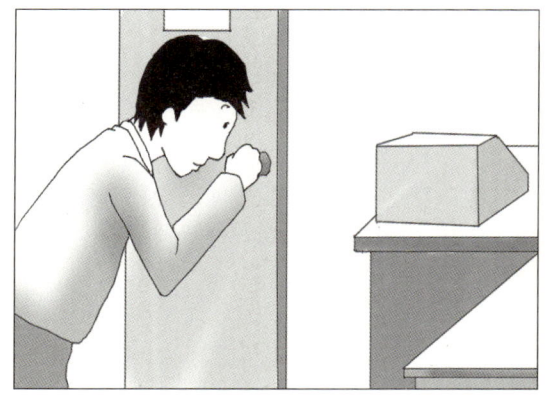

4番

1번 문제

스크립트 ▶

お手洗てあらいの場所ばしょが分わかりません。
何なんと言いいますか。

1　お手洗てあらいはどちらですか。
2　お手洗てあらいじゃありません。
3　お手洗てあらいはあそこです。

해석 ▶
화장실 장소를 모릅니다. 뭐라고 말합니까?

1　화장실은 어느 쪽(어디)입니까?
2　화장실이 아닙니다.
3　화장실은 저기입니다.

포인트문법 ▶
「どちら」는 「어느 쪽」이라는 뜻도 있고 「어디」 라는
뜻도 있다.

단어 ▶　お手洗てあらい 화장실
　　　　場所ばしょ 장소　　分わかる 알다
　　　　あそこ 저기

정답 ▶　1

2번 문제

스크립트 ▶

ご飯はんを食たべおわりました。何なんと言い
いますか。

1　ごちそうさまでした。
2　いただきます。
3　おいしそうですね。

해석 ▶
밥을 다 먹었습니다. 뭐라고 말합니까?

1　잘 먹었습니다.
2　잘 먹겠습니다.
3　맛있을 것 같네요.

포인트문법 ▶
①　동사의 ます형+おわる(다 ~하다)
　　食(た)べる(먹다) → 食(た)べます(먹습니다) →
　　食(た)べおわる(다 먹다) → 食(た)べおわりま
　　した(다 먹었습니다)
②　형용사의 어간+そうだ(~일 것 같다)
　　おいしい(맛있다) → おいしそうだ(맛있을 것
　　같다) → おいしそうです(맛있을 것 같습니다)

단어 ▶　ご飯はん 밥　　食たべる 먹다
　　　　おいしい 맛있다

정답 ▶　1

3번 문제

스크립트 ▶

人ひとの事務室じむしつに入はいります。何なんと言いいますか。

1　いってきます。
2　おじゃまします。
3　いらっしゃいませ。

해석 ▶
남의 사무실에 들어갑니다. 뭐라고 말합니까?

1　다녀오겠습니다.
2　실례하겠습니다.
3　어서 오십시오.

포인트문법 ▶
「おじゃまします」는 직역하면 「방해하겠습니다」 즉 「실례하겠습니다」라는 뜻으로 어떤 곳을 방문할 때 주로 쓰는 인사말 표현이다.

단어 ▶　人ひと 사람, 남(타인)
　　　　事務室じむしつ 사무실
　　　　入はいる 들어가다, 들어오다

정답 ▶　2

4번 문제

스크립트 ▶

電話でんわを切きります。何なんと言いいますか。

1　もしもし。
2　少々しょうしょうお待まちください。
3　失礼しつれいします。

2　잠깐 기다려 주십시오.
3　실례합니다.(안녕히 계십시오—전화 끊을 때)

포인트문법 ▶
① 「お+ます형+ください」는 「~てください(~해 주세요)」보다 더 공손한 표현이다. 待(ま)つ (기다리다) → 待(ま)ってください(기다려 주세요) → お待(ま)ちください(기다려 주십시오—더 공손한 표현)
② 「失礼(しつれい)します」는 「실례합니다」라는 뜻이지만, 전화상에서는 전화를 끊을 때 「안녕히 계십시오」라는 뉘앙스로 쓰인다.

단어 ▶　電話でんわ 전화　　切きる 끊다
　　　　もしもし 여보세요
　　　　少々しょうしょう 조금, 잠깐
　　　　待まつ 기다리다　　失礼しつれい 실례

해석 ▶
전화를 끊습니다. 뭐라고 말합니까?

1　여보세요.

정답 ▶　3

Part 08

新 JLPT 종결자

문자/어휘

단어익히기 필수 부사

あまり	그다지, 너무	いくら	아무리
一度いちど	한번	一番いちばん	가장
一生懸命いっしょうけんめいに	열심히	いつか	언젠가
いつでも	늘, 항상	いつのまにか	모르는 사이에, 어느덧
うっかり	깜박, 무심코	思おもい切きり	마음껏, 실컷
がっかり	낙담하는 모양(실망, 낙심)	必かならず	반드시
かなり	상당히	きちんと	정확히
急きゅうに	갑자기	ぐっすり	푹
結局けっきょく	급기야, 결국	ごろごろ	데굴데굴, 빈둥빈둥
先さっき	좀 전	さっそく	바로, 곧
しっかり	단단히, 튼튼히, 똑똑히	実際じっさいに	실제로

문제로 확인하기

もんだい1 ＿＿＿＿＿の ことばは どう よみますか。1・2・3・4から いちばん いい
ものを ひとつ えらんで ください。

1 バンジージャンプを 一度 やって みたいです。

　　1　いっかい　　　2　いちだい　　　3　いちど　　　4　いちばん

해석 ▶　번지 점프를 <u>한 번</u> 해 보고 싶습니다.

해설 ▶　1　一階いっかい 일층, 一回いっかい 일 회(한 번)　2　一台いちだい 한 대

　　　　3　一度いちど 한 번　　　　　　　　　　　4　一番いちばん 가장, 제일, 1번(번호)

포인트 문법 ▶　★ 르로 끝나는 1그룹 동사의 て형(연결형) ~고, ~서

　　　　　　예) やる 하다 → やって 하고, 해서

　　　　　★ 동사의 て형(연결형) + みたい ~해보고 싶다

　　　　　　예) やる 하다 → やって 하고, 해서 → やってみる 해보다 → やってみます 해 봅니다

　　　　　　→ やってみたい 해보고 싶다 → やってみたいです 해보고 싶습니다

　　　　　★ 2그룹 동사의 ます형(정중형) + たい ~하고 싶다(본인의 희망표현)

　　　　　　예) 見(み)る 보다 → 見(み)ます 봅니다 → 見(み)たい 보고 싶다 → 見(み)たいです 보고

　　　　　　싶습니다

단어 ▶　バンジージャンプ 번지점프　　やる 하다, 주다　　見みる 보다　　見みたい 보고 싶다

정답 ▶　3

2　<u>必ず</u>　成功<ruby>せいこう</ruby>して　ほしいです。

　1　ひつず　　　　　2　ぜひず　　　　　3　あいかわらず　4　かならず

해석 ▶　<u>반드시</u> 성공했으면 좋겠습니다.

해설 ▶　1　X　　　　　　　　　　　　　　　　　2　X

　　　　3　相変あいかわらず 변함없이　　　　　4　必かならず 반드시

포인트 문법 ▶　★ 3그룹 동사 중 する의 て형(연결형) ~하고, 해서

　　　　　　예) 成功(せいこう)する 성공하다 → 成功(せいこう)して 성공하고, 성공해서

　　　　　★ 동사의 て형(연결형) + ほしい ~했으면 좋겠다(바램)

　　　　　　예) 成功(せいこう)する 성공하다 → 成功(せいこう)して 성공하고, 성공해서 → 成功(せ

　　　　　　いこう)してほしい 성공했으면 좋겠다 → 成功(せいこう)してほしいです 성공했으

　　　　　　면 좋겠습니다

단어 ▶　成功せいこう 성공　　成功せいこうする 성공하다　　ほしい 갖고 싶다

　　　　~てほしい 했으면 좋겠다

정답 ▶　4

実じつは 실은	しばらく 잠시	ずいぶん 상당히
少すくなくとも 적어도	すぐ 곧, 바로	凄すごく 무척
少すこしも 조금도	すっかり 완전히, 아주, 남김없이	
ずっと 계속, 쭉	全すべて 모두, 모조리	せっかく 모처럼
是非ぜひ 꼭	せめて 적어도	全然ぜんぜん 전혀
全部ぜんぶ 전부	そっくり 전부, 모조리	そのまま 그대로
それでも 그런데도	そろそろ 이제 슬슬	大体だいたい 대체로
大抵たいてい 대개	ただ 단지	たった 겨우
たとえ 비록, 설령	例たとえば 예를 들면	

문제로 확인하기

もんだい2 _____の ことばは どう かきますか。1·2·3·4から いちばん いい
ものを ひとつ えらんで ください。

1 火事(かじ)で 全部(ぜんぶ) 焼(や)けて しまいました。

　　1 すこし　　　　2 ぜんぶ　　　　3 ほとんど　　　　4 すべて

> 해석 ▶ 화재로 <u>전부(모두)</u> 타 버렸습니다.
>
> 해설 ▶ 1 少すこし 조금　　　　　　　　2 全部ぜんぶ 전부
>
> 　　　　3 殆ほとんど 대부분　　　　　　4 全すべて 모두
>
> 포인트 문법 ▶ ★ 명사 + で(이유, 원인) ~으로, ~에 의해, ~때문에
>
> 　　　　예) 火事(かじ)で 화재로, 風(かぜ)で 바람으로
>
> 　　　　★ 2그룹 동사의 て형(연결형) ~고, ~서
>
> 　　　　예) 焼(や)ける 타다 → 焼(や)けて 타고, 타서
>
> 　　　　★ 동사의 て형(연결형) + しまう ~해 버리다
>
> 　　　　예) 焼(や)ける 타다 → 焼(や)けて 타고, 타서 → 焼(や)けてしまう 타 버리다 → 焼(や)
>
> 　　　　けてしまいます 타 버립니다 → 焼(や)けてしまいました 타 버렸습니다
>
> 단어 ▶ 火事かじ 화재　　焼やける 타다, 구워지다　　しまう 마치다, ~하여 버리다
>
> 정답 ▶ 2

2 私は　お酒が　好きです。例えば、ビールや　ワインなど。

1　たとえば　　　2　たちえば　　　3　れいえば　　　4　れるえば

해석 ▶　　나는 술을 좋아합니다. 예를 들면, 맥주나 와인 등.

해설 ▶　　1　예를 들면　　　2　X　　　　　3　X　　　　　4　X

포인트 문법 ▶　★ 好(す)きだ 앞에서는 예외적으로 목적격 조사 를 대신에 가 를 사용한다

예) お酒(さけ)が好(す)きです 술을 좋아합니다

★ な형용사의 です형(정중형) ~합니다(끝 글자 だ 를 지우고 です)

예) 好(す)きだ 좋아하다 → 好(す)きです 좋아합니다. 親切(しんせつ)だ 친절하다 → 親切(しんせつ)です 친절합니다

단어 ▶　　お酒さけ 술　　好すきだ 좋아하다　　好すきです 좋아합니다　　例たとえば 예를 들면

ビール 맥주　　ワイン 와인　　など ~등

정답 ▶　　1

단어익히기　필수 부사

たぶん	아마	たまに	가끔
だんだん	점점, 하나하나	ちっとも	조금도
ちゃんと	제대로, 빈틈없이	次々つぎつぎに	잇달아, 차례차례로
常つねに	항상	できるだけ	가능한 한
できれば	가능하면	どうか	아무쪼록, 제발
どうして	어째서	どうしても	어떤 일이 있어도, 아무리해도
時々ときどき	때때로	どきどき	두근두근
特とくに	특별히	突然とつぜん	돌연, 갑자기
とにかく	어쨌든	どんどん	척척, 술술, 자꾸자꾸
なかなか	좀처럼, 꽤, 상당히	なぜ	왜?
なるべく	가능한 한, 가급적	なんでも	무엇이든지
にこにこ	싱글벙글		

もんだい3 （　　　）に　なにを　いれますか。1・2・3・4から　いちばん　いい　もの
を　ひとつ　えらんで　ください。

1 今年の　夏は　（　　　）　暑いです。

1　まじめに　　　　2　ぐっすり　　　　3　とくに　　　　4　すこしも

해석 ▶	금년 여름은 (특히) 덥습니다.
해설 ▶	1 真面目まじめに 성실하게　　　　　　　2 ぐっすり 푹
	3 特とくに 특히　　　　　　　　　　　　4 少すこしも 조금도
포인트 문법 ▶	★ い형용사의 です형(정중형) ~합니다
	예) 暑(あつ)い 덥다 → 暑(あつ)いです 덥습니다
단어 ▶	今年ことし 금년, 올해　　夏なつ 여름　　暑あつい 덥다
정답 ▶	3

2 会話が　（　　　）　上手に　なりません。

1　なるべく　　　　2　もし　　　　3　まず　　　　4　なかなか

해석 ▶	회화가 (좀처럼) 능숙하게 되지 않습니다.
해설 ▶	1 가능한 한　　　　2 만약　　　　3 우선
	4 좀처럼(뒤에 부정문이 온다), 꽤, 상당히
포인트 문법 ▶	★ な형용사의 부사형(끝 글자 だ를 지우고 に) ~하게
	예) 上手(じょうず)だ 능숙하다 → 上手(じょうず)に 능숙하게
	★ 1그룹 동사의 현재부정형(끝글자 う단을 い단으로 바꾸고 ません) ~지 않습니다
	예) なる 되다 → なります 됩니다 → なりません 되지 않습니다
단어 ▶	会話かいわ 회화　　上手じょうずだ 능숙하다, 잘하다　　成なる 되다
정답 ▶	4

いつの間まにか 모르는 사이에 = きづかないうちに 눈치 채기 전에

主おもに 주로 = 大抵たいてい 대체로

きちんと 정확히 = しっかりと 틀림없이

結構けっこう 꽤, 제법 = かなり 제법

先さっき 좀 전 = ちょっと前まえ 좀 전

実じつは 실은 = 本当ほんとうのところは 사실은(정말로는)

しばしば 자주 = よく 자주

しばらく 잠시 = ちょっと 잠시

凄すごく 굉장히, 무척 = 非常ひじょうに 매우, 대단히

全然ぜんぜん 전혀 = 少すこしも 조금도, 전혀

相当そうとうに 상당히 = かなり 상당히

度々たびたび 자주, 번번이 = なんども繰くり返かえして行おこなわれること 몇 번이나 반복해서 행해지는 것

近々ちかぢか 머지않아 = ちかいうちに 머지않아

常つねに 항상 = いつも 항상

できるだけ 가능한 한 = できる範囲はんいのことはすべて 할 수 있는 범위는 모두

突然とつぜん 돌연, 갑자기 = 物事ものごとが急きゅうにおこること 일이 갑자기 일어나는 것

なぜ 왜? = どうして 왜?

なぜかというと 왜냐하면 = なぜならば 왜냐하면

残のこらず 죄다, 전부 = 全部ぜんぶ 전부, 모두

もちろん 물론 = いうまでもなく 말할 필요도 없이

もんだい4 _____の ぶんと だいたい おなじ いみの ぶんが あります。1・2・
3・4から いちばん いい ものを ひとつ えらんで ください。

1　しばらく　おまちください。

1　ちょっと　待^まって　ください。

2　ずっと　待^まって　ください。

3　よく　待^まって　ください。

4　ながく　待^まって　ください。

해석 ▶　잠시 기다려 주십시오!
　　1　조금 기다려 주십시오! (O)
　　2　쭉 기다려 주십시오! (X)
　　3　잘 기다려 주십시오! (X)
　　4　길게 기다려 주십시오! (X)

포인트 문법 ▶　★ お + 동사의 ます형(정중형) + ください ~해 주십시오!(부탁의 표현)
　　예) 待(ま)つ 기다리다 → 待(ま)ちます 기다립니다 → お待(ま)ちください 기다려 주십
　　　시오!
　　★ つ로 끝나는 1그룹 동사의 て형(연결형) ~고, ~서
　　예) 待(ま)つ 기다리다 → 待(ま)って 기다리고, 기다려서
　　★ い형용사의 부사형(끝 글자 い를 지우고 く) ~하게
　　예) 良(よ)い 좋다 → 良(よ)く 좋게(잘), 長(なが)い 길다 → 長(なが)く 길게

단어 ▶　しばらく 잠시　　待^まつ 기다리다　　ください 주십시오!　　ちょっと 조금, 잠깐
　　ずっと 쭉, 줄곧　　よく 좋게(잘)　　長^{なが}く 길게(오래)

정답 ▶　1

2　英語^{えいご}は　もちろん　ドイツ語^ごも　できます。

1　英語^{えいご}より　ドイツ語^ごの方^{ほう}が　できます。

2　英語^{えいご}も　ドイツ語^ごも　できます。

3　英語^{えいご}も　ドイツ語^ごも　上手^{じょうず}じゃ　ありません。

4　ドイツ語^ごより　英語^{えいご}の方^{ほう}が　できます。

해석 ▶ <u>영어는 물론 독일어도 할 수 있습니다.</u>

1 영어보다 독일어를 할 수 있습니다. (X)

2 영어도 독일어도 할 수 있습니다. (O)

3 영어도 독일어도 능숙하지 않습니다. (X)

4 독일어보다 영어를 할 수 있습니다. (X)

포인트 문법 ▶ ★ 2그룹 동사의 ます형(정중형)

예) 出来(でき)る 할 수 있다 → 出来(でき)ます 할 수 있습니다

★ AよりBの方(ほう)が A보다 B쪽(편)이(비교표현)

예) 英語(えいご)よりドイツ語(ご)の方(ほう)が 영어보다 독일어 쪽이

★ 出来(でき)る 앞에서는 목적격 조사 を 대신에 が를 사용한다

예) ピアノが出来(でき)る 피아노를 칠 수 있다

★ な형용사의 현재 부정형(끝 글자 だ를 지우고 じゃありません) ~하지 않습니다

예) 上手(じょうず)だ 능숙하다 → 上手(じょうず)じゃありません ~능숙하지 않습니다

(=上手(じょうず)じゃないです)

단어 ▶ **英語**えいご 영어   **もちろん** 물론   **ドイツ語**ご 독일어   **出来**できる 할 수 있다

より ~보다   **方**ほう 쪽(편)

정답 ▶ 2

단어익히기 필수 부사

残のこらず 죄다, 전부	のんびりと 느긋하게	はっきり 분명히, 확실히
非常ひじょうに 상당히	びっくり 깜짝 놀람	ぴったり 꼭, 딱, 꽉
ほとんど 거의	ほんのすこし 아주 조금	ぼんやり 멍하니
まじめに 성실하게	ますます 점점	まず 우선
また 또	まだまだ 아직도	全まったく 전혀
まもなく 곧, 머지않아	真まん中なか 한가운데	もうすぐ 이제 곧
もし 만약	もしかしたら 혹시	もちろん 물론
最もっとも 가장	やっと 겨우	やはり(やっぱり) 역시
ゆっくり 천천히, 느긋하게	わくわく 두근두근	

もんだい5　つぎの　ことばの　つかいかたで　いちばん　いい　ものを　1・2・3・4から
　　　　　ひとつ　えらんで　ください。

1　まず

1　<u>まず</u>　失礼します。

2　<u>まず</u>　電車が　到着いたします。

3　どうぞ、<u>まず</u>　食べても　よろしいですよ。

4　<u>まず</u>　乾杯してから　食べましょうか。

해석 ▶　우선

　　　1　<u>우선</u> 실례하겠습니다. (X)

　　　2　<u>우선</u> 전철이 도착하겠습니다. (X)

　　　3　자, <u>우선</u> 먹어도 괜찮아요! (X)

　　　4　<u>우선</u> 건배 하고나서 먹을까요? (O)

포인트 문법 ▶　★ 2그룹 동사의 て형(연결형) + もよろしい ~해도 괜찮습니다

　　　　　　예) 食(た)べる 먹다 → 食(た)べて 먹고, 먹어서 → 食(た)べてもよろしい 먹어도 괜찮다

　　　　　　　→ 食(た)べてもよろしいです 먹어도 괜찮습니다

　　　　　★ 3그룹 동사 중 する의 て형(연결형) + から ~하고 나서

　　　　　　예) 乾杯(かんぱい)する 건배하다 → 乾杯(かんぱい)して 건배하고, 건배해서 → 乾杯(か

　　　　　　　んぱい)してから 건배하고 나서

　　　　　★ 2그룹 동사의 정중한 권유형(끝 글자 る를 지우고 ましょうか) ~할까요?

　　　　　　예) 食(た)べる 먹다 → 食(た)べます 먹습니다 → 食(た)べましょう 먹읍시다! → 食(た)

　　　　　　　べましょうか 먹을까요?

단어 ▶　まず 우선　　失礼しつれいする 실례하다　　電車でんしゃ 전철

　　　到着とうちゃくいたす 도착하다(いたす는 する의 겸양어)　　どうぞ 자, 어서, 부디, 제발

　　　食たべる 먹다　　よろしい 괜찮다(いい의 공손한 표현)　　乾杯かんぱいする 건배하다

정답 ▶　4

❷ ゆっくり

1　あさねぼうして　学校(がっこう)に　<u>ゆっくり</u>して　しまいました。

2　彼(かれ)は　<u>ゆっくり</u>とした　性格(せいかく)です。

3　昨日(きのう)は　ひさしぶりに　<u>ゆっくり</u>　休(やす)みました。

4　時間(じかん)が　ないので　<u>ゆっくり</u>　行(い)って　きなさい。

해석 ▶　천천히, 느긋하게

1　늦잠을 자서 학교에 <u>천천히</u> 하고 말았습니다. (X)

2　그는 <u>천천히</u> 한 성격입니다. (X) (성격인 경우에는 ゆったりとした性格(せいかく) 여유가 있는 성격(느긋한 성격)이 적합함)

3　어제는 오랜만에 <u>느긋하게</u> 쉬었습니다. (O)

4　시간이 없기 때문에 <u>천천히</u> 다녀오세요. (X)

포인트 문법 ▶　★ 3그룹 동사 중 する의 て형(연결형) + しまう ~해버리다

예) する 하다 → して 하고, 해서 → してしまう 해버리다 → してしまいます 해버립니다 → してしまいました 해버렸습니다

★ 3그룹 동사 중 する의 た형(과거형) ~했다

예) する 하다 → して 하고, 해서 → した 했다

★ 1그룹 동사의 ました형(정중한 과거형) ~했습니다

예) 休(やす)む 쉬다 → 休(やす)みます 쉽니다 → 休(やす)みました 쉬었습니다

★ い형용사의 기본형 + ので(이유, 원인) ~ 때문에, ~이므로

예) ない 없다 → ないので 없기 때문에

★ 1그룹 동사 중 行(い)く의 て형(연결형) ~고, ~서

예) 行(い)く 가다 → 行(い)って 가고, 가서(예외적인 단어라 외워야 함)

★ 3그룹 동사 중 来(く)る의 ます형(정중형) + なさい ~하세요!

예) 来(く)る 오다 → 来(き)ます 옵니다 → 来(き)なさい 오세요!

단어 ▶　朝寝坊(あさねぼう) 늦잠을 잠　　学校(がっこう) 학교　　しまう 끝내다, ~하여 버리다

彼(かれ) 그, 그이　　性格(せいかく) 성격　　昨日(きのう) 어제　　ひさしぶり 오랜만

休(やす)む 쉬다　　時間(じかん) 시간　　ない 없다　　行(い)く 가다　　来(く)る 오다

来(き)なさい 오세요

정답 ▶　3

문법익히기 조건 / 결정

01. ～と ～하면/～하자

AとB A하면 B하다

자연현상, 불변의 진리, 필연적 결과, 반복적 습관, 길안내 등에 주로 사용한다.

春に　なると　花が　咲く。

봄이 되면 꽃이 핀다.(자연현상)

1に　1を　足すと　2に　なる。

1에 1을 더하면 2가 된다.(불변의 진리)

朝　起きると　すぐ　シャワーを　浴びる。

아침에 일어나면 즉시 샤워를 한다.(반복적 습관)

右に　曲がると　銀行が　ある。

오른쪽으로 돌면 은행이 있다.(길안내)

「AとB」는 「A하면 필연적으로 B하다」라는 뉘앙스, 즉 필연적인 결과가 B문장에 와야 하므로 B에 화자의 의지나 감정을 나타내는 표현은 쓰지 않는다. 예를 들면, 의뢰나 요구(～てください ～해 주세요), 의무(～なければならない ～하지 않으면 안 된다), 희망(～たい ～하고 싶다), 권유(～ませんか ～하지 않을래요? ～ましょうか ～할래요?), 의지(～つもりだ ～할 생각이다), 명령(～なさい ～해라), 허가(～てもいい ～해도 좋다), 금지표현 등은 사용하지 않는다. 그러므로

冬に　なると　雪が　降る。

겨울이 되면 눈이 온다.(올바른 문장)

冬(ふゆ)に　なると　日本(にほん)に　行(い)って　ください。(X)

겨울이 되면 일본에 가세요. (뒷문장에 ~てください(의뢰나 요구표현)이 왔으므로 올바른 문장이 아님)

冬(ふゆ)に　なると　旅行(りょこう)　したい。(X)

겨울이 되면 여행하고 싶다. (뒷문장에 ~たい(희망표현)이 왔으므로 올바른 문장이 아님)

AとB　A하자 B하다

B문에 과거형이 오면 앞의 동작이 이루어진 후에 이어서 다른 사항이 이어지는 경우나 거의 동시에 일어나는 경우에 쓰인다.

窓(まど)を　開(あ)けると　涼(すず)しい　風(かぜ)が　入(はい)って　きました。

창문을 열자 시원한 바람이 들어 왔습니다.

문제로 확인하기

1 夏(なつ)に　（　　　）と、暑(あつ)く　なります。

　1　なる　　　　2　なって　　　3　なり　　　4　なった

> 해석 ▶ 여름이 되면 더워집니다.
> 해설 ▶ ① 「と(~하면)」는 동사의 원형에 접속하므로 「なると(되면)」가 정답이다.
> ② なる(되다) → なって(되고/되어서-연결형)
> ③ なり(なる동사의 ます형으로 이 자체로는 해석 불가)
> ④ なる(되다) → なった(되었다-과거형)
> ⑤ 暑(あつ)い(덥다) → 暑(あつ)く(덥게-い형용사의 어미 い를 く로 바꾸면 부사가 된다) → 暑(あ
> つ)くなる(덥게 되다, 즉 더워지다) → 暑(あつ)くなります(더워집니다)
> 단어 ▶ 夏(なつ) 여름　　なる 되다　　暑(あ)つい 덥다
> 정답 ▶ 1

2 家(うち)に　（　　　）、連絡(れんらく)して　ください。

　1　帰(かえ)ると　　　2　帰(かえ)るなら　　　3　帰(かえ)れば　　　4　帰(かえ)ったら

해석 ▶ 집에 돌아가면 연락해 주세요.

해설 ▶ 「帰(かえ)ると, 帰(かえ)れば, 帰(かえ)ったら」 모두 뜻은 「돌아가면」이지만 「と」는 필연적인 결과가 뒷문장에 와야 하므로 의뢰나 요구를 나타내는 「〜てください」를 쓸 수 없고 「ば」도 동일한 주어일 경우 앞문장에 동작을 나타내는 동작동사가 오면 뒷문장에 명령, 의지, 희망, 의뢰, 금지 같은 표현 등은 쓸 수 없다. 따라서 정답은 「帰(かえ)ったら」밖에 될 수가 없다. 「なら」조건표현은 동사에 접속 될 경우 그 동작을 한다는 것을 전제로 한 조건이므로 주로 어드바이스나 대안을 제시할 때 쓰는 조건표현이다. 따라서 「帰(かえ)るなら(돌아갈 거라면, 돌아간다면)」은 다른 세 가지 조건표현과는 성격이 다르다.

단어 ▶ 家うち 집   帰かえる 돌아가다, 돌아오다   連絡れんらくする 연락하다

정답 ▶ 4

02. 〜ば 〜하면

AばB A하면 B하다

어떤 사실을 가정하거나 조건을 나타낼 때 사용한다.

う단 → え단+ば (う단 어미를 え단으로 바꾸고 ば를 붙인다)

行く 가다 → 行けば 가면

見る 보다 → 見れば 보면

する 하다 → すれば 하면

い형용사나 ない(부정형)은 い를 떼고 → ければ

安い 싸다 → 安ければ 싸면

食べない 먹지 않다 → 食べなければ 먹지 않으면

この 薬を 飲めば 治ります。

이 약을 먹으면 낫습니다.

高ければ 買いません。

비싸면 사지 않습니다.

조심해야 할 점은 A에 동작을 나타내는 동작동사가 오면 B에 명령, 의지, 희망, 의뢰, 금지 같은 표현 등은 쓸 수 없다는 점이다.

今日 忙しければ、明日 来て ください。

오늘 바쁘면 내일 오세요.(「忙(いそが)しい-바쁘다」는 동작동사가 아니라 상태를 나타내는 형용사이므로 뒷문장에 「~てください(의뢰나 요구)」가 올 수 있다)

会社に 着けば、電話して ください。(X)

회사에 도착하면 전화해 주세요.(「着(つ)く-도착하다」는 동작동사이므로 뒷문장에 「~てください(의뢰나 요구)」가 올 수 없다. 따라서 이 문장은 올바른 문장이 아님)

단 앞문장과 뒷문장의 주어가 다를 경우에는 상관없다.

友だちが 行けば、私も 行きたい。

친구가 가면 나도 가고 싶다.(「行(い)く-가다」는 동작동사이지만 앞문장과 뒷문장의 주어가 다르므로 뒷문장에 「~たい(희망표현)」이 올 수가 있다)

문제로 확인하기

1 毎日 練習 (   ) 上手に なりますよ。

1 するば   2 すれば   3 すえば   4 すられば

> 해석 ▶ 매일 연습하면 능숙해집니다.
> 해설 ▶ ① 「ば」조건표현은 1그룹, 2그룹, 3그룹동사에 상관없이 う단 어미를 え단으로 바꾸고 ば를 접속시킨다. する(하다) → すれば(하면)
> ② 上手(じょうず)だ(능숙하다) → 上手(じょうず)に(능숙하게-な형용사 어미 だ를 に로 바꾸면 부사가 된다) → 上手(じょうず)になる(능숙하게 되다, 즉 능숙해지다)
> 단어 ▶ 毎日まいにち 매일   練習れんしゅうする 연습하다   上手じょうずだ 능숙하다   なる 되다
> 정답 ▶ 2

2 大阪に (   ) お好み焼きを 食べる つもりです。

1 行くなら   2 行ったら   3 行くと   4 行けば

> 해석 ▶ 오사카에 가면 오코노미야키(일본식 부침개)를 먹을 생각입니다.
> 해설 ▶ 「行(い)ったら, 行(い)くと, 行(い)けば」 모두 뜻은 「가면」이지만 「と」는 필연적인 결과가 뒷문장에 와야 하므로 의지를 나타내는 「~つもりだ(~할 생각이다)」를 쓸 수 없고 「ば」도 동일한 주어일 경우 앞문장에 동작을 나타내는 동작동사가 오면 뒷문장에 명령, 의지, 희망, 의뢰, 금지 같은 표현 등은 쓸 수 없다. 따라서 정답은 「行(い)ったら」밖에 될 수가 없다. 「なら」조건표현은 동사에 접속 될 경우 그 동작을 한다는 것을 전제로 한 조건이므로 주로 어드바이스나 대안을 제시할 때 쓰는 조건표현이다. 따라서 「行(い)くなら(갈 거라면, 간다면)」은 다른 세 가지 조건표현과는 성격이 다르다.

단어 ▶ **大阪**おおさか 오사카 **行**いく 가다 **お好**このみ**焼**やき 오코노미야키(일본식 부침개)

食たべる 먹다 つもり 생각, 작정

정답 ▶ 2

03. ～たら ～하면/～하고나서/～했더니

AたらB A하면 B하다

「AばB」처럼 어떤 사실을 가정하거나 조건을 나타낼 때 사용한다. 하지만 「AばB」와는 달리 B에 명령, 의지, 희망, 의뢰, 금지 같은 표현 등을 쓸 수 있다. 접속 형태는 각 품사의 과거형에 접속한다.

明日あした **雨**あめ**だったら 行**いき**ません。**

내일 비면(비가 오면) 안 갈 겁니다.

お金かね**が あったら、家**いえ**を 買**か**いたいです。**

돈이 있으면 집을 사고 싶습니다.

寒さむ**かったら 窓**まど**を 閉**し**めても いいです。**

추우면 창문을 닫아도 됩니다.

分わ**からなかったら、聞**き**きなさい。**

모르면 물으세요.

AたらB A하고 나서 B하다

食事しょくじ**が 終**お**わったら、お皿**さら**を 洗**あら**って ください。**

식사가 끝나면(끝나고 나서), 접시를 씻어 주세요.

AたらB A했더니 B하다

B문에 과거형이 오면 「～했더니」라는 뜻으로 우연한 발견을 나타내는 표현이 된다.

学校がっこう**に 行**い**ったら、授業**じゅぎょう**が ありませんでした。**

학교에 갔더니 수업이 없었습니다.

1 小林さんに （　　　）、この ことを 伝えて ください。

　　1　会えば　　　　2　会ったら　　　3　会うと　　　　4　会うから

> 해석 ▶　고바야시씨를 만나면 이 말을 전해 주세요.
>
> 해설　① 「会(あ)えば, 会(あ)ったら, 会(あ)うと」 모두 뜻은 「만나면」이지만 「と」는 필연적인 결과가 뒷문장
> 　　　에 와야 하므로 의뢰를 나타내는 「~てください(~해 주세요)」를 쓸 수 없고 「ば」도 동일한 주어일
> 　　　경우 앞문장에 동작을 나타내는 동작동사가 오면 뒷문장에 명령, 의지, 희망, 의뢰, 금지 같은 표현
> 　　　등은 쓸 수 없다. 따라서 정답은 「会(あ)ったら」밖에 될 수가 없다.
> 　　　② ~から(~때문에)
> 　　　　会(あ)う(만나다) → 会(あ)うから(만나기 때문에) 문맥에 맞지 않음.
>
> 단어 ▶　会あう 만나다　　こと 일, 것, 말　　伝つたえる 전하다
>
> 정답 ▶　2

2 二十歳に （　　　）、お酒を 飲んでも いいです。

　　1　なるたら　　　2　なったら　　　3　なたら　　　　4　なりたら

> 해석 ▶　스무 살이 되면(되고나서) 술을 마셔도 됩니다.
>
> 해설 ▶　① 「たら」조건표현은 「하고 나서」라는 뉘앙스가 있으며, 각 품사의 과거형에 접속한다.
> 　　　　なる(되다) → なった(되었다-과거형) → なったら(되면/되고 나서)
> 　　　② ~てもいいです(~해도 됩니다)
> 　　　　飲(の)む(마시다) → 飲(の)んで(마시고/마셔서-연결형) → 飲(の)んでもいいです(마셔도 됩니
> 　　　다)
>
> 단어 ▶　二十歳はたち 스무 살　　なる 되다　　お酒さけ 술　　飲のむ 마시다　　いい 좋다
>
> 정답 ▶　2

3 友だちに （　　　）、車を 貸して くれました。

　　1　話したら　　　2　話しながら　　　3　話したけど　　　4　話すなら

> 해석 ▶　친구에게 이야기했더니 차를 빌려 주었습니다.
>
> 해설 ▶　① 「たら」조건표현은 뒷문장에 과거시제가 오면 「~했더니」라는 뜻이 된다.
> 　　　　話(はな)す(이야기하다) → 話(はな)した(이야기했다-과거형) → 話(はな)したら(이야기했더니)
> 　　　② 동사의 ます형+ながら(~하면서-동시진행)
> 　　　　話(はな)す(이야기하다) → 話(はな)します(이야기합니다) → 話(はな)しながら(이야기하면서)

③ ～けど(～지만)

話(はな)す(이야기하다) → 話(はな)した(이야기했다–과거형) → 話(はな)したけど(이야기했지만)

④ 「なら」조건표현은 동사에 접속 될 경우 그 동작을 한다는 것을 전제로 한 조건이므로 주로 어드바이스나 대안을 제시할 때 쓰는 조건표현이다.

話(はな)す(이야기하다) → 話(はな)すなら(이야기할 거라면/이야기한다면)

단어 ▶ 友ともだち 친구   話はなす 말하다, 이야기하다   車くるま 차   貸かす 빌려주다

くれる 주다

정답 ▶ 1

04. ～なら ～한다면/～라면

AならB A한다면 B하다

A를 한다는 것을 전제로 한 조건표현이다. 보통 상대방의 이야기 듣고 조언이나 충고, 새로운 대안을 제시할 때 주로 사용한다. 동사의 기본형에 접속한다.

薬(くすり)を 飲(の)むなら、早(はや)く 飲(の)んだ ほうが いい。

약을 먹을 거라면 빨리 먹는 편이 좋다.

문제로 확인하기

❶ スパゲティを （   ）、あの 店(みせ)が おいしいですよ。

1 食(た)べたら   2 食(た)べると   3 食(た)べれば   4 食(た)べるなら

해석 ▶ 스파게티를 먹을 거라면 저 가게가 맛있어요.

해설 ▶ 「なら」조건표현은 다른 조건표현 「食(た)べたら(먹으면), 食(た)べると(먹으면), 食(た)べれば(먹으면)」과 성격이 조금 다르다. 「なら」조건표현은 그 동작을 한다는 것을 전제로 한 조건이므로 주로 어드바이스나 대안을 제시할 때 쓰는 조건표현이다. 따라서 위 문장에서는 어드바이스를 해주는 표현이므로 食(た)べる(먹다) → 食(た)べるなら(먹을 거라면/먹는다면)이 정답이다.

단어 ▶ スパゲティ 스파게티   食たべる 먹다   店みせ 가게   おいしい 맛있다

정답 ▶ 4

05. 명사+にする ~로 하다

「명사+にする」는 「~로 하다」 즉 「~로 결정하다」라는 뜻이다.

<ruby>会議<rt>かいぎ</rt></ruby>は　<ruby>今週<rt>こんしゅう</rt></ruby>に　しますか。それとも　<ruby>来週<rt>らいしゅう</rt></ruby>に　しますか。

회의는 이번 주로 하겠습니까? 그렇지 않으면 다음 주로 하겠습니까?

문제로 확인하기

1　「<ruby>何<rt>なに</rt></ruby>を　<ruby>飲<rt>の</rt></ruby>みますか」

　　「<ruby>私<rt>わたし</rt></ruby>は　オレンジジュース（　　　）　します」

　　1　は　　　　　　　　2　が　　　　　　　　3　で　　　　　　　　4　に

> 해석 ▶　「무엇을 마시겠습니까?」
> 　　　　「나는 오렌지주스로 하겠습니다.」
> 해설 ▶　명사+にする(~로 하다-결정)
> 　　　　オレンジジュースにする(오렌지주스로 하다-오렌지주스로 결정한다는 의미) → オレンジジュー
> 　　　　スにします(오렌지주스로 하겠습니다)
> 단어 ▶　<ruby>飲<rt>の</rt></ruby>む 마시다　　オレンジジュース 오렌지주스　　する 하다
> 정답 ▶　4

06. 동사+ことにする ~하기로 하다

「동사의 원형+ことにする」는 「~하기로 하다」라는 뜻으로 자신의 결정을 나타내는 표현이다.

<ruby>日本<rt>にほん</rt></ruby>に　<ruby>留学<rt>りゅうがく</rt></ruby>する　ことに　しました。

일본에 유학하기로 했습니다.

문제로 확인하기

1　<ruby>私<rt>わたし</rt></ruby>は　<ruby>来年<rt>らいねん</rt></ruby>の　<ruby>春<rt>はる</rt></ruby>、<ruby>結婚<rt>けっこん</rt></ruby>（　　　　）。

　　1　する　ことが　あります　　　　　　2　する　ことに　しました

　　3　した　ことが　あります　　　　　　4　する　そうです

해석 ▶ 나는 내년 봄에 결혼하기로 했습니다.

해설 ▶ ① 동사의 원형+ことがある(～하는 경우가 있다–종종 그런 경우가 있다는 뉘앙스)

結婚(けっこん)する(결혼하다) → 結婚(けっこん)することがある(결혼하는 경우가 있다) → 結婚(けっこん)することがあります(결혼하는 경우가 있습니다)

② 동사의 원형+ことにする(～하기로 하다–자기 결정)

結婚(けっこん)する(결혼하다) → 結婚(けっこん)することにする(결혼하기로 하다) → 結婚(けっこん)することにしました(결혼하기로 했습니다)

③ ～たことがある(～한 적이 있다–과거 경험)

結婚(けっこん)する(결혼하다) → 結婚(けっこん)した(결혼했다–과거형) → 結婚(けっこん)したことがある(결혼한 적이 있다) → 結婚(けっこん)したことがあります(결혼한 적이 있습니다)

④ ～そうだ(～라고 한다–들은 이야기)

結婚(けっこん)する(결혼하다) → 結婚(けっこん)するそうです(결혼한다고 합니다)

자신의 이야기 이므로 문맥에 맞지 않는 표현이다.

단어 ▶ 来年らいねん 내년   春はる 봄   結婚けっこんする 결혼하다

정답 ▶ 2

---

07. 동사+ことになる ～하게 되다

「동사의 원형+ことになる」는 외부의 결정으로 「～하게 되다」라는 뜻이다. 또한 「～ことになっている(～하기로 되어 있다)」의 형태로 어떤 결정이나 규칙 등을 나타내는 표현으로 쓰이기도 한다.

来週(らいしゅう) アメリカに 出張(しゅっちょう)する ことに なりました。

다음 주 미국에 출장가게 되었습니다.

ここでは、写真(しゃしん)を 撮(と)っては いけない ことに なって いる。

여기에서는 사진을 찍어서는 안 되게 되어 있다.

문제로 확인하기 ◯

1 病気(びょうき)に なって、入院(にゅういん) (   ) ことに なりました。

1 する   2 した   3 しない   4 して

해석 ▶	병이 나서 입원하게 되었습니다.
해설 ▶	① 동사의 원형+ことになる(~하게 되다)

入院(にゅういん)する(입원하다) → 入院(にゅういん)することになる(입원하게 되다−입원하기로 결정이 되었다는 뜻) → 入院(にゅういん)することになりました(입원하게 되었습니다)

② する(하다) → した(했다−과거형)

③ する(하다) → しない(하지 않다−부정형)

④ する(하다) → して(하고/해서−연결형)

단어 ▶ **病気**びょうき 병 **なる** 되다 **入院**にゅういん**する** 입원하다

정답 ▶ 1

もんだい5　つぎの文章を読んで、質問に答えてください。答えは 1・2・3・4 からいちばん
　　　　いいものを一つえらんでください。

お弁当

　　トットちゃんは、校長先生といっしょにみんなが、お弁当を食べるところ
を、見に行くことになった。お昼だけは、電車でなく、「みんな、講堂に集ま
ることになっている」と校長先生が教えてくれた。講堂は、さっきトットちゃ
んが上ってきた石の階段のつきあたりにあった。行ってみると、生徒たちが、
大騒ぎしながら、机と椅子を、講堂に丸く輪になるように並べているところだ
った。すみっこで、それを見ていたトットちゃんは、校長先生の上着をひっぱ
って聞いた。

「他の生徒はどこにいるの？」

校長先生は答えた。

「これで全部なんだよ」

「全部!?」トットちゃんは、①信じられない気がした。だって、前の学校のひ
とクラスと同じくらいしか、いないんだもの。

「学校じゅうで、50人くらいなの？」と聞いた。

校長先生は「そうだ」と言った。

トットちゃんは、なにもかも、前の学校と違っていると思った。

みんなが座ると、校長先生は、

「みんな、海のものと、山のもの、持ってきたかい？」と聞いた。

「はーい」みんな、それぞれの、お弁当のふたを取った。

「どれ！どれ！」校長先生は、机でできた円の中に入ると、ひとりずつ、お弁当
を見ながら、歩いている。生徒たちは、笑ったりしながらにぎやかだった。

「海のものと、山のものってなんだろう」トットちゃんは、明日からは、自分も、あの机に座って「海のものと山のもの」のお弁当を、校長先生に見てもらえるんだと思うと、嬉しさと楽しみで、胸がいっぱいになった。

　お弁当を、見ている校長先生の肩に、お昼の光が、やわらかく止まっていた。

黒柳徹子「窓ぎわのトットちゃん」より

1 生徒たちがお弁当を食べるところはどこですか。

 1　階段

 2　電車

 3　講堂

 4　海

2 トットちゃんはどうして胸がいっぱいになりましたか。

 1　なにもかもが前の学校と違っているから

 2　電車の教室で勉強ができるから

 3　明日からはお弁当を食べるところを、見に行くことになったから

 4　明日からは自分もお弁当を校長先生に見てもらえるから

3 校長先生が言った海のものと山のものというのは何のことですか。

 1　授業の内容

 2　お弁当の中身

 3　生徒たちの好きなもの

 4　明日の宿題

4 トットちゃんは何が①信じられない気がしたのですか。

1 生徒たちが少ないこと

2 生徒たちが多いこと

3 生徒たちが大騒ぎすること

4 生徒たちがお弁当を食べること

---

② 토토짱은 왜 가슴이 벅찼습니까?

    1 모두가 이전의 학교와 다르기 때문에

    2 전철 교실에서 공부를 할 수 있기 때문에

    3 내일부터는 도시락을 먹는 곳을 보러 가게 되었기 때문에

    4 내일부터는 자신도 도시락을 교장 선생님에게 보일 수 있기 때문에

정답 ▶   4

③ 교장 선생님이 말한 바다의 물건(것)과 산의 물건(것)이라고 하는 것은 무엇입니까?

    1 수업 내용

    2 도시락 속에 든 것(내용물)

    3 학생들이 좋아하는 것

    4 내일 숙제

정답 ▶   2

④ 토토짱은 무엇을 ①믿을 수 없다는 생각이 들었습니까?

    1 학생들이 적은 것

    2 학생들이 많은 것

    3 학생들이 소란을 피우는 것

    4 학생들이 도시락을 먹는 것

정답 ▶   1

포인트 문법 ▶

★ 동사의 명사수식형(う단 형태(원형) + 명사) ~한(~하는) + 명사

   예) 食(た)べる 먹다 → 食(た)べるところ 먹는 장소, 먹을 장소

★ 동사의 う단 형태(원형) + ことになる ~하기로 결정이 나다(되다)

   예) 行(い)く 가다 → 行(い)くことになる 가기로 결정이 나다 → 行(い)くことになって 가기로 결정이 나

      고(나서) → 行(い)くことになった 가기로 결정이 났다

★ 명사 + でなく ~가 아니고(아니라)

   예) 電車(でんしゃ) 전철 → 電車(でんしゃ)でなく 전철이 아니고, 전철이 아니라

★ く로 끝나는 1그룹 동사 중 行(い)く 의 て형(연결형) + みると ~해 보면, ~해 보니

   예) 行(い)く 가다 → 行(い)って 가고, 가서 → 行(い)ってみると 가보면, 가보니

★ い형용사의 부사형(끝 글자 い를 지우고 く) ~하게

   예) 丸(まる)い 둥글다 → 丸(まる)く 둥글게

★ 명사 + になる ~이(가) 되다

   예) 輪(わ) 원, 원형 → 輪(わ)になる 원이 되다

★ 동사의 う단 형태(원형) + ように ~하게, ~하도록

   예) なる 되다 → なるように 되도록, 되게

★ 명사의 과거형(명사 + だった) ~이었다, ~였다

   예) ところ 곳, 장소 → ところだった 곳이었다

★ 2그룹 동사의 가능표현(끝 글자 る를 지우고 られる) ~할 수 있다

예) 信(しん)じる 믿다 → 信(しん)じられる 믿을 수 있다 → 信(しん)じられない 믿을 수 없다(부정형)

★ く로 끝나는 1그룹 동사의 た형(과거형) ~했다

예) 聞(き)く 묻다, 듣다 → 聞(き)いて 묻고, 물어서 → 聞(き)いた 물었다

★ 동사의 기본형 + と思(おも)う ~한다고 생각하다(생각한다)

예) いる 있다 → いると思(おも)う 있다고 생각한다 → いると思(おも)って 있다고 생각하고(생각해서)
　　→ いると思(おも)った 있다고 생각했다

★ う로 끝나는 1그룹 동사의 たり형 ~하거나(~하기도 하고)

예) 笑(わら)う 웃다 → 笑(わら)って 웃고, 웃어서 → 笑(わら)った 웃었다 → 笑(わら)ったり 웃거나, 웃
　　기도 하고

★ 2그룹 동사의 ます형 + ながら ~하면서

예) 見(み)る 보다 → 見(み)ます 봅니다 → 見(み)ながら 보면서

★ 3그룹 동사 중 する의 ます형 + ながら ~하면서

예) する 하다 → します 합니다 → しながら 하면서

★ 1그룹 동사의 가능표현(끝 글자 う단 글자를 え단으로 고치고 る) ~할 수 있다

예) もらう 받다 → もらえ → もらえる 받을 수 있다

★ 2그룹 동사의 て형(연결형) + もらえる ~해 받을 수 있다(상대방이 ~해 주다)

예) 見(み)る 보다 → 見(み)て 보고, 봐서 → 見(み)てもらえる 보일 수 있다(상대방으로부터 보는 것을 해
　　받을 수 있다)

단어 ▶　お弁当べんとう 도시락　　ちゃん さん(~씨)보다 애칭(친밀감을 나타내는 호칭)

校長こうちょう 교장　　先生せんせい 선생님　　いっしょに 함께　　皆みんな 모두

ところ 곳, 장소　　お昼ひる 점심식사　　だけ ~만　　電車でんしゃ 전철

講堂こうどう 강당　　集あつまる 모이다　　教おしえる 가르치다　　くれる 주다(상대방이)

先さっき 아까, 조금전　　上のぼる 오르다, 올라가다　　石いしの階段かいだん 돌계단

つきあたり 막다른 곳　　行いってみる 가보다　　生徒せいと 학생　　たち ~들(복수형)

大騒おおさわぎ 소란스러움, 대소동, 야단법석　　机つくえ 책상　　椅子いす 의자

丸まるく 둥글게　　輪わ 원　　並ならべる 늘어놓다, 나란히놓다　　隅すみっこ 구석

上着うわぎ 상의, 윗도리　　引ひっ張ばる 끌다, 끌어당기다　　他ほか 다른

答こたえる 대답하다　　全部ぜんぶ 전부　　信しんじる 믿다

信しんじられない 믿을 수 없다　　気きがする 생각(마음)이 들다

だって 왜냐하면, 그렇지만, 하지만, 그런데　　ひとクラス 한 클래스

명사 + 同おなじくらいしか ~만큼 밖에　　学校がっこう 학교

中じゅう 내내, 그 동안 줄곧, 그 범위 전체에 걸친다는 뜻　　なにもかも 무엇이든, 모조리

前まえ 앞, 전　　違ちがう 다르다　　思おもう 생각하다　　座すわる 앉다

海うみ 바다　　物もの 물건, 것　　山やま 산　　持もつ (손에)들다, (몸에)지니다, 휴대하다

持もってくる 가지고 오다　　それぞれ 저마다, 각기, 각각　　蓋ふたを取とる 뚜껑을 열다

どれ! どれ! 어디! 어디!　　できる 완성되다, 생기다, 할 수 있다

円えん 원, 엔(일본의 화폐단위)　　入はいる 들어가(오)다　　ひとり 한 사람, 한명

ずつ ~씩　　歩あるく 걷다　　笑わらう 웃다

賑にぎやかだ 번화하다, 떠들썩하다, 왁자지껄하다　　明日あした 내일

自分じぶん 자기 자신　嬉うれしさ 기쁨　楽たのしみ 즐거움

胸むねがいっぱいになる 가슴이 벅차게 되다(벅차다)　肩かた 어깨

お昼ひるの光ひかり 한낮의 빛　柔やわらかく 부드럽게　止とまる 멈추다. 서다

CHAPTER 03 청해

청해익히기 발화 표현 문제 2

> 발화 표현 문제는 그림을 보면서 질문을 듣고 정답을 고르는 문제이다. 일상생활 속에서 일어날
> 수 있는 다양한 상황이나 장면을 그림으로 제시한 후 적절한 대답을 찾는 문제이다. 일러스트를
> 보면서 어떠한 상황에서 발생하는 문제인가를 신속하게 파악하는 것이 중요하다.

문제로 확인하기

1番

2番

3番

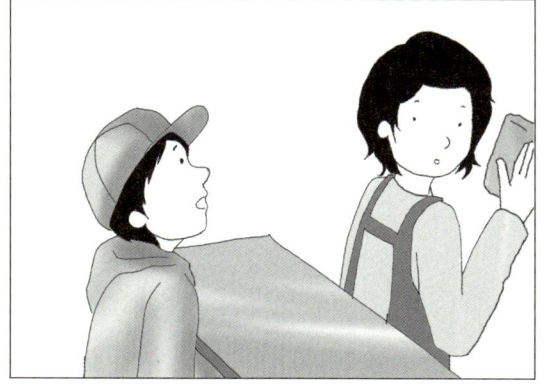

4番

1번 문제

스크립트 ▶

ご飯はんを食たべすぎました。何なんと言いいますか。

1 お腹なか空すいた。
2 お腹なかぺこぺこ。
3 お腹なかいっぱい。

해석 ▶

밥을 과식했습니다. 뭐라고 말합니까?

1 배고파.
2 몹시 배고파.
3 배불러.

포인트문법 ▶

동사의 ます형+すぎる(지나치게 ~하다, 너무 ~하다)
食たべる(먹다) → 食たべます(먹습니다) → 食たべすぎる(지나치게 먹다) → 食たべすぎました(지나치게 먹었습니다, 즉 과식했습니다)

단어 ▶ ご飯はん 밥

お腹なかが空すく 배가 고프다(배가 고픈 상태를 나타낼 때는 관용적으로 과거시제를 쓴다)

ぺこぺこ 배가 몹시 고픔

お腹なかがいっぱいだ 배가 부르다

정답 ▶ 3

2번 문제

스크립트 ▶

友ともだちが試験しけんに受うかりました。何なんと言いいますか。

1 おめでとう。
2 元気げんき出だしてね。
3 大丈夫だいじょうぶだよ。

해석 ▶

친구가 시험에 합격했습니다. 뭐라고 말합니까?

1 축하해.
2 기운 내.
3 괜찮아.

포인트문법 ▶

「~て(~해)」는 「~てください(~해 주세요)」의 반말투이다. 出だす(내다) → 出だしてください(내 주세요) → 出だして(내)

단어 ▶ 友ともだち 친구　　試験しけん 시험

受うかる 합격하다(시험)

おめでとう 축하합니다

元気げんき 기운, 건강함

出だす 내다

大丈夫だいじょうぶだ 괜찮다

정답 ▶ 1

3번 문제

스크립트 ▶

店みせで店員てんいんを呼よびたいです。何なんと言いいますか。

1 ここですよ。
2 すみません。
3 いらっしゃいませ。

해석 ▶

가게에서 점원을 부르고 싶습니다. 뭐라고 말합니까?

1 여기예요.
2 저기요.(점원을 부를 때)
3 어서 오십시오.

포인트문법 ▶

① 동사의 ます형＋たい(~하고 싶다)
呼(よ)ぶ(부르다) → 呼(よ)びます(부릅니다) → 呼(よ)びたい(부르고 싶다) → 呼(よ)びたいです(부르고 싶습니다)

② 「すみません」은 「미안합니다, 죄송합니다」라는 표현이지만 점원을 부를 때 「저기요」라는 뜻으로도 쓰인다.

단어 ▶ 店みせ 가게　店員てんいん 점원
呼よぶ 부르다　ここ 여기, 이곳
いらっしゃいませ 어서 오십시오(가게에서 손님을 맞을 때 하는 인사말)

정답 ▶ 2

4번 문제

스크립트 ▶

靴屋くつやで靴くつをはいてみたいです。何なんと言いいますか。

1 はいてみてください。
2 はいてみたいですか。
3 はいてみてもいいですか。

해석 ▶

신발가게에서 신발을 신어보고 싶습니다. 뭐라고 말합니까?

1 신어 보세요.
2 신어보고 싶습니까?
3 신어 봐도 됩니까?

포인트문법 ▶

① ～てみる(~해 보다)
はく(신다) → はいてみる(신어보다)

② ～てください(~해 주세요)
はいてみる(신어보다) → はいてみて(신어보고/신어봐서–연결형) → はいてみてください(신어 보세요)

③ 동사의 ます형＋たい(~하고 싶다)
はいてみる(신어보다) → はいてみます(신어봅니다) → はいてみたいですか(신어보고 싶습니까?)

④ ～てもいいです(~해도 됩니다)
はいてみる(신어보다) → はいてみて(신어보고/신어봐서–연결형) → はいてみてもいいですか(신어 봐도 됩니까?)

단어 ▶ 靴屋くつや 신발가게
靴くつ 구두, 신발　はく 신다

정답 ▶ 3

Part 09

新 JLPT 종결자

CHAPTER 01 문자/어휘

단어익히기 필수 い형용사

青ぁぉい 푸르다	赤ぁかい 빨갛다	明ぁかるい 밝다
浅ぁさい 얕다	暖ぁたたかい 따뜻하다	新ぁたらしい 새것이다
厚ぁつい 두껍다	暑ぁつい 덥다	熱ぁつい 뜨겁다
危ぁぶない 위험하다	油ぁぶらっこい 기름기가 많다	
甘ぁまい 달다	忙いそがしい 바쁘다	痛いたい 아프다
美うつくしい 아름답다	うまい 맛있다, 솜씨가 좋다	羨うらやましい 부럽다
煩うるさい 시끄럽다	嬉うれしい 기쁘다	偉えらい 훌륭하다
多ぉぉい 많다		

문제로 확인하기

もんだい1 ＿＿＿＿＿の ことばは どう よみますか。1・2・3・4から いちばん いい
ものを ひとつ えらんで ください。

1　今日より 昨日の方が 暑かったんです。

　　1　あつかった　　　　　　　　　　2　さむかった

　　3　すずしかった　　　　　　　　　4　あたたかかった

　　해석 ▶ 　오늘 보다 어제가(어제 쪽이) 더웠습니다.
　　해설 ▶ 　1　暑ぁっかった 더웠다 / 暑ぁつい 덥다
　　　　　　　2　寒さむかった 추웠다 / 寒さむい 춥다
　　　　　　　3　涼すずしかった 시원했다 / 涼すずしい 시원하다
　　　　　　　4　暖ぁたたかかった 따뜻했다 / 暖ぁたたかい 따뜻하다

포인트 문법 ▶ ★ AよりBの方(ほう)が A보다 B쪽이

예) 今日(きょう)より昨日(きのう)の方(ほう)が 오늘보다 어제가

★ い형용사의 과거형(끝 글자 い를 지우고 かった) ~었다

예) 暑(あつ)い 덥다 → 暑(あつ)かった 더웠다

단어 ▶ 今日きょう 오늘 より ~보다 昨日きのう 어제 方ほう ~쪽, ~편

정답 ▶ 1

2 この 庭(にわ)には 美(うつく)しい 花(はな)が たくさん あります。

1 おいしい   2 かなしい   3 うらやましい   4 うつくしい

해석 ▶ 이 뜰에는 아름다운 꽃이 많이 있습니다.

해설 ▶ 1 美味おいしい 맛있다   2 悲かなしい 슬프다
3 羨うらやましい 부럽다   4 美うつくしい 아름답다

포인트 문법 ▶ ★ い형용사의 명사수식형(기본형 + 명사) ~한 + 명사

예) 美(うつく)しい 아름답다 → 美(うつく)しい花(はな) 아름다운 꽃

★ る로 끝나는 1그룹 동사의 ます형(정중형)

예) ある 있다 → あります 있습니다. 降(ふ)る 내리다 → 降(ふ)ります 내립니다

단어 ▶ この 이 庭にわ 뜰 花はな 꽃 たくさん 많이 ある 있다 あります 있습니다

정답 ▶ 4

단어익히기 필수 い형용사

大おおきい 크다	可笑おかしい 이상하다, 우습다	
大人おとなしい 얌전하다	重おもい 무겁다	面白おもしろい 재미있다
固かたい 단단하다, 굳다	悲かなしい 슬프다	かまわない 관계없다
辛からい 맵다	軽かるい 가볍다	可愛かわいい 귀엽다
黄色きいろい 노랗다	きつい 기질이 강하다, 심하다, 고되다	
厳きびしい 엄하다	臭くさい 냄새가 고약하다	暗くらい 어둡다
苦くるしい 괴롭다	黒くろい 검다	濃こい 짙다
細こまかい 잘다, 자세하다	怖こわい 무섭다	

もんだい2 ＿＿＿＿の ことばは どう かきますか。1・2・3・4から いちばん いい
　　　　　ものを ひとつ えらんで ください。

1 かばんが <u>おもくて</u> 一人^{ひとり}では 持^もてません。

　1　広くて　　　　2　小さくて　　　　3　重くて　　　　4　軽くて

> 해석 ▶　가방이 <u>무거워서</u> 혼자서는 들 수 없습니다.
>
> 해설 ▶　1　広ひろくて 넓어서 / 広ひろい 넓다
>
> 　　　　2　小ちいさくて 작아서 / 小ちいさい 작다
>
> 　　　　3　重おもくて 무거워서 / 重おもい 무겁다
>
> 　　　　4　軽かるくて 가벼워서 / 軽かるい 가볍다
>
> 포인트 문법 ▶　★ い형용사의 くて형(연결형) ～고, ～서
>
> 　　　　예) 重(おも)い 무겁다 → 重(おも)くて 무겁고, 무거워서
>
> 　　　　★ 1그룹 동사의 가능표현(끝 글자 う단을 え단으로 고치고 る) ～할 수 있다
>
> 　　　　예) 持(も)つ 가지다, 들다 → 持(も)て → 持(も)てる 가질 수 있다, 들 수 있다 → 持(も)
>
> 　　　　てます 들 수 있습니다 → 持(も)てません 들 수 없습니다(불가능)
>
> 단어 ▶　かばん 가방　　一人ひとりで 혼자서　　持もてる 들 수 있다
>
> 정답 ▶　3

2 <u>きいろい</u> ワンピースを 着^きて いる 人が 私の 彼女^{かのじょ}です。

　1　青い　　　　2　黄色い　　　　3　黒い　　　　4　赤色い

> 해석 ▶　<u>노란</u> 원피스를 입고 있는 사람이 제 여자 친구(애인)입니다.
>
> 해설 ▶　1　青あおい 푸르다, 파랗다　　　　　　2　黄色きいろい 노랗다
>
> 　　　　3　黒くろい 검다　　　　　　　　　　4　X
>
> 포인트 문법 ▶　★ 2그룹 동사의 て형(연결형) ～고, ～서
>
> 　　　　예) 着(き)る 입다 → 着(き)て 입고, 입어서
>
> 　　　　★ 2그룹 동사의 て형(연결형) + いる ～하고 있다
>
> 　　　　예) 着(き)る 입다 → 着(き)て 입고, 입어서 → 着(き)ている 입고 있다
>
> 　　　　★ 동사의 명사수식형(う단 형태(원형) + 명사) ～한 + 명사
>
> 　　　　예) いる 있다 → いる人(ひと) 있는 사람
>
> 단어 ▶　ワンピース 원피스　　着きる 입다　　いる 있다　　人ひと 사람　　私わたし 나
>
> 　　　　彼女かのじょ 그녀, 그 여자, 애인
>
> 정답 ▶　2

단어익히기 　필수 い형용사

寂<small>さび</small>しい 쓸쓸하다	寒<small>さむ</small>い 춥다	仕方<small>しかた</small>がない 어쩔 수 없다
親<small>した</small>しい 친하다	白<small>しろ</small>い 희다	少<small>すく</small>ない 적다
酸<small>す</small>っぱい 시다	素晴<small>すば</small>らしい 멋지다	滑<small>すべ</small>りやすい 미끄러지기 쉽다
狭<small>せま</small>い 좁다	高<small>たか</small>い 비싸다, 높다, (키가)크다	正<small>ただ</small>しい 올바르다
楽<small>たの</small>しい 즐겁다	足<small>た</small>りない 부족하다	小<small>ちい</small>さい 작다
近<small>ちか</small>い 가깝다	詰<small>つ</small>まらない 시시하다, 하찮다, 재미없다	
冷<small>つめ</small>たい 차갑다	強<small>つよ</small>い 강하다, 세다	遠<small>とお</small>い 멀다
長<small>なが</small>い 길다	苦<small>にが</small>い 쓰다	鈍<small>にぶ</small>い 둔하다

문제로 확인하기

もんだい3　(　　　　)に　なにを　いれますか。1・2・3・4から　いちばん　いい　もの
を　ひとつ　えらんで　ください。

1　口数<small>くちかず</small>が　(　　　　)　人は　面白<small>おもしろ</small>く　ないです。

　　1　ながい　　　　　2　すくない　　　　　3　あかるい　　　　　4　ちいさい

해석 ▶ 말수가 (적은) 사람은 재미없습니다.

해설 ▶ 1 長<small>なが</small>い 길다　2 少<small>すく</small>ない 적다　3 明<small>あか</small>るい 밝다　4 小<small>ちい</small>さい 작다

포인트 문법 ▶ ★ い형용사의 현재 부정형(끝 글자 い를 지우고 くない) ~지 않다

　　　　　　예) 面白(おもしろ)い 재미있다 → 面白(おもしろ)くない 재미없다 → 面白(おもしろ)く
　　　　　　ないです 재미없습니다

단어 ▶ 口数<small>くちかず</small>が少<small>すく</small>ない 말 수가 적다　　面白<small>おもしろ</small>い 재미있다
　　　面白<small>おもしろ</small>くない 재미없다

정답 ▶ 2

2　どこか　(　　　　)　国<small>くに</small>へ　行<small>い</small>きたいですね。

　　1　こわい　　　　　2　くらい　　　　　3　とおい　　　　　4　たりない

해석 ▶ 어딘가 (먼) 나라에 가고 싶네요!

해설 ▶ 1 恐こわい 무섭다 = 怖こわい 무섭다   2 暗くらい 어둡다

3 遠とおい 멀다   4 足たりない 부족하다

포인트 문법 ▶ ★ 동사의 ます형 + たい(본인의 희망표현) ~하고 싶다

예) 行(い)く 가다(1그룹 동사) → 行(い)きます 갑니다 → 行(い)きたい 가고 싶다 → 行(い)きたいです 가고 싶습니다 → 行(い)きたいですね 가고 싶네요!

단어 ▶ どこか 어딘가   国くに 나라   行いく 가다   行いきたい 가고 싶다

정답 ▶ 3

단어익히기 필수 い형용사 (유의어)

新あたらしい 새것이다 = ニュー 새로운 것

危あぶない 위험하다 = 危険きんだ 위험하다

油あぶらっこい 기름기가 많다 = 食たべ物ものなどがあぶら気けが強つよい 음식 등이 기름기가 많다(강하다)

甘あまい 달다 = 砂糖さとうのような味あじである 설탕과 같은 맛이다

忙いそがしい 바쁘다 = ひまがない 시간이(여유가) 없다

美うつくしい 아름답다, 예쁘다 = きれいだ 예쁘다

嬉うれしい 기쁘다 = 自分じぶんにとってよいことが起おきて楽たのしい 자신에게 있어서 좋은 일이 일어나서 즐겁다

多おおい 많다 = 数かずや量りょうがたくさんある 수나 양이 많이 있다

面白おもしろい 재미있다 = 見みて楽たのしい 보면 즐겁다

苦くるしい 괴롭다 = つらい 괴롭다

怖こわい 무섭다 = よくないことが起おこりそうで近ちかづきたくない 좋지 않은 일이 일어날 것 같아서 가까이 가고 싶지 않다

寂さびしい 쓸쓸하다 = 何なにか不十分ふじゅうぶんな気持きもちである 무엇인가 불충분한 기분이다

仕方しかたがない 어쩔 수 없다 = ほかによい方法ほうほうがない 다른 좋은 방법이 없다

素晴すばらしい 멋지다 = 素敵すてきだ 멋지다

詰つまらない 시시하다, 재미없다 = 面白おもしろくない 재미없다

鈍にぶい 둔하다 = 反応はんのうが遅おそい 반응이 늦다

恥はずかしい 부끄럽다 = 照てれくさい 부끄럽다

珍めずらしい 드물다, 희귀하다 = なかなかなくて貴重きちょうである 좀처럼 없어서 귀중하다

よろしい 좋다 = よい 좋다

若わかい 젊다 = 年としが少すくない 나이가 적다

悪わるい 나쁘다 = よくない 좋지 않다

문제로 확인하기 ○━━━━━━━━━━

もんだい4 ＿＿＿＿＿の ぶんと だいたい おなじ いみの ぶんが あります。1・2・3・4から いちばん いい ものを ひとつ えらんで ください。

1 いそがしくて ご飯はんも 食たべられません。

   1 せきが なくて ご飯はんも 食たべられません。

   2 つかれて ご飯はんも 食たべられません。

   3 ひまが なくて ご飯はんも 食たべられません。

   4 おくれて ご飯はんも 食たべられません。

해석 ▶ 바빠서 밥도 먹을 수 없습니다.
   1 자리가 없어서 밥도 먹을 수 없습니다. (X)
   2 지쳐서 밥도 먹을 수 없습니다. (X)
   3 시간이(짬이) 없어서 밥도 먹을 수 없습니다. (O)
   4 늦어서 밥도 먹을 수 없습니다. (X)

포인트 문법 ▶ ★ い형용사의 くて형(연결형) ～고, ～서
   예) 忙(いそが)しい 바쁘다 → 忙(いそが)しくて 바쁘고, 바빠서
   ★ 2그룹 동사의 가능표현(끝 글자 る를 지우고 られる) ～할 수 있다
   예) 食(た)べる 먹다 → 食(た)べられる 먹을 수 있다 → 食(た)べられます 먹을 수 있습니다 → 食(た)べられません 먹을 수 없습니다(불가능)
   ★ 2그룹 동사의 て형(연결형) ～고, ～서
   예) 疲(つか)れる 지치다 → 疲(つか)れて 지치고, 지쳐서

단어 ▶ 忙いそがしい 바쁘다　ご飯はん 밥　食たべる 먹다　食たべられる 먹을 수 있다

席せき 자리　ない 없다　なくて 없고, 없어서　疲つかれる 지치다

暇ひま 짧은 시간, 틈, 짬　遅おくれる 늦다, 지각하다　遅おくれて 늦고, 늦어서

정답 ▶ 3

2 昨日きのうの 映画えいがは つまらなかったんです。

1 昨日きのうの 映画えいがは おもしろく なかったんです。

2 昨日きのうの 映画えいがは おもしろかったんです。

3 昨日きのうの 映画えいがは すばらしく なかったんです。

4 昨日きのうの 映画えいがは すばらしかったんです。

해석 ▶ 어제 영화는 시시했습니다(재미없었습니다).

1 어제 영화는 재미없었습니다. (O)

2 어제 영화는 재미있었습니다. (X)

3 어제 영화는 훌륭하지 않았습니다. (X)

4 어제 영화는 훌륭했습니다. (X)

포인트 문법 ▶ ★ い형용사의 과거형(끝 글자 い를 지우고 かった) ~했다, ~이었다

예) 詰(つ)まらない 재미없다 → 詰(つ)まらなかった 재미없었다 → 詰(つ)まらなかったんです 재미없었습니다

★ い형용사의 과거부정형(끝 글자 い를 지우고 くなかった) ~하지 않았다

예) 面白(おもしろ)い 재미있다 → 面白(おもしろ)くない 재미없다 → 面白(おもしろ)くなかった 재미없었다 → 面白(おもしろ)くなかったんです 재미없었습니다

단어 ▶ 昨日きのう 어제　映画えいが 영화　詰つまらない 재미없다, 시시하다

面白おもしろい 재미있다　素晴すばらしい 훌륭하다, 멋있다, 굉장하다

정답 ▶ 1

眠ねむい	졸리다	履はきにくい	신기 불편하다
恥はずかしい	부끄럽다	早はやい	빠르다. (시기적으로) 이르다
速はやい	(속도) 빠르다	低ひくい	낮다
広ひろい	넓다	深ふかい	깊다
太ふとい	굵다	古ふるい	오래되다
細ほそい	가늘다	短みじかい	짧다
難むずかしい	어렵다	珍めずらしい	드물다. 희귀하다
易やさしい	쉽다	優やさしい	상냥하다. 다정다감하다
柔やわらかい	부드럽다	良よい	좋다
よろしい	좋다. 적당하다	弱よわい	약하다
若わかい	젊다	悪わるい	나쁘다

문제로 확인하기

もんだい5 つぎの ことばの つかいかたで いちばん いい ものを 1・2・3・4から
     ひとつ えらんで ください。

1 深ふかい

   1 深ふかいうちに たくさん 旅行りょこうして おいた ほうが いいです。

   2 ブルー(blue)は 深ふかい 海うみを 思おもわせて くれます。

   3 むかしから 深ふかすぎる しんちょうが コンプレックスでした。

   4 足あしが 深ふかいのが 妹いもうとの なやみらしいです。

해석 ▶ 깊다

1 깊은 동안에 많이 여행해 두는 편이 좋습니다. (X)

2 블루(blue)는 깊은 바다를 생각하게 해 줍니다. (O)

3 옛날부터 너무 깊은 키(신장)가 콤플렉스였습니다. (X)

4 다리가 깊은 것이 여동생의 고민(걱정)인 것 같습니다. (X)

포인트 문법 ▶　★ 3그룹 동사 중 する의 て형(연결형) ～고, ～서

　　　　　　　　예) 旅行(りょこう)する 여행하다 → 旅行(りょこう)して 여행하고, 여행해서

　　　　　　★ 동사의 た형(과거형) + ほうがいい ～하는 편이 좋다

　　　　　　　　예) 置(お)く 놓다, 두다 → 置(お)い → 置(お)いて 놓고, 놓아서 → 置(お)いた 놓았다 →

　　　　　　　　　　置(お)いたほうがいい 놓는(두는) 편이 좋다 → 置(お)いたほうがいいです 놓는(두

　　　　　　　　　　는) 편이 좋습니다

　　　　　　★ う로 끝나는 1그룹 동사의 사역표현(끝 글자 う를 わ로 고치고 せる) ～하게 하다, ～시키다

　　　　　　　　예) 思(おも)う 생각하다 → 思(おも)わ → 思(おも)わせる 생각하게 하다 → 思(おも)わ

　　　　　　　　　　せて 생각하게 하고(해서)

　　　　　　★ 2그룹 동사의 て형(연결형) + くれる ～해 주다(상대방이)

　　　　　　　　예) 思(おも)わせる 생각하게 하다 → 思(おも)わせて 생각하게 하고(해서) → 思(おも)わ

　　　　　　　　　　せてくれる 생각하게 해주다

　　　　　　★ い형용사의 어간(い를 지운 모습) + すぎる 지나치게 ～하다

　　　　　　　　예) 深(ふか)い 깊다 → 深(ふか)すぎる 지나치게(너무) 깊다

　　　　　　★ 명사 + らしい ① ～인 것 같다(추측) ② ～답다(접미어)

　　　　　　　　예) ① なやみ 고민 → なやみらしい 고민인 것 같다 → なやみらしいです　고민인 것

　　　　　　　　　　같습니다

　　　　　　　　　② 男(おとこ)らしい 남자답다! → 男(おとこ)らしいです 남자답습니다

단어 ▶　たくさん 많이　　旅行りょこうする 여행하다　　置おく 놓다, 두다　　いい 좋다

　　　　ブルー 파랑　　海うみ 바다　　思おもわせる 생각하게 하다

　　　　くれる 주다(상대방이)　　昔むかし 옛날　　すぎる 지나다, 지나치다

　　　　身長しんちょう 신장　　コンプレックス 콤플렉스　　足あし 발, 다리

　　　　妹いもうと 여동생　　なやみ 고민　　らしい ～인 것 같다, ～답다

정답 ▶　　2

② 柔らかい

1　天気が　柔らかくて　半袖を　きても　よさそうです。

2　私の　理想の　タイプは　心が　柔らかい　人です。

3　年を　とると　歯が　柔らかくて　かたいのは　食べられません。

4　夜、柔らかい　布団で　寝る　ときが　一番　幸せです。

부드럽다

1 날씨가 <u>부드러워서</u> 반소매를 입어도 좋을 것 같습니다. (X)

2 나의 이상형은 마음이 <u>부드러운</u> 사람입니다. (X) (보통 마음씨가 착하다(곱다) 는 心(こころ)がや
さしい를 사용함)

3 나이를 먹으면 이가 <u>부드러워서</u> 딱딱한 것은 먹을 수 없습니다. (X)

4 밤에 <u>부드러운</u> 이불에서 잘 때가 가장 행복합니다. (O)

포인트 문법 ▶ ★ い형용사의 くて형(연결형) ~고, ~서

예) 柔(やわ)らかい 부드럽다 → 柔(やわ)らかくて 부드럽고, 부드러워서

★ 2그룹 동사의 て형(연결형) + も ~해도

예) 着(き)る 입다 → 着(き)て 입고, 입어서 → 着(き)ても 입어도

★ い형용사 단어 중 よい(좋다), ない(없다)의 양태용법(い를 지우고 さ를 쓴 후 そうだ) ~일
것 같다, ~해 보이다

예) 性格(せいかく)がよい 성격이 좋다 → 性格(せいかく)がよさ → 性格(せいかく)が
よさそうだ 성격이 좋을 것 같다 → 性格(せいかく)がよさそうです 성격이 좋을 것
같습니다(성격이 좋아 보입니다)

★ 동사의 う단 형태(원형) + と ~면

예) 年(とし)をとる 나이를 먹다 → 年(とし)をとると 나이를 먹으면. 春(はる)になる 봄
이 되다 → 春(はる)になると 봄이 되면

단어 ▶ **天気**てんき 날씨　　**半袖**はんそで 반소매　　**着**きる 입다　　**よい** 좋다

よさそうだ 좋을 것 같다(좋아 보이다)　　**理想**りそう 이상　　**タイプ** 타입

心こころ 마음　　**年**としをとる 나이를 먹다　　**歯**は 이　　**堅**かたい 딱딱하다

食たべられる 먹을 수 있다　　**夜**よる 밤　　**布団**ふとん 이불　　**寝**ねる 자다

時とき 때　　**一番**いちばん 가장, 제일　　**幸**しあわせだ 행복하다

정답 ▶ 4

문법익히기 추측 표현/비교

01. ～だろう ～할(일) 것이다

「～だろう」는 「～할 것이다. ～일 것이다」라는 부드러운 단정을 나타내는 추측표현이다. 「～だろう」의 공손한 표현은 「～でしょう(～할 것입니다. ～일 것입니다)」이며 일기예보 등 객관적인 예상을 할 때 자주 쓰인다. 그리고 「의문사+だろう」는 「～일까?」라는 추측의 뜻이 된다.

彼は　まだ　学生だろう。

그는 아직 학생일 것이다.

東北　地方は　曇りでしょう。

동북지방은 흐릴 것입니다.

これは　何だろう。

이것은 무엇일까?

문제로 확인하기 ◯

1　　たぶん　彼女は　明日の　パーティーに　（　　　）だろう。

　　　1　行く　　　　　2　行き　　　　　3　行って　　　　4　行った

해석 ▶　아마 그녀는 내일 파티에 갈 것이다.
해설 ▶　①　～だろう(～할 것이다. ～일 것이다)
　　　　　　行(い)く (가다) → 行(い)くだろう(갈 것이다)
　　　　②　「行(い)き」는 「行(い)く」의 ます형이다. 「～だろう」는 ます형에 접속하지 않으므로 「行(い)きだろう」는 올바른 문법형식이 아니다.
　　　　③　行(い)く (가다) → 行(い)って(가고/가서-연결형)
　　　　　　「～だろう」는 て형에 접속하지 않으므로 「行(い)ってだろう」는 올바른 문법형식 아니다.

④　行(い)く(가다) → 行(い)った(갔다-과거형) → 行(い)っただろう(갔을 것이다)
　　　문법형식은 맞으나 문맥에 맞지 않는 표현이다.

단어 ▶　たぶん 아마　　彼女(かのじょ) 그녀　　明日(あした) 내일　　パーティー 파티
　　　　行(い)く 가다

정답 ▶　1

2　「バス、遅(おそ)いですね」

　　　「もう　そろそろ　（　　　　）」

　　1　来(こ)ないでしょう　　　　　　　2　来(く)るでしょう

　　3　来(く)る　からです　　　　　　　4　来(く)る　はずが　ない

해석 ▶　「버스, 늦네요.」
　　　　「이제 슬슬 올 것입니다.」

해설 ▶　①　来(く)る(오다) → 来(こ)ない(오지 않다-부정형) → 来(こ)ないでしょう(오지 않을 것입니다)
　　　　②　来(く)る(오다) → 来(く)るでしょう(올 것입니다)
　　　　③　～からです(～때문입니다)
　　　　　　来(く)る(오다) → 来(く)るからです(오기 때문입니다)
　　　　④　～はずがない(～할 리가 없다)
　　　　　　来(く)る(오다) → 来(く)るはずがない(올 리가 없다)

단어 ▶　バス 버스　　遅(おそ)い 늦다　　もう 이제, 벌써　　そろそろ 슬슬　　来(く)る 오다

정답 ▶　2

02.　～だろうと思(おも)う ～할(일) 것이라고 생각한다

「～だろう(～할 것이다, ～일 것이다)」가 객관적인 추측에 주로 사용된다면 「～だろうと思(おも)う (～할(일) 것이라고 생각한다)」는 주관적인 추측에서 주로 쓰인다. 「～と思(おも)う(～라고 생각한다)」는 일본 사람들이 단정을 피해 자신의 의견을 완곡하게 표현할 때 자주 사용하는 표현이다.

智子(ともこ)さんは　独身(どくしん)だろうと　思(おも)います。
토모코씨는 독신일 것이라고 생각합니다.

1 彼(かれ)は　面接(めんせつ)に　（　　　）。いっしょうけんめい　準備(じゅんび)したから。

1　落(お)ちるだろうと　思(おも)う　　　　2　落(お)ちたそうだ

3　受(う)からないだろうと　思(おも)う　　　4　受(う)かるだろうと　思(おも)う

해석 ▶　그는 면접에 합격할 것이라고 생각한다. 열심히 준비했으니까.

해설 ▶　① 〜だろうと思(おも)う (〜할 것이라고 생각한다)
　　　　　落(お)ちる(떨어지다) → 落(お)ちるだろうと思(おも)う(떨어질 것이라고 생각한다)
　　　　② 〜そうだ (〜라고 한다―들은 이야기)
　　　　　落(お)ちる(떨어지다) → 落(お)ちた(떨어졌다―과거형) → 落(お)ちたそうだ(떨어졌다고 한다)
　　　　③ 〜だろうと思(おも)う (〜할 것이라고 생각한다)
　　　　　受(う)かる(합격하다) → 受(う)からない(합격하지 않다―부정형) → 受(う)からないだろうと思(おも)う(합격하지 않을 것이라고 생각한다)
　　　　④ 〜だろうと思(おも)う (〜할 것이라고 생각한다)
　　　　　受(う)かる(합격하다) → 受(う)かるだろうと思(おも)う(합격할 것이라고 생각한다)

단어 ▶　彼(かれ) 그　　面接(めんせつ) 면접　　落(お)ちる 떨어지다　　受(う)かる 합격하다
　　　　いっしょうけんめい 열심히　　準備(じゅんび)する 준비하다　　〜から 〜때문에

정답 ▶　4

---

03. 추측의 そうだ 〜할(일) 것 같다

동사의 경우에는 「동사의 ます형+そうだ」의 형태로 전후 상황을 미루어 볼 때 실현 가능성이 있을 것 같다고 추측하는 표현이다. 즉 「마치 그런 일이 일어날 것 같다. 당장이라도 〜할 것 같다」라는 뉘앙스를 가진다. 흔히 「양태의 そうだ」라고 부른다.

형용사의 경우에는 「형용사의 어간+そうだ」의 형태로 직감적으로 왠지 「〜일 것 같다」라며 주관적으로 추측하는 표현이다. 단 「いい」는 「よさそうだ(좋을 것 같다)」 부정형인 「ない」는 「なさそうだ(없을 것 같다)」라는 예외적인 형태를 띠므로 주의하자.

명사	없음
い형용사	高(たか)い 비싸다 → 高(たか)そうだ 비쌀 것 같다
な형용사	まじめだ 성실하다 → まじめそうだ 성실할 것 같다
동사	怒(おこ)る 화내다 → 怒(おこ)りそうだ 화낼 것 같다

또한 「〜そうだ」는 な형용사처럼 활용시킬 수 있다. 그러므로 「〜そうな＋명사(〜할(일) 것 같은)/〜そうに＋동사(〜할(일) 것 같이)」의 형태로도 자주 시험에 출제된다.

今<small>いま</small>にも　泣<small>な</small>きそうな　顔<small>かお</small>です。
지금이라도 울 것 같은 얼굴입니다.

丈夫<small>じょうぶ</small>そうな　机<small>つくえ</small>です。
튼튼할 것 같은 책상입니다.

難<small>むずか</small>しそうに　見<small>み</small>える。
어려울 것 같이 보인다.

그리고 「〜지 않을 것 같다」라고 양태의 부정표현을 만들 경우에는 형용사는 「ない → なさそうだ」 혹은 「そうだ→ そうではない」의 형태로 고치면 되고, 동사의 경우에는 「ない → なさそうだ」의 형태로도 쓸 수 있지만 일반적으로는 「そうだ → そうにもない/そうもない(〜할 것 같지 않다)」의 형태로 더 많이 쓰인다.

辛<small>から</small>そうだ 매울 것 같다 → 辛<small>から</small>くない 맵지 않다 → 辛<small>から</small>くなさそうだ 맵지 않을 것 같다/辛<small>から</small>そうではない 매울 것 같지 않다

親切<small>しんせつ</small>そうだ 친절할 것 같다 → 親切<small>しんせつ</small>ではない 친절하지 않다 → 親切<small>しんせつ</small>ではなさそうだ 친절하지 않을 것 같다/親切<small>しんせつ</small>そうではない 친절할 것 같지 않다

入<small>はい</small>る 들어가다 → 入<small>はい</small>りそうだ → 들어갈 것 같다 → 入<small>はい</small>りそうにもない/入<small>はい</small>りそうもない 들어갈 것 같지 않다

문제로 확인하기

1　「シャツの　ボタンが　（　　　）そうですよ」

　　「あっ、本当<small>ほんとう</small>ですね。どうも　ありがとうございます」

　　1　とれ　　　　　2　とれる　　　　　3　とれた　　　　4　とれない

> 해석 ▶ 「셔츠의 단추가 떨어질 것 같아요.」
> 　　　 「앗. 정말이네요. 대단히 감사합니다.」
> 해설 ▶ ① 동사의 ます형+そうだ(〜할 것 같다–마치 그런 일이 일어날 것 같다고 추측하는 표현)
> 　　　 とれる(떨어지다) → とれます(떨어집니다) → とれそうだ(떨어질 것 같다) → とれそうです(떨어질 것 같습니다)

② 〜そうだ(〜라고 한다-들은 이야기)
とれる(떨어지다) → とれるそうだ(떨어진다고 한다) → とれるそうです(떨어진다고 합니다)

③ 〜そうだ(〜라고 한다-들은 이야기)
とれる(떨어지다) → とれた(떨어졌다-과거형) → とれたそうだ(떨어졌다고 한다) → とれたそうです(떨어졌다고 합니다)

④ 〜そうだ(〜라고 한다-들은 이야기)
とれる(떨어지다) → とれない(떨어지지 않다-부정형) → とれないそうだ(떨어지지 않는다고 한다) → とれないそうです(떨이지지 않는다고 합니다)

단어 ▶ シャツ 셔츠　　ボタン 단추　　とれる 떨어지다　　本当ほんとうだ 정말이다
どうも 정말, 대단히

정답 ▶ 1

---

2 彼かれは　お金かねが　（　　　）そうです。

1　あらない　　　　2　なり　　　　　3　なさ　　　　　4　な

해석 ▶ 그는 돈이 없을 것 같습니다.
해설 ▶ 「형용사의 어간+そうだ」는 「〜일 것 같다」라는 뜻으로 직감적으로 왠지 그럴 것 같다는 추측표현이다. 보통은 형용사의 어간에 접속하나 「いい」는 「よさそうだ(좋을 것 같다)」 부정형인 「ない」는 「なさそうだ(없을 것 같다)」와 같이 예외적인 형태를 띤다. ある(있다) → ない(없다-부정형) → なさそうだ(없을 것 같다) → なさそうです(없을 것 같습니다)
단어 ▶ お金かね 돈　　ない 없다
정답 ▶ 3

---

3 雪ゆきが　降ふり（　　　）天気てんきです。

1　そうだ　　　　2　そうに　　　　3　そうな　　　　4　そう

해석 ▶ 눈이 내릴 것 같은 날씨입니다.
해설 ▶ ① 동사의 ます형+そうだ(〜할 것 같다-마치 그런 일이 일어날 것 같다고 추측하는 표현)
降ふる(내리다) → 降ふります(내립니다)→ 降ふりそうだ(내릴 것 같다)
② 「추측의 そうだ」는 な형용사처럼 활용할 수 있다. 따라서 降ふる(내리다) → 降ふりそうだ(내릴 것 같다) → 降ふりそうに(내릴 것 같이)
③ 「추측의 そうだ」는 な형용사처럼 활용할 수 있다. 따라서 降ふる(내리다) → 降ふりそうだ(내릴 것 같다) → 降ふりそうな(내릴 것 같은) → 降ふりそうな天気てんき(내릴 것 같은 날씨)
④ 「降ふりそう天気てんき」는 올바른 문법형식이 아니다.
단어 ▶ 雪ゆき 눈　　降ふる 내리다　　天気てんき 날씨
정답 ▶ 3

4 雨が まだ （　　　）そうも ありません

1 止んで　　　　2 止む　　　　3 止まなさ　　　4 止み

해석 ▶ 비가 아직 그칠 것 같지 않습니다.
해설 ▶ 「동사의 ます형+そうだ(~할 것 같다–마치 그런 일이 일어날 것 같다고 추측하는 표현)」의 일반적인
부정표현은 「~そうにもない/~そうもない(~할 것 같지 않다)」이다. 止(や)む(그치다) → 止(や)み
ます(그칩니다) → 止(や)みそうだ(그칠 것 같다) → 止(や)みそうもない(그칠 것 같지 않다) → 止
(や)みそうもありません(그칠 것 같지 않습니다)
단어 ▶ 雨あめ 비　　まだ 아직　　止やむ 그치다
정답 ▶ 4

04. ようだ ~한(인) 것 같다

불확실하지만 상황을 판단했을 때 아마도 그런 것 같다고 짐작하는 주관적이 추측표현이다. 특히
명사와 な형용사의 활용형태가 틀리기 쉬우니 잘 외워두도록 하자.

명사

会社員のようだ 회사원인 것 같다
会社員ではないようだ 회사원이 아닌 것 같다
会社員だったようだ 회사원이었던 것 같다
会社員ではなかったようだ 회사원이 아니었던 것 같다

동사

飲むようだ 마시는 것 같다
飲まないようだ 마시지 않는 것 같다
飲んだようだ 마신 것 같다
飲まなかったようだ 마시지 않은 것 같다

い형용사

暑いようだ 더운 것 같다
暑くないようだ 덥지 않은 것 같다
暑かったようだ 더웠던 것 같다

暑あつくなかった ようだ 덥지 않았던 것 같다

な형용사

便利べんりな ようだ 편리한 것 같다

便利べんりではない ようだ 편리하지 않은 것 같다

便利べんりだった ようだ 편리했던 것 같다

便利べんりではなかった ようだ 편리하지 않았던 것 같다

문제로 확인하기

1 彼かれは　まじめな　人ひと（　　　）　ようですね。

　　1　の　　　　　　2　な　　　　　　3　で　　　　　4　だ

> 해석 ▶ 그는 성실한 사람인 것 같네요.
> 해설 ▶ 「~ようだ(~한 것 같다, ~인 것 같다-아마도 그런 것 같다고 주관적으로 추측하는 표현)」는 명사에
> 　　　접속할 때 「명사의+ようだ」의 접속 형태를 띤다. 따라서 まじめだ(성실하다) → まじめな(성실한)
> 　　　→ まじめな人(ひと)(성실한 사람) → まじめな人(ひと)のようだ(성실한 사람인 것 같다) → まじ
> 　　　めな人(ひと)のようです(성실한 사람인 것 같습니다)
> 단어 ▶ まじめだ 성실하다　　　人ひと 사람
> 정답 ▶ 1

2 「教室きょうしつに　電気でんきが　消きえて　いますね」

　　「誰だれも　（　　　　）」

　　1　いない　ようです　　　　　　　　2　いる　ようです

　　3　いる　そうです　　　　　　　　　4　いた　そうです

> 해석 ▶ 「교실에 전등이 꺼져 있네요.」
> 　　　「아무도 없는 것 같아요.」
> 해설 ▶ ① ~ようだ(~한 것 같다, ~인 것 같다-아마도 그런 것 같다고 주관적으로 추측하는 표현)
> 　　　　いる(있다) → いない(없다-부정형) → いないようだ(없는 것 같다) → いないようです(없는
> 　　　　것 같습니다)
> 　　　② ~ようだ(~한 것 같다, ~인 것 같다-아마도 그런 것 같다고 주관적으로 추측하는 표현)
> 　　　　いる(있다) → いるようだ(있는 것 같다) → いるようです(있는 것 같습니다)

③ 「각 품사의 기본형＋そうだ」는 「～라고 한다」라는 뜻으로 남에게 들은 이야기를 전달하는 표현이다. いる(있다) → いるそうだ(있다고 한다) → いるそうです(있다고 합니다)

④ 「각 품사의 기본형＋そうだ」는 「～라고 한다」라는 뜻으로 남에게 들은 이야기를 전달하는 표현이다. いる(있다) → いた(있었다−과거형) → いたそうだ(있었다고 한다) → いたそうです(있었다고 합니다)

단어 ▶ **教室**きょうしつ 교실　　**電気**でんき 전기, 전등　　**消**きえる 꺼지다　　**誰**だれ 누구
いる 있다

정답 ▶ 1

05. ～らしい ～한(인) 것 같다

외부 정보를 근거로 한 추측표현이다. 보통 다른 사람에게 들은 이야기를 바탕으로 추측하는 경우가 많다. 자신이 책임을 지지 않으려고 들은 정보를 추측처럼 돌려 말하는 화법이라고 생각하면 이해가 쉬울 것 같다. 또한 「らしい」는 접미사로 「명사＋らしい」의 접속 형태로 「～스럽다, ～답다」의 뜻이 있다. 예를 들면 「男(おとこ)らしい(남자답다)/女(おんな)らしい(여성스럽다)/子(こ)どもらしい(아이답다)/大人(おとな)らしい(어른스럽다)」등이 있다.

명사

会社員かいしゃいん**らしい** 회사원인 것 같다(들은 말에 의하면)

会社員かいしゃいん**ではないらしい** 회사원이 아닌 것 같다(들은 말에 의하면)

会社員かいしゃいん**だったらしい** 회사원이었던 것 같다(들은 말에 의하면)

会社員かいしゃいん**ではなかったらしい** 회사원이 아니었던 것 같다(들은 말에 의하면)

동사

飲の**むらしい** 마시는 것 같다(들은 말에 의하면)

飲の**まないらしい** 마시지 않는 것 같다(들은 말에 의하면)

飲の**んだらしい** 마신 것 같다(들은 말에 의하면)

飲の**まなかったらしい** 마시지 않은 것 같다(들은 말에 의하면)

い형용사

暑あ**いらしい** 더운 것 같다(들은 말에 의하면)

暑あ**くないらしい** 덥지 않은 것 같다(들은 말에 의하면)

暑<ruby>あつ<rt></rt></ruby>かったらしい　더웠던 것 같다(들은 말에 의하면)

暑<ruby>あつ<rt></rt></ruby>くなかったらしい　덥지 않았던 것 같다(들은 말에 의하면)

な형용사

便利<ruby>べん り<rt></rt></ruby>らしい　편리한 것 같다(들은 말에 의하면)

便利<ruby>べん り<rt></rt></ruby>ではないらしい　편리하지 않은 것 같다(들은 말에 의하면)

便利<ruby>べん り<rt></rt></ruby>だったらしい　편리했던 것 같다(들은 말에 의하면)

便利<ruby>べん り<rt></rt></ruby>ではなかったらしい　편리하지 않았던 것 같다(들은 말에 의하면)

문제로 확인하기

1 新<ruby>あたら<rt></rt></ruby>しい　先生<ruby>せんせい<rt></rt></ruby>は　（　　　）らしいです。

　　　1　親切<ruby>しんせつ<rt></rt></ruby>だ　　　　2　親切<ruby>しんせつ<rt></rt></ruby>　　　　3　親切<ruby>しんせつ<rt></rt></ruby>で　　　4　親切<ruby>しんせつ<rt></rt></ruby>の

> 해석 ▶ 새로 오신 선생님은 친절한 것 같아요.
> 해설 ▶ ~らしい(~한 것 같다, ~인 것 같다－외부 정보를 근거로 한 추측)　親切(しんせつ)だ(친절하다) →
> 親切(しんせつ)らしい(친절한 것 같다－な형용사는 어미 だ를 떼고 らしい를 접속함) → 親切(しん
> せつ)らしいです(친절한 것 같습니다)　따라서 1번, 3번, 4번 지문은 올바른 접속 형태가 아니다.
> 단어 ▶ 新<ruby>あたら<rt></rt></ruby>しい 새롭다, 새것이다　先生<ruby>せんせい<rt></rt></ruby> 선생님　親切<ruby>しんせつ<rt></rt></ruby>だ 친절하다
> 정답 ▶ 2

2 健太<ruby>けん た<rt></rt></ruby>は　小学生<ruby>しょうがくせい<rt></rt></ruby>なのに、全然<ruby>ぜんぜん<rt></rt></ruby>　子<ruby>こ<rt></rt></ruby>ども　（　　　　）。

　　　1　らしい　　　　　2　らしくない　　　3　だそうだ　　　4　かもしれない

> 해석 ▶ 켄타는 초등학생인데도 불구하고 전혀 아이답지 않다.
> 해설 ▶ ①「らしい」는 명사 뒤에 붙어 접미사로「~스럽다, ~답다」라는 의미로도 쓰인다.
> 　　　子(こ)ども(아이) → 子(こ)どもらしい(아이답다)
> ② 子(こ)ども(아이) → 子(こ)どもらしい(아이답다) → 子(こ)どもらしくない(아이답지 않다)
> ③「각 품사의 기본형＋そうだ」는「~라고 한다」라는 뜻으로 남에게 들은 이야기를 전달하는 표현이
> 　　　다. 단 명사의 현재형인 경우「명사だ＋そうだ」의 접속 형태를 띠니 주의하자.
> 　　　子(こ)ども(아이) → 子(こ)どもだそうだ(아이라고 한다)
> ④ ~かもしれない(~할지도 모른다, ~일지도 모른다)
> 　　　子(こ)ども(아이) → 子(こ)どもかもしれない(아이일지도 모른다)

06. ～かもしれない ～할(일)지도 모른다

가능성이 50% 정도일 경우, 즉 그럴지도 모르고 아닐지도 모를 상황에서 하는 추측표현이다. 공손한 표현은 「～かもしれません(～할(일)지도 모릅니다)」이다.

명사

^{かいしゃいん}
会社員かもしれない 회사원일지도 모른다

^{かいしゃいん}
会社員ではないかもしれない 회사원이 아닐지도 모른다

^{かいしゃいん}
会社員だったかもしれない 회사원이었을지도 모른다

^{かいしゃいん}
会社員ではなかったかもしれない 회사원이 아니었을지도 모른다

동사

^の
飲むかもしれない 마실지도 모른다

^の
飲まないかもしれない 마시지 않을지도 모른다

^の
飲んだかもしれない 마셨을지도 모른다

^の
飲まなかったかもしれない 마시지 않았을지도 모른다

い형용사

^{あつ}
暑いかもしれない 더울지도 모른다

^{あつ}
暑くないかもしれない 덥지 않을지도 모른다

^{あつ}
暑かったかもしれない 더웠을지도 모른다

^{あつ}
暑くなかったかもしれない 덥지 않았을지도 모른다

な형용사

^{べんり}
便利かもしれない 편리할지도 모른다

便利ではない<ruby>便<rt>べん</rt></ruby><ruby>利<rt>り</rt></ruby>かもしれない　편리하지 않을지도 모른다

<ruby>便<rt>べん</rt></ruby><ruby>利<rt>り</rt></ruby>だったかもしれない　편리했을지도 모른다

<ruby>便<rt>べん</rt></ruby><ruby>利<rt>り</rt></ruby>ではなかったかもしれない　편리하지 않았을지도 모른다

문제로 확인하기

1 うわさは　（　　　）かもしれない。

1 <ruby>本当<rt>ほんとう</rt></ruby>な　　　2 <ruby>本当<rt>ほんとう</rt></ruby>だ　　　3 <ruby>本当<rt>ほんとう</rt></ruby>　　　4 <ruby>本当<rt>ほんとう</rt></ruby>に

해석 ▶ 소문은 정말일지도 모른다.

해설 ▶ 〜かもしれない(〜할지도 모른다, 〜일지도 모른다) な형용사의 현재형에서는 형용사의 어간에 접속 하므로 접속 형태에 주의하자. 本当(ほんとう)だ(정말이다) → 本当(ほんとう)かもしれない(정말일 지도 모른다) 따라서 1번, 2번, 4번 지문은 올바른 접속 형태가 아니다.

단어 ▶ うわさ 소문　　**本当**ほんとうだ 정말이다

정답 ▶ 3

07. 〜はずだ 〜할(일) 것이다

「(당연히, 틀림없이) 〜할(일) 것이다」라는 추측표현이다. 앞 문장에 당연히 그럴만한 근거가 제시되는 경우가 많다.

명사

<ruby>会社員<rt>かいしゃいん</rt></ruby>のはずだ　회사원일 것이다(분명히)

<ruby>会社員<rt>かいしゃいん</rt></ruby>ではないはずだ　회사원이 아닐 것이다(분명히)

<ruby>会社員<rt>かいしゃいん</rt></ruby>だったはずだ　회사원이었을 것이다(분명히)

<ruby>会社員<rt>かいしゃいん</rt></ruby>ではなかったはずだ　회사원이 아니었을 것이다(분명히)

동사

<ruby>飲<rt>の</rt></ruby>むはずだ　마실 것이다(분명히)

<ruby>飲<rt>の</rt></ruby>まないはずだ　마시지 않을 것이다(분명히)

<ruby>飲<rt>の</rt></ruby>んだはずだ　마셨을 것이다(분명히)

<ruby>飲<rt>の</rt></ruby>まなかったはずだ　마시지 않았을 것이다(분명히)

い형용사

暑い はずだ 더울 것이다(분명히)

暑くない はずだ 덥지 않을 것이다(분명히)

暑かった はずだ 더웠을 것이다(분명히)

暑くなかった はずだ 덥지 않았을 것이다(분명히)

な형용사

便利な はずだ 편리할 것이다(분명히)

便利ではない はずだ 편리하지 않을 것이다(분명히)

便利だった はずだ 편리했을 것이다(분명히)

便利ではなかった はずだ 편리하지 않았을 것이다(분명히)

문제로 확인하기

1 この 本は おもしろいので よく （　　　） はずです。

　　1 売れて　　　　2 売れ　　　　3 売れない　　　4 売れる

> 해석 ▶ 이 책은 재미있기 때문에 잘 팔릴 것입니다.
> 해설 ▶ ① 売(う)れる(팔리다) → 売(う)れて(팔리고/팔려서−연결형)
> 「〜はずだ(〜할(일) 것이다)」는 이렇게 연결형에 접속하지 않는다.
> ② 「売(う)れ」는 「売(う)れる(팔리다)」의 ます형으로 이 자체만으로는 해석이 힘들다.
> ③ 〜はずだ(〜할 것이다. 〜일 것이다−틀림없이 그럴 것이라고 확신하는 추측표현)
> 売(う)れる(팔리다) → 売(う)れない(팔리지 않다−부정형) → 売(う)れないはずだ(팔리지 않을
> 것이다) 문장의 내용상 책이 재미있다는 근거를 제시했음으로 팔리지 않을 것이라고 하는 것은
> 문맥에 맞지 않는다.
> ④ 〜はずだ(〜할 것이다. 〜일 것이다−틀림없이 그럴 것이라고 확신하는 추측표현)
> 売(う)れる(팔리다) → 売(う)れるはずだ(팔릴 것이다) → 売(う)れるはずです(팔릴 것입니다)
> 단어 ▶ 本ほん 책　　おもしろい 재미있다　　〜ので 〜때문에　　よく 자주. 잘　　売うれる 팔리다
> 정답 ▶ 4

08. 〜はずがない 〜할(일) 리가 없다

「(당연히, 틀림없이) 〜할(일) 리가 없다」라는 추측표현이다. 앞 문장에 객관적인 이유와 근거가 제시되는 경우가 많다.

명사

会社員のはずがない　회사원일 리가 없다(분명히)

会社員ではないはずがない　회사원이 아닐 리가 없다(분명히)

会社員だったはずがない　회사원이었을 리가 없다(분명히)

会社員ではなかったはずがない　회사원이 아니었을 리가 없다(분명히)

동사

飲むはずがない　마실 리가 없다(분명히)

飲まないはずがない　마시지 않을 리가 없다(분명히)

飲んだはずがない　마셨을 리가 없다(분명히)

飲まなかったはずがない　마시지 않았을 리가 없다(분명히)

い형용사

暑いはずがない　더울 리가 없다(분명히)

暑くないはずがない　덥지 않을 리가 없다(분명히)

暑かったはずがない　더웠을 리가 없다(분명히)

暑くなかったはずがない　덥지 않았을 리가 없다(분명히)

な형용사

便利なはずがない　편리할 리가 없다(분명히)

便利ではないはずがない　편리하지 않을 리가 없다(분명히)

便利だったはずがない　편리했을 리가 없다(분명히)

便利ではなかったはずがない　편리하지 않았을 리가 없다(분명히)

문제로 확인하기

1　彼女は　今　入院中だから　今日の　集まりに　来る　（　　　）。

　　1　かもしれない　　2　そうだ　　　　3　はずが　ない　　4　はずだ

해석 ▶ 그녀는 지금 입원중이니까 오늘 모임에 올 리가 없다.

해설 ▶ ① ~かもしれない(~할지도 모른다, ~일지도 모른다)

　　　来(く)る(오다) → 来(く)るかもしれない(올지도 모른다)

② 「각 품사의 기본형+そうだ」는 「~라고 한다」라는 뜻으로 남에게 들은 이야기를 전달하는 표현이다.　来(く)る(오다) → 来(く)るそうだ(온다고 한다)

③ ~はずがない(~할 리가 없다, ~일 리가 없다–절대 그럴 리가 없다고 확신하는 추측표현)

　　　来(く)る(오다) → 来(く)るはずがない(올 리가 없다)

④ ~はずだ(~할 것이다, ~일 것이다–틀림없이 그럴 것이라고 확신하는 추측표현)

　　　来(く)る(오다) → 来(く)るはずだ(올 것이다)

단어 ▶ **今**いま 지금　**入院中**にゅういんちゅう 입원중　**~から** ~때문에　**今日**きょう 오늘

集あつまり 모임　**来**くる 오다

정답 ▶ 3

09. ~より ~のほうが ~보다 ~쪽이

「~より」는 「~보다」라는 뜻으로 비교의 표준이나 기준을 나타낸다. 「ほう」는 「편, 쪽」이라는 뜻이다.

本田ほんだ**さん より 野村**のむら**さんの ほうが 背**せ**が 高**たか**いです。**

혼다씨보다 노무라씨 쪽이 키가 큽니다.

문제로 확인하기

1 **東京**とうきょう **（　　　） 沖縄**おきなわ**の ほうが 暑**あつ**いです。**

　1　ほど　　　　　2　より　　　　　3　くらい　　　　4　も

해석 ▶ 도쿄보다 오키나와 쪽이 덥습니다.

해설 ▶ ① ~ほど(~만큼) → 東京(とうきょう)ほど(도쿄만큼)

② ~より(~보다) → 東京(とうきょう)より(도쿄보다)

③ ~くらい(~정도) → 東京(とうきょう)くらい(도쿄 정도)

④ ~も(도) → 東京(とうきょう)も(도쿄도)

단어 ▶ **東京**とうきょう 도쿄　**~より** ~보다　**沖縄**おきなわ 오키나와　**ほう** 편, 쪽

暑あつい 덥다

정답 ▶ 2

10. ～ほど～ない ～만큼 ～않다

「ほど」는 「만큼」이라는 뜻으로 부정의 뜻을 나타내는 말과 호응하여 「～만큼 ～않다」라는 문장으로 자주 쓰인다.

この　靴は　あの　靴　ほど　高くない。

이 구두는 저 구두만큼 비싸지 않다.

문제로 확인하기 ●

1　「料理が　上手ですね」

　　「料理を　するのは　好きですが、池田さん　ほど　（　　　）」

　　1　上手です　　　　　　　　　　2　上手では　ありません

　　3　下手です　　　　　　　　　　4　同じくらいです

해석 ▶	「요리를 잘하시네요.」
	「요리를 하는 것은 좋아합니다만, 이케다씨만큼 능숙하지 않습니다.」
해설 ▶	① 上手(じょうず)です(능숙합니다)
	② 上手(じょうず)ではありません(능숙하지 않습니다)
	③ 下手(へた)です(서툽니다)
	④ 同(おな)じくらいです(같은 정도입니다)
단어 ▶	料理りょうり 요리　上手じょうずだ 능숙하다　する 하다　好すきだ 좋아하다
	～ほど ～만큼
정답 ▶	2

もんだい5　つぎの「激安セールの情報」を見て、質問に答えてください。答えは1・2・3・
　　　　　　4からいちばんいいものを一つえらんでください。

[1]　一番多くセールをしている製品はどれですか。

　　　1　クリーム

　　　2　マスカラー

　　　3　ローション

　　　4　フェイスパウダー

[2]　ウェブで注文したいときはいつがいいですか。

　　　1　9時半から19時までがいいです。

　　　2　24時間いつでもいいです。

　　　3　土・日と祝日がいいです。

　　　4　5月から6月の間がいいです。

激安セールの情報

グローバルビューティストアでは5月から6月まで、ブランドの製品を安く売っています。買わないと後悔しますよ。全国どこでも送料は無料です。

A	・エスケーツー ・32% OFF ・¥6,300 → ¥4,302 ・税込	クリーム
B	・シスレー ・10% OFF ・¥450 → ¥405 ・税込	マスカラー
C	・ランコム ・64% OFF ・¥7,980 → ¥2,835 ・税込	ローション
D	・シャネル ・32% OFF ・¥6,300 → ¥4,302 ・税込	フェイスパウダー

＊ WEB（ウェブ）注文は24時間365日受付中！

＊ 定休日 / 土・日と祝日（赤色は定休日）

＊ 営業時間 / 9：30 ～ 19：00

＊ 定休日はお電話での受付はできません。

해석 ▶

문제 5 다음의 「파격세일정보」를 보고 질문에 답하시오. 정답은 1·2·3·4에서 가장 적당한 것을 하나
고르시오.

1 제일 많이 세일을 하고 있는 제품은 어느 것입니까?

  1 크림

  2 마스카라

  3 로션

  4 페이스파우더

정답 ▶   3

2 웹(온라인)에서 주문하고 싶을 때는 언제가 좋습니까?

  1 9시 반부터 19시까지가 좋습니다.

  2 24시간 언제라도 괜찮습니다.

  3 토·일요일과 경축일이 좋습니다.

  4 5월부터 6월 사이가 좋습니다.

정답 ▶   2

파격세일정보

글로벌 뷰티스토어에서는 5월부터 6월까지 브랜드제품을 싸게 팔고 있습니다. 사지 않으면 후회 할 거예요! 전
국 어디라도 배송료는 무료입니다.

A	• SK II • 32% OFF • ￥6,300 → ￥4,302 • 세금포함	크림
B	• 시슬레 • 10% OFF • ￥450 → ￥405 • 세금포함	마스카라
C	• 랑콤 • 64% OFF • ￥7,980 → ￥2,835 • 세금포함	로숀
D	• 샤넬 • 32% OFF • ￥6,300 → ￥4,302 • 세금포함	페이스파우더

* WEB(웹) 주문은 24시간 365일 접수 중!

* 정기 휴일 / 토·일요일과 경축일(빨간색은 정기 휴일)

* 영업시간 / 9 : 30 ～ 19 : 00

* 정기 휴일은 전화접수는 할 수 없습니다.

포인트 문법 ▶

★ い형용사의 부사형(끝 글자(어미)い를 지우고 く) ~하게

　　예) 多(おお)い 많다 → 多(おお)く 많게

★ 3그룹 동사의 て형(연결형) + いる ~하고 있다

　　예) する 하다 → して 하고, 해서 → している 하고 있다

★ 3그룹 동사 중 する의 ます형 + たい ~하고 싶다(본인의 희망표현)

　　예) 注文(ちゅうもん)する 주문하다 → 注文(ちゅうもん)します 주문합니다 → 注文(ちゅうもん)したい
　　　　주문하고 싶다

★ る로 끝나는 1그룹 동사의 て형(연결형) + いる ~하고 있다

　　예) 売(う)る 팔다 → 売(う)って 팔고, 팔아서 → 売(う)っている 팔고 있다 → 売(う)っています 팔고 있
　　　　습니다

★ う로 끝나는 1그룹 동사의 ない형(부정형) + と ~하지 않으면

　　예) 買(か)う 사다 → 買(か)わない 사지 않다 → 買(か)わないと 사지 않으면

★ 2그룹 동사의 ません형(정중한 현재 부정형) ~하지 않습니다

　　예) できる 할 수 있다 → できます 할 수 있습니다 → できません 할 수 없습니다

단어 ▶　一番いちばん 가장, 제일　　多おおく 많게　　セール 세일　　くれる 주다(상대방이)

　　　　製品せいひん 제품　　クリーム 크림　　マスカラ 마스카라　　ローション 로숀

　　　　フェイスパウダー 페이스파우더　　ウェブ 웹(온라인)　　注文ちゅうもん 주문

　　　　したい 하고 싶다　　時とき 때　　いつ 언제　　いい 좋다　　半はん 반

　　　　祝日しゅくじつ 경축일　　間あいだ 사이　　激安げきやすセール 파격세일

　　　　情報じょうほう 정보　　ビューティストア 뷰티스토어　　ブランド 브랜드　　安やすく 싸게

　　　　売うる 팔다　　後悔こうかいする 후회하다　　全国ぜんこく 전국　　どこでも 어디라도

　　　　送料そうりょう 배송료　　無料むりょう 무료　　エスケーツー SKⅡ

　　　　税込ぜいこみ 세금포함　　シスレー 시슬레　　ランコム 랑콤　　シャネル 샤넬

　　　　WEB(ウェブ)注文ちゅうもん WEB(웹)주문　　受付中うけつけちゅう 접수 중

　　　　定休日ていきゅうび 정기 휴일　　祝日しゅくじつ 경축일　　赤色あかいろ 빨간색

　　　　営業時間えいぎょうじかん 영업시간　　電話でんわ 전화　　できる 할 수 있다

CHAPTER **03** 청해

청해익히기 발화 표현 문제 3

발화 표현 문제는 그림을 보면서 질문을 듣고 정답을 고르는 문제이다. 일상생활 속에서 일어날 수 있는 다양한 상황이나 장면을 그림으로 제시한 후 적절한 대답을 찾는 문제이다. 일러스트를 보면서 어떠한 상황에서 발생하는 문제인가를 신속하게 파악하는 것이 중요하다.

문제로 확인하기

1番

2番

3番

4番

1번 문제

스크립트 ▶

友ともだちのアルバムが見みたいです。何なんと言いいますか。

1 アルバム、見みせてくれない?

2 アルバム、貸かしてくれない?

3 アルバム、見みてくれない?

해석 ▶

친구의 앨범이 보고 싶습니다. 뭐라고 말합니까?

1 앨범, 보여 주지 않을래?

2 앨범, 빌려 주지 않을래?

3 앨범, 봐 주지 않을래?

포인트 무법 ▶

① 동사의 ます형+たい(~하고 싶다)

見(み)る(보다) → 見(み)ます(봅니다) → 見(み)たい(보고 싶다) → 見(み)たいです(보고 싶습니다)

② ~てくれない?(~해 주지 않을래?)

見(み)せる(보여 주다) → 見(み)せてくれない?(보여 주지 않을래?) 貸(か)す(빌려 주다) → 貸(か)してくれない?(빌려 주지 않을래?) 見(み)る(보다) → 見(み)てくれない?(봐 주지 않을래?)

단어 ▶ 友ともだち 친구   アルバム 앨범
見みる 보다   見みせる 보여 주다
貸かす 빌려 주다

정답 ▶ 1

2번 문제

스크립트 ▶

学校がっこうから家うちに帰かえりました。何なんと言いいますか。

1 いってきます。

2 お帰かえりなさい。

3 ただいま。

해석 ▶

학교에서 집에 돌아왔습니다. 뭐라고 말합니까?

1 다녀오겠습니다.

2 다녀오셨어요.

3 다녀왔습니다.

단어 ▶ 学校がっこう 학교   家うち 집
帰かえる 돌아가다, 돌아오다

정답 ▶ 3

3번 문제

約束やくそくの時間じかんに遅おくれました。何なんと言いいますか。

1 すみません、遅おそくなりました。
2 すみません、遅おそいですね。
3 すみません、私も今いま着ついたところです。

해석 ▶

약속 시간에 늦었습니다. 뭐라고 말합니까?

1 미안합니다. 늦었습니다.
2 미안합니다. 늦네요.
3 미안합니다. 저도 지금 막 도착했습니다.

포인트 문법 ▶

① 遅(おそ)い(늦다) → 遅(おそ)く(늦게) → 遅(おそ)くなる(늦게 되다, 즉 늦어지다) → 遅(おそ)くなりました(늦어졌습니다, 즉 늦었습니다)

② ~たところだ(막 ~했다)
   着(つ)く(도착하다) → 着(つ)いた(도착했다) → 着(つ)いたところだ(막 도착했다) → 着(つ)いたところです(막 도착했습니다)

단어 ▶ 約束やくそく 약속   時間じかん 시간
      遅おくれる 늦다, 지각하다
      遅おそい 늦다   今いま 지금
      着つく 도착하다

정답 ▶ 1

4번 문제

스크립트 ▶

駅えきで友ともだちと別わかれます。何なんと言いいますか。

1 久ひさしぶり。
2 こんにちは。
3 じゃ、またね。

해석 ▶

역에서 친구와 헤어집니다. 뭐라고 말합니까?

1 오래간만.
2 안녕하세요.
3 그럼, 또 보자.

단어 ▶ 駅えき 역   友ともだち 친구
      別わかれる 헤어지다
      久ひさしぶり 오래간만
      また 또, 또다시

정답 ▶ 3

PracticeTest 1 문자/어휘

もんだい1 _____の ことばは どう よみますか。1・2・3・4から いちばん いい ものを ひとつ えらんで ください。

1 生ごみを 捨てる 日は 決まって いる そうです。
　1　もてる　　　　2　すてる　　　　3　たてる　　　　4　かてる

2 一人ぐらしを する とき 注意すべき ことは なんでしょうか。
　1　ちゅうぎすべき　　　　　　　2　しゅぎすべき
　3　ちゅういすべき　　　　　　　4　ちゅうもくすべき

3 小さい 魚を 一生懸命に 捕まえようと する すがたが かわいいです ね。
　1　いっしょけんめいに　　　　　2　いっしょけんめに
　3　いっしょうけんめに　　　　　4　いっしょうけんめいに

4 3月 中旬からは 暖かく なりそうです。
　1　すずしかく　　2　あつかく　　3　こまかく　　4　あたたかく

5 あの 店は 煩いので 入りたく ないです。
　1　せまい　　　　2　うるさい　　　3　ひろい　　　4　たかい

もんだい2 _____の ことばは どう かきますか。1・2・3・4から いちばん いい
ものを ひとつ えらんで ください。

6 母は 1時間 話を <u>つづけて</u> います。

1　続けて　　　　2　績けて　　　　3　売けて　　　　4　紅けて

7 バイオリンを <u>ならった</u> ことが ありますか。

1　会った　　　　2　習った　　　　3　買った　　　　4　貫った

8 <u>ぜんぜん</u> 知らない 人から 電話が ありました。

1　善然　　　　2　千然　　　　3　全然　　　　4　前然

9 <u>かなしくて</u> なみだが 溢れた らしいです。

1　美味しくて　　2　楽しくて　　　3　嬉しくて　　　4　悲しくて

10 <u>こまかい</u> 仕事は 苦手です。

1　細かい　　　　2　祈かい　　　　3　紅かい　　　　4　礼かい

もんだい3　（　　　）に　なにを　いれますか。1・2・3・4から　いちばん　いい　もの
　　　　　を　ひとつ　えらんで　ください。

11　むすこたちに　冷蔵庫を　（　　　）せる　つもりです。

　　　1　はこば　　　　2　のま　　　　　3　きかせ　　　　4　ならわ

12　（　　　）　はやく　行く　ように　しますので。

　　　1　てきとうに　　2　できるだけ　　3　とくに　　　　4　なんでも

13　（　　　）　名前を　よばれて　びっくりした　ようです。

　　　1　ちっとも　　　2　なぜ　　　　　3　どきどき　　　4　とつぜん

14　だれでも　きものを　着ると　姿勢が（しせい）　（　　　）　なります。

　　　1　さむく　　　　2　せまく　　　　3　ただしく　　　4　たりなく

15　朝の　（　　　）　空気が（くうき）　だいすきです。

　　　1　つめたい　　　2　きたない　　　3　まずい　　　　4　したしい

もんだい4 _____の ぶんと だいたい おなじ いみの ぶんが あります。1・2・3・4から いちばん いい ものを ひとつ えらんで ください。

16 徹夜で 12時まで はたらきました。

    1 徹夜で 12時まで しごとを みつけました。

    2 徹夜で 12時まで しごとを やめました。

    3 徹夜で 12時まで しごとを さがしました。

    4 徹夜で 12時まで しごとを しました。

17 今日は けっこう いそがしかったです。

    1 今日は すこしも いそがしかったです。

    2 今日は かなり いそがしかったです。

    3 今日は だいたい いそがしかったです。

    4 今日は ほとんど いそがしかったです。

18 都会は くうきが わるいです。

    1 都会は くうきが よく ないです。

    2 都会は くうきが きらいじゃ ありません。

    3 都会は くうきが げんきじゃ ありません。

    4 都会は くうきが まずく ありません。

もんだい5　つぎの　ことばの　つかいかたで　いちばん　いい　ものを　1・2・3・4から
　　　　　　ひとつ　えらんで　ください。

19　汚れる

1　お客さんが　くるので　部屋を　汚れて　います。

2　コーヒーを　こぼして　スカートを　汚れました。

3　ブラウスが　汚れて　病院に　行く　つもりです。

4　靴が　汚れて　困って　います。

20　眠い

1　100円　眠くて　買えなかった　ことも　あります。

2　眠くて　おもいきり　泣きました。

3　暖かいので　とても　眠いです。

4　映画が　面白くて　ずっと　眠かったです。

PracticeTest 2 문법

問題1 （　　　）に　何を　入れますか。1・2・3・4から　いちばん　いい　ものを　一つ
えらんで　ください。

1　私は　友だちに　辞書(じしょ)を　貸(か)して　（　　　）。
　　1　あげました　　　　　　　　　　2　くれました
　　3　くださいました　　　　　　　　4　さしあげました

2　私は　野村(のむら)先生（　　　）　日本語を　教(おし)えて　いただきました。
　　1　が　　　　　　2　は　　　　　　3　に　　　　　　4　と

3　私は　料理(りょうり)が　好きですが、まだ　姉（　　　）　上手(じょうず)には　作れません。
　　1　ほど　　　　2　ように　　　3　ほうが　　　4　ために

4　今から　掃除(そうじ)を　（　　　）　ところです。
　　1　しながら　　2　する　　　　3　して　いる　　4　した

5　台風(たいふう)の　（　　　）　試合(しあい)が　中止(ちゅうし)に　なりました。
　　1　ように　　　2　ような　　　3　ための　　　4　ために

6　人に　（　　　）　あいさつを　しなさい。
　　1　会うと　　　2　会ったら　　3　会うなら　　4　会えば

7 友だちに （　　　　）、貸して くれました。

1　頼んだら　　　　　　　　　　2　頼んでも

3　頼んだのに　　　　　　　　　4　頼みながら

8 （　　　　）そうな かばんですから、買うのを やめましょう。

1　高い　　　　　2　高　　　　　3　高く　　　　　4　高かった

9 彼は 英語が （　　　　） はずが ない。

1　上手　　　　　2　上手だ　　　　　3　上手な　　　　　4　上手の

10 ここに 手帳と かばんが あるから、吉田さんは まだ 会社に

（　　　　）。

1　いない だろう　　　　　　　2　いないかも しれません

3　いる そうです　　　　　　　4　いる はずです

問題2 　★　に　入る　ものは　どれですか。1・2・3・4から　いちばん　いい　ものを
　　　一つ　えらんで　ください。

11 駅＿＿＿　＿＿＿　＿＿＿　＿★＿か。

1　までの　　　　　　　　　　　2　いただけません

3　道を　　　　　　　　　　　　4　教えて

12 宝くじが＿＿＿、＿＿＿　＿★＿　＿＿＿たい。

1　車を　　　　　2　新しい　　　　3　買い　　　　4　当たったら

13 お金が＿★＿、＿＿＿　＿＿＿　＿＿＿できません。

1　ことが　　　　2　なければ　　　3　買う　　　　4　何も

14 雨が＿＿＿　＿★＿、＿＿＿　＿＿＿行きましょう。

1　降り　　　　　2　傘を　　　　　3　持って　　　4　そうですから

15 ＿＿＿　＿＿＿　＿★＿　＿＿＿。

1　なりました　　2　働く　　　　　3　ことに　　　4　銀行で

問題3 [16] から [20] に 何を 入れますか。1・2・3・4から いちばん いい もの を 一つ えらんで ください。

速く 泳げる ように なる ために どう [16] いいと 思います か。もちろん いちばん いい 方法は、いっしょうけんめい 練習する こ とです。それから、いい 先生 [17] 教えて もらう ことも 大切です。

また、泳ぐのが 速く なる 方法が もう 一つ あります。それが、 この 新しい 水着です。この 水着を 着ると、今まで よりも 速く [18] そうです。ある アメリカ人の 選手も この 水着を 着て 泳い で、世界大会で 1位に なりました。[19]、この 水着は 着たり 脱い だり するのに とても 時間が かかる そうです。ですから、選手ではな い 人が 使うのは、ちょっと 大変 [20]。

16 　1　するば　　　　　　　　2　しれば
　　3　すられば　　　　　　　4　すれば

17 　1　に　　　　　2　が　　　　　3　を　　　　　4　は

18 　1　泳げる
　　2　泳げない
　　3　泳ぎたい
　　4　泳ぐ　ことが　できない

19 　1　そして　　　　　　　　2　それとも
　　3　でも　　　　　　　　　4　それで

20 　1　でしたか
　　2　かも　しれません
　　3　なはずが　ありません
　　4　に　なりました

PracticeTest I 문자/어휘

문제 1

1 해석 ▶ 젖은 쓰레기(음식물쓰레기 등)를 <u>버리는</u> 날은 정해져 있다고 합니다.

해설 ▶ 1 持_もてる 가질 수 있다　　　　　　2 捨_すてる 버리다

　　　　3 建_たてる 세우다　　　　　　　4 勝_かてる 이길 수 있다

포인트 문법 ▶ ★ 2그룹 동사의 て형(연결형) + いる ～되어져 있다(～해져 있다)

　　　　예) 決(き)まる 정해지다 → 決(き)まって 정해지고, 정해져서 → 決(き)まっている 정해져

　　　　있다

　　　　★ 동사의 う단 형태(원형) + そうだ ～라고 한다(전문용법)

　　　　예) いる 있다 → いるそうだ 있다고 한다 → いるそうです 있다고 합니다

단어 ▶ 生_{なま} 익히지 않음. 날 것　　ごみ 쓰레기　　日_ひ 날　　決_きまる 정해지다. 결정되다

いる 있다　　そうだ ～라고 한다

정답 ▶ 2

2 해석 ▶ 혼자 살 때 <u>주의해야</u> 할 것은 무엇일까요?

해설 ▶ 1 X　　　　　　　　　　　　　2 X

　　　　3 注意_{ちゅうい}すべき 주의해야 할　　　4 注目_{ちゅうもく}すべき 주목해야 할

포인트 문법 ▶ ★ 3그룹 동사 중 する(하다) + べき ～해야 할

　　　　예) 注意(ちゅい)する 주의하다 → 注意(ちゅうい)するべき 주의해야 할 = 注意(ちゅう

　　　　い)すべき 주의해야 할

단어 ▶ 一人_{ひとり}ぐらし 독신생활(혼자 사는 것)　　時_{とき} 때　　こと 것　　何_{なん} 무엇

なんですか 무엇입니까?　　何_{なん}でしょうか 무엇일까요?

정답 ▶ 3

3 해석 ▶ 작은 물고기를 <u>열심히</u> 잡으려고 하는 모습이 귀엽네요!

해설 ▶ 1 X　　　　　　　　　　　　　2 X

　　　　3 X　　　　　　　　　　　　　4 一生懸命_{いっしょうけんめい}に 열심히

포인트 문법 ▶ ★ い형용사의 명사수식형(い형용사의 기본형 + 명사) ～한 + 명사

　　　　예) 小(ちい)さい 작다 → 小(ちい)さい魚(さかな) 작은 물고기, 大(おお)きい 크다 → 大

　　　　(おお)きい魚(さかな) 큰 물고기

　　　　★ 2그룹 동사의 의지형(끝 글자 る를 지우고 よう) + とする ～하려고 하다

　　　　예) 捕(つか)まえる 붙잡다 → 捕(つか)まえよう 붙잡아야겠다! 붙잡아야지! → 捕(つか)ま

　　　　えようとする 붙잡으려고 하다

단어 ▶ 小_{ちい}さい 작다　　魚_{さかな} 물고기, 생선　　捕_{つか}まえる 붙잡다　　姿_{すがた} 모습

可愛_{かわいい} 귀엽다　　～ですね ～이네요! ～이군요!

정답 ▶ 4

4 해석 ▶ 3월 중순부터는 <u>따뜻해질</u> 것 같습니다.

해설 ▶ 1 X   2 X

　　　　 3 X   4 暖あたたかく 따뜻하게

포인트 문법 ▶ ★ 명사 + からは ~부터는

　　　　　　 예) 中旬(ちゅうじゅん) 중순 → 中旬(ちゅうじゅん)からは 중순부터는

　　　　　　 ★ い형용사의 부사형(끝 글자 い를 지우고 く) ~하게

　　　　　　 예) 暖(あたた)かい 따뜻하다 → 暖(あたた)かく 따뜻하게

　　　　　　 ★ 1그룹 동사의 ます형 + そうだ ~할 것 같다

　　　　　　 예) なる 되다 → なり → なります 됩니다 → なりそうだ 될 것 같다 → なりそうです 될
　　　　　　 　　것 같습니다

단어 ▶ 月がつ 월　　中旬ちゅうじゅん 중순　　暖あたたかい 따뜻하다　　成なる 되다

　　　 そうです ~일 것 같습니다

정답 ▶ 4

5 해석 ▶ 저 가게는 <u>시끄러워서</u> 들어가고 싶지 않습니다.

해설 ▶ 1 狭せまい 좁다   2 煩うるさい 시끄럽다

　　　　 3 広ひろい 넓다   4 高たかい 높다, 비싸다, (키)크다

포인트 문법 ▶ ★ あの + 명사　저 + 명사

　　　　　　 예) あの 저 → あの店(みせ) 저 가게, あの人(ひと) 저 사람

　　　　　　 ★ い형용사의 기본형 + ので ~이어서, ~이므로(이유, 원인)

　　　　　　 예) 煩(うるさ)い 시끄럽다→ 煩(うるさ)いので 시끄러워서

　　　　　　 ★ 1그룹 동사의 ます형 + たくない ~하고 싶지 않다

　　　　　　 예) 入(はい)る 들어가다(예외 1그룹 동사) → 入(はい)り → 入(はい)ります 들어갑니다 →
　　　　　　 　　入(はい)りたい 들어가고 싶다 → 入(はい)りたくない 들어가고 싶지 않다 → 入(はい)
　　　　　　 　　りたくないです 들어가고 싶지 않습니다

단어 ▶ あの 저　　店みせ 가게　　入はいる 들어가(오)다

정답 ▶ 2

문제2

6 해석 ▶ 어머니는 1시간(동안) 이야기를 <u>계속하고</u> 있습니다.

해설 ▶ 1 続つづける 계속하다   2 X

　　　　 3 X   4 X

포인트 문법 ▶ ★ 2그룹 동사의 て형(연결형) + います ~하고 있습니다

　　　　　　 예) 続(つづ)ける 계속하다 → 続(つづ)けて 계속하고(해서) → 続(つづ)けている 계속하고
　　　　　　 　　있다 → 続(つづ)けています 계속하고 있습니다

★ 2그룹 동사의 ます형(정중형) ~합니다

예) いる 있다 → います 있습니다. 食(た)べる 먹다 → 食(た)べます 먹습니다

단어 ▶ 母はは 엄마　　時間じかん 시간　　話はなし 이야기　　いる 있다

정답 ▶ 1

---

7 **해석 ▶** 바이올린을 <u>배웠던</u> 적이 있습니까?

해설 ▶　1　会あう 만나다　　　　　　　　2　習ならう 배우다

　　　　　　3　買かう 사다　　　　　　　　　4　貰もらう 받다

포인트 문법 ▶　★ 우로 끝나는 1그룹 동사의 た형(과거형) ~했다

예) 習(なら)う 배우다 → 習(なら)って 배우고, 배워서 → 習(なら)った 배웠다

★ 우로 끝나는 1그룹 동사의 た형(과거형) + ことがあります ~한 적이 있습니다

예) 習(なら)う 배우다 → 習(なら)って 배우고, 배워서 → 習(なら)った 배웠다 → 習(なら)ったことがある 배웠던 적이 있다 → 習(なら)ったことがあります 배웠던 적이 있습니다

단어 ▶　バイオリン 바이올린　　こと 일, 것, 적(경험)　　ある 있다　　あります 있습니다

정답 ▶ 2

---

8 **해석 ▶** <u>전혀</u> 모르는 사람으로부터 전화가 있었습니다(왔었습니다).

해설 ▶　1　X　　　　　　　　　　　　　　2　X

　　　　　　3　全然ぜんぜん 전혀　　　　　　　　4　X

포인트 문법 ▶　★ 루로 끝나는 예외 1그룹 동사의 ない형(부정형) ~하지 않다

예) 知(し)る 알다 → 知(し)ら → 知(し)らない 알지 못하다(모르다), 帰(かえ)る 돌아가(오)다 → 帰(かえ)ら → 帰(かえ)らない 돌아가(오)지 않다

★ 동사의 ない형(부정형) + 명사 ~하지 않는 + 명사

예) 知(し)る 알다 → 知(し)らない 모르다 → 知(し)らない人(ひと) 모르는 사람, 行(い)く 가다 → 行(い)かない 가지 않는다 → 行(い)かない人(ひと) 가지 않는 사람

★ 루로 끝나는 1그룹 동사의 ました형(정중한 과거형) ~했습니다, ~었습니다

예) ある 있다 → あります 있습니다 → ありました 있었습니다

단어 ▶　知しる 알다　　知しらない 모르다　　人ひと 사람　　から ~로 부터

　　　　　電話でんわ 전화　　ある 있다

정답 ▶ 3

---

9 **해석 ▶** <u>슬퍼서</u> 눈물이 흘러넘친 것 같습니다(비오듯 쏟아 졌나봅니다).

해설 ▶　1　美味おいしくて　맛있어서 / 美味おいしい　맛있다

　　　　　　2　楽たのしくて　즐거워서 / 楽たのしい　즐겁다

　　　　　　3　嬉うれしくて　기뻐서 / 嬉うれしい　기쁘다

　　　　　　4　悲かなしくて　슬퍼서 / 悲かなしい　슬프다

포인트 문법 ▶　★ い형용사의 くて형(연결형) ~고, ~서

예) 悲(かな)しい 슬프다 → 悲(かな)しくて 슬프고, 슬퍼서

★ 2그룹 동사의 た형(과거형) ～했다

예) 溢(あふ)れる 흘러넘치다 → 溢(あふ)れて 흘러넘치고(넘쳐서) → 溢(あふ)れた 흘러넘쳤다

★ 2그룹 동사의 た형(과거형) + らしい ～인 것 같다, ～인 듯 하다(～인 모양이다)

예) 溢(あふ)れる 흘러넘치다 → 溢(あふ)れた 흘러넘쳤다 → 溢(あふ)れたらしい 흘러넘친 것 같다 → 溢(あふ)れたらしいです 흘러넘친 것 같습니다

단어 ▶　涙 なみだ 눈물　　溢 あふれる 흘러넘치다　　らしい ～인 것 같다, ～인 듯 하다

정답 ▶　4

10　해석 ▶　<u>섬세한(세밀한)</u> 일은 서투릅니다.

해설 ▶　1　細 こまかい 상세하다, 세세하다, 세밀하다　　2　X

　　　　3　X　　　　　　　　　　　　　　　　　4　X

포인트 문법 ▶　★ な형용사의 です형(정중형) ～합니다, ～입니다

예) 苦手(にがて)だ 서투르다 → 苦手(にがて)です 서투릅니다

단어 ▶　仕事 しごと 일　　苦手 にがてだ 서투르다

정답 ▶　1

문제3

11　해석 ▶　아들들에게 냉장고를 (　옮기게　)할 생각입니다.

해설 ▶　1　運 はこばせる 옮기게 하다　　　　　　2　飲 のませる 마시게 하다(먹이다)

　　　　3　聞 きかせる 듣게 하다　　　　　　　　4　習 ならわせる 배우게 하다

포인트 문법 ▶　★ 1그룹 동사의 사역표현(끝 글자 う단을 あ단으로 고치고 せる) ～하게 하다(～시키다)

예) 運(はこ)ぶ 옮기다 → 運(はこ)ば → 運(はこ)ばせる 옮기게 하다, 飲(の)む 마시다 → 飲(の)ま → 飲(の)ませる 마시게 하다

★ 동사의 う단 형태(원형) + つもり ～할 생각(작정)

예) 運(はこ)ばせる 옮기게 하다 → 運(はこ)ばせるつもり 옮기게 할 생각 → 運(はこ)ばせるつもりです 옮기게 할 생각입니다

단어 ▶　息子 むすこ 아들　　たち ～들(복수형)　　冷蔵庫 れいぞうこ 냉장고　　つもり 생각, 작정

정답 ▶　1

12 해석 ▶ (가능한 한) 빨리 가도록 하겠습니다(할 테니까요)!

해설 ▶ 1 適当てきとうに 적당히　　　　　　　2 できるだけ 가능한 한

3 特とくに 특히　　　　　　　　　　4 何なんでも 뭐든지

포인트 문법 ▶ ★ 동사의 う단 형태(원형) + ようにする ~하도록 (노력)하다

예) 行(い)く 가다 → 行(い)くようにする 가도록 하다 → 行(い)くようにします 가도록 하겠습니다

★ 동사의 ます형(정중형) + ので .....니까

예) する 하다 → します 합니다 → しますので 하겠습니다(할 테니까!)

단어 ▶ 早はやく 빨리, 일찍　　行いく 가다　　行いくようにする 가도록 하다

정답 ▶ 2

13 해석 ▶ (갑자기) 이름을 불려서 놀란 것 같습니다.

해설 ▶ 1 조금도　　　　　　　　　　　2 왜

3 두근두근　　　　　　　　　　4 突然とつぜん 갑자기

포인트 문법 ▶ ★ 1그룹 동사의 수동표현(끝 글자 う단을 あ단으로 고치고 れる) ~되어지다(~당하다)

예) 呼(よ)ぶ 부르다 → 呼(よ)ば → 呼(よ)ばれる 불리다 → 呼(よ)ばれて 불리고, 불려서

★ 3그룹 동사 중 する의 た형(과거형) + ようだ ~인 것 같다, ~인 듯 하다

예) びっくりする 놀라다 → びっくりして 놀라고, 놀라서 → びっくりした 놀랐다 → びっくりしたようだ 놀란 것 같다 → びっくりしたようです 놀란 것 같습니다

단어 ▶ 名前なまえ 이름　　呼よぶ 부르다　　呼よばれる 불리다　　びっくりする 놀라다
ようだ ~인 것 같다

정답 ▶ 4

14 해석 ▶ 누구라도 기모노를 입으면 자세가 (바르게) 됩니다.

해설 ▶ 1 寒さむく 춥게 / 寒さむい 춥다

2 狭せまく 좁게 / 狭せまい 좁다

3 正ただしく 바르게 / 正ただしい 바르다, 곧다

4 足たりなく 부족하게 / 足たりない 부족하다

포인트 문법 ▶ ★ 동사의 う단 형태(원형) + と ~면(조건문)

예) 着(き)る 입다 → 着(き)ると 입으면

★ い형용사의 부사형(끝 글자 い를 지우고 く) + なる ~하게 되다

예) 正(ただ)しい 바르다 → 正(ただ)しく 바르게 → 正(ただ)しくなる 바르게 되다 → 正(ただ)しくなります 바르게 됩니다

단어 ▶ 誰だれでも 누구라도　　着物きもの 기모노(일본옷)　　着きる 입다　　姿勢しせい 자세
正ただしい 바르다　　なる 되다

정답 ▶ 3

15 해석 ▶   아침의 (차가운) 공기를 너무 좋아합니다.

해설 ▶   1 冷つめたい 차다, 차갑다   2 汚きたない 더럽다

　　　 3 不味まずい 맛이 없다   4 親したしい 친하다

포인트 문법 ▶   ★ 好(す)きだ 앞에서는 예외적으로 목적격조사 を 대신에 が 를 사용한다.

　　　　　　　예) だいすきだ 너무 좋아하다 → 空気(くうき)がだいすきだ 공기를 너무 좋아하다 → 空

　　　　　　　気(くうき)がだいすきです 공기를 너무 좋아합니다

단어 ▶   朝あさ 아침   空気くうき 공기   だいすきだ 너무 좋아하다

정답 ▶   1

문제4

16 해석 ▶   <u>철야(밤새움)로 12시까지 일했습니다.</u>

　　　 1 철야로 12시까지 일을 찾아냈습니다. (X)

　　　 2 철야로 12시까지 일을 그만두었습니다. (X)

　　　 3 철야로 12시까지 일을 찾았습니다. (X)

　　　 4 철야로 12시까지 일을 했습니다. (O)

포인트 문법 ▶   ★ 1그룹 동사의 ました형(정중한 과거형) ~했습니다

　　　　　　　예) 働(はたら)く 일하다 → 働(はたら)き → 働(はたら)きます 일합니다 → 働(はたら)き

　　　　　　　ました 일했습니다. 探(さが)す 찾다 → 探(さが)し → 探(さが)します 찾습니다 → 探

　　　　　　　(さが)しました 찾았습니다

　　　　　　　★ 2그룹 동사의 ました형(정중한 과거형) ~했습니다

　　　　　　　예) 見(み)つける 찾아내다 → 見(み)つけ → 見(み)つけます 찾아냅니다 → 見(み)つけま

　　　　　　　した 찾아냈습니다

　　　　　　　★ 3그룹 동사의 ました형(정중한 과거형) ~했습니다

　　　　　　　예) する 하다 → します 합니다 → しました 했습니다

단어 ▶   徹夜てつや 철야(밤새움)   働はたらく 일하다   仕事しごと 일   見みつける 찾아내다

辞やめる 그만두다   探さがす 찾다   する 하다

정답 ▶   4

17 해석 ▶   <u>오늘은 꽤 바빴습니다.</u>

　　　 1 오늘은 조금도 바빴습니다. (X)

　　　 2 오늘은 꽤 바빴습니다. (O)

　　　 3 오늘은 대체로 바빴습니다. (X)

　　　 4 오늘은 거의 바빴습니다. (X)

포인트 문법 ▶   ★ い형용사의 かった형(과거형) ~었다

　　　　　　　예) 忙(いそが)しい 바쁘다 → 忙(いそが)し → 忙(いそが)しかった 바빴다 → 忙(いそが)

　　　　　　　しかったです 바빴습니다

단어 ▶ 今日きょう 오늘　　結構けっこう 꽤, 제법　　少すこしも 조금도　　かなり 꽤
　　　大体だいたい 대체로　　殆ほとんど 거의, 대부분
정답 ▶ 2

18 해석 ▶ <u>도시는 공기가 나쁩니다.</u>
　　　1 도시는 공기가 좋지 않습니다. (O)
　　　2 도시는 공기를 싫어하지 않습니다. (X)
　　　3 도시는 공기가 건강하지 않습니다. (X)
　　　4 도시는 공기가 맛없지 않습니다. (X)

포인트 문법 ▶ ★ い형용사의 현재 부정형(끝 글자 い를 지우고 くない) ~지 않다
　　　예) よい 좋다 → よくない 좋지 않다 → よくないです 좋지 않습니다(= よくありません 좋지 않습니다)
　　　★ な형용사의 현재 부정형(끝 글자 だ를 지우고 じゃありせん) ~하지 않습니다
　　　예) きらいだ 싫어하다 → きらい → きらいじゃありません 싫어하지 않습니다

단어 ▶ 都会とかい 도시　　空気くうき 공기　　悪わるい 나쁘다　　よい 좋다
　　　よくない 좋지않다　　きらいだ 싫어하다　　元気げんきだ 건강하다　　まずい 맛없다
정답 ▶ 1

문제5

19 해석 ▶ 더러워지다(때문다)
　　　1 손님이 오니까 방을 <u>더러워져</u> 있습니다. (X)
　　　2 커피를 흘려서 스커트를 <u>더러워졌습니다</u>. (X)
　　　3 블라우스가 <u>더러워져서</u> 병원에 갈 생각입니다. (X)
　　　4 구두가 <u>더러워져</u> 곤란한 상태입니다. (O)

포인트 문법 ▶ ★ 동사의 う단 형태(원형) + ので(이유, 원인) ~이어서, ~이니까
　　　예) 来(く)る 오다 → 来(く)るので 오니까
　　　★ 2그룹 동사의 て형(연결형) + いる ~되어져 있다
　　　예) 汚(よご)れる 더러워지다 → 汚(よご)れて 더러워지고, 더러워져서 → 汚(よご)れている 더러워져 있다 → 汚(よご)れています 더러워져 있습니다(더러워졌습니다)
　　　★ す로 끝나는 1그룹 동사의 て형(연결형) ~고, ~서
　　　예) こぼす 흘리다 → こぼして 흘리고, 흘려서
　　　★ 동사의 う단 형태(원형) + つもり ~할 생각(작정)
　　　예) 行(い)く 가다 → 行(い)くつもり 갈 생각 → 行(い)くつもりです 갈 생각입니다

단어 ▶ お客きゃく 손님   部屋へや 방   コーヒー 커피   こぼす 흘리다   スカート 스커트
ブラウス 블라우스   病院びょういん 병원   行いく 가다   靴くつ 구두
困こまる 곤란하다, 난처해지다

정답 ▶ 4

20 해석 ▶ 졸리다
1 100엔 졸려서 살 수 없었던 적도 있습니다. (X)
2 졸려서 마음껏 울었습니다. (X)
3 따뜻해서 매우 졸립니다. (O)
4 영화가 재미있어 계속(줄곧) 졸렸습니다. (X)

포인트 문법 ▶ ★ 1그룹 동사의 가능표현(끝 글자 う단을 え단으로 고치고 る) ～할 수 있다
예) 買(か)う 사다 → 買(か)え → 買(か)える 살 수 있다
★ 2그룹 동사의 과거부정형(끝 글자 る를 지우고 なかった) ～하지 않았다
예) 買(か)える 살 수 있다 → 買(か)えない 살 수 없다 → 買(か)えなかった 살 수 없었다
→ 買(か)えなかったです 살 수 없었습니다(못 샀습니다)

단어 ▶ 買かう 사다   買かえる 살 수 있다   買かえない 살 수 없다   こと 것, 일, 적(경험)
ある 있다   思おもい切きり 마음껏   泣なく 울다   暖あたたかい 따뜻하다
とても 매우   映画えいが 영화   面白おもしろい 재미있다   ずっと 줄곧

정답 ▶ 3

PracticeTest 2 문법

문제1

1 해석 ▶ 나는 친구에게 사전을 빌려 주었습니다.

해설 ▶ ① ~てあげる(내가 남에게 ~해 주다, 혹은 남이 남에게 ~해 주다)

貸(か)す(빌려 주다) → 貸(か)してあげる(빌려 주다) → 貸(か)してあげました(빌려 주었습니다)

② ~てくれる(남이 나에게 ~해 주다)

貸(か)す(빌려 주다) → 貸(か)してくれる(빌려 주다) → 貸(か)してくれました(빌려 주었습니다)

이 지문이 정답이 되려면 앞부분의 「私は友(とも)だちに(나는 친구에게)」가 아니라 「友(とも)だちは私に(친구는 나에게)」로 바뀌어야 한다.

③ ~てくださる(윗사람이 ~해 주시다)

貸(か)す(빌려 주다) → 貸(か)してくださる(빌려 주시다) → 貸(か)してくださいました(빌려 주셨습니다)

④ ~てさしあげる(윗사람에게 ~해 드리다)

貸(か)す(빌려 주다) → 貸(か)してさしあげる(빌려 드리다) → 貸(か)してさしあげました(빌려 드렸습니다) 위 문장에서는 윗사람이 아닌 친구에게 빌려 준 것이므로 정답이 될 수 없다.

단어 ▶ 友ともだち 친구　　辞書じしょ 사전　　貸かす 빌려 주다

정답 ▶ 1

2 해석 ▶ 나는 노무라선생님에게 일본어를 가르쳐 받았습니다.(노무라선생님이 일본어를 가르쳐 주셨습니다)

해설 ▶ ~ていただく(윗사람에게　~해 받다, 즉 윗사람이 ~해 주시다)

先生(せんせい)に教(おし)えていただく(선생님에게 가르쳐 받다, 즉 선생님이 가르쳐 주셨다) → 先生(せんせい)に教(おし)えていただきました(선생님에게 가르쳐 받았습니다, 즉 선생님이 가르쳐 주셨습니다)

단어 ▶ 日本語にほんご 일본어　　教おしえる 가르치다

정답 ▶ 3

3 해석 ▶ 나는 요리를 좋아합니다만, 아직 언니만큼 능숙하게는 만들 수 없습니다.

해설 ▶ ① ~ほど(~만큼) → 姉(あね)ほど(언니만큼)

② ~ように(~같이, ~처럼-비유나 예시)는 명사에 접속될 경우 「명사のように」의 접속형태가 되어야 한다. 따라서 「姉(あね)ように(언니처럼)」은 올바른 문법형식이 아니다.

③ ~ほう(~편, ~쪽)은 명사에 접속될 경우 「명사のほう」의 접속형태가 되어야 한다. 따라서 「姉(あね)ほうが(언니 쪽이)」는 올바른 문법형식이 아니며 문맥과도 맞지 않다.

④ ~ために(~위해서)는 명사에 접속될 경우 「명사のために」의 접속형태가 되어야 한다. 따라서 「姉(あね)ために」는 올바른 문법형식이 아니며 문맥과도 맞지 않다.

⑤ 上手(じょうず)だ(능숙하다) → 上手(じょうず)に(능숙하게-な형용사 어미 だ를 に로 바꾸면 부사가 된다)

⑥ 作(つく)る(만들다) → 作(つく)れる(만들 수 있다─1그룹동사의 가능형. う단 어미를 え단으로 바꾸고 る를 접속) → 作(つく)れます(만들 수 있습니다) → 作(つく)れません(만들 수 없습니다)

단어 ▶ 料理りょうり 요리　　好すきだ 좋아하다　　姉あね 언니, 누나　　上手じょうずだ 능숙하다

作つくる 만들다

정답 ▶ 1

4 **해석 ▶** 지금부터 청소를 하려는 참입니다.

　　해설 ▶ ① 동사의 ます형＋ながら(~하면서─동시진행)

　　　　　する(하다) → します(합니다) → しながら(하면서)

　　　　② 동사의 원형＋ところだ(~하려는 참이다)

　　　　　する(하다) → するところです(하려는 참입니다)

　　　　③ ~ているところだ(~하고 있는 중이다)

　　　　　する(하다) → して(하고/해서─연결형) → しているところです(하고 있는 중입니다)

　　　　④ ~たところだ(막 ~했다)

　　　　　する(하다) → した(했다─과거형) → したところです(막 했습니다)

　　단어 ▶ 今いま 지금　　~から ~부터　　掃除そうじ 청소

　　정답 ▶ 2

5 **해석 ▶** 태풍 때문에 시합이 중지되었습니다.

　　해설 ▶ ① 명사のように(명사 같이) → 台風(たいふう)のように(태풍 같이)

　　　　② 명사のような(명사 같은) → 台風(たいふう)のような(태풍 같은)

　　　　③ 명사のための(명사를 위한) → 台風(たいふう)のための(태풍을 위한)

　　　　④ 「~ため(に)」는 「~위해서」라는 뜻으로 목적을 나타내기도 하고, 「~때문에」라는 뜻으로 원인이나 이유를 나타내기도 한다. 위 문장에서는 원인과 이유의 뜻으로 쓰였다. 명사のために(명사를 위해서/명사 때문에) → 台風(たいふう)のために(태풍 때문에)

　　단어 ▶ 台風たいふう 태풍　　試合しあい 시합　　中止ちゅうし 중지　　なる 되다

　　정답 ▶ 4

6 **해석 ▶** 사람을 만나면 인사를 해라.

　　해설 ▶ ① 「会(あ)うと, 会(あ)ったら, 会(あ)えば」 모두 뜻은 「만나면」이지만 「と」는 필연적인 결과가 뒷문장에 와야 하므로 명령를 나타내는 「~なさい(~해라)」를 쓸 수 없고 「ば」도 동일한 주어일 경우 앞문장에 동작을 나타내는 동작동사가 오면 뒷문장에 명령, 의지, 희망, 의뢰, 금지 같은 표현 등은 쓸 수 없다. 따라서 정답은 「会(あ)ったら」밖에 될 수가 없다.

　　　　② 3번 지문의 「なら」조건표현은 동사에 접속 될 경우 그 동작을 한다는 것을 전제로 한 조건이므로 주로 어드바이스나 대안을 제시할 때 쓰는 조건표현이다. 따라서 会(あ)う(만나다) → 会(あ)うなら(만날 거라면/만난다면)

　　　　③ 동사의 ます형＋なさい(~해라─명령형)

　　　　　する(하다) → します(합니다) → しなさい(해라)

단어 ▶　人ひと 사람, 남(타인)　　あいさつ 인사　　する 하다

정답 ▶　2

7　해석 ▶　친구에게 부탁했더니 빌려 주었습니다.

해설 ▶　① 「たら」조건표현은 뒷문장에 과거시제가 오면 「〜했더니(발견)」라는 뜻을 가진다. 따라서 頼(たの)
む(부탁하다) → 頼(たの)んだ(부탁했다−과거형) → 頼(たの)んだら(부탁했더니)

　　　　② 〜ても(〜하더라도)
頼(たの)む(부탁하다) → 頼(たの)んで(부탁하고/부탁해서−연결형) → 頼(たの)んでも(부탁하더
라도)

　　　　③ 〜のに(〜하는데도, 〜함에도 불구하고)
頼(たの)む(부탁하다) → 頼(たの)んだ(부탁했다−과거형) → 頼(たの)んだのに(부탁했는데도)

　　　　④ 동사의 ます형+ながら(〜하면서−동시진행)
頼(たの)む(부탁하다) → 頼(たの)みます(부탁합니다) → 頼(たの)みながら(부탁하면서)

단어 ▶　友ともだち 친구　　頼たのむ 부탁하다　　貸かす 빌려 주다　　くれる 주다

정답 ▶　1

8　해석 ▶　비쌀 것 같은 가방이므로 사는 것을 관두십시다.(사지 맙시다)

해설 ▶　① 高(たか)い(비싸다)

　　　　② 형용사의 어간+そうだ(〜일 것 같다)
高(たか)い(비싸다) → 高(たか)そうだ(비쌀 것 같다)
그리고 「추측의 そうだ」는 な형용사처럼 활용할 수 있다.　따라서 高(たか)そうだ(비쌀 것 같다)
→ 高(たか)そうなかばん(비쌀 것 같은 가방)이 된다.

　　　　③ 高(たか)い(비싸다) → 高(たか)く(비싸게−い형용사의 어미 い를 く로 바꾸면 부사가 된다)

　　　　④ 高(たか)い(비싸다) → 高(たか)かった(비쌌다−과거형)

단어 ▶　高たかい 비싸다　　かばん 가방　　〜から 〜때문에　　買かう 사다　　やめる 그만두다

정답 ▶　2

9　해석 ▶　그는 영어가 능숙할 리가 없다.

해설 ▶　「〜はずがない」는 「〜할(일) 리가 없다」라는 뜻으로 절대 그럴 리가 없다고 확신하는 추측표현이다. な
형용사의 경우 명사수식형에 접속하므로 접속 형태에 주의해야 한다. 上手(じょうず)だ(능숙하다) →
上手(じょうず)な(능숙한−명사를 꾸미는 명사수식형) → 上手(じょうず)なはずがない(능숙할 리가
없다)

단어 ▶　彼かれ 그　　英語えいご 영어　　上手じょうずだ 능숙하다

정답 ▶　3

10 해석 ▶ 여기에 수첩과 가방이 있으니까 요시다씨는 아직 회사에 있을 겁니다.

해설 ▶ ① ～だろう(～할(일) 것이다—추측)

いる(있다) → いない(없다—부정형) → いないだろう(없을 것이다)

② ～かもしれない(～할(일)지도 모른다—그럴지도 모르고 아닐지도 모름)

いる(있다) → いない(없다—부정형) → いないかもしれない(없을지도 모른다) → いないかもしれません(없을지도 모릅니다)

③ 각 품사의 기본형+そうだ(～라고 한다—들은 이야기)

いる(있다) → いるそうだ(있다고 한다) → いるそうです(있다고 합니다)

④ ～はずだ(～할(일) 것이다—틀림없이 그럴 것이라고 확신하는 추측)

いる(있다) → いるはずだ(있을 것이다) → いるはずです(있을 것입니다)

단어 ▶ ここ 이곳, 여기　　**手帳**てちょう 수첩　　かばん 가방　　ある 있다(무생물)　　まだ 아직

会社かいしゃ 회사　　いる 있다(생물)

정답 ▶ 4

문제 2

11 駅(えき)までの　道(みち)を　教(おし)えて　★いただけませんか。

해석 ▶ 역까지의 길을 가르쳐 줄 수 없으시겠습니까?

해설 ▶ ～ていただけませんか(～해 줄 수 없으시겠습니까?)

教(おし)える(가르치다) → 教(おし)えて(가르치고/가르쳐서—연결형) → 教(おし)えていただけませんか(가르쳐 줄 수 없으시겠습니까?)

단어 ▶ **駅**えき 역　　～まで ～까지　　道みち 길　　教おしえる 가르치다

정답 ▶ 2

12 宝(たから)くじが当(あ)たったら、新(あたら)しい　★車(くるま)を　買(か)いたい。

해석 ▶ 복권이 당첨되면 새 차를 사고 싶다.

해설 ▶ ① ～たら(～하면—조건표현)

当(あ)たる(당첨되다) → 当(あ)たった(당첨되었다—과거형) → 当(あ)たったら(당첨되면)

② 동사의 ます형+たい(～하고 싶다—희망표현)

買(か)う(사다) → 買(か)います(삽니다) → 買(か)いたい(사고 싶다)

단어 ▶ **宝**たからくじ 복권　　**当**あたる 맞다, 당첨되다　　**新**あたらしい 새롭다, 새것이다

車くるま 차　　**買**かう 사다

정답 ▶ 1

13 お金(かね)が★なければ、何(なに)も　買(か)う　ことができません。

해석 ▶ 돈이 없으면 아무것도 살 수 없습니다.

해설 ▶ ① ある(있다) → ない(없다-부정형) → なければ(없으면-ば조건표현에서 ない(부정형)은 어미 い 를 떼고 ければ로 바꿔준다)

② 동사의 원형+ことができる(하는 것이 가능하다. 즉 할 수 있다-가능표현)

買(か)う(사다) → 買(か)うことができる(살 수 있다) → 買(か)うことができます(살 수 있습니다) → 買(か)うことができません(살 수 없습니다)

단어 ▶ お金かね 돈　　買かう 사다

정답 ▶ 2

14 雨(あめ)が降(ふ)り　★そうですから、傘(かさ)を　持(も)って行(い)きましょう。

해석 ▶ 비가 내릴 것 같으므로 우산을 가지고 갑시다.

해설 ▶ 동사의 ます형+そうだ(~할 것 같다-마치 그런 일이 일어날 것 같다고 추측하는 표현)

降(ふ)る(내리다) → 降(ふ)ります(내립니다) → 降(ふ)りそうだ(내릴 것 같다) → 降(ふ)りそうです (내릴 것 같습니다)

단어 ▶ 雨あめ 비　　降ふる 내리다　　~から ~때문에　　傘かさ 우산　　持もつ 가지다. 들다 行いく 가다

정답 ▶ 4

15 銀行(ぎんこう)で　働(はたら)く　★ことに　なりました。

해석 ▶ 은행에서 일하게 되었습니다.

해설 ▶ 동사의 원형+ことになる(~하게 되다-결정)

働(はたら)く(일하다) → 働(はたら)くことになる(일하게 되다) → 働(はたら)くことになりました (일하게 되었습니다)

단어 ▶ 銀行ぎんこう 은행　　働はたらく 일하다　　なる 되다

정답 ▶ 3

문제 3

해석 ▶

빨리 헤엄칠 수 있게 되기 위해서 어떻게 16 하면 된다고 생각합니까? 물론 제일 좋은 방법은 열심히 연습하는 것입니다. 그리고 좋은 선생님 17 에게 배우는 것도 중요합니다.

또 헤엄치는 것이 빨라지는 방법이 하나 더 있습니다. 그것이 이 새로운 수영복입니다. 이 수영복을 입으면 지금까지보다도 빨리 헤엄칠 수 있다고 합니다. 어느 미국인 선수도 이 수영복을 입고 헤엄쳐서 세계 대회에서 1위가 되었습니다. 19 그러나 이 수영복은 입거나 벗거나 하는데 매우 시간이 걸린다고 합니다. 그러므로 선수가 아닌 사람이 사용하는 것은 조금 힘들지도 20 모르겠습니다.

단어 ▶ 速はやく 빨리   泳およぐ 헤엄치다   ~ために ~위해서, ~때문에   思おもう 생각하다

もちろん 물론   一番いちばん 제일   いい 좋다   方法ほうほう 방법

いっしょうけんめい 열심히   練習れんしゅうする 연습하다   それから 그리고, 그리고 나서

先生せんせい 선생님   教おしえる 가르치다   もらう 받다

大切たいせつだ 중요하다, 소중하다   また 또   もう一ひとつ 하나 더   ある 있다, 어느(어떤)

新あたらしい 새롭다, 새것이다   水着みずぎ 수영복   着きる 입다   今いま 지금

~まで ~까지   ~より ~보다   アメリカ人じん 미국인   選手せんしゅ 선수

世界せかい 세계   大会たいかい 대회   ~位い ~위   なる 되다   でも 그러나

脱ぬぐ 벗다   とても 매우   時間じかん 시간   かかる 걸리다   ですから 그러므로, 그래서

人ひと 사람, 남(타인)   使つかう 사용하다   ちょっと 조금, 잠깐   大変たいへんだ 힘들다

16 해설 ▶ ① するば(올바른 문법형식이 아님)
② しれば(올바른 문법형식이 아님)
③ すられば(올바른 문법형식이 아님)
④ 「ば」조건표현은 1그룹, 2그룹, 3그룹동사에 상관없이 う단 어미를 え단으로 바꾸고 ば를 접속시킨다. 따라서 する(하다) → すれば(하면)

정답 ▶ 4

17 해설 ▶ ① Aに ~てもらう(A에게 ~해 받다. 즉 A가 ~해 주다)
先生(せんせい)に 教(おし)えてもらう(선생님에게 가르쳐 받다. 선생님에게 배우다. 선생님이 가르쳐 주다)
② が(이/가)
③ を(을/를)
④ は(은/는)

정답 ▶ 1

18 해설 ▶ ① 泳(およ)ぐ(헤엄치다) → 泳(およ)げる(헤엄칠 수 있다―1그룹동사의 가능형. う단 어미를 え단으로 바꾸고 る를 접속)
② 泳(およ)ぐ(헤엄치다) → 泳(およ)げる(헤엄칠 수 있다―1그룹동사의 가능형. う단 어미를 え단으로 바꾸고 る를 접속) → 泳(およ)げない(헤엄칠 수 없다)
③ 동사의 ます형+たい(하고 싶다―희망표현)
泳(およ)ぐ(헤엄치다) → 泳(およ)ぎます(헤엄칩니다) → 泳(およ)ぎたい(헤엄치고 싶다)
④ 동사의 원형+ことができる(하는 것이 가능하다. 즉 할 수 있다―가능표현)
泳(およ)ぐ(헤엄치다) → 泳(およ)ぐことができる(헤엄칠 수 있다) → 泳(およ)ぐことができない(헤엄칠 수 없다)

정답 ▶ 1

19 해설 ▶ ① そして(그리고)
② それとも(그렇지 않으면)
③ でも(그러나)
④ それで(그래서)

정답 ▶ 3

20 해설 ▶ ① 大変(たいへん)だ(힘들다) → 大変(たいへん)です(힘듭니다) → 大変(たいへん)でしたか(힘들었습니까)
② ～かもしれません(～할(일)지도 모릅니다)
大変(たいへん)だ(힘들다) → 大変(たいへん)かもしれません(힘들지도 모릅니다)
③ ～はずがない(～할(일) 리가 없다—절대 그럴 리가 없다고 확신하는 추측표현)
大変(たいへん)だ(힘들다) → 大変(たいへん)なはずがない(힘들 리가 없다) → 大変(たいへん)なはずがありません(힘들 리가 없습니다)
④ 大変(たいへん)だ(힘들다) → 大変(たいへん)に(힘들게—な형용사 어미 だ를 に로 바꾸면 부사가 된다) → 大変(たいへん)になる(힘들게 되다) → 大変(たいへん)になりました(힘들게 되었습니다)

정답 ▶ 2

Part 10

新 JLPT 종결자

단어익히기 필수 な형용사

あたりまえだ 당연하다	新あらただ 새롭다, 생생하다
安心あんしんだ 안심이다	安全あんぜんだ 안전하다
色々いろいろだ 다양하다	おしゃべりだ 수다스럽다
同おなじだ 같다	完全かんぜんだ 완전하다
簡単かんたんだ 간단하다	危険きけんだ 위험하다
気きの毒どくだ 가엾다, 불쌍하다	元気げんきだ 건강하다, 활발하다
健康けんこうだ 건강하다	高価こうかだ 고가이다
盛さかんだ 성하다, 번성하다	残念ざんねんだ 유감스럽다
幸しあわせだ 행복하다	自然しぜんだ 자연스럽다
失礼しつれいだ 실례다	

문제로 확인하기

もんだい1 _____の ことばは どう よみますか。1・2・3・4から いちばん いい
ものを ひとつ えらんで ください。

1 雨で 遠足が 中止に なって 残念です。
あめ えんそく ちゅうし

　　 1 きねん 　　 2 さくねん 　　 3 ざんねん 　　 4 ざんぎょう

> 해석 ▶ 비로 인해 소풍이 중지가 되어 유감입니다.
> 해설 ▶ 1 記念きねん 기념 　　　　 2 昨年さくねん 작년
> 　　　　3 残念ざんねん 유감 　　　　 4 残業ざんぎょう 잔업

포인트 문법 ▶　★ 명사 + で(이유, 원인) ～으로, ～때문에

예) 雨(あめ) 비 → 雨(あめ)で 비로 인해, 風邪(かぜ) 감기 → 風邪(かぜ)で 감기 때문에

★ 명사 + になる ～이(가) 되다

예) 中止(ちゅうし) 중지 → 中止(ちゅうし)になる 중지가 되다 → 中止(ちゅうし)になって 중지가 되고(되어서)

★ る로 끝나는 1그룹 동사의 て형(연결형) ～고, ～서

예) なる 되다 → なって 되고(되어서), 座(すわ)る 앉다 → 座(すわ)って 앉고, 앉아서

단어 ▶　雨あめ 비　　遠足えんそく 소풍　　中止ちゅうし 중지　　成なる 되다

残念ざんねんだ 유감이다

정답 ▶　　3

2 　先生と　__同じ__　名前ですね。
　せんせい　　　　　 なまえ

1　ようじ　　　　　2　そうじ　　　　　3　きじ　　　　　4　おなじ

해석 ▶　　선생님과 <u>같은</u> 이름이군요!

해설 ▶　　1　用事ようじ 용무, 볼일　　　　　　　2　掃除そうじ 청소

3　生地きじ 직물, 옷감　　　　　　　4　同おなじ 같음, 동일함

포인트 문법 ▶　★ 명사 + と ～와(과)

예) 先生(せんせい)と 선생님과, 友(とも)だちと 친구와

★ な형용사 중 同(おな)じだ 의 명사수식형(だ를 지우고 な를 쓰지 않고 명사를 직접 수식)
～같은(동일한) + 명사(예외 단어이기 때문에 암기할 것)

예) 同(おな)じだ 같다 → 同(おな)じ名前(なまえ) 같은 이름, 同(おな)じだ 같다 → 同(おな)じ人(ひと) 같은 사람

단어 ▶　先生せんせい 선생님　　同おなじだ 같다, 동일하다　　名前なまえ 이름

정답 ▶　　4

邪魔じゃまだ	방해다, 장애다	自由じゆうだ	자유롭다
十分じゅうぶんだ	충분하다	主要しゅようだ	주요하다
正直しょうじきだ	정직하다	上手じょうずだ	능숙하다
丈夫じょうぶだ	튼튼하다	新鮮しんせんだ	신선하다
心配しんぱいだ	걱정이다	重要じゅうようだ	중요하다
素敵すてきだ	멋지다	素直すなおだ	순수하다, 솔직하다
積極的せっきょくてきだ	적극적이다	そっくりだ	꼭 닮다
大丈夫だいじょうぶだ	괜찮다	大好だいすきだ	매우 좋아하다
大切たいせつだ	소중하다, 중요하다		

문제로 확인하기

もんだい2 ＿＿＿＿＿の ことばは どう かきますか。1・2・3・4から いちばん いい
ものを ひとつ えらんで ください。

1 仕事しごとの じゃまを して すみませんでした。

　1　邪魔　　　　2　者魔　　　　3　都魔　　　　4　芽魔

해석 ▶	일의 방해를 해서 미안했습니다.
해설 ▶	1 邪魔じゃま 방해　　2 X　　　　3 X　　　　4 X
포인트 문법 ▶	★ 3그룹 동사 중 する의 て형(연결형) ~고, ~서
	예) する 하다 → して 하고(해서), 勉強(べんきょう)する 공부하다 → 勉強(べんきょう)
	して 공부하고(공부해서)
단어 ▶	仕事しごと 일, 직업　邪魔じゃま 방해　する 하다　すみません 미안합니다
	すみませんでした 미안했습니다
정답 ▶	1

② 命は　たいせつな　ものです。

1　重要　　　　　2　適切　　　　　3　大切　　　　　4　大事

해석 ▶　생명은 <u>소중한</u> 것입니다.

해설 ▶　1　**重要**じゅうよう 중요 / **重要**じゅうようだ 중요하다

　　　　2　**適切**てきせつ 적절 / **適切**てきせつだ 적절하다

　　　　3　**大切**たいせつ 중요, 귀중 / **大切**たいせつだ 중요하다, 귀중하다

　　　　4　**大事**だいじ 소중함 / **大事**だいじだ 소중하다

포인트 문법 ▶　★ な형용사의 명사수식형(だ를 지우고 な를 써준 후 + 명사) ~한 + 명사

　　　　예) **大切**(たいせつ)だ 소중하다 → **大切**(たいせつ)なもの 소중한 것(물건), **好**(す)きだ 좋

　　　　아하다 → **好**(す)きな人(ひと) 좋아하는 사람

단어 ▶　**命**いのち 생명, 목숨　　**物**もの 물건, 것

정답 ▶　3

단어익히기　필수 な형용사

大変たいへんだ　힘들다, 대단하다　　　　**確**たしかだ　확실하다, 명확하다

駄目だめだ　안 된다, 불가능하다　　　　**単純**たんじゅんだ　단순하다

丁寧ていねいだ　정중하다　　　　　　**適当**てきとうだ　적당히 하다

得意とくいだ　자신이 있다(잘한다)　　　**特別**とくべつだ　특별하다

苦手にがてだ　서툴다　　　　　　　　**熱心**ねっしんだ　열심이다

派手はでだ　화려하다　　　　　　　　**必要**ひつようだ　필요하다

不安ふあんだ　불안하다　　　　　　　**不自由**ふじゆうだ　부자유스럽다

不足ふそくだ　부족하다　　　　　　　**不便**ふべんだ　불편하다

もんだい3 （　　　　）に　なにを　いれますか。1・2・3・4から　いちばん　いい　もの
を　ひとつ　えらんで　ください。

1 地震(じしん)の　ときに　（　　　　）な　物(もの)を　教(おし)えて　ください。

　　1　ていねい　　　2　にがて　　　　3　ひつよう　　　4　はで

> 해석 ▶　지진이 일어났을 때에 (필요)한 물건(들)을 가르쳐 주십시오!
> 해설 ▶　1　丁寧ていねい 정중 / 丁寧ていねいだ 정중하다
> 　　　　2　苦手にがて 서투름, 잘하지 못함 / 苦手にがてだ 서투르다
> 　　　　3　必要ひつよう 필요 / 必要ひつようだ 필요하다
> 　　　　4　派手はで 화려함, 야함 / 派手はでだ 화려하다, 야하다
> 포인트 문법 ▶　★ 2그룹 동사의 て형(연결형) + ください(부탁의 표현) ~해 주십시오!
> 　　　　예) 教(おし)える 가르치다 → 教(おし)えて 가르치고, 가르쳐서 → 教(おし)えてくださ
> 　　　　い 가르쳐 주십시오!
> 단어 ▶　地震じしん 지진　時とき 때　物もの 물건, 것　教おしえる 가르치다
> 　　　　ください 주십시오!
> 정답 ▶　3

2 戦後(せんご)は　食(た)べ物(もの)が　なくて　（　　　　）だった　そうです。

　　1　しあわせ　　　2　たいへん　　　3　げんき　　　　4　べんり

> 해석 ▶　전(전쟁)후에는 먹을 것이 없어서 (힘들)었다고 합니다.
> 해설 ▶　1　幸しあわせ 행복 / 幸しあわせだ 행복하다
> 　　　　2　大変たいへん 힘듦, 고생스러움 / 大変たいへんだ 힘들다
> 　　　　3　元気げんき 건강함, 활발함, 기운 / 元気げんきだ 건강하다
> 　　　　4　便利べんり 편리 / 便利べんりだ 편리하다
> 포인트 문법 ▶　★ い형용사의 くて형(연결형) ~고, ~서
> 　　　　예) ない 없다 → なくて 없고(없어서), 寒(さむ)い 춥다 → 寒(さむ)くて 춥고(추워서)
> 　　　　★ な형용사의 과거형(끝 글자 だ를 지우고 だった) + そうだ ~었(했)다고 한다(전문용법)
> 　　　　예) 大変(たいへん)だ 힘들다 → 大変(たいへん)だった 힘들었다 → 大変(たいへん)だっ
> 　　　　たそうだ 힘들었다고 한다 → 大変(たいへん)だったそうです 힘들었다고 합니다
> 단어 ▶　戦後せんご 전쟁 후　食たべ物もの 먹을 것　ない 없다　なくて 없고, 없어서
> 　　　　そうだ ~라고 한다(전문용법)
> 정답 ▶　2

필수 な형용사 (유의어)

あたりまえだ 당연하다 = 無理むりもない 무리도 아니다

安心あんしんだ 안심이다 = 心こころが落おち着つくこと 마음이 안정되는 것

色々いろいろだ 다양하다 = 違ちがう物ものや状態じょうたいが数多かずおおいこと
　　　　　　　　　　　　　다른 물건이나 상태가 수가 많은 것

危険きけんだ 위험하다 = 危あぶない 위험하다

気きの毒どくだ 가엾다, 불쌍하다 = かわいそうだ 불쌍하다

幸しあわせだ 행복하다 = 幸福こうふくだ 행복하다

邪魔じゃまだ 방해되다 = やっかいになる 귀찮게 되다

新鮮しんせんだ 신선하다 = 肉にくや野菜やさいなどが新あたらしいこと 고기나
　　　　　　　　　　　　　야채 등이 새 것인 것

駄目だめだ 안 된다, 불가능하다 = 効果こうかがないこと 효과가 없는 것

熱心ねっしんだ 열심이다 = なにかに精神せいしんを集中しゅうちゅうさせること
　　　　　　　　　　　　　무엇인가에 정신을 집중시키는 것

必要ひつようだ 필요하다 = 要いる 필요하다

不安ふあんだ 불안하다, 걱정이다 = 心配しんぱいだ 걱정이다

不足ふそくだ 부족하다 = 足たりない 부족하다

真面目まじめだ 성실하다 = うそがなく本気ほんきであること 거짓이 없고 진심인 것

変へんだ 이상하다 = 様子ようすがおかしい 상태(상황)가 이상하다

優秀ゆうしゅうだ 우수하다 = とてもすぐれていること 매우 뛰어난 것

楽らくだ 쉽다, 용이하다 = 簡単かんたんなこと 간단한 일

立派りっぱだ 훌륭하다 = 不足ふそくや欠点けってんのないこと 부족함이나 결점이
　　　　　　　　　　　　　없는 것

もんだい4 _____の ぶんと だいたい おなじ いみの ぶんが あります。1・2・
3・4から いちばん いい ものを ひとつ えらんで ください。

1 チカエさんは 何事^{なにごと}にも 熱心^{ねっしん}な 人です。

1 チカエさんは 何事^{なにごと}にも 集中^{しゅうちゅう}して する 人です。

2 チカエさんは 何事^{なにごと}にも 不親切^{ふしんせつ}に する 人です。

3 チカエさんは 何事^{なにごと}にも 適当^{てきとう}に する 人です。

4 チカエさんは 何事^{なにごと}にも 便利^{べんり}に する 人です。

해석 ▶ 치카에씨는 무슨 일에도 열심인 사람입니다.

1 치카에씨는 무슨 일에도 집중해서 하는 사람입니다. (O)

2 치카에씨는 무슨 일에도 불친절하게 하는 사람입니다. (X)

3 치카에씨는 무슨 일에도 적당히 하는 사람입니다. (X)

4 치카에씨는 무슨 일에도 편리하게 하는 사람입니다. (X)

포인트 문법 ▶ ★ な형용사의 부사형(だ를 지우고 に) ~하게

예) 不親切(ふしんせつ)だ 불친절하다 → 不親切(ふしんせつ)に 불친절하게, 適当(てきとう)だ 적당하다 → 適当(てきとう)に 적당히, 便利(べんり)だ 편리하다 → 便利(べんり)に 편리하게

★ 동사의 う단 형태(원형) + 명사(명사수식형) ~한 + 명사

예) する 하다 → する人(ひと) 하는 사람(할 사람), 食(た)べる 먹다 → 食(た)べる人(ひと) 먹는 사람(먹을 사람)

단어 ▶ さん ~씨　何事^{なにごと} 무슨 일, 아무 일　にも ~에도, ~(이)라도

熱心^{ねっしん}だ 열심이다　集中^{しゅうちゅう}する 집중하다

不親切^{ふしんせつ}だ 불친절하다　する 하다　適当^{てきとう}だ 적당하다

便利^{べんり}だ 편리하다

정답 ▶ 1

---

2 金^{かね}を 儲^{もう}けるのは らくでは ありせん。

1 金^{かね}を 儲^{もう}けるのは 必要^{ひつよう}では ありません。

2 金^{かね}を 儲^{もう}けるのは 無理^{むり}では ありません。

3 金^{かね}を 儲^{もう}けるのは 難^{むずか}しく ありません。

4 金^{かね}を 儲^{もう}けるのは 簡単^{かんたん}な ことでは ありません。

해석 ▶ <u>돈을 버는 것은 쉽지 않습니다.</u>

　　　1 돈을 버는 것은 필요하지 않습니다. (X)

　　　2 돈을 버는 것은 무리가 아닙니다. (X)

　　　3 돈을 버는 것은 어렵지 않습니다. (X)

　　　4 돈을 버는 것은 간단한 일(것)이 아닙니다. (O)

포인트 문법 ▶ ★ 동사의 う단 형태(원형) + のは ～하는 것은

　　　예) 儲(もう)ける (돈을)벌다 → 儲(もう)けるのは 버는 것은, 見(み)る 보다 → 見(み)る

　　　　　のは 보는 것은

　　　★ な형용사의 현재부정형(だ를 지우고 ではありません) ～하지 않습니다

　　　예) 必要(ひつよう)だ 필요하다 → 必要(ひつよう)ではありません 필요하지 않습니다

　　　★ い형용사의 현재부정형(い를 지우고 くありません) ～지 않습니다

　　　예) 難(むずか)しい 어렵다 → 難(むずか)しくありません 어렵지 않습니다

　　　★ 명사의 현재부정형(명사 + ではありません) ～이(가) 아닙니다

　　　예) こと 일(것) → ことではありません 일(것)이 아닙니다, 学生(がくせい) 학생 → 学生

　　　　　(がくせい)ではありません 학생이 아닙니다

단어 ▶ 金かね 돈　　儲もうける (돈)벌다　　楽らくだ 쉽다, 용이하다　　必要ひつようだ 필요하다

　　　無理むりだ 무리다　　難むずかしい 어렵다　　簡単かんたんだ 간단하다

정답 ▶ 4

단어익히기 필수 な형용사

不満ふまんだ	불만이다	平和へいわだ	평화롭다
平気へいきだ	태연하다	下手へjust...	

不満ふまんだ　불만이다　　平和へいわだ　평화롭다

平気へいきだ　태연하다　　下手へただ　서투르다

変へんだ　이상하다　　便利べんりだ　편리하다

本当ほんとうだ　정말이다　　真面目まじめだ　성실하다

満足まんぞくだ　만족하다　　夢中むちゅうだ　열중이다

無理むりだ　무리이다　　面倒めんどうだ　귀찮다

優秀ゆうしゅうだ　우수하다　　豊ゆたかだ　풍부하다

楽らくだ　쉽다, 용이하다　　立派りっぱだ　훌륭하다

もんだい5　つぎの　ことばの　つかいかたで　いちばん　いい　ものを　1・2・3・4から
ひとつ　えらんで　ください。

1 下手(へた)だ

1　ロダンの　作品(さくひん)は　いつ　見(み)ても　下手(へた)ですね。

2　語学研修(ごがくけんしゅう)に　行(い)ったので　英語(えいご)は　まあまあ　下手(へた)です。

3　彼女(かのじょ)は　かおは　きれいですが、字(じ)は　下手(へた)ですね。

4　私(わたし)は　刺身(さしみ)が　だい下手(へた)で　よく　食(た)べます。

해석 ▶　서투르다

　　1　로댕 작품은 언제 봐도 <u>서투르군요</u>. (X)

　　2　어학 연수를 (하러) 갔으므로 영어는 그런대로 <u>서투릅니다</u>. (X)

　　3　그녀는 얼굴은 예쁩니다만, 글씨는 <u>서투르군요</u>. (O)

　　4　나는 회가 너무 <u>서투르고</u> 잘 먹습니다. (X)

포인트 문법 ▶　2그룹 동사의 て형(연결형) ~고, ~서

　　　　예) 見(み)る 보다 → 見(み)て 보고(봐서), 信(しん)じる 믿다 → 信(しん)じて 믿고(믿어서)

　　★ 명사 + に ~하러

　　　　예) 語学研修(ごがくけんしゅう)に 어학 연수하러, 買(か)い物(もの)に 쇼핑하러

　　★ 1그룹 동사 중 行(い)く 의 た형(과거형) + ので(이유, 원인) ~이어서, ~이므로

　　　　예) 行(い)く 가다 → 行(い)って 가고, 가서 → 行(い)った 갔다 → 行(い)ったので 갔으므로

　　★ な형용사의 です형(정중형) + が ~만(~마는)

　　　　예) きれいだ 예쁘다 → きれいです 예쁩니다 → きれいですが 예쁩니다만

　　★ 2그룹 동사의 ます형(정중형) ~합니다

　　　　예) 食(た)べる 먹다 → 食(た)べます 먹습니다

단어 ▶　ロダン 로댕　　作品(さくひん) 작품　　いつ 언제　　見(み)る 보다

　　　　語学研修(ごがくけんしゅう) 어학연수　　行(い)く 가다　　英語(えいご) 영어

　　　　まあまあ 그런대로　　彼女(かのじょ) 그녀, (어떤 남성의)애인　　顔(かお) 얼굴

　　　　きれいだ 예쁘다　　字(じ) 글씨　　刺身(さしみ) 생선회

　　　　だい 너무(すきだ, きらいだ 의 앞에 붙어서 → だいすきだ 너무 좋아하다, だいきらいだ 너무

　　　　싫어하다)　　よく 잘　　食(た)べる 먹다

정답 ▶　3

② 真面目だ

1 油っこい　ものは　あまり　真面目じゃ　ありません。

2 会社では　真面目に　仕事を　しなければ　なりません。

3 成績も　真面目で　だれにでも　好かれて　います。

4 運動が　好きな　彼は　体が　真面目です。

해석 ▶　성실하다

1 기름기가 많은 것은 별로 <u>성실하지</u> 않습니다. (X)

2 회사에서는 <u>성실하게</u> 일을 하지 않으면 안 됩니다. (O)

3 성적도 <u>성실하고</u> 누구에게나 사랑받고 있습니다. (X)

4 운동을 좋아하는 그는 몸이 <u>성실합니다</u>. (X)

포인트 문법 ▶　★ い형용사의 명사수식형(기본형 + 명사) ~한 + 명사

　　예) 油(あぶら)っこい 기름기가 많다 → 油(あぶら)っこいもの 기름진 것

★ な형용사의 현재 부정형(끝 글자 だ를 지우고 じゃありません) ~하지 않습니다

　　예) 真面目(まじめ)だ 성실하다 → 真面目(まじめ)じゃありません 성실하지 않습니다

★ 3그룹 동사 중 する의 ない형(부정형) + なければなりません ~하지 않으면 안 됩니다

　　예) する 하다 → しない 하지 않다 → しなければ 하지 않으면 → しなければなりません 하지 않으면 안 됩니다

★ 2그룹 동사의 て형(연결형) + います ~하고 있습니다

　　예) 好(す)かれる 호감을 받다. (남이)좋아하다 → 好(す)かれて 좋아하고. 좋아해서 → 好(す)かれている 좋아하고 있다 → 好(す)かれています 좋아하고(사랑받고) 있습니다

단어 ▶　油あぶらっこい 기름기가 많다　　物もの 물건. 것　　あまり 그다지. 별로

　　会社かいしゃ 회사　　仕事しごと 일　　成績せいせき 성적　　誰だれ 누구

　　好すかれる 호감을 받다. (남이)좋아하다　　運動うんどう 운동　　好すきだ 좋아하다

　　彼かれ 그. (어떤 여성의)애인　　体からだ 몸. 신체

정답 ▶　2

CHAPTER 02 문법/독해

문법익히기 수동/사역

01. 동사의 수동형

보통 동사의 수동형은 「～되다, ～(동작을) 받다, ～함을 당하다(피해)」라는 뜻이다.

1그룹동사의 수동형

う단 → あ단+れる (う단 어미를 あ단으로 바꾸고 れる를 붙인다)

叱(しか)る 꾸짖다 → 叱(しか)られる 꾸중 듣다

頼(たの)む 부탁하다 → 頼(たの)まれる 부탁받다

となりの 人(ひと)が 足(あし)を 踏(ふ)みました。

옆 사람이 발을 밟았습니다.(능동)

→ となりの 人(ひと)に 足(あし)を 踏(ふ)まれました。

옆 사람에게 발을 밟혔습니다.(수동)

2그룹동사의 수동형

る → られる (어미 る를 られる로 바꾼다)

教(おし)える 가르치다 → 教(おし)えられる 가르침 받다/배우다

いじめる 괴롭히다 → いじめられる 괴롭힘 당하다

先生(せんせい)が 山田(やまだ)さんを ほめました。

선생님이 야마다씨를 칭찬했습니다.(능동)

→ 山田(やまだ)さんは 先生(せんせい)に ほめられました。

야마다씨는 선생님에게 칭찬받았습니다.(수동)

3그룹동사의 수동형 (불규칙동사이므로 그냥 외우자)

くる 오다 → こられる 〈상대방이〉오다

する 하다 → される 받다/당하다

せんせい　ちゅうい
先生が　注意しました。

선생님이 주의를 주었습니다.

　　せんせい　　ちゅうい
→ 先生に　注意されました。

　　　선생님에게 주의를 받았습니다.

문제로 확인하기

1　はは　　おお　　　　いぬ　　て　　　　　　　　　　びょういん　い
　　母は　大きい　犬に　手を　（　　　　）、病院に　行きました。

　　1　かんで　　　　　2　かまられて　　　3　かまれて　　　　4　かませて

> 해석 ▶　엄마는 큰개에게 손을 물려서, 병원에 갔습니다.
> 해설 ▶　① かむ(물다) → かんで(물고/물어서–연결형)
> 　　　　② 문맥상 「かむ(물다)」라는 동사의 수동형이 와야 하는데 「かまられる」는 올바른 1그룹동사의 수동
> 　　　　　형이 아니므로 「かまられて」는 정답이 아니다.
> 　　　　③ かむ(물다) → かまれる(물리다–1그룹동사의 수동형. う단 어미를 あ단으로 바꾸고 れる를 접
> 　　　　　속) → かまれて(물리고/물려서–연결형)
> 　　　　④ かむ(물다) → かませる(물게 하다–1그룹동사의 사역형. う단 어미를 あ단으로 바꾸고 せる를
> 　　　　　접속) → かませて(물게 하고/물게 해서–연결형)
> 단어 ▶　母はは 엄마(어머니)　　大おおきい 크다　　犬いぬ 개　　手て 손　　かむ 물다
> 정답 ▶　3

2　　　　　　　　　　　　　　とも　　　　　　　　わら
　　そんな　ことを　したら、友だち(　　　　)　笑われますよ。

　　1　で　　　　　　2　に　　　　　　3　を　　　　　　4　が

> 해석 ▶　그런 일을 하면 친구에게 웃음거리가 되요.
> 해설 ▶　① 笑(わら)う(웃다) → 笑(わら)われる(웃음거리가 되다/비웃음을 받다–1그룹동사의 수동형. う단
> 　　　　　어미를 あ단으로 바꾸고 れる를 접속) → 笑(わら)われます(웃음거리가 됩니다)
> 　　　　　능동문–友達(ともだち)が笑(わら)う(친구가 웃다)
> 　　　　　수동문–友達(ともだち)に笑(わら)われる(친구에게 웃음거리가 되다)
> 　　　　② する(하다) → した(했다–과거형) → したら(하면–「たら」조건표현은 동사의 과거형에 접속한다)

3 この 図書館(としょかん)は 3年(ねん) 前(まえ)に (   )。

1 建(た)てます

2 建(た)てせました

3 建(た)てされました

4 建(た)てられました

해석 ▶ 이 도서관은 3년 전에 세워졌습니다.

해설 ▶ ① 建(た)てる(세우다) → 建(た)てます(세웁니다)

② 建(た)てる(세우다) → 建(た)てられる(세워지다−2그룹동사의 수동형. 어미 る를 떼고 られる를
접속) → 建(た)てられます(세워집니다) → 建(た)てられました(세워졌습니다) 따라서 정답은 4
번 지문이며, 2번 지문과 3번 지문은 올바른 문법형식이 아니다.

단어 ▶ 図書館(としょかん) 도서관   前(まえ) 앞, 전   建(た)てる 세우다

정답 ▶ 4

4 私は 野村(のむら)さん(   ) 招待(しょうたい)されました。

1 が   2 に   3 の   4 を

해석 ▶ 나는 노무라씨에게 초대받았습니다.

해설 ▶ 능동문−野村(のむら)さんが招待(しょうたい)する(노무라씨가 초대하다)

수동문−野村(のむら)さんに招待(しょうたい)される(노무라씨에게 초대받다)

단어 ▶ 招待(しょうたい)する 초대하다

정답 ▶ 2

02. 피해수동

수동문장 중에서 해석이 힘든 수동이 있다. 「Aに 〜られる」라는 문장을 한국어로 해석했을 때 직역이 되지 않고 어색할 때는 한국어에서는 수동으로 사용하지 않는 문장이므로 능동으로 해석한다. 흔히 이런 수동형을 「피해수동」이라고 한다. 상대방의 행동으로 인해 피해를 받았다는 피해의식이 강한 표현이다. 주로 한국어에서는 수동이 될 수 없는 자동사가 수동이 되는 경우가 많다. 따라서 피해수동의 경우 「Aに 〜られる」는 「A(상대방)가 어떤 동작을 해서 피해를 많이 받다」라는 식으로 해석하면 된다.

Aに　泣かれる　A가 울어서 피해를 보다

Aに　読まれる　A가 내 것을 몰래 읽다(문장에 따라 「A에게 읽히다」라는 뜻으로도 쓰임)

Aに　食べられる　A가 내 것을 몰래 먹다(문장에 따라 「A에게 먹히다」라는 뜻으로도 쓰임)

Aに　やめられる　A가 그만둬서 피해를 보다

Aに　休まれる　A가 쉬어서 피해를 보다

Aに　死なれる　A가 죽어서 많이 힘들거나 슬프다

Aに　持っていかれる　A가 내 것을 몰래 들고 가다

Aに　見られる　A가 보여주고 싶지 않은 나의 모습을 보다. 들키다. 발각되다

Aに　来られる　A가 와서 피해를 입다

弟に　ケーキを　食べられました。
남동생이 케이크를 먹어 버렸습니다.(직역-남동생에게 케이크를 먹는 것을 당했습니다-피해의식이 강한 표현)

バスの　中で　赤ちゃんに　泣かれて、困りました。
버스 안에서 애기가 울어서 난처했습니다.(직역-버스 안에서 애기에게 우는 것을 당해서 난처했습니다-피해의식이 강한 표현)

문제로 확인하기

1　昨日　友だちに　（　　　）宿題が　できませんでした。

　　1　来られて　　　2　来て　　　　　3　来られて　　　4　来れて

해석 ▶ 어제 친구가 와서 숙제를 할 수 없었습니다.

해설 ▶ ① 来(く)る(오다) → 来(こ)られる(3그룹동사의 수동형 –「Aに来(こ)られる」는 「A에게 옴을 당하다」라고 직역하지 말고 한국어에서는 쓰지 않는 수동표현이므로 「A가 와서 피해를 입다」라는 식으로 이해해야 한다) → 来(こ)られて(와서–능동으로 해석하되 피해의식이 강한 표현이라고 이해하자)

② 来(く)る(오다) → 来(き)て(오고/와서–연결형)
이 지문이 정답이 되려면 앞부분의 「友達(ともだち)に(친구에게)」가 「友達(ともだち)が(친구가)」로 바뀌어야 한다.

③ 3번 지문의 「来(く)られて」와 4번 지문의 「来(き)れて」는 올바른 수동형의 활용 형태가 아니다.

단어 ▶ 昨日(きのう) 어제   友(とも)だち 친구   宿題(しゅくだい) 숙제
できる 할 수 있다. 생기다. 다 되다

정답 ▶ 1

03. 동사의 사역형

보통 동사의 사역형은 「~하게 하다, ~시키다」라는 뜻이다.

1그룹동사의 사역형

う단 → あ단+せる (う단 어미를 あ단으로 바꾸고 せる를 붙인다)

飲(の)む 마시다 → 飲(の)ませる 마시게 하다/마시도록 시키다

持(も)つ 들다 → 持(も)たせる 들게 하다/들도록 시키다

社長(しゃちょう)は 私(わたし)を 福岡(ふくおか)へ 行(い)かせました。
사장님은 나를 후쿠오카로 가도록 시켰습니다.(가게 했습니다)

2그룹동사의 사역형

る → させる (어미 る를 させる로 바꾼다)

調(しら)べる 조사하다 → 調(しら)べさせる 조사하게 하다/조사하도록 시키다

寝(ね)る 자다 → 寝(ね)させる 자게 하다/자도록 시키다

お母(かあ)さんは 子(こ)どもに 野菜(やさい)を 食(た)べさせました。
어머니는 아이에게 야채를 먹게 했습니다.

3그룹동사의 사역형 (불규칙동사이므로 그냥 외우자)

くる 오다 → こさせる 오게 하다/오도록 시키다

する 하다 → させる 시키다

先輩が　私に　掃除を　させた。
せんぱい　　　　　そうじ

선배가 내게 청소를 시켰다.

문제로 확인하기 ●────────────────────────────────

1 先生が　学生（　　　　）作文を　書かせました。
　　せんせい　　がくせい　　　　　　さくぶん　　か

　　1　が　　　　　　2　に　　　　　　3　を　　　　　　4　の

> 해석 ▶ 선생님이 학생에게 작문을 쓰게 했습니다.
>
> 해설 ▶ 書(か)く(쓰다) → 書(か)かせる(쓰게 하다—1그룹동사의 사역형. 우단 어미를 아단으로 바꾸고　せる
> 를 접속) → 書(か)かせます(쓰게 합니다) → 書(か)かせました(쓰게 했습니다)
> 学生(がくせい)が作文(さくぶん)を書(か)きました(학생이 작문을 썼습니다—능동문)
> 先生(せんせい)が学生(がくせい)に作文(さくぶん)を書(か)かせました(선생님이 학생에게 작문을
> 쓰게 했습니다—사역문)
>
> 단어 ▶ **先生**せんせい 선생님　　**学生**がくせい 학생　　**作文**さくぶん 작문　　**書**かく 쓰다
>
> 정답 ▶ 2

2 「中村さん、池田さんは　もう　帰ったんですか」
　　　なかむら　　いけだ　　　　　　　　かえ

　　「ええ、体の　調子が　悪かったので、社長が　家へ　（　　　　　）」
　　　　　からだ　ちょうし　わる　　　　　しゃちょう　うち

　　1　帰りました　　　　　　　　　　　　2　帰られました
　　　かえ　　　　　　　　　　　　　　　　　かえ

　　3　帰らせました　　　　　　　　　　　4　帰れました
　　　かえ　　　　　　　　　　　　　　　　　かえ

> 해석 ▶ 「나카무라씨, 이케다씨는 벌써 돌아갔습니까?」
> 「예, 몸 컨디션이 나빴기 때문에 사장님이 집으로 돌아가게 했습니다.」
>
> 해설 ▶ ① 帰(かえ)る(돌아가다) → 帰(かえ)ります(돌아갑니다) → 帰(かえ)りました(돌아갔습니다)
> 이 지문은 사장님이 집에 돌아갔다는 내용이 되므로 전체 문맥과 맞지 않는다.
> ② 帰(かえ)る(돌아가다) → 帰(かえ)られる(돌아감을 당하다. 즉 상대방이 돌아가다—1그룹동사의
> 수동형. 우단 어미를 아단으로 바꾸고 れる를 접속) → 帰(かえ)られます(상대방이 돌아갑니다)
> → 帰(かえ)られました(상대방이 돌아갔습니다)

수동형은 「수동」의 뜻 이외에 「존경」의 뜻도 있다. 따라서 「帰(かえ)られました」는 「돌아가셨습니다」로 이해해도 된다.

③ 帰(かえ)る(돌아가다) → 帰(かえ)らせる(돌아가게 하다—1그룹동사의 사역형. う단 어미를 あ단으로 바꾸고 せる를 접속) → 帰(かえ)らせます(돌아가게 합니다) → 帰(かえ)らせました(돌아가게 했습니다)

④ 帰(かえ)る(돌아가다) → 帰(かえ)れる(돌아갈 수 있다—1그룹동사의 가능형. う단 어미를 え단으로 바꾸고 る를 접속) → 帰(かえ)れます(돌아갈 수 있습니다) → 帰(かえ)れました(돌아갈 수 있었습니다)

단어 ▶ もう 이제, 벌써   帰かえる 돌아가다, 돌아오다   体からだ 몸   調子ちょうし 상태
悪わるい 나쁘다   ~ので ~때문에   社長しゃちょう 사장님   家うち 집

정답 ▶ 3

---

3 英語の 勉強の ために、息子に アメリカの ドラマを （　　　）。

1 見ます　　　　2 見られます　　　3 見ません　　　4 見させます

해석 ▶ 영어 공부를 위해서 아들에게 미국 드라마를 보게 합니다.

해설 ▶ ① 見(み)る(보다) → 見(み)ます(봅니다)

② 見(み)る(보다) → 見(み)られる(상대방이 보다〈수동형〉/볼 수 있다〈가능형〉—2그룹동사의 수동형과 가능형은 같은 형태로서 어미 る를 떼고 られる를 접속) → 見(み)られます(상대방이 봅니다/볼 수 있습니다)

③ 見(み)る(보다) → 見(み)ます(봅니다) → 見(み)ません(보지 않습니다)

④ 見(み)る(보다) → 見(み)させる(보게 하다, 보도록 시키다—2그룹동사의 사역형. 어미 る를 떼고 させる를 접속) → 見(み)させます(보게 합니다)

⑤ 「~ために(~위해서)」는 명사와 접속할 때 「명사의+ために」의 접속 형태가 된다.
勉強(べんきょう)のために(공부를 위해서)
夢(ゆめ)のために(꿈을 위해서)
家族(かぞく)のために(가족을 위해서)

단어 ▶ 英語えいご 영어   勉強べんきょう 공부   ~ために ~위해서, ~때문에
息子むすこ 아들   アメリカ 미국   ドラマ 드라마

정답 ▶ 4

---

4 上司が 部下に 英語で 自己紹介を （　　　）。それで、部下が 自己紹介を した。

1 させた　　　　2 すせた　　　　3 された　　　　4 されせた

| 해석 ▶ | 상사가 부하에게 영어로 자기소개를 시켰다. 그래서 부하가 자기소개를 했다. |

해석 ▶ 상사가 부하에게 영어로 자기소개를 시켰다. 그래서 부하가 자기소개를 했다.

해설 ▶ ① する(하다) → させる(시키다–3그룹동사의 사역형) → させた(시켰다)

② 「すせた」는 올바른 문법형식이 아니다.

③ する(하다) → される(받다, 당하다–3그룹동사의 수동형) → された(받았다, 당했다)

される는 する(하다)의 수동형으로 앞에 붙는 명사에 따라 의미가 달라진다.

招待(しょうたい)する(초대하다) → 招待(しょうたい)される(초대받다)

無視(むし)する(무시하다) → 無視(むし)される(무시당하다)

④ 「されせた」는 올바른 문법형식이 아니다.

단어 ▶ 上司(じょうし) 상사　　部下(ぶか) 부하　　英語(えいご) 영어

自己紹介(じこしょうかい) 자기소개　　する 하다

정답 ▶ 1

04. 사역표현(간접적인 원인)

직접적으로 A가 B에게 무엇인가를 「시키다」라는 뜻이기 보다는 결과적으로 「~하게 만든다」라는 식의 사역표현. A의 행동이나 말이 간접적인 원인이 되어서 B의 행동이 이루어 졌을 경우 사용된다.

彼(かれ)は　冗談(じょうだん)で　まわりの　人(ひと)を　笑(わら)わせる。

그는 농담으로 주변 사람을 웃게 한다.

人(ひと)を　感動(かんどう)させる　仕事(しごと)が　したい。

사람을 감동시키는 일이 하고 싶다.

문제로 확인하기 ○

1 高橋(たかはし)さんは　遅刻(ちこく)して、上司(じょうし)を　（　　　）。

1　怒(おこ)られました　　　　　　2　怒(おこ)ってしまいました

3　怒(おこ)らせました　　　　　　4　怒(おこ)りました

해석 ▶ 타카하시씨는 지각해서 상사를 화내게 했습니다.

해설 ▶ ① 怒(おこ)る(화내다) → 怒(おこ)られる(화냄을 당하다, 즉 혼나다–1그룹동사의 수동형. う단 어미를 あ단으로 바꾸고 れる를 접속) → 怒(おこ)られました(혼났습니다) 이 지문이 정답이 되려면 앞부분의 「上司(じょうし)を(상사를)」이 「上司(じょうし)に(상사에게)」로 바뀌어야 한다.

② ～てしまう(~해 버리다)

怒(おこ)る(화내다) → 怒(おこ)ってしまう(화내 버리다) → 怒(おこ)ってしまいました(화내 버렸습니다)

③ 怒(おこ)る(화내다) → 怒(おこ)らせる(화내게 하다–1그룹동사의 사역형, う단 어미를 あ단으로 바꾸고 せる를 접속) → 怒(おこ)らせました(화내게 했습니다)

④ 怒(おこ)る(화내다) → 怒(おこ)りました(화냈습니다)

단어 ▶ 遅刻ちこくする 지각하다   上司じょうし 상사   怒おこる 화내다

정답 ▶ 3

05. 사역수동형

사역수동형은 사역형에 수동형이 결합된 형태이다. 누군가가 무엇인가를 시키는 것은 「사역형」이지만 누군가가 시켜서 어쩔 수 없이 어떤 일을 하게 되었을 때는 「사역수동형」을 쓴다. 사역수동형의 일반적인 형태는 「Aに ～(さ)せられる」인데 「A에게 시켜서 당하다」라고 직역하지 말고 「A가 시켜서 억지로(어쩔 수 없이) 하다」라고 해석을 하자.

1그룹동사

歌うた う 노래부르다 → 歌うた わせる 노래부르게 하다–사역형

→ 歌うた わせられる 노래부르게 시켜서 어쩔 수 없이 노래부르다–사역수동형

2그룹동사

食た べる 먹다 → 食た べさせる 먹게 하다–사역형

→ 食た べさせられる 먹게 시켜서 어쩔 수 없이 먹다–사역수동형

3그룹동사

する 하다 → させる 시키다–사역형 → させられる 하게 시켜서 어쩔 수 없이 하다–사역수동형

くる 오다 → こさせる 오게 하다–사역형

→ こさせられる 오게 시켜서 어쩔 수 없이 오다–사역수동형

문제로 확인하기

1 私は　先輩（せんぱい）（　　　）　1時間（じかん）も　待（ま）たせられた。

　1　に　　　　　　2　が　　　　　　3　を　　　　　　4　の

> **해석 ▶** 나는 1시간이나 선배가 기다리게 해서 어쩔 수 없이 기다렸다.(나는 선배에게 1시간이나 기다리게 함을 당했다―직역)
>
> **해설 ▶** ① 사역수동형의 일반적인 형태는 「A에 ～(さ)せられる」인데 「A에게 시켜서 당하다」라고 직역하지 말고 「A가 시켜서 억지로(어쩔 수 없이) 하다」라고 해석을 하자. 待(ま)つ(기다리다) → 待(ま)たせる(기다리게 하다―1그룹동사의 사역형. う단 어미를 あ단으로 바꾸고 せる를 접속) → 待(ま)たせられる(기다리게 해서 어쩔 수 없이 기다리다―사역수동형) 따라서 先輩(せんぱい)が 私を 待(ま)たせた(선배가 나를 기다리게 했다)는 사역문장이고, 私は 先輩(せんぱい)に 待(ま)たせられた(나는 선배에게 기다림을 당했다. 즉, 선배가 기다리게 해서 어쩔 수 없이 기다렸다)는 사역수동문장이다.
> ② 1그룹동사의 사역수동형 형태인 「せられる」는 「される」로 축약해 사용할 수 있다. 待(ま)つ(기다리다) → 待(ま)たせられる＝待(ま)たされる(기다리게 해서 어쩔 수 없이 기다리다―사역수동형) 단 話(はな)す(이야기하다)와 같이 す로 끝나는 1그룹동사는 「される」로 축약할 수 없다.
> ③ 조사 「も」는 「이나」라는 뜻이 있다.
> パンをみっつも食(た)べました(빵을 3개나 먹었습니다)
> 京都(きょうと)に10回(かい)も行(い)きました(교토에 10번이나 갔습니다)
>
> **단어 ▶** 先輩(せんぱい) 선배　時間(じかん) 시간　待(ま)つ 기다리다
>
> **정답 ▶** 1

2 姉（あね）に　部屋（へや）の　掃除（そうじ）を　（　　　）ました。

　1　しさせられ　　2　され　　　　3　させれ　　　　4　させられ

> **해석 ▶** 언니(누나)가 시켜서 방 청소를 어쩔 수 없이 했습니다.
>
> **해설 ▶** ① 「しさせられました」는 올바른 문법형식이 아니다.
> ② する(하다) → される(받다, 당하다―수동형) → されました(받았습니다. 당했습니다)
> ③ 「させれました」는 올바른 문법형식이 아니다.
> ④ する(하다) → させる(시키다―사역형) → させられる(시켜서 어쩔 수 없이 하다―사역수동형) → させられました(시켜서 어쩔 수 없이 했습니다)
>
> **단어 ▶** 姉(あね) 언니, 누나　部屋(へや) 방　掃除(そうじ) 청소
>
> **정답 ▶** 4

06.　～(さ)せてください/～(さ)せていただけませんか ～하게 해 주세요

「～(さ)せてください」는 「～하게 해 주세요」라는 뜻으로 정중하게 부탁을 하거나 의뢰를 할 때 사용한다. 「～(さ)せていただけませんか」는 직역하면 「시켜서 해 받을 수 없겠습니까?」이지만 의역하면 「～하게 해 주세요」라는 뜻이 된다. 「～(さ)せてください」와 같은 뜻이지만 「～(さ)せていただけませんか」쪽이 조금 더 정중한 표현이라 할 수 있다.

すみませんが、熱が　あるので、早く　帰らせて　ください。
죄송합니다만. 열이 있으므로 일찍 돌아가게 해 주세요.

すみませんが、熱が　あるので、早く　帰らせて　いただけませんか。
죄송합니다만. 열이 있으므로 일찍 돌아가게 해 주세요.

문제로 확인하기 ●━━━━━

1 すみません、今週の　金曜日は　用事が　あるので、仕事を　（　　　　）

いただけませんか。

1　休み　　　　　2　休んで　　　　　3　休まれて　　　　4　休ませて

解釈 ▶　죄송합니다. 이번 주 금요일은 용무가 있으므로 일을 쉬게 해 주세요.
解説 ▶　① 休(やす)み(휴일, 휴가, 휴식)
　　　　② ～ていただけませんか(～해 줄 수 없으시겠습니까?)
　　　　　休(やす)む(쉬다) → 休(やす)んで(쉬고/쉬어서–연결형) → 休(やす)んでいただけませんか(쉬어 줄 수 없으시겠습니까?)
　　　　③ 休(やす)む(쉬다) → 休(やす)まれる(상대방이 쉬다–1그룹동사의 수동형, う단 어미를 あ단으로 바꾸고 れる를 접속) → 休(やす)まれて(상대방이 쉬고/상대방이 쉬어서–연결형)
　　　　④ ～(さ)せていただけませんか(～하게 해 주세요)
　　　　　休(やす)む(쉬다) → 休(やす)ませる(쉬게 하다–1그룹동사의 사역형, う단 어미를 あ단으로 바꾸고 せる를 접속) → 休(やす)ませていただけませんか(쉬게 해 주세요)
単語 ▶　今週こんしゅう 이번 주　　金曜日きんようび 금요일　　用事ようじ 용무　　ある 있다
　　　　仕事しごと 일　　休やすむ 쉬다
正答 ▶　4

2 その 仕事は 私(　　　) やらせて ください。

   1　が　　　　　　　　2　を　　　　　　　　3　に　　　　　　　　4　は

해석 ▶　그 일은 저에게 하게 해 주세요.

해설 ▶　「Aに ～(さ)せてください/Aに ～(さ)せていただけませんか」는 「A에게 ～하게 해 주세요」라는 뜻
이 된다. やる(하다) → やらせる(하게 하다−1그룹동사의 사역형. う단 어미를 あ단으로 바꾸고 せる
를 접속) → やらせてください(하게 해 주세요)

단어 ▶　**仕事**しごと 일　　**やる** 하다

정답 ▶　3

もんだい5　つぎの「ウエディングの形」を見て、質問に答えてください。答えは 1・2・3・
　　　　　4 からいちばんいいものを一つえらんでください。

1 ミキさんは教会式でしたいですが、市内ホテルのほうは金額が負担になりま
す。それで安いところですることにしました。ミキさんはどこを選びました
か。

　1　山梨ホテル
　2　ウエストシティホテル
　3　レストラン横浜
　4　ヴァレンタインウエディングガーデン

2 カズナリさんの両親は教会式を反対しているので、神前式でしなければなりま
せん。それに結婚式にくる人も90人ぐらいだと思うので、ホテルじゃないとこ
ろに決めました。この人はどこですることにしましたか。

　1　ヴァレンタインウエディングガーデン
　2　レストラン横浜
　3　ウエストシティホテル
　4　山梨ホテル

ウエディングの形

1　山梨ホテル

入れる人数　　　→　250名

金額　　　　　　→　¥2,522,950

挙式スタイル　　→　教会式

2　ウエストシティホテル

入れる人数　　　→　200名

金額　　　　　　→　¥2,259,220

挙式スタイル　　→　神前式

3　レストラン横浜

入れる人数　　　→　150名

金額　　　　　　→　¥1,754,810

挙式スタイル　　→　教会式

4　ヴァレンタインウエディングガーデン

入れる人数　　　→　100名

金額　　　　　　→　¥1,580,000

挙式スタイル　　→　神前式

문제 5   다음의 「웨딩 형태」를 보고 질문에 답하시오. 정답은 1 · 2 · 3 · 4에서 가장 적당한 것을 하나 고르시오.

1 미키씨는 교회 식으로 하고 싶습니다만, 시내의 호텔 쪽은 금액이 부담이 됩니다. 그래서 저렴한 곳에서 하기로 했습니다. 미키씨는 어느 곳을 선택 했습니까?

   1   야마나시 호텔
   2   웨스트 시티 호텔
   3   레스토랑 요코하마
   4   바렌타인 웨딩가든

정답 ▶   3

2 카즈나리씨의 부모님은 교회 식을 반대하기 때문에, 신전 식으로 하지 않으면 안 됩니다. 게다가 결혼식에 오는 사람들도 90명 정도일거라 생각이 들어서 호텔이 아닌 곳으로 결정했습니다. 이 사람은 어디에서 하기로 했습니까?

   1   바렌타인 웨딩가든
   2   레스토랑 요코하마
   3   웨스트 시티 호텔
   4   야마나시 호텔

정답 ▶   1

웨딩 형태

---

1   야마나시 호텔
   들어갈 수 있는 인원수   →   250명
   금액   →   ¥2,522,950
   결혼식 스타일   →   교회식

---

2   웨스트 시티 호텔
   들어갈 수 있는 인원수   →   200명
   금액   →   ¥2,259,220
   결혼식 스타일   →   신전식

---

3   레스토랑 요꼬하마
   들어갈 수 있는 인원수   →   150명
   금액   →   ¥1,754,810
   결혼식 스타일   →   교회식

---

4   바렌타인 웨딩가든
   들어갈 수 있는 인원수   →   100명
   금액   →   ¥1,580,000
   결혼식 스타일   →   신전식

★ 동사의 ます형 + たい ~하고 싶다(본인의 희망표현)

    예) する 하다(3그룹 동사) → します 합니다 → したい 하고 싶다 → したいです 하고 싶습니다

★ い형용사나 な형용사의 です형(정중형) + が ~입니다만

    예) したい 하고 싶다 → したいです 하고 싶습니다 → したいですが 하고 싶습니다만, 好(す)きだ 좋아

    하다 → 好(す)きです 좋아합니다 → 好(す)きですが 좋아합니다만

★ 명사 + のほうは ~쪽(편)은

    예) ホテル 호텔 → ホテルのほう 호텔 쪽 → ホテルのほうは 호텔 쪽은

★ 명사 + になる ~이(가) 되다

    예) 負担(ふたん) 부담 → 負担(ふたん)になる 부담이 되다 → 負担(ふたん)になります 부담이 됩니다

★ い형용사의 명사수식형(기본형 + 명사) ~한 + 명사

    예) 安(やす)い 싸다, 저렴하다 → 安(やす)いところ 저렴한 곳

★ 동사의 う단 형태(원형) + ことにする ~하기로 하다(결심하다)

    예) する 하다 → することにする 하기로 하다 → することにします 하기로 합니다 → することにしま

    した 하기로 했습니다

★ ぶ로 끝나는 1그룹 동사의 ました형(정중한 과거형) ~했습니다

    예) 選(えら)ぶ 고르다, 택하다 → 選(えら)び → 選(えら)びます 선택합니다 → 選(えら)びました 선택했

    습니다 → 選(えら)びましたか 선택했습니까?

★ 3그룹 동사 중 する의 て형(연결형) + いる ~하고 있다

    예) 反対(はんたい)する 반대하다 → 反対(はんたい)して 반대하고, 반대해서 → 反対(はんたい)して

    いる 반대하고 있다

★ 동사의 う단 형태(원형) + ので ~이므로, ~때문에

    예) いる 있다 → いるので 있기 때문에, 食(た)べる 먹다 → 食(た)べるので 먹으므로, 먹기 때문에

★ 3그룹 동사 중 する의 ない형(부정형) + なければなりません ~하지 않으면 안 됩니다

    예) する 하다 → しない 하지 않다 → しなければ 하지 않으면 → しなければなりません 하지 않으면

    안됩니다

★ 동사의 명사수식형(う단 형태(원형) + 명사) ~한 + 명사

    예) くる 오다 → くる人(ひと) 올 사람, 오는 사람

★ 명사 + じゃない ~이(가) 아니다

    예) ホテル 호텔 → ホテルじゃない 호텔이 아니다

단어 ▶   教会式きょうかいしき 교회식   したい ~하고 싶다   市内しない 시내   ホテル 호텔

       ほう 쪽, 편   金額きんがく 금액   負担ふたん 부담   なる 되다   それで 그래서

       安やすい 싸다, 저렴하다   ところ 곳, 장소   する 하다   選えらぶ 고르다, 택하다

       レストラン 레스토랑   両親りょうしん 부모   反対はんたいする 반대하다

       神前式しんぜんしき 신전식   それに 게다가   結婚式けっこんしき 결혼식

       来くる 오다   ぐらい 정도   思おもう 생각하다   決きめる 정하다, 결정하다

       ガーデン 가든   ウエディング 웨딩   形かたち 형태   入はいれる 들어갈 수 있다

       人数にんずう 인원수   名めい 명   挙式きょしき 결혼식을 올림

       スタイル 스타일

CHAPTER 03 청해

청해익히기 | 즉시 응답 문제 1

즉시 응답 문제는 그림이 없는 문제로서 질문을 듣고 다음에 나올 적합한 대답을 선택하는 문제이다. 일상생활에서 빈번히 사용하는 기초적인 질의응답 패턴이 나올 가능성이 많다.

(예시)

女：これはどこの車^{くるま}ですか。

男：

1 木村^{き むら}さんのです。
2 ドイツのです。
3 100万円^{まんえん}です。

여 : 이것은 어디 차입니까?

남 :

1 키무라씨의 것입니다.
2 독일 것(차)입니다.
3 100만 엔입니다.

문제로 확인하기 ○

1番
1
2
3

2番
1
2
3

3番
1
2
3

4番
1
2
3

1번 문제

스크립트 ▶

男：明日あした 2時じに、図書館としょかんで会あいましょう。

女：

1　ありがとうございました。
2　はい、分わかりました。
3　大丈夫だいじょうぶです。

해석 ▶
남 : 내일 2시에 도서관에서 만납시다.
여 :

1　감사합니다.
2　네, 알겠습니다.
3　괜찮습니다.

포인트 문법 ▶
～ましょう(～합시다-권유)
会(あ)う(만나다) → 会(あ)います(만납니다) → 会(あ)いましょう(만납시다)

단어 ▶　明日あした 내일
　　　図書館としょかん 도서관
　　　会あう 만나다　　分わかる 알다
　　　大丈夫だいじょうぶだ 괜찮다

정답 ▶　2

2번 문제

스크립트 ▶

女：私はよくこのレストランに来きます。

男：

1　私も来きたことがありません。
2　私もはじめて来きました。
3　私はたまに来きます。

해석 ▶
여 : 저는 자주 이 레스토랑에 옵니다.
남 :

1　저도 온 적이 없습니다.
2　저도 처음으로 왔습니다.
3　저는 가끔 옵니다.

포인트 문법 ▶
～たことがありません(～한 적이 없습니다)
来(く)る(오다) → 来(き)た(왔다-과거형) → 来(き)たことがあります(온 적이 있습니다) → 来(き)たことがありません(온 적이 없습니다)

단어 ▶　よく 자주, 잘　　レストラン 레스토랑
　　　来くる 오다　　はじめて 처음으로
　　　たまに 가끔

정답 ▶　3

3번 문제

스크립트 ▶

男：今日きょうの試験しけんは難むずかしかった
　　ですか。

女：

1　ええ、簡単かんたんでした。
2　ええ、時間じかんが足たりなかったです。
3　ええ、易やさしかったです。

해석 ▶

남 : 오늘 시험은 어려웠습니까?

예 :

1　예, 간단했습니다.
2　예, 시간이 부족했습니다.
3　예, 쉬웠습니다.

포인트 문법 ▶

「時間(じかん)が足(た)りなかったです(시간이 부족
했습니다)」라는 것은 시험이 어려웠다는 것을 간접적
으로 나타내고 있다.

단어 ▶　今日きょう 오늘　　試験しけん 시험
　　　　　難むずかしい 어렵다
　　　　　簡単かんたんだ 간단하다
　　　　　時間じかん 시간
　　　　　足たりる 충분하다, 족하다
　　　　　易やさしい 쉽다

정답 ▶　2

4번 문제

스크립트 ▶

女：パンダ、見みたことがある？
男：

1　ううん、見みない。
2　ううん、見みたことがある。
3　ううん、ない。

해석 ▶

여 : 판다, 본 적이 있어?

남 :

1　아니, 안 봐.
2　아니, 본 적이 있어.
3　아니, 없어.

포인트 문법 ▶

① ～たことがある(～한 적이 있다)
　見(み)る(보다) → 見(み)た(봤다-과거형) → 見
　(み)たことがある(본 적이 있다)
② 「見(み)たことがある?(본 적이 있어?)」라고 물
　었을 때 본 적이 없다고 해서 반드시 「見(み)た
　ことがない(본 적이 없다)」라고 대답해야 하는
　것은 아니다. 짧게 「ない(없다)」라고 대답해도
　괜찮다.

단어 ▶　パンだ 판다　　見みる 보다

정답 ▶　3

Part 11

琉球村

新 JLPT 종결자

CHAPTER 01 문자/어휘

단어익히기 필수 외래어

アジア 아시아	アニメ 애니메이션	アナウンサー 아나운서
アパート 아파트	アルバイト 아르바이트	インスタント 인스턴트
インターネット 인터넷	インタビュー 인터뷰	エレベーター 엘리베이터
エンジン 엔진	オープン 오픈	オリンピック 올림픽
ガイドブック 가이드북	カーテン 커튼	ガス 가스
ガソリンスタンド 주유소	カップ 컵	カメラ 카메라
カラオケ 노래방	カレンダー 달력	キャンセル 취소
キロ 킬로그램	クーラー 에어컨(냉방기)	グラウンド 운동장
クラス 클래스	グラム 그램	クリスマス 크리스마스
ケーキ 케이크		

문제로 확인하기

もんだい1 ＿＿＿＿＿の ことばは どう よみますか。1・2・3・4から いちばん いい
ものを ひとつ えらんで ください。

1　これは 子どもたちが 好きな アニメ・DVDです。
　　1　あにめ　　　　2　あこめ　　　　3　あにぬ　　　　4　あにそ

해석 ▶   이것은 아이들이 좋아하는 <u>애니메이션</u>·DVD입니다.

해설 ▶   1 **アニメ** 애니메이션 2 X   3 X   4 X

포인트 문법 ▶   ★ 명사 + たち(복수형) ~들

예) 子(こ)ども 아이 → 子(こ)どもたち 아이들. 学生(がくせい) 학생 → 学生(がくせい)
たち 학생들

★ な형용사의 명사수식형(끝 글자 だ를 지우고 な + 명사) ~한 명사

예) 好(す)きだ 좋아하다 → 好(す)きな 좋아하는 → 好(す)きなアニメ 좋아하는 애니메이션

단어 ▶   **これ** 이것   **子こども** 아이   **たち** ~들   **好すきだ** 좋아하다   **アニメ** 애니메이션
DVD 디지털 비디오 디스크(digital video disc 의 약자)

정답 ▶   1

---

2 旅行の　ために　<u>ガイドブック</u>を　買って　おきました。
（りょこう）　　　　　　　　　　　　　（か）

1 がいどぶっけ   2 がいどぶしく

3 がいどぶっく   4 がいどぶつく

해석 ▶   여행을 위해서 <u>가이드북</u>을 사 두었습니다.

해설 ▶   1 X   2 X   3 **ガイドブック** 가이드북   4 X

포인트 문법 ▶   ★ 명사 + のために ~때문에, ~을 위해서

예) 旅行(りょこう) 여행 → 旅行(りょこう)のために 여행을 위해서. 勉強(べんきょう)
공부 → 勉強(べんきょう)のために 공부를 위해서

★ 동사의 て형(연결형) + おく ~해 두다

예) 買(か)う 사다 → 買(か)って 사고, 사서 → 買(か)っておく 사 두다 → 買(か)ってお
きます 사 둡니다(사 두겠습니다) → 買(か)っておきました 사 두었습니다

단어 ▶   **旅行りょこう** 여행   **ために** 때문에, 그래서   **買かう** 사다   **置おく** 두다

정답 ▶   3

ゲーム 게임	コート 코트	コピー 복사
コンビニ 편의점	サービス 서비스	サッカー 축구
シャワー 샤워	シャツ 셔츠	スーパー 슈퍼마켓
スカート 스커트	スケジュール 스케줄	スキー 스키
スタート 스타트, 시작	ステーキ 스테이크	ストーブ 스토브
スピード 스피드	スパゲッティ 스파게티	スポーツ 스포츠
ズボン 바지	セール 세일	セット 세트
ダイエット 다이어트	タイプ 타입	タクシー 택시
タバコ 담배	チーム 팀	チケット 티켓

문제로 확인하기

もんだい2 ＿＿＿＿＿の ことばは どう かきますか。1・2・3・4から いちばん いい ものを ひとつ えらんで ください。

1 さっかーのサークルに 入(はい)ろうと 考(かんが)えましたけど。

1 サシカー 　　　 2 サッカー 　　　 3 サッケー 　　　 4 サツカー

해석 ▶ 축구 서클에 들어가려고 생각했습니다만.

해설 ▶ 1 Ｘ 　　　　　　 2 サッカー 축구 　　 3 Ｘ 　　　　　　 4 Ｘ

포인트 문법 ▶ ★1그룹 동사의 의지형(끝 글자 う단을 お단으로 바꾸고 う) ~해야지!, ~해야겠다!
　　　　　　 예) 入(はい)る 들어가(오)다 → 入(はい)ろう 들어가(와)야겠다! → 入(はい)ろうと 들어가
　　　　　　 (오)려고 → 入(はい)ろうと考(かんが)えました 들어가(오)려고 생각했습니다
　　　　　　 ★1그룹 동사의 의지형 + と ~하려고
　　　　　　 예) 入(はい)る 들어가(오)다(예외 1그룹 동사) → 入(はい)ろうと 들어가(오)려고 , 行(い)
　　　　　　 く 가다 → 行(い)こうと 가려고
　　　　　　 ★2그룹 동사의 ました형(정중한 과거형) + けど ~했습니다만
　　　　　　 예) 考(かんが)える 생각하다 → 考(かんが)えます 생각합니다 → 考(かんが)えました
　　　　　　 생각했습니다 → 考(かんが)えましたけど 생각했습니다만

단어 ▶ サークル 서클 　　 入(はい)る 들어가(오)다
　　　　 入(はい)ろう 들어가(와)야겠다!(의지형), 들어가(오)자!(권유형) 　　 考(かんが)える 생각하다

정답 ▶ 2

2 足が 太くて <u>ずぼんばかり</u> はいて いました。

1 ズポソ   2 ズポン   3 ズボソ   4 ズボン

해석 ▶ 다리가 굵어서 <u>바지</u>만 입었습니다.

해설 ▶ 1 X   2 X   3 X   4 바지(양복 바지)

포인트 문법 ▶ ★ い형용사의 くて형(연결형) ~고, ~서

예) 太(ふと)い 굵다 → 太(ふと)くて 굵고, 굵어서

★ く로 끝나는 1그룹 동사의 て형(연결형) + いました ~하고 있었습니다. ~되어져 있었습니다(~했습니다)

예) 履(は)く (하의)입다 → 履(は)いて 입고, 입어서 → 履(は)いています 입고 있습니다 → 履(は)いていました 입고 있었습니다(입었습니다)

단어 ▶ 足あし 발, 다리   太ふとい 굵다   ばかり ~만   履はく (하의)입다. (양말, 신발)신다
いる 있다

정답 ▶ 4

단어익히기 필수 외래어

テーブル 테이블	テキスト 텍스트, 교과서	デザイン 디자인
テスト 테스트	デパート 백화점	テレビ 텔레비전
ドライブ 드라이브	ドラマ 드라마	ナイフ 나이프
ネクタイ 넥타이	パーティー 파티	バス 버스
パート 파트타임	パソコン 개인용 컴퓨터(PC)	バック 가방(백)
ハンカチ 손수건	ピアノ 피아노	ヒーター 히터
ピンポン 탁구	ファン 팬	プール 수영장
プラン 플랜, 계획	ページ 페이지	

もんだい3　（　　　　）に　なにを　いれますか。1・2・3・4から　いちばん　いい　もの
　　　　　　を　ひとつ　えらんで　ください。

1 絵が　好きなので　（　　　　）関係の　仕事に　つきたいです。

　　1　プール　　　　　2　ステーキ　　　3　ピンポン　　　4　デザイン

> 해석 ▶　그림을 좋아해서 (디자인)관계의 일에 종사하고 싶습니다.
>
> 해설 ▶　1 풀(수영장)　　　　2 스테이크　　　　3 탁구　　　　4 디자인
>
> 포인트 문법 ▶　★ な형용사의 끝 글자 だ를 지우고 な + ので ～이어서, ～이므로
>
> 　　　　예) 好(す)きだ 좋아하다 → 好(す)きな 좋아하는 → 好(す)きなので 좋아해서
>
> 　　　　★ 1그룹 동사의 ます형(정중형) + たい ～하고 싶다(본인의 희망표현)
>
> 　　　　예) 仕事(しごと)につく 일에 종사하다 → 仕事(しごと)につきます 일에 종사합니다 →
> 　　　　　　仕事(しごと)につきたい 일에 종사하고 싶다 → 仕事(しごと)につきたいです 일에
> 　　　　　　종사하고 싶습니다
>
> 단어 ▶　絵え 그림　　好すきだ 좋아하다　　関係かんけい 관계　　仕事しごと 일
> 　　　　就つく 취임하다, 취업하다　　仕事しごとにつく 일에 종사하다
>
> 정답 ▶　4

2 彼の　趣味は　（　　　　）を　弾く　ことだ　そうです。

　　1　ピアノ　　　　　2　ゲーム　　　　3　マラソン　　　4　カラオケ

> 해석 ▶　그의 취미는 (피아노)를 치는 것이라고 합니다.
>
> 해설 ▶　1 피아노　　　　2 게임　　　　3 마라톤　　　4 가라오케
>
> 포인트 문법 ▶　★ 동사의 う단 형태(원형) + ことだ ～하는 것이다
>
> 　　　　예) ピアノを弾(ひ)く 피아노를 치다 → ピアノを弾(ひ)くことだ 피아노를 치는 것이다
>
> 　　　　★ 명사 + だ + そうだ ～라고 한다(전문)
>
> 　　　　예) こと 것 → ことだ 것이다 → ことだそうだ 것이라고 한다 → ことだそうです 것이
> 　　　　　　라고 합니다
>
> 단어 ▶　彼かれ 그, 그 남자　　趣味しゅみ 취미　　弾ひく (피아노)치다　　そうだ ～라고 한다
>
> 정답 ▶　1

オイル　오일 ＝ 油あぶら　기름

カメラ　카메라 ＝ 写真機しゃしんき　사진기

キャンセル　취소 ＝ 約束やくそくなどを破やぶること　약속 등을 깨는 일

グラウンド　운동장 ＝ 運動場うんどうじょう　운동장

クラス　클래스 ＝ 組くみ　반

コンビニ　편의점 ＝ 24時間じかん営業えいぎょうして、食たべ物ものや飲のみ物ものなどを売うる小ちいさい店みせのこと　24시간 영업하고 먹을 것이나 음료 등을 파는 작은 형태의 가게

スケジュール　스케줄 ＝ 予定よてい　예정(스케줄)

スタート　스타트, 시작 ＝ 新あたらしく始はじまること　새롭게 시작되는 것

スピード　스피드 ＝ 速はやさ　속력

チケット　티켓 ＝ 切符きっぷ　표

チャンス　찬스 ＝ 機会きかい　기회

テキスト　텍스트 ＝ 教科書きょうかしょ　교과서

テスト　테스트 ＝ 学力がくりょくや能力のうりょくなどを知しるための試験しけん　학력이나 능력 등을 알기 위한 시험

パーティー　파티 ＝ 社交しゃこうのための集あつまり　사교를 위한 모임

バッグ　가방(백) ＝ 鞄かばん　가방

ヒーター　히터 ＝ 暖房器具だんぼうきぐ　난방기구

ピンポン　탁구 ＝ 卓球たっきゅう　탁구

プラン　플랜, 계획 ＝ 計画けいかく　계획

プロポーズ　프러포즈 ＝ 求婚きゅうこん　구혼, 청혼

ホテル　호텔 ＝ 西洋式せいようしきの宿泊しゅくはく施設しせつ　서양식의 숙박시설

ポケット　주머니 ＝ 服ふくの外側そとがわと内側うちがわについている小ちいさい袋ふくろのこと　옷의 바깥쪽이나 안쪽에 붙어 있는 작은 주머니

メール　메일 ＝ 電子でんしメールのこと　전자메일

ライス 밥 = ごはん 밥

ランチ 런치 = ひるごはん 점심

ルール 룰, 규칙 = 規則きそく 규칙

ワイン 와인 = ブドウを発行はっこうさせて造つくったアルコール飲のみ物も

の 포도를 발효 시켜 만든 알코올음료

문제로 확인하기 ○━━━━━━━━━━━━━━━

もんだい4 ＿＿＿＿＿の ぶんと だいたい おなじ いみの ぶんが あります。1・2・
3・4から いちばん いい ものを ひとつ えらんで ください。

1 エクセルで スケジュール表ひょうを 作成さくせいして ください。

1 エクセルで 売上表うりあげひょうを 作成さくせいして ください。

2 エクセルで 予定表よていひょうを 作成さくせいして ください。

3 エクセルで 成績表せいせきひょうを 作成さくせいして ください。

4 エクセルで 出発表しゅっぱつひょうを 作成さくせいして ください。

해석 ▶ 엑셀로 스케줄표를 작성해 주십시오!

1 엑셀에서 매상표를 작성해 주십시오! (X)

2 엑셀에서 예정표(스케줄 표)를 작성해 주십시오! (O)

3 엑셀에서 성적표를 작성해 주십시오! (X)

4 엑셀에서 출발표를 작성해 주십시오! (X)

포인트 문법 ▶ ★ 명사 + で ~로(수단, 방법)

예) エクセル 엑셀 → エクセルで 엑셀로, 日本語(にほんご) 일본어 → 日本語(にほん
ご)で 일본어로

★ 3그룹 동사 중 する의 て형(연결형) + ください ~해 주십시오!(부탁의 표현)

예) 作成(さくせい)する 작성하다 → 作成(さくせい)して 작성하고, 작성해서 → 作成(さ
くせい)してください 작성해 주십시오!

단어 ▶ エクセル 엑셀 スケジュール 스케줄 表ひょう 표 作成さくせいする 작성하다

売上うりあげ 매상 予定よてい 예정, 스케줄 成績せいせき 성적

出発しゅっぱつ 출발

정답 ▶ 2

2 <u>明日の　授業では　テキストは　要りません。</u>

1　明日の　授業では　説明は　要りません。

2　明日の　授業では　テストは　要りません。

3　明日の　授業では　教科書は　要りません。

4　明日の　授業では　遅刻は　要りません。

해석 ▶　<u>내일 수업에서는 텍스트(교과서)는 필요 없습니다.</u>

　　　1　내일 수업에서는 설명은 필요 없습니다. (X)

　　　2　내일 수업에서는 테스트(시험)는 필요 없습니다. (X)

　　　3　내일 수업에서는 교과서는 필요 없습니다. (O)

　　　4　내일 수업에서는 지각은 필요 없습니다. (X)

포인트 문법 ▶　★ る로 끝나는 예외 1그룹 동사의 ません형(정중한 형태의 부정형) ~하지 않습니다

　　　　　　예) 要(い)る 필요하다 → 要(い)ります 필요 합니다 → 要(い)りません 필요 없습니다

단어 ▶　明日 あした 내일　　授業 じゅぎょう 수업　　テキスト 교과서(text)　　要 いる 필요하다

　　　説明 せつめい 설명　　テスト 시험　　教科書 きょうかしょ 교과서　　遅刻 ちこく 지각

정답 ▶　3

단어익히기　필수 외래어

ボールペン 볼펜	ポケット 주머니	ホテル 호텔
メートル 미터	メール 메일	メッセージ 메시지
メニュー 메뉴	ユーモア 유머	ヨーロッパ 유럽
ライス 밥	ラジオ 라디오	ラッシュ 러시, 혼잡
ランチ 런치	リーダー 리더	リットル 리터
ルール 룰, 규칙	レコード 레코드	レジ 계산대
レストラン 레스토랑	レベル 레벨	レポート 리포트
ワイン 와인		

もんだい5　つぎの　ことばの　つかいかたで　いちばん　いい　ものを　1・2・3・4から
ひとつ　えらんで　ください。

1　ポケット

1　上着の　<u>ポケット</u>が　なくて　不便です。

2　暑いので　<u>ポケット</u>を　つけても　いいでしょうか。

3　毎日　1<u>ポケット</u>の　水を　飲む　ように　して　います。

4　<u>ポケット</u>は　いつまでに　書いたら　いいですか。

해석 ▶　포켓

1　윗도리 <u>포켓</u>이 없어서 불편합니다. (O)

2　덥기 때문에 <u>포켓</u>을 붙여도(켜도) 괜찮을까요? (X)

3　매일 1포켓의 물을 마시도록 하고 있습니다. (X)

4　<u>포켓</u>은 언제까지 쓰면 좋습니까? (X)

포인트 문법 ▶　★ い형용사의 기본형 + ので ~이어서, ~이므로

예) 暑(あつ)い 덥다 → 暑(あつ)いので 더워서, 덥기 때문에

★ 동사의 て형(연결형) + もいいでしょうか ~해도 괜찮을까요?

예) つける (불)켜다 → つけて (불)켜고, 켜서 → つけてもいいでしょうか 켜도 괜찮을까
요(될까요)?

★ 동사의 う단 형태(원형) + ようにしている ~하려고(하도록) 하고 있다

예) 飲(の)む 마시다 → 飲(の)むように 마시도록, 마시게 → 飲(の)むようにしている 마
시려고 하고 있다 → 飲(の)むようにしています 마시도록(마시려고) 하고 있습니다

★ く로 끝나는 1그룹 동사의 た형(과거형) + ら ~면(たら조건문)

예) 書(か)く 쓰다 → 書(か)いて 쓰고, 써서 → 書(か)いた 썼다 → 書(か)いたら 쓰면

단어 ▶　上着 うわぎ 상의(윗도리)　ない 없다　なくて 없고, 없어서　不便 ふべんだ 불편하다
暑 あつい 덥다　つける 붙이다, (불)켜다　いい 좋다　毎日 まいにち 매일　水 みず 물
飲 のむ 마시다　している 하고 있다　いつ 언제　まで 까지　書 かく 쓰다

정답 ▶　1

2 ユーモア

1 コンサートに 行<ruby>行<rt>い</rt></ruby>く ために <u>ユーモア</u>を <ruby>二枚<rt>に まい</rt></ruby> <ruby>予約<rt>よ やく</rt></ruby>しました。

2 <ruby>魚料理<rt>さかなりょう り</rt></ruby>には やはり <ruby>白<rt>しろ</rt></ruby><u>ユーモア</u>の ほうが にあいそうです。

3 <ruby>結婚相手<rt>けっこんあい て</rt></ruby>は <u>ユーモア</u>の ある 人が いいと <ruby>思<rt>おも</rt></ruby>います。

4 この <ruby>食堂<rt>しょくどう</rt></ruby>には ラーメンと ギョーザ、<ruby>二つ<rt>ふた</rt></ruby>の <u>ユーモア</u>しか ありません。

해석 ▶ 유머

1 콘서트에 가기 위해서 <u>유머</u>를 2장 예약했습니다. (X)

2 물고기 요리에는 역시 흰색 <u>유머</u> 쪽이 잘 맞을 것 같습니다. (X)

3 결혼상대는 <u>유머</u>가 있는 사람이 좋다고 생각합니다. (O)

4 이 식당에는 라면과 교자(중국만두), 두 개의 <u>유머</u>밖에 없습니다. (X)

포인트 문법 ▶ ★ 동사의 우단 형태(원형) + ために ~하기 위해서

예) 行(い)く 가다 → 行(い)くために 가기 위해서, 遊(あそ)ぶ 놀다 → 遊(あそ)ぶために 놀기 위해서

★ 명사 + のほうが ~쪽이, ~편이

예) ワイン 와인 → ワインのほうが 와인 쪽이

★ 1그룹 동사의 ます형 + そうだ ~할 것 같다

예) 似合(にあ)う 잘 맞다(어울리다) → 似合(にあ)います 잘 맞습니다 → 似合(にあ)いそうだ 잘 맞을 것 같다 → 似合(にあ)いそうです 잘 맞을 것 같습니다

★ い형용사의 기본형 + と思(おも)います ~라고 생각합니다

예) いい 좋다 → いいと思(おも)う 좋다고 생각한다 → いいと思(おも)います 좋다고 생각합니다

단어 ▶ コンサート 콘서트　行(い)く 가다　ために ~위해서, ~때문에　二枚(にまい) 두 장

予約(よやく)する 예약하다　魚(さかな) 물고기, 생선　料理(りょうり) 요리　やはり 역시

白(しろ) 흰색　方(ほう) 쪽, 편　似合(にあ)う 어울리다, 잘 맞다　結婚(けっこん) 결혼

相手(あいて) 상대　ある 있다　人(ひと) 사람　いい 좋다　思(おも)う 생각하다

この 이　食堂(しょくどう) 식당　ラーメン 라면　ギョーザ 교자(중국식 만두)

二(ふた)つ 두개　しか ~밖에　あります 있습니다　ありません 없습니다

정답 ▶ 3

01. 특수 존경어

존경어는 상대방을 높여주는 경어표현이다. 따라서 주체는 당연히 상대방이 되어야 한다. 일상생활에서 자주 사용하는 특수 존경어는 시험에도 자주 출제되니 외워두는 것이 좋다.

기본어	존경어
言(い)う 말하다	おっしゃる 말씀하시다
見(み)る 보다	ごらんになる 보시다
する 하다	なさる 하시다
食(た)べる 먹다 飲(の)む 마시다	召(め)し上(あ)がる 드시다
行(い)く 가다 来(く)る 오다 いる 있다	いらっしゃる/おいでになる 가시다, 오시다, 계시다
知(し)っている 알고 있다	ご存(ぞん)じだ 아시다
くれる 주다	くださる 주시다

もう すぐ 先生(せんせい)が ここに いらっしゃいます。
이제 곧 선생님이 여기에 오실 겁니다.

お昼(ひる)は 召(め)し上(あ)がりましたか。
점심은 드셨습니까?

문제로 확인하기 ○

1 先生が 「明日は 授業が ない」と （　　　）。

　1　おいでに なりました　　　　　2　おっしゃいました

　3　くださいました　　　　　　　　4　なさいました

> 해석 ▶ 선생님이 「내일은 수업이 없다」고 말씀하셨습니다.
>
> 해설 ▶ ① おいでになる(가시다/오시다/계시다) → おいでになります(가십니다/오십니다/계십니다) → おいでになりました(가셨습니다/오셨습니다/계셨습니다)
> ② おっしゃる(말씀하시다) → おっしゃいます(말씀하십니다—ます형이 おっしゃります가 아니라 おっしゃいます인 것에 주의하자) → おっしゃいました(말씀하셨습니다)
> ③ くださる(주시다) → くださいます(주십니다—ます형이 くださります가 아니라 くださいます인 것에 주의하자) → くださいました(주셨습니다)
> ④ なさる(하시다) → なさいます(하십니다—ます형이 なさります가 아니라 なさいます인 것에 주의하자) → なさいました(하셨습니다)
>
> 단어 ▶ 先生せんせい 선생님　明日あした 내일　授業じゅぎょう 수업　ない 없다
> おっしゃる 말씀하시다
>
> 정답 ▶ 2

2 「あそこに 座って いる 人を （　　　）」

「いいえ、知らない 人です」

　1　なさいますか　　　　　　　　　2　ごらんに なりますか

　3　いらっしゃいますか　　　　　　4　ご存じですか

> 해석 ▶ 「저기에 앉아 있는 사람을 아십니까?」
> 「아니오, 모르는 사람입니다.」
>
> 해설 ▶ ① なさる(하시다) → なさいます(하십니다—ます형이 なさります가 아니라 なさいます인 것에 주의하자) → なさいますか(하십니까)
> ② ごらんになる(보시다) → ごらんになります(보십니다) → ごらんになりますか(보십니까)
> ③ いらっしゃる(가시다/오시다/계시다) → いらっしゃいます(가십니다/오십니다/계십니다—ます형이 いらっしゃります가 아니라 いらっしゃいます인 것에 주의하자) → いらっしゃいますか(가십니까/오십니까/계십니까)
> ④ ご存(ぞん)じだ(아시다) → ご存(ぞん)じです(아십니다) → ご存(ぞん)じですか(아십니까)
>
> 단어 ▶ あそこ 저기　座すわる 앉다　人ひと 사람　知しる 알다
> 정답 ▶ 4

02. ～(ら)れる ～하시다

수동표현인 「～(ら)れる」는 수동의 뜻 이외에 경어로도 사용된다. 특수 존경어처럼 상대방이 주체가 되는 존경표현이다.

行く 가다 → 行かれる 가시다

食べる 먹다 → 食べられる 드시다

よく コーヒーを 飲まれますか。
자주 커피를 마십니까?

今日は 何時に 起きられましたか。
오늘은 몇 시에 일어나셨습니까?

문제로 확인하기

1　今日の 新聞は もう (　　　)か。

1　お読みしました　　　　　　2　お読まれました

3　読まれました　　　　　　　4　読まられました

해석 ▶　오늘 신문은 벌써 읽으셨습니까?
해설 ▶　① 「お＋ます형＋する」는 겸양표현으로서 자신의 행동을 낮춤으로서 상대방을 높이는 경어표현이다. 読(よ)む(읽다) → お読(よ)みする(읽다-겸양표현) → お読(よ)みしました(읽었습니다)
위 문장에서는 상대방에게 물어보는 내용이므로 문맥과 맞지 않는 표현이다.
② 読(よ)む(읽다) → 読(よ)まれる(읽히다/읽으시다-수동형이기도 하고 존경표현이기도 하다. 여기서는 존경의 뜻으로 쓰였다) → 読(よ)まれました(읽으셨습니다) 따라서 정답은 3번이다. 2번 지문은 앞에 「お」가 접속되어 있으므로 올바른 문법형식이 아니다. 4번 지문에서 「読(よ)む(읽다)」의 수동형은 「読(よ)まられる」가 아니므로 「読(よ)まられました」는 올바른 문법형식이 아니다.
단어 ▶　今日きょう 오늘　　新聞しんぶん 신문　　もう 이제, 벌써　　読よむ 읽다
정답 ▶　3

03. お+ます형+になる ~하시다

「お+ます형+になる」라는 패턴은 「~(ら)れる(존경)」보다 더 정중한 느낌이 드는 존경표현이다.

書く 쓰다 → お書きになる 쓰시다

出かける 외출하다 → お出かけになる 외출하시다

どんな 香水を お使いに なりますか。
어떤 향수를 쓰십니까?

先生は 8時ごろ お帰りに なりました。
선생님은 8시쯤 돌아가셨습니다.

문제로 확인하기 ○

1 タバコを （　　　　） なりますか。

　1　吸う　　　　　2　吸って　　　　3　吸いに　　　　4　お吸いに

> 해석 ▶ 담배를 피우십니까?
>
> 해설 ▶ お+ます형+になる(~하시다-존경표현)
> 吸(す)う(피우다) → 吸(す)います(피웁니다) → お吸(す)いになる(피우시다) → お吸(す)いになります(피우십니다)
> 따라서 정답은 4번이다. 2번 지문의 「吸(す)って」는 「피우고/피워서」라는 연결형이고, 3번 지문의 「吸(す)いに」는 앞에 「お」가 빠져 있으므로 올바른 문법형식이 아니다.
>
> 단어 ▶ タバコ 담배　　吸う 피우다　　なる 되다
>
> 정답 ▶ 4

2 これは 有名な 美智子 先生が お書きに （　　　　） 小説です。

　1　なった　　　　2　なって　　　　3　した　　　　4　なさった

04. お+ます형+ください 〜해 주십시오

부탁표현인 「〜てください(〜해 주세요)」를 「お+ます형+ください」패턴으로 바꾸면 더 정중하고
공손한 표현이 된다.

しばらく 待(ま)って ください。
잠시 기다려 주세요.

しばらく お待(ま)ち ください。
잠시 기다려 주십시오.

この 机(つくえ)を 使(つか)って ください。
이 책상을 사용해 주세요.

この 机(つくえ)を お使(つか)い ください。
이 책상을 사용해 주십시오.

문제로 확인하기

1 将来(しょうらい)の 夢(ゆめ)に ついて お(   ) ください。

　　1 書(か)く　　　　2 書(か)き　　　　3 書(か)いて　　　　4 書(か)きに

05. 존경의 접두사 お/ご

접두사 「お」나 「ご」는 명사 앞에 주로 접속해 공손하게 말하거나 부드럽게 말하고자 할 때 사용한다. 원칙적으로 순수일본어에는 「お」 한자어에는 「ご」를 붙이지만 예외인 경우도 많다.

お名前なまえ 이름	お仕事しごと 일	お食事しょくじ 식사
お住すまい 사는 곳(집)	お知しらせ 알림	お時間じかん 시간
お手紙てがみ 편지	お電話でんわ 전화	お荷物にもつ 짐
お飲のみ物もの 음료수	お話はなし 이야기	お国くに 나라

ご招待しょうたい 초대	ご趣味しゅみ 취미	ご案内あんない 안내
ご利用りよう 이용	ご感想かんそう 감상	ご主人しゅじん 남편
ご両親りょうしん 부모님	ご質問しつもん 질문	ご住所じゅうしょ 주소
ご注文ちゅうもん 주문	ご都合つごう 형편	ご連絡れんらく 연락

문제로 확인하기 ○

1 小林さんの （　　　）趣味は 何ですか。

| 1 お | 2 ご | 3 あ | 4 こ |

06. 특수 겸양어

존경어가 상대방(주체)을 높이는 경어표현이라면 겸양어는 이와는 반대로 나를 낮추어 상대적으로 상대방을 높이는 경어표현이다. 나뿐만 아니라 내가 속한 그룹이 주체가 될 경우에도 겸양표현을 쓴다. 일상생활에서 자주 사용하는 특수 겸양어는 시험에도 자주 출제되니 외워두는 것이 좋다.

기본어	겸양어
言(い)う 말하다	申(もう)す/申(もう)し上(あ)げる 말씀드리다
見(み)る 보다	拝見(はいけん)する 보다
する 하다	いたす 하다
食(た)べる 먹다 飲(の)む 마시다 もらう 받다	いただく 먹다, 마시다, 받다
行(い)く 가다 来(く)る 오다	まいる 가다, 오다
いる 있다	おる 있다
あげる 주다	さしあげる 드리다
知(し)っている 알고 있다	存(ぞん)じておる 알고 있다
会(あ)う 만나다	お目(め)にかかる 만나뵙다
聞(き)く 묻다, 듣다 訪問(ほうもん)する 방문하다	伺(うかが)う 여쭙다, 찾아뵙다

ご案内(あんない)　申(もう)し上(あ)げます。
안내 말씀 드리겠습니다.

さっき　吉田(よしだ)さんに　お目(め)に　かかりました。
조금 전에 요시다씨를 만나뵈었습니다.

1 「乗車券^{じょうしゃけん}を　（　　　）」

「はい、どうぞ」

<table>
<tr><td>1　拝見^{はいけん}します</td><td>2　ごらんに　なります</td></tr>
<tr><td>3　いたします</td><td>4　まいります</td></tr>
</table>

해석 ▶	「승차권을 보겠습니다.」
	「예. 그러세요.」
해설 ▶	① 拝見(はいけん)する(보다−자기 쪽의 행동을 낮추는 특수 겸양동사) → 拝見(はいけん)します (보겠습니다)
	② ごらんになる(보시다−상대 쪽을 높이는 특수 존경동사) → ごらんになります(보십니다)
	③ いたす(하다−자기 쪽의 행동을 낮추는 특수 겸양동사) → いたします(합니다)
	④ まいる(가다/오다−자기 쪽의 행동을 낮추는 특수 겸양동사) → まいります(갑니다/옵니다)
단어 ▶	乗車券^{じょうしゃけん} 승차권　　拝見^{はいけん}する 보다
	どうぞ 상대편에게 무엇을 허락하거나 권하거나 할 때 쓰는 말
정답 ▶	1

---

07. お+ます형+する (제가) ~하다

「お+ます형+する」는 겸양표현으로서 자신의 행동을 낮춤으로서 상대방을 높이는 경어표현이다.

話^{はな}す 말하다　→　お話^{はな}しする 말씀 드리다

聞^きく 묻다　→　お聞^ききする 여쭈다

1 この　料理^{りょうり}は　私が　（　　　）　しました。

1　作^{つく}る　　　　2　お作^{つく}り　　　3　お作^{つく}って　　　4　作^{つく}り

② 今 すぐ メールを お送り（   ）。

1　します　　　　2　おります　　　　3　ます　　　　4　されます

08. お+ます형+いたす (제가) ～하다

「いたす(하다)」는 「する(하다)」의 겸양동사이므로 「お+ます형+いたす」는 「お+ます형+する」보다 한층 더 공손한 표현이다.

先生の 仕事を お手伝い いたしました。
선생님의 일을 도와 드렸습니다.

1 その　かばんは　私が　（　　　）　いたします。

　1　持ち　　　　　2　持って　　　　　3　お持ち　　　　4　お持ちに

> 해석 ▶　그 가방은 제가 들겠습니다.
>
> 해설 ▶　「お＋ます형＋いたす」는 「(제가) ~하다」라는 뜻으로 자신의 행동을 겸손하게 낮추는 겸양표현이다.
> 持(も)つ(들다) → 持(も)ちます(듭니다) → お持(も)ちいたす(들다-겸양표현) → お持(も)ちいたし
> ます(들겠습니다) 따라서 정답은 3번이다. 1번 지문의 「持(も)ち」는 「お」가 빠져있으므로 올바른 문법
> 형식이 아니다. 2번 지문의 「持(も)って」는 「持(も)つ(들다)」의 연결형으로 「들고/들어서」라는 뜻이다.
> 4번 지문의 「お持(も)ちに」는 뒤에 「に」가 접속되어 있으므로 올바른 문법형식이 아니다.
>
> 단어 ▶　かばん 가방　　持もつ 들다, 가지다
>
> 정답 ▶　3

09.　명사＋でございます/ございます ～입니다/있습니다

「명사＋でございます(입니다)」는 「명사＋です(입니다)」의 겸양표현으로 자기 쪽을 겸손하게 낮추거나 정중하게 말할 때 쓰는 표현이다. 상대방을 높일 경우에는 「명사＋でいらっしゃいます(이십니다)」를 사용해야 한다. 또한 「ございます」는 「あります(있습니다)」의 정중한 표현이기도 하다.

こちらは　新製品です。
이쪽은 신제품입니다.

→　こちらは　新製品でございます。
　　이쪽은 신제품입니다.

山田部長ですか。
야마다 부장님입니까?

→　山田部長でいらっしゃいますか。
　　야먀다 부장님이십니까?

新製品が　あります。
신제품이 있습니다.

→　新製品が　ございます。
　　신제품이 있습니다.

1 会議室は　10階に　（　　　）。
_{かいぎしつ} _{かい}

1　でございます　　　　　　　　2　ございます

3　でいらっしゃいます　　　　　4　いらっしゃいます

해석 ▶　회의실은 10층에 있습니다.

해설 ▶　① 명사+でございます(입니다－자기 쪽을 겸손하게 낮춰서 말하거나 정중하게 말할 때 사용)
　　　　10階(かい)でございます(10층입니다) 위 문장에서는 「でございます」앞에 조사 「に」가 있으므로
　　　　올바른 문법형식이 아니다.
　　　② 「ございます(있습니다)」는 「あります(있습니다)」의 정중한 표현이다.
　　　　10階(かい)にございます(10층에 있습니다)
　　　③ 명사+でいらっしゃいます(이십니다)
　　　④ いらっしゃる(가시다/오시다/계시다) → いらっしゃいます(가십니다/오십니다/계십니다－ます
　　　　형이 いらっしゃります가 아니라 いらっしゃいます인 것에 주의하자)

단어 ▶　**会議室**かいぎしつ 회의실　　**階**かい 층

정답 ▶　2

---

2 お手洗いは　あちら（　　　）ございます。
_{てあら}

1　の　　　　　　　　2　と　　　　　　　　3　で　　　　　　　4　と

해석 ▶　화장실은 저쪽입니다.

해설 ▶　명사+でございます(입니다－자기 쪽을 겸손하게 낮춰서 말하거나 정중하게 말할 때 사용)
　　　　あちらでございます(저쪽입니다) 만약 「あちらにございます」라고 했다면 「저쪽에 있습니다」라는
　　　　뜻이 된다.

단어 ▶　**お手洗**てあらい 화장실　　**あちら** 저쪽

정답 ▶　3

もんだい5　つぎの「日本語学校コース案内」を見て、質問に答えてください。答えは1・2・
　　　　　3・4からいちばんいいものを一つえらんでください。

1　ヤンさんは中国で大学を卒業_{そつぎょう}してきました。それで、日本語学校で一年間日本
　　語を勉強して大学院に入ろうと思っています。そのためにはまずどのコースに
　　入ったらいいですか。

　　1　Aコース

　　2　Bコース

　　3　Cコース

　　4　Dコース

2　日本人と結婚しているアンナさんは日本語ができなくて生活_{せいかつ}がとても不便_{ふべん}で
　　す。毎日は無理_{むり}ですが、週_{しゅう}に二回ぐらい勉強がしたいです。どのコースがベス
　　トですか。

　　1　進学_{しんがく}コース

　　2　実用_{じつよう}日本語コース

　　3　短期集中_{たんきしゅうちゅう}コース

　　4　インテンシブコース

日本語学校コース案内

A 進学コース	
大学、大学院、専門学校への入学希望者のためのコース	
B 実用日本語コース	
日本での就職を考えている希望者のためのコース	
C 短期集中コース	
1ヶ月から3ヶ月の短期間に集中して日本語を勉強したい希望者のためのコース	
D インテンシブコース	
日本で生活をされている方のためのコース 仕事や家事で忙しい方も曜日を選んで勉強できるため、自分にあったスケジュールで週2日から2年までの学習ができる	

＊ すべてのコースは1月、4月、7月、10月の年に4回入学できて、2年まで学習ができます。

해석 ▶

문제 5 다음의「일본어학교 코스 안내」를 보고 질문에 답하시오. 정답은 1·2·3·4에서 가장 적당한 것을 하나 고르시오.

1 양씨는 중국에서 대학을 졸업하고 왔습니다. 그래서 일본어 학교에서 1년간 일본어를 공부하고 대학원에 들어가려고 생각하고 있습니다. 그러기 위해서는 우선 어느 코스에 들어가면 좋을까요?

    1 A코스

    2 B코스

    3 C코스

    4 D코스

정답 ▶ 1

2 일본인과 결혼한 안나씨는 일어를 못해서 생활이 매우 불편합니다. 매일은 무리입니다만, 주에 2번 정도 공부를 하고 싶습니다. 어느 코스가 베스트입니까?

    1 진학 코스

    2 실용 일본어 코스

    3 단기 집중 코스

    4 인텐시브 코스

정답 ▶ 4

일본어학교 코스 안내

A 진학 코스

대학, 대학원, 전문학교입학 희망자를 위한 코스

B 실용일본어 코스

일본에서 취업을 생각하고 있는 희망자를 위한 코스

C 단기집중 코스

1개월에서 3개월 단기간에 집중해서 일본어를 공부하고 싶은 희망자를 위한 코스

D 인텐시브 코스

일본에서 생활을 하시고 있는 분들을 위한 코스

일이나 가사일로 바쁜 분도 요일을 선택해서 공부할 수 있기 때문에 자신에게 맞는 스케줄로

주 2일부터 2년까지 학습할 수 있다.

* 모든 코스는 1월, 4월, 7월, 10월 1년에 4회(번) 입학할 수 있고, 2년까지 학습할 수 있습니다.

★ 3그룹 동사 중 する의 て형(연결형) + くる ~하고 오다(~해오다)

예) する 하다 → して 하고, 해서 → してくる 하고 오다(~해오다) → してきます 하고 옵니다 → して きました 하고 왔습니다

★ 1그룹 동사의 의지형(끝 글자 う단을 お단으로 고치고 う) ~해야겠다!, ~해야지!

예) 入(はい)る 들어가(오)다 → 入(はい)ろ → 入(はい)ろう 들어가야겠다!, 들어가야지!

★ 동사의 의지형 + と思(おも)っている ~하려고 생각하고 있다

예) 入(はい)る 들어가(오)다 → 入(はい)ろうと 들어가려고 → 入(はい)ろうと思(おも)っている 들어가려 고 생각하고 있다 → 入(はい)ろうと思(おも)っています 들어가려고 생각하고 있습니다

★ る로 끝나는 1그룹 동사의 たら형(조건문) + いい ~하면 좋다

예) 入(はい)る 들어가(오)다→ 入(はい)って 들어가고, 들어가서 → 入(はい)った 들어갔다 → 入(はい)っ たら 들어가면 → 入ったらいい 들어가면 좋다 → 入(はい)ったらいいです 들어가면 좋습니다

★ 3그룹 동사 중 する의 て형(연결형) + いる ~하고 있다, ~한 상태이다

예) 結婚(けっこん)する 결혼하다 → 結婚(けっこん)して 결혼하고(해서) → 結婚(けっこん)している 결 혼하고 있다. 결혼한 상태다(결혼했다)

★ 2그룹 동사의 ない형(부정형) + くて ~하지 않아서

예) できる 할 수 있다 → できない 할 수 없다 → できなくて 할 수 없고(없어서)

★ な형용사의 です형(정중형) + が ~입니다만, ~합니다만

예) 無理(むり)だ 무리이다 → 無理(むり)です 무리입니다 → 無理(むり)ですが 무리입니다만

★ 3그룹 동사 중 する의 ます형 + たい ~하고 싶다(본인의 희망표현)

예) する 하다 → します 합니다 → したい 하고 싶다 → したいです 하고 싶습니다

★ 명사 + のための + 명사 ~를 위한 + 명사

예) 希望者(きぼうしゃ) 희망자 → 希望者(きぼうしゃ)のための 희망자를 위한 → 希望者(きぼうしゃ) のためのコース 희망자를 위한 코스

★ 3그룹 동사 중 する의 존경어는 される(암기할 것) 하시다

예) する 하다 → される 하시다 → されて 하시고, 하셔서 → されている 하시고 있다. 하고 계시다

★ できる란 동사는 목적격 조사 を대신에 が를 취한다(암기할 것) ~을(를) 할 수 있다

예) 学習(がくしゅう)ができる 학습을 할 수 있다. 日本語(にほんご)ができる 일본어를 할 수 있다

★ ぶ로 끝나는 1그룹 동사의 て형(연결형) ~하고, ~해서

예) 選(えら)ぶ 고르다, 택하다 → 選(えら)ん → 選(えら)んで 고르고, 골라서

★ 동사의 う단 형태(원형) + ため ~ 때문에, ~어서

예) 勉強(べんきょう)できる 공부할 수 있다 → 勉強(べんきょう)できるため 공부할 수 있어서

★ う로 끝나는 1그룹 동사의 た형(과거형) ~했다

예) 合(あ)う 맞다, 일치하다 → 合(あ)っ → 合(あ)って 맞고, 맞아서 → 合(あ)った 맞았다. 일치했다

★ 2그룹 동사의 て형(연결형) ~고, ~서

예) 入学(にゅうがく)できる 입학할 수 있다 → 入学(にゅうがく)できて 입학할 수 있고(있어서)

단어 ▶ 　中国ちゅうごく 중국　　大学だいがく 대학　　卒業そつぎょう 졸업　　してくる 하고 오다

それで 그래서　　日本語にほんご学校がっこう 일본어학교　　一年間いちねんかん 일 년간

勉強べんきょうする 공부하다　　大学院だいがくいん 대학원　　入はいる 들어가(오)다

入はいろうと思おもっている 들어가려고 하고 있다　　そのために 그 때문에, 그러기 위해서

まず 우선　　どの 어느　　コース 코스　　入はいったら 들어가(오)면　　いい 좋다

日本人にほんじん 일본인　　結婚けっこんする 결혼하다

結婚けっこんしている 결혼하고 있다, 결혼한 상태이다(결혼했다)　　できる 할 수 있다

できない 할 수 없다　　できなくて 할 수 없고(없어서)　　生活せいかつ 생활

とても 매우, 대단히　　不便ふべんだ 불편하다　　毎日まいにち 매일

無理むりだ 무리이다　　週しゅう 주　　二回にかい 2회(두 번)　　したい 하고 싶다

ベスト 최상, 최선　　進学しんがく 진학　　実用じつよう 실용

短期たんき集中しゅうちゅう 단기집중　　インテンシブ 인텐시브(집중적인, 철저한)

案内あんない 안내　　専門せんもん学校がっこう 전문학교　　入学にゅうがく 입학

希望者きぼうしゃ 입학자　　명사 + ため ~를 위한, ~ 때문에

就職しゅうしょく 취업, 취직　　考かんがえる 생각하다　　ヶ月かげつ 개월

短期間たんきかん 단기간　　生活せいかつ 생활　　される 하시다(する의 존경어)

されている 하고 계시다　　仕事しごと 일, 직업　　家事かじ 가사　　忙いそがしい 바쁘다

方かた 분　　曜日ようび 요일　　選えらぶ 고르다, 택하다　　選えらんで 고르고, 골라서

勉強べんきょうできる 공부할 수 있다　　自分じぶん 자기 자신　　合あう 맞다, 일치하다

スケジュール 스케줄　　2日ふつか 이틀　　2年にねん 2년　　~から~まで ~로부터~까지

学習がくしゅう 학습　　すべて 모든　　年ねん 년

CHAPTER 03 청해

청해익히기 즉시 응답 문제 2

즉시 응답 문제는 그림이 없는 문제로서 질문을 듣고 다음에 나올 적합한 대답을 선택하는 문제
이다. 일상생활에서 빈번히 사용하는 기초적인 질의응답 패턴이 나올 가능성이 많다.

(예시)

女：それは誰の本ですか

男：

　1　はい、そうです。
　2　林さんの本です。
　3　英語の本です。

여 : 그것은 누구 책입니까?

남 :

　1　네. 그렇습니다.
　2　하야시씨의 책입니다.
　3　영어 책입니다.

문제로 확인하기

1番

1

2

3

2番

1

2

3

3番

1

2

3

4番

1

2

3

1번 문제

스크립트 ▶

男：人ひとが少すくないですね。

女：

1 そうですね、にぎやかですね。

2 そうですね、うるさいですね。

3 そうですね、静しずかですね。

해석 ▶

남 : 사람이 적네요.

여 :

1 그러네요. 떠들썩하네요.

2 그러네요. 시끄럽네요.

3 그러네요. 조용하네요.

단어 ▶ 人ひと 사람, 남(타인)

少すくない 적다

にぎやかだ 떠들썩하다. 번화하다

うるさい 시끄럽다

静しずかだ 조용하다

정답 ▶ 3

2번 문제

스크립트 ▶

女：どれがほしいですか。

男：

1 この白しろいのがいいです。

2 運動うんどうが好すきです。

3 読書どくしょがいいです。

해석 ▶

여 : 어느 것을 갖고 싶습니까?

남 :

1 이 흰 것이 좋습니다.

2 운동을 좋아합니다.

3 독서가 좋습니다.

단어 ▶ どれ 어느 것   ほしい 갖고 싶다

白しろい 희다   いい 좋다

運動うんどう 운동

好すきだ 좋아하다

読書どくしょ 독서

정답 ▶ 1

3번 문제

스크립트 ▶

男：中国語ちゅうこくごが話はせますか。

女：

1　ええ、全然ぜんぜん話はなせません。
2　ええ、少すこし話はなせます。
3　いや、話はなすことができます。

해석 ▶

남 : 중국어를 말할 수 있습니까?

여 :

1　예, 전혀 말할 수 없습니다.
2　예, 조금 말할 수 있습니다.
3　아니오, 말할 수 있습니다.

포인트 문법 ▶

① 話(はな)す(말하다) → 話(はな)せる(말할 수 있다–1그룹동사의 가능형. う단 어미를 え단으로 바꾸고 る를 접속) → 話(はな)せます(말할 수 있습니다) → 話(はな)せません(말할 수 없습니다)

② 동사의 원형+ことができる(~할 수 있다)
話(はな)す(말하다) → 話(はな)すことができる(말할 수 있다) → 話(はな)すことができます(말할 수 있습니다)

단어 ▶　中国語ちゅうこくご 중국어
　　　　話はなす 말하다, 이야기하다
　　　　全然ぜんぜん 전혀　　少すこし 조금

정답 ▶　2

4번 문제

스크립트 ▶

女：週末しゅうまつはいつも何なにをしますか。

男：

1　遊あそびに行いったり、家うちで休やすんだりします。
2　映画えいがを見みようと思おもっています。
3　どこへも行いきませんでした。

해석 ▶

여 : 주말에는 언제나 무엇을 합니까?

남 :

1　놀러 가거나 집에서 쉬거나 합니다.
2　영화를 보려고 생각하고 있습니다.
3　어디에도 가지 않았습니다.

포인트 문법 ▶

① ~たり ~たりする(~하기도 하고 ~하기도 하다/~하거나 ~하거나 하다)

② 동사의 의지형 + と思(おも)う(~하려고 생각하다)
見(み)る(보다) → 見(み)よう(봐야지/보자–2그룹동사의 의지형. 어미 る를 떼고 よう를 접속) → 見(み)ようと思(おも)う(보려고 생각하다) → 見(み)ようと思(おも)っています(보려고 생각하고 있습니다)

단어 ▶　週末しゅうまつ 주말
　　　　いつも 언제나, 평소　　遊あそぶ 놀다
　　　　行いく 가다　　家うち 집
　　　　休やすむ 쉬다　　映画えいが 영화
　　　　見みる 보다　　思おもう 생각하다
　　　　どこ 어디

정답 ▶　1

Part 12

新 JLPT 종결자

CHAPTER 01 문자/어휘

단어익히기 기타 (숙어)

家いえに戻もどる　집으로 돌아오(가)다

お世話せわになる　신세지다

お腹なかを壊こわす　배탈이 나다

音楽おんがくを聞きく　음악을 듣다

顔かおを洗あらう　세수를 하다

風かぜが吹ふく　바람이 불다

気きに入いる　마음에 들다

気きをつける　조심하다

車くるまを止とめる　차를 세우다

怪我けがをする　다치다

辞書じしょをひく　사전을 찾다

シャワーを浴あびる　샤워를 하다

スカートを履はく　스커트를 입다

手紙てがみを出だす　편지를 부치다

テストを受うける　시험을 치르다

帽子ぼうしを被かぶる　모자를 쓰다

道みちに迷まよう　길을 잃다

約束やくそくを破やぶる　약속을 깨다

連絡れんらくを取とる　연락을 취하다

お皿さらを洗あらう　접시를 씻다

お腹なかが空すく　배가 고프다

お風呂ふろに入はいる　목욕을 하다

会社かいしゃを辞やめる　회사를 그만두다

風邪かぜを引ひく　감기에 걸리다

髪かみを洗あらう　머리를 감다

気きを使つかう　신경을 쓰다

薬くすりを飲のむ　약을 먹다

計画けいかくを立たてる　계획을 세우다

事故じこを起おこす　사고를 내다

写真しゃしんを撮とる　사진을 찍다

授業じゅぎょうを受うける　수업을 듣다

世話せわをする　돌보다

手てを洗あらう　손을 씻다

病気びょうきになる　병이 나다

道みちが込こむ　길이 막히다

目めを閉とじる　눈을 감다

約束やくそくを守まもる　약속을 지키다

もんだい1 _____の ことばは どう よみますか。1・2・3・4から いちばん いい
ものを ひとつ えらんで ください。

1 先生、写真を 撮って ください。
せんせい しゃしん

1 写真を かって   2 写真を もらって
 しゃしん   しゃしん

3 写真を うって   4 写真を とって
 しゃしん   しゃしん

해석 ▶ 선생님, 사진을 찍어 주세요!

해설 ▶ 1 写真しゃしんを買かう / 사진을 사다   2 写真しゃしんをもらう / 사진을 받다

       3 写真しゃしんを売うる / 사진을 팔다   4 写真しゃしんを撮とる / 사진을 찍다

포인트 문법 ▶ ★ る로 끝나는 1그룹 동사의 て형(연결형)

       예) 撮(と)る 찍다 → 撮(と)って 찍고, 찍어서

       ★ る로 끝나는 1그룹 동사의 て형(연결형) + ください ~해 주십시오!(부탁의 표현)

       예) 写真(しゃしん)を撮(と)る 사진을 찍다 → 写真(しゃしん)を撮(と)って 사진을 찍고

       (찍어서) → 写真(しゃしん)を撮(と)ってください 사진을 찍어 주십시오(주세요)!

단어 ▶ 先生せんせい 선생님   写真しゃしん 사진   撮とる (사진)찍다   ください 주십시오!

정답 ▶ 4

2 手紙を 出しに 郵便局へ 行って きます。
て がみ   い   ゆうびんきょく   い

1 手紙を かしに   2 手紙を だしに
 て がみ   て がみ

3 手紙を さしに   4 手紙を いかしに
 て がみ   て がみ

해석 ▶ 편지를 부치러 우체국에 다녀오겠습니다.

해설 ▶ 1 貸かす / 빌려주다   2 手紙てがみを出だす / 편지를 부치다

       3 指さす / (손으로)가리키다, 지적하다   4 生いかす / 살리다, 소생시키다

포인트 문법 ▶ ★ 1그룹 동사의 ます형 + に(동작의 목적) ~하러

       예) 出(だ)す 내다, (편지를) 부치다 → 出(だ)します 냅니다, (편지를) 부칩니다 → 出(だ)し

       に (돈)내러, (편지를) 부치러

       ★ 1그룹 동사 중 行(い)く의 て형(연결형) ~고, ~서

       예) 行(い)く 가다 → 行(い)って 가고, 가서(예외이므로 암기할 것)

       ★ 3그룹 동사 중 来(く)る의 ます형(정중형) ~입니다

       예) 来(く)る 오다 → 来(き)ます 옵니다

단어익히기 기타 (숫자관련어)

一台いちだい (차, 기계) 한 대	一度いちど 한 번	一日いちにち 하루
五日いつか 5일	一回いっかい 1회	一ヶ月いっかげつ 1개월
一週間いっしゅうかん 1주일	五いつつ 다섯 개	一杯いっぱい 한 잔
一匹いっぴき 한 마리	九本きゅうほん (연필) 아홉자루	九月くがつ 9월
九時くじ 아홉시	九時間くじかん 아홉시간	九時くじ半はん 아홉시 반
五分ごふん 5분	三階さんがい 3층	三杯さんばい 세잔
三ヶ月さんかげつ 3개월	三人さんにんで 셋이서	三百さんびゃく 300백
四月しがつ 4월	十年間じゅうねんかん 10년간	一日ついたち 초하루(1일)
十日とおか 10일	七千六百円ななせんろっぴゃくえん 7,600엔	
七枚ななまい 일곱장	七日なのか 7일	二軒にけん 두 채
二個にこ 두개	二冊にさつ 두 권	二十四時間にじゅうよじかん 24시간
二倍にばい 두배	二番にばん 2번	二十歳はたち 스무 살(20세)
八月はちがつ 8월	二十日はつか 20일	八百はっぴゃく 800백
一ひとつ 한개	一人ひとり 한명	百ひゃく 백
二ふたつ 두개	二人ふたり 두 명	二日ふつか 이틀(2일)
六日むいか 6일	六むっつ 여섯 개	八日ようか 8일
四時よじ 네시	四日よっか 나흘(4일)	四よっつ目め 네개째
四年間よねんかん 4년간	四台よんだい (차, 기계)네대	四万よんまん 4만
六百ろっぴゃく 600백	六本ろっぽん (연필) 여섯자루	

もんだい2 ＿＿＿＿＿の ことばは どう かきますか。1・2・3・4から いちばん いい ものを ひとつ えらんで ください。

1 今年で はたちに なりました。

1 二十歳　　　2 二十日　　　3 八日　　　4 八百

해석 ▶ 올해로 스무 살이 되었습니다.

해설 ▶ 1 二十歳 はたち 스무 살　　　2 二十日 はつか 20일

3 八日 ようか 8일　　　4 八百 はっぴゃく 8백

포인트 문법 ▶ ★ 명사 + になる ~이(가) 되다

예) 二十歳(はたち)になる 스무 살이 되다 → 二十歳(はたち)になります 스무 살이 됩니다 → 二十歳(はたち)になりました 스무 살이 되었습니다

★ る로 끝나는 1그룹 동사의 ました형(정중한 과거형) ~했습니다

예) なる 되다 → なります 됩니다 → なりました 되었습니다

단어 ▶ 今年 ことし 올해, 금년　　二十歳 はたち 스무 살　　なる 되다　　なりました 되었습니다

정답 ▶ 1

2 私の 誕生日は 3月 よっかです。

1 五日　　　2 六日　　　3 四日　　　4 八日

해석 ▶ 저의 생일은 3월 4일입니다.

해설 ▶ 1 五日 いつか 5일　　2 六日 むいか 6일　　3 四日 よっか 4일　　4 八日 ようか 8일

포인트 문법 ▶ ★ 명사 + です(정중형) ~입니다

예) 四日(よっか) 4일 → 四日(よっか)です 4일입니다. 学生(がくせい) 학생 → 学生(がくせい)です 학생입니다

단어 ▶ 誕生日 たんじょうび 생일　　月 がつ 월　　です ~입니다

정답 ▶ 3

あちこち 이곳저곳	あらゆる 모든	あるいは 혹은, 또는
けれども 그러나, 그렇지만	しかし 그러나	すべての 모든
すると 그러자, 그랬더니	そういえば 그러고 보면	そこで 그래서
そして 그리고	それで 그래서	それでも 그런데도, 그래도
それとも 그렇지 않으면	それなのに 그래도, 그런데도	それなら 그렇다면
それに 게다가	だから 그러니까, 그래서	だが 하지만
たとえ〜ても 비록 〜해도	つまり 즉	ですから 그러니까, 그래서
でも 하지만	どうして 왜, 어째서	ところが 그런데, 그러나
なぜ 왜, 어째서	なぜなら 왜냐하면	または 또는

문제로 확인하기

もんだい3　(　　　)に　なにを　いれますか。1·2·3·4から　いちばん　いい　もの
を　ひとつ　えらんで　ください。

1 彼(かれ)が　好(す)きです。(　　　)、別(わか)れる　ことに　しました。

　　1　しかし　　　　　2　そして　　　　　3　それとも　　　　4　どうして

> 해석 ▶　그를 좋아합니다. (그러나) 헤어지기로 했습니다.
>
> 해설 ▶　1　그러나　　　　2　그리고　　　　3　그렇지 않으면　　4　왜, 어째서
>
> 포인트 문법 ▶　★ 好(す)きだ 앞에서는 목적격 조사 を 대신에 습관적으로 が를 사용함 〜를 좋아하다
> 　　　　　　예) 彼(かれ)が 好(す)きだ 그를 좋아 한다 → 彼(かれ)が 好(す)きです 그를 좋아합니다
> 　　　　　　★ 동사의 う단 형태(원형) + ことにする 〜하기로 하다(〜하기로 결심하다)
> 　　　　　　예) 別(わか)れる 헤어지다 → 別(わか)れることにする 헤어지기로 하다 → 別(わか)れる
> 　　　　　　ことにします 헤어지기로 합니다(할 겁니다) → 別(わか)れることにしました 헤어지
> 　　　　　　기로 했습니다
>
> 단어 ▶　彼かれ 그, 그 남자　　好すきだ 좋아하다　　別わかれる 헤어지다　　こと 것, 일
> 　　　　する 하다　　します 합니다　　しました 했습니다
>
> 정답 ▶　1

2 　日曜日は　（　　　　）店が　休むそうです。
にちようび　　　　　　　　　　　みせ　やす

　　1　たとえ　　　　　2　または　　　　　3　すべての　　　　4　なぜ

단어익히기　기타 (유의어)

あちこち　이곳저곳　＝　いろいろな場所ばしょや方向ほうこう　여러 장소나 방향

一日いちにち　하루　＝　午前ごぜん0時れいじから午後ごご12時じまでの24時間じかん　오전 0시부터 오후 12시까지 24시간

売うり場ば　매장　＝　物もの、切符きっぷなどを売うるところ　물건, 표(티켓)등을 파는 곳

贈おくり物もの　선물　＝　プレゼント 선물

お互たがい　서로　＝　相互そうご　서로

お手洗てあらい　화장실　＝　便所べんじょのこと　변소

お年玉としだま　세뱃돈　＝　正月しょうがつに新年しんねんを祝いわうために子こどもたちにあげるお金かねのこと　신정정월에 신년을 축하하기 위해서 아이들에게 주는 돈

落おとし物もの　분실물　＝　忘わすれ物もの　잃어버린 물건

お腹なかが空すく　배가 고프다　＝　腹はらが減へる　배가 고프다

思おもい出で　추억　＝　昔むかしあったことを思おもい出だすこと　예전에 있었던 일을 생각해 내는 것

お湯ゆ　뜨거운 물　＝　温あためた水みず　데운 물

気きをつける　조심하다　＝　注意ちゅういする　조심하다, 주의하다

怪我けがをする 다치다 = 痛いためる 다치다

しかし 그러나 = けれども、でも 그러나, 하지만

知しり合あい 아는 사람 = 知しり合あった相手あいての人 알게 된 상대

すべての 모든 = あらゆる 모든

そこで 그래서 = それで 그래서

それとも 그렇지 않으면 = または 또는, 혹은, 아니면

だが 하지만 = けれども 하지만

日ひの入いり 일몰 = 太陽たいようが西にしに沈しずむこと 태양이 서쪽으로 가라앉는 것

日ひの出で 일출 = 太陽たいようが東ひがしに上のぼること 태양이 동쪽으로 올라오는 것

やり方かた 방법 = 何なにかをする方法ほうほう 무언가를 하는 방법

世よの中なか 세상 = 世間せけん 세상

わが社しゃ 우리 회사 = 私わたしの会社かいしゃ 우리 회사

문제로 확인하기

もんだい4 ＿＿＿＿＿の ぶんと だいたい おなじ いみの ぶんが あります。1・2・3・4から いちばん いい ものを ひとつ えらんで ください。

1 元旦がんたんの朝あさ、祖母そぼに おとしだまを もらいました。

1 元旦がんたんの朝あさ、祖母そぼに お土産みやげを もらいました。

2 元旦がんたんの朝あさ、祖母そぼに お弁当べんとうを もらいました。

3 元旦がんたんの朝あさ、祖母そぼに お餅もちを もらいました。

4 元旦がんたんの朝あさ、祖母そぼに お金かねを もらいました。

> 해석 ▶ 설날 아침 할머님에게 세뱃돈을 받았습니다.
> 1 설날 아침 할머님에게 선물을 받았습니다. (X)
> 2 설날 아침 할머님에게 도시락을 받았습니다. (X)
> 3 설날 아침 할머님에게 떡을 받았습니다. (X)
> 4 설날 아침 할머님에게 돈을 받았습니다. (O)

포인트 문법 ▶ ★ 사람 + に ~에게

예) 祖母(そぼ)に 할머님에게, 彼女(かのじょ)に 그녀에게, 여자친구에게

★ 우로 끝나는 1그룹 동사의 ました형(정중한 과거형) ~했습니다

예) もらう 받다 → もらいます 받습니다 → もらいました 받았습니다, 会(あ)う 만나다
→ 会(あ)います 만납니다 → 会(あ)いました 만났습니다

단어 ▶ **元旦**がんたん 설날   **朝**あさ 아침   **祖母**そぼ 할머니(자기 쪽)

お年玉としだま 세뱃돈   **貰**もらう 받다   **お土産**みやげ 선물

お弁当べんとう 도시락   **お餅**もち 떡   **お金**かね 돈

정답 ▶ 4

---

2 最近、ひのいりが　早く　なりましたね。

1 最近、太陽が　あついのが　早く　なりましたね。

2 最近、太陽が　ひかるのが　早く　なりましたね。

3 最近、太陽が　しずむのが　早く　なりましたね。

4 最近、太陽が　のぼるのが　早く　なりましたね。

해석 ▶ 요즘 일몰이 빨라졌네요!

1 요즘 해가 더운 것이 빨라졌네요! (X)

2 요즘 해가 빛나는 것이 빨라졌네요! (X)

3 요즘 해가 지는 것이 빨라졌네요! (O)

4 요즘 해가 뜨는 것이 빨라졌네요! (X)

포인트 문법 ▶ ★ い형용사의 부사형(끝 글자 い를 지우고 く) ~하게

예) 早(はや)い 빠르다, 이르다 → 早(はや)く 빨리, 일찍

★ い형용사의 기본형 + のが ~인(은) 것이

예) 暑(あつ)い 덥다 → 暑(あつ)いのが 더운 것이, 美味(おい)しい 맛있다 → 美味(おい)
しいのが 맛있는 것이

★ 동사의 う단 형태(원형) + のが ~하는 것이

예) 光(ひか)る 빛나다 → 光(ひか)るのが 빛나는 것이, 沈(しず)む (해)지다 → 沈(しず)
むのが 지는 것이

단어 ▶ **最近**さいきん 요즈음, 최근   **日**ひの入いり 일몰   **早**はやく 빨리, 일찍   **なる** 되다

なりました 되었습니다   **太陽**たいよう 태양, 해   **暑**あつい 덥다   **光**ひかる 빛나다

沈しずむ (해)지다, 가라앉다   **昇**のぼる (해, 달)뜨다

정답 ▶ 3

生いけ花ばな 꽃꽂이

今いまごろ 지금쯤

動うごき 움직임

大通おおどおり 대로, 큰 거리

お世話せわ 돌봄, 신세

お手伝てつだい 도와줌

お腹なか 배(신체부위)

お土産みやげ 선물, 기념품

お礼れい 답례

代かわり 대신

気持きもち 기분, 마음, 느낌

幸しあわせ 행복

互たがい 서로, 상호

楽たのしみ 즐거움

続つづき 계속, 연결

通とおり 길, 대로

久ひさしぶり 오래간만

日ひの出で 일출

祭まつり 축제

向むかい 맞은편

世よの中なか 세상

痛いたみ 아픔

入いり口ぐち 입구

後うしろ 뒤

お菓子かし 과자

お互たがい 서로

お年玉としだま 세뱃돈

お弁当べんとう 도시락

思おもい出で 추억

帰かえり 돌아옴(감)

考かんがえ 생각

消けしゴム 지우개

締しめ切きり 마감

助たすけ 도움, 구조

疲つかれ 피로

包つつみ 꾸러미

日帰ひがえり 당일치기

引ひっ越こし 이사

深ふかさ 깊이

回まわり 주변

向むき 방향

わが社しゃ 우리 회사

居眠いねむり 앉아서 졺

お祝いわい 축하, 축하선물

売うり場ば 매장

贈おくり物もの 선물

お手洗てあらい 화장실

落おとし物もの 분실물

お見舞みまい 문병

お湯ゆ 뜨거운 물

髪かみの毛け 머리카락

感かんじ 느낌

答こたえ 대답, 해답

知しり合あい 아는 사람

建だて ~층

付つき合あい 교제, 사귐

手続てつづき 수속

引ひき出だし 서랍

日ひの入いり 일몰

真まっ赤か 새 빨강

真まん中なか 한가운데

やり方かた (하는) 방법

もんだい5　つぎの　ことばの　つかいかたで　いちばん　いい　ものを　1・2・3・4から
　　　　　　ひとつ　えらんで　ください。

1　うりば

1　切符は　うりばの　ほうで　買って　ください。

2　ビールが　つくられて　いる　うりばを　見学する　予定です。

3　小さい　ころ　アパートの　うりばで　よく　ブランコに　乗りました。

4　犯人は　火事の　うりばに　いた　そうです。

해석 ▶　매장
　　1　표는 매장 쪽에서 사 주십시오! (O)
　　2　맥주가 만들어지고 있는 매장을 견학 할 예정입니다. (X)
　　3　어렸을 때 아파트 매장에서 자주 그네를 탔습니다. (X)
　　4　범인은 화재의 매장에 있었다고 합니다. (X)

포인트 문법 ▶　★ 명사 + 의ほうで ~쪽에서
　　예) 売(う)り場(ば) 매장 → 売(う)り場(ば)のほうで 매장 쪽에서
　　★ う로 끝나는 1그룹 동사의 て형(연결형) + ください ~해 주십시오!(부탁의 표현)
　　예) 買(か)う 사다 → 買(か)って 사고, 사서 → 買(か)ってください 사 주십시오!
　　★ 1그룹 동사의 수동표현(끝 글자 う단을 あ단으로 고치고 れる) ~되어 지다, ~당하다
　　예) つくる 만들다 → つくら → つくられる 만들어지다
　　★ 2그룹 동사의 て형(연결형) + いる ~되어 지다, ~해 지다
　　예) つくられる 만들어지다 → つくられて 만들어지고, 만들어져서 → つくられている 만들어 지고 있다
　　★ 동사의 う단 형태(원형) + 予定(よてい)です ~할 예정입니다
　　예) する 하다 → する予定(よてい)です 할 예정입니다
　　★ 乗(の)る는 목적격 조사 를 대신에 에를 사용 한다 ~를 타다
　　예) ブランコに乗(の)る 그네를 타다, バスに乗(の)る 버스를 타다
　　★ 2그룹 동사의 た형(과거형) + そうだ ~했다고 한다(전문용법)
　　예) いる 있다 → いて 있고, 있어서 → いた 있었다 → いたそうだ 있었다고 한다 → いたそうです 있었다고 합니다

단어 ▶　切符きっぷ 표, 티켓　方ほう 쪽, 편　買かう 사다　ください 주십시오!
　　ビール 맥주　造つくる (맥주 등을) 만들다　造つくられる 만들어지다　いる 있다
　　見学けんがくする 견학하다　予定よてい 예정, 스케줄　小ちいさい 작다, 어리다
　　頃ころ 때, 쯤, 경, 무렵　アパート 아파트　よく 자주, 잘, 좋게　ブランコ 그네
　　乗のる 타다　犯人はんにん 범인　火事かじ 화재, 불

정답 ▶　1

2 ひさしぶり

1 その 問題(もんだい)に ついては ひさしぶりか 知(し)らないです。

2 彼(かれ)は ひさしぶりで 顔(かお)を だします。

3 ひさしぶりに 友(とも)だちと お酒(さけ)を 飲(の)もうと 思(おも)って います。

4 ひさしぶりは 家(いえ)で のんびりしたい ときも あります。

해석 ▶ 오래간만

1 그 문제에 대해서는 오래간만인가 모릅니다. (X)

2 그는 오래간만에서 얼굴을 내밉니다. (X)

3 오래간만에 친구와 술을 마시려고 생각합니다. (O)

4 오래간만은 집에서 한가롭게 지내고 싶을 때도 있습니다. (X)

포인트 문법 ▶ ★ 명사 + について ~에 대해서

예) 問題(もんだい) 문제 → 問題(もんだい)について 문제에 대해서

★ 예외 1그룹 동사의 ない형(부정형) ~하지 않는다

예) 知(し)る 알다 → 知(し)ら → 知(し)らない 모른다 → 知(し)らないです 모릅니다

★ 1그룹 동사의 의지형(끝 글자 う단을 お단으로 고치고 う) ~해야지! ~해야겠다(본인의 의지)

예) 飲(の)む 마시다 → 飲(の)も → 飲(の)もう 마셔야지!, 마셔야겠다!

★ 동사의 의지형 + と思(おも)っています ~하려고 생각합니다(생각하고 있습니다)

예) 飲(の)む 마시다 → 飲(の)もう 마셔야겠다!(의지형) → 飲(の)もうと 마시려고 → 飲(の)もうと思(おも)っています 마시려고 생각하고 있습니다

★ 3그룹 동사 중 する의 ます형 + たい ~하고 싶다(본인의 희망표현)

예) のんびりする 한가롭게 지내다 → のんびりします 한가롭게 지냅니다 → のんびりしたい 한가롭게 지내고 싶다 → のんびりしたいです 한가롭게 지내고 싶습니다

단어 ▶ 問題(もんだい) 문제   知(し)る 알다   知(し)らない 모른다
顔(かお)を出(だ)す 얼굴을 내밀다   友(とも)だち 친구   お酒(さけ) 술   飲(の)む 마시다
思(おも)う 생각하다   思(おも)っています 생각하고 있습니다   家(いえ) 집
のんびりする 한가롭게 지내다   時(とき) 때   ある 있다   あります 있습니다

정답 ▶ 3

문법익히기 기타 문법

01. あいだ(に) ~동안(에)

보통 「あいだ」와 「あいだに」는 「명사のあいだ(に)」「동사ている＋あいだ(に)」의 형태로 접속한다. 접속 형태에는 차이가 없으나 뉘앙스의 차이가 있으니 조심하자. 「あいだ」는 어떤 동작이나 상태가 그 동안에 쭉 지속됨을 나타내고, 「あいだに」는 기간 내에 행해지는 상태나 동작 등을 나타내는데 「あいだ」처럼 쭉 지속되는 의미가 아니라 일회성으로 사건이 발생한다는 뉘앙스를 지닌다.

冬休みの あいだ、東京に いました。
겨울방학동안 도쿄에 있었습니다. (지속되는 내용)

冬休みの あいだに、東京に 行って きました。
겨울방학동안 도쿄에 갔다 왔습니다.(일회성 사건)

友だちを 待って いる あいだ、ずっと 音楽を 聞いて いた。
친구를 기다리고 있는 동안 계속 음악을 듣고 있었다.(지속되는 내용)

友だちを 待って いる あいだに、変な 人に 声を かけられた。
친구를 기다리고 있는 동안 이상한 사람이 말을 걸었다.(일회성 사건)

문제로 확인하기

1 子どもが 寝て いる (　　　)、買い物に 行って きました。

　　1 あいだに　　　2 あいだ　　　3 あいだと　　　4 あいだを

해석 ▶	아이가 자고 있는 동안에 장보러 갔다 왔습니다.
해설 ▶	아이가 자고 있는 동안 한 번 장보러 다녀 온 것이기 때문에 지속되는 내용이 아니라 일회성 사건이므로 「あいだに」가 정답이다.
단어 ▶	子こども 아이 寝ねる 자다 買かい物もの 쇼핑, 장보기 行いく 가다 来くる 오다
정답 ▶	1

02. いくら 〜ても, どんなに 〜ても 아무리 〜해도

「いくら 〜ても」와 「どんなに 〜ても」는 유사한 뜻으로 「몇 번이나 〜해도, 아무리 〜그렇다 하더라도」라는 강조의 뉘앙스를 가진 표현이다.

いくら 呼よんでも 返へん事じが ありません。
아무리 불러도 대답이 없습니다.

どんなに 呼よんでも 返へん事じが ありません。
아무리 불러도 대답이 없습니다.

문제로 확인하기

1 (   ) 探さがしても、なかった。

1 もし   2 いくら   3 どんな   4 なぜ

해석 ▶	아무리 찾아도 없었다.
해설 ▶	① もし(만약)
	② いくら 〜ても(아무리 〜해도)
	探(さが)す(찾다) → 探(さが)して(찾고/찾아서-연결형) → 探(さが)しても(찾아도) → いくら 探(さが)しても(아무리 찾아도)
	③ どんな(어떤)
	④ なぜ(왜, 어째서)
단어 ▶	いくら 얼마, 아무리 探さがす 찾다 ない 없다
정답 ▶	2

2 どんなに たくさん （　　　）、私は 体重が 増えない。

1 食べたら　　　2 食べれば　　　3 食べるので　　　4 食べても

해석 ▶ 아무리 많이 먹어도 나는 체중이 늘지 않는다.

해설 ▶ ① ～たら(～하면)

食べる(먹다) → 食べた(먹었다–과거형) → 食べたら(먹으면–「たら(～하면)」조건표현은 동사의 과거형에 접속)

② ～ば(～하면)

食べる(먹다) → 食べれば(먹으면–「ば(～하면)」조건표현은 う단 어미를 え단으로 바꾸고 ば를 접속)

③ ～ので(～때문에)

食べる(먹다) → 食べるので(먹기 때문에)

④ どんなに ～ても(아무리 ～해도)

食べる(먹다) → 食べて(먹고/먹어서–연결형) → 食べても(먹어도) → どんなに食べても(아무리 먹어도)

단어 ▶ どんなに 얼마나, 아무리　　たくさん 많이　　食べる 먹다　　体重たいじゅう 체중

増ふえる 늘다

정답 ▶ 4

03. ～がする ～이 나다

보통 「におい(냄새)/味(あじ)(맛)/音(おと)(소리)」등의 단어와 함께 쓰인다.

この ケーキは チーズの 味が する。

이 케이크는 치즈 맛이 난다.

문제로 확인하기

1 この 部屋は ガスの におい（　　　）する。

1 が　　　　　2 で　　　　　3 と　　　　　4 に

해석 ▶ 이 방은 가스 냄새가 난다.

해설 ▶ においがする(냄새가 나다)

단어 ▶ 部屋へや 방　　ガス 가스　　におい 냄새

정답 ▶ 1

04. ~がる ~해 하다

「~がる」는 형용사의 어간에 붙어 제3자가 「~하게 여기다(~해 하다)」라는 뜻이다. 보통 「~がっている」의 형태로 현재의 감정 상태를 말할 때 자주 쓰인다.

私は 車が ほしいです。

나는 차를 갖고 싶습니다.(ほしい 갖고 싶다-1인칭/ほしい는 목적격 조사 を가 아닌 が를 쓰므로 주의하자)

友だちは 車を ほしがって います。

친구는 차를 갖고 싶어 하고 있습니다.(ほしがる 갖고 싶어 하다-3인칭)

私は 先生が 怖いです。

나는 선생님이 무섭습니다.(怖(こわ)い 무섭다-1인칭)

友だちは 先生を 怖がって います。

친구는 선생님을 무서워하고 있습니다.(怖(こわ)がる 무서워하다-3인칭)

문제로 확인하기

1 　上田さんは 恋人が いなくて （ 　　 ） います。

　　1　さびしい　　　2　さびしくて　　3　さびしがり　　4　さびしがって

> 해석 ▶ 　우에다씨는 애인이 없어서 외로워하고 있습니다.
> 해설 ▶ 　① さびしい(외롭다)
> 　　　②　さびしい(외롭다) → さびしくて(외롭고/외로워서-い형용사의 연결형은 어미 い를 떼고 くて를 접속한다)
> 　　　③　さびしい(외롭다) → さびしがる(외로워하다) → さびしがります(외로워합니다) 3번 지문을 괄호에 넣으면 「さびしがりいます」가 되므로 올바른 문법형식이 아니다.
> 　　　④　さびしい(외롭다) → さびしがる(외로워하다) → さびしがっている(외로워하고 있다) → さびしがっています(외로워하고 있습니다)
> 　　　⑤　동사의 부정연결형인 「~なくて」는 「~하지 않아서」라는 원인과 이유의 뜻을 나타낸다. いる(있다) → いない(있지 않다, 즉 없다) → いなくて(없어서)
> 단어 ▶ 　恋人こいびと 애인　　いる 있다　　さびしい 외롭다
> 정답 ▶ 　4

05. ～こと/～の ～것

「こと」는 형식명사로서 주로 「사항, 사실, 내용」 등 추상적인 것을 나타낸다. 보통 「AはBです(A는 B〈것〉입니다)」의 문장에서 B에는 「こと」가 쓰인다. 「の」는 형식명사로서 주로 구체적인 일이나 동작을 나타낸다. 見(み)る(보다), 見(み)える(보이다), 聞(き)く(듣다), 聞(き)こえる(들리다)와 같은 지각동사 앞에서는 「の」가 쓰인다. 단 聞(き)く는 「(소리나 목소리를) 듣다」라는 뜻으로 사용할 때에는 「の」가 쓰이지만, 「(어떤 이야기, 사실, 내용)을 듣다」라고 할 때는 こと를 쓴다.

私の 趣味は 写真を 撮ることです。
내 취미는 사진을 찍는 것입니다.(「AはBです」에서 B에는 こと가 쓰임)

私は 野村さんが 泣いて いるのを 見ました。
나는 노무라씨가 울고 있는 것을 봤습니다.(지각동사 앞에는 の가 쓰임)

本田さんが 歌を 歌って いるのを 聞きました。
혼다씨가 노래를 부르고 있는 것을 들었습니다.(지각동사 앞에는 の가 쓰임)

本田さんが 先週 会社を やめた ことを 聞きましたか。
혼다씨가 지난 주 회사를 그만뒀다는 것을 들었습니까?(「이야기/사실/내용을 듣다」라고 할 때는 こと를 쓴다)

문제로 확인하기

1 私の 夢は 歌手に なる （　　　）です。

　　1　の　　　　　　2　もの　　　　　　3　から　　　　　4　こと

> 해석 ▶　내 꿈은 가수가 되는 것입니다.
> 해설 ▶　「AはB(것)です」에서 B에는 こと가 쓰인다. 따라서 정답은 4번이다.
> 단어 ▶　夢ゆめ 꿈　歌手かしゅ 가수　なる 되다　こと 일, 것
> 정답 ▶　4

2 鳥が 鳴いて いる（　　　）聞こえた。

　　1　ことが　　　　2　ことを　　　　　3　のが　　　　　4　のを

06. ～さ い형용사와 な형용사의 명사화

형용사를 명사로 만들 경우 어미를 떼고 「さ」를 붙인다.

い형용사 (어미 い를 떼고 さ를 접속)

暑い 덥다 → 暑さ 더위

広い 넓다 → 広さ 넓이

大きい 크다 → 大きさ 크기

な형용사 (어미 だ를 떼고 さ를 접속)

まじめだ 성실하다 → まじめさ 성실함

便利だ 편리하다 → 便利さ 편리함

大切だ 소중하다 → 大切さ 소중함

문제로 확인하기 ●

1 富士山の （   ）は 3776メートルです。

　1 高い　　　　　2 高さ　　　　　3 高くて　　　　4 高く

07. ～し ～하고

열거를 하거나 원인과 이유를 나타낼 때 사용한다.

この　レストランは　味あじも　いいし、値段ねだんも　安やすいです。

이 레스토랑은 맛도 좋고 가격도 쌉니다.

ここは　駅えきから　近ちかいし、とても　便利べんりです。

이곳은 역에서 가깝고 아주 편리합니다.

문제로 확인하기 ○

1 彼かれは　料理りょうりも　できる(　　　)　サッカーも　上手じょうずです。

　　　1　と　　　　　　2　から　　　　　3　ので　　　　4　し

해석 ▶　그는 요리도 할 수 있고 축구도 잘합니다.

해설 ▶　① ～と(～하면–조건)

　　　　できる(할 수 있다) → できると(할 수 있으면)

　　　　② ～から(～때문에)

　　　　できる(할 수 있다) → できるから(할 수 있기 때문에)

　　　　③ ～ので(～때문에)

　　　　できる(할 수 있다) → できるので(할 수 있기 때문에)

　　　　④ し(～하고)

　　　　できる(할 수 있다) → できるし(할 수 있고)

단어 ▶　彼かれ 그　　料理りょうり 요리　　できる 할 수 있다. 생기다. 다 되다

　　　　サッカー 축구　　上手じょうずだ 능숙하다. 잘하다

정답 ▶　4

08. 〜ても 〜하더라도, 〜이더라도

「〜ても」는 「각 품사의 て형+も」의 형태로 「〜하더라도, 〜이더라도」라는 역접의 뜻을 나타낸다.

友<ruby>とも</ruby>だちでも　お金<ruby>かね</ruby>は　貸<ruby>か</ruby>しません。

친구라도 돈은 빌려주지 않습니다.

〈명사의 て형(연결형)은 「〜で」이다. 따라서 友(とも)だちだ(친구이다) → 友(とも)だちでも(친구라도)〉

高<ruby>たか</ruby>くても　買<ruby>か</ruby>いたいです。

비싸더라도 사고 싶습니다.

〈い형용사의 て형(연결형)은 「〜くて」이다. 따라서 高(たか)い(비싸다) → 高(たか)くても(비싸더라도)〉

野菜<ruby>やさい</ruby>が　きらいでも　食<ruby>た</ruby>べた　ほうが　いいです。

야채를 싫어하더라도 먹는 편이 좋습니다.

〈な형용사의 て형(연결형)은 「〜で」이다.　따라서 きらいだ(싫어하다) → きらいでも(싫어하더라도)〉

雪<ruby>ゆき</ruby>が　降<ruby>ふ</ruby>っても　行<ruby>い</ruby>きます。

눈이 내리더라도 갈 겁니다.

〈동사－降(ふ)る(내리다) → 降(ふ)って(내리고/내려서－연결형) → 降(ふ)っても(내리더라도)〉

문제로 확인하기

1 英語<ruby>えいご</ruby>を　勉強<ruby>べんきょう</ruby>し(　　　)、なかなか　話<ruby>はな</ruby>す　機会<ruby>きかい</ruby>が　ありません。

　1　たら　　　　　2　て　　　　　　3　ても　　　　　　4　ながら

해석 ▶　영어를 공부하더라도 좀처럼 말할 기회가 없습니다.

해설 ▶　① 〜たら(〜하면－조건)

勉強(べんきょう)する(공부하다) → 勉強(べんきょう)した(공부했다－과거형) → 勉強(べんきょう)したら(공부하면)

② 〜て(〜하고, 〜해서－연결형)

勉強(べんきょう)する(공부하다) → 勉強(べんきょう)して(공부하고/공부해서)

③ 〜ても(〜하더라도, 〜이더라도)

勉強(べんきょう)する(공부하다) → 勉強(べんきょう)しても(공부하더라도)

④ 동사의 ます형+ながら(〜하면서－동시진행)

勉強(べんきょう)する(공부하다) → 勉強(べんきょう)します(공부합니다) → 勉強(べんきょう)しながら(공부하면서)

단어 ▶　英語<ruby>えいご</ruby> 영어　　勉強<ruby>べんきょう</ruby>する 공부하다　　なかなか 좀처럼, 꽤

話<ruby>はな</ruby>す 말하다, 이야기하다　　機会<ruby>きかい</ruby> 기회　　ある 있다

정답 ▶　3

② 頭が　（　　　）　薬は　飲みません。

　1　痛いても　　　　2　痛くても　　　　3　痛いでも　　　　4　痛くでも

> 해석 ▶ 머리가 아프더라도 약은 먹지 않습니다.
> 해설 ▶ ～ても(～하더라도, ～이더라도)
> 痛(いた)い(아프다) → 痛(いた)くて(아프고/아파서–い형용사의 연결형은 어미 い를 떼고 くて를 접속) → 痛(いた)くても(아프더라도)　따라서 정답은 2번이며, 1번, 3번, 4번 지문은 올바른 문법형식이 아니다.
> 단어 ▶ 頭あたま 머리　　痛いたい 아프다　　薬くすり 약　　飲のむ 마시다
> 정답 ▶ 2

09.　～でも ～라도

「명사+でも」는 「～라도」라는 뜻으로 예시를 할 때 사용한다. 또한 「의문사+でも」는 「～든지」라는 뜻으로 전면적인 긍정을 나타낸다.

お茶でも　飲みませんか。 차라도 안 마실래요?

いつでも　大丈夫です。 언제든지 괜찮습니다.

문제로 확인하기 ○

① 映画（　　　）　見に　行きませんか。

　1　でも　　　　　　2　ても　　　　　　3　と　　　　　　4　で

> 해석 ▶ 영화라도 보러 가지 않겠습니까?
> 해설 ▶ ①　映画(えいが)でも(영화라도)
> 　　　 ②　映画(えいが)ても(올바른 문법형식이 아님)
> 　　　 ③　映画(えいが)と(영화와)
> 　　　 ④　映画(えいが)で(영화이고)
> 　　　 ⑤　동사의 ます형+に(～하러)
> 　　　　　 見(み)る(보다) → 見(み)ます(봅니다) → 見(み)に(보러)
> 단어 ▶ 映画えいが 영화　　見みる 보다　　行いく 가다
> 정답 ▶ 1

10. ～とか ～라든가

かばんの 中_{なか}には 本_{ほん}とか ノート などが あります。
가방 안에는 책이라든가 노트 등이 있습니다.

문제로 확인하기 ○

1 本屋_{ほんや}で 漫画_{まんが}(　　　) 雑誌_{ざっし} などを 買_かいました。

　　1　を　　　　　　2　が　　　　　　3　など　　　　4　とか

> 해석 ▶ 서점에서 만화라든가 잡지 등을 샀습니다.
> 해설 ▶ ① 漫画(まんが)を(만화를)
> 　　　 ② 漫画(まんが)が(만화가)
> 　　　 ③ 漫画(まんが)など(만화 등)
> 　　　 ④ 漫画(まんが)とか(만화라든가)
> 단어 ▶ 本屋_{ほんや} 서점　　漫画_{まんが} 만화　　雑誌_{ざっし} 잡지　　など 등　　買_かう 사다
> 정답 ▶ 4

11. ～の ～니?

회화체에서 가벼운 질문을 할 때 쓰인다.

今_{いま} どこへ 行_いくの。
지금 어디로 가?

문제로 확인하기 ○

1 「宿題_{しゅくだい}は もう した(　　　)」
　「うん、したよ」

　　1　よ　　　　　　2　わ　　　　　　3　の　　　　　4　さ

해석 ▶ 「숙제는 벌써 했니?」
「응, 했어」

해설 ▶ ① よ(상대에게 알리는 뜻을 나타냄. …요)
② わ(여성들이 주로 쓰며 가벼운 주장·결의·영탄을 나타냄. …요)
③ の(가벼운 질문을 나타냄.…니?)
④ さ(자기의 판단이나 주장을 확인하면서 다짐하는 뜻을 나타냄. …이지. …말이야. …이야)

단어 ▶ 宿題しゅくだい 숙제   もう 이제, 벌써   する 하다

정답 ▶ 3

12. ～のだ ～인 것이다

「～のだ」는 강조를 하거나 설명을 할 때 쓰는 표현이다. 명사나 な형용사의 현재형에서는 「なのだ」의 형태가 되므로 주의하자. 「～のだ」의 회화체는 「～んだ」이다.

彼は 日本人なのです。
彼は 日本人なんです。
그는 일본사람입니다.

この 映画は おもしろいのです。
この 映画は おもしろいんです。
이 영화는 재미있습니다.

ここは 静かなのです。
ここは 静かなんです。
여기는 조용합니다.

毎日 朝ごはんを 食べるのです。
毎日 朝ごはんを 食べるんです。
매일 아침밥을 먹습니다.

1 「どうして　一緒に　行かないんですか」

「今日　約束が　（　　　　）」

1　ありません	2　あるんです
3　あるなんです	4　あったからです

해석 ▶ 「왜 함께 가지 않습니까?」

「오늘 약속이 있습니다.」

해설 ▶ ① ある(있다) → あります(있습니다) → ありません(없습니다)

② ある(있다) → あるのです(있습니다) → あるんです(있습니다)

③ ある(있다) → あるなんです(올바른 문법형식이 아님)

④ ある(있다) → あった(있었다-과거형) → あったからです(있었기 때문입니다-문맥상 시제가 맞지 않음)

단어 ▶ どうして 왜　一緒いっしょに 함께, 같이　行いく 가다　今日きょう 오늘

約束やくそく 약속　ある 있다

정답 ▶ 2

---

13. ～ので ～이므로, ～때문에

「～ので」는 「～이므로, ～때문에」라는 뜻으로 원인과 이유를 나타낸다. 「～ので」는 명사나 な형용사의 현재형에 접속할 때 「～なので」의 형태가 되므로 주의하자.

明日　試験なので、今日は　図書館で　勉強します。

내일 시험이기 때문에 오늘은 도서관에서 공부할 겁니다.

安いので、よく　売れます。

싸기 때문에 잘 팔립니다.

果物が　好きなので、よく　食べます。

과일을 좋아하기 때문에 자주 먹습니다.

用事が　あるので、早く　帰ります。

용무가 있기 때문에 일찍 돌아갑니다.

1 ここは　交通も　（　　　）　よく　遊びに　来ます。

　　1　便利ので　　　2　便利から　　　3　便利なので　　4　便利なのに

> 해석 ▶　여기는 교통도 편리하기 때문에 자주 놀러 옵니다.
> 해설 ▶　① 便利(べんり)だ(편리하다) → 便利(べんり)ので(올바른 문법형식이 아님–便利(べんり)なので
> 　　　　　　(편리하기 때문에)가 되어야 함)
> 　　　　② 便利(べんり)だ(편리하다) → 便利(べんり)から(올바른 문법형식이 아님–便利(べんり)だから
> 　　　　　　(편리하기 때문에)가 되어야 함)
> 　　　　③ 便利(べんり)だ(편리하다) → 便利(べんり)なので(편리하기 때문에)
> 　　　　④ 便利(べんり)だ(편리하다) → 便利(べんり)なのに(편리한데도–「のに」는 「~하는데도, ~함에도
> 　　　　　　불구하고」라는 뜻)
> 　　　　⑤ 동사의 ます형+に(~하러)
> 　　　　　　遊(あそ)ぶ(놀다) → 遊(あそ)びます(놉니다) → 遊(あそ)びに(놀러)
> 단어 ▶　ここ 이곳, 여기　　交通こうつう 교통　　便利べんりだ 편리하다　　よく 자주, 잘
> 　　　　遊あそぶ 놀다　　来くる 오다
> 정답 ▶　3

14.　~のに ~하는데도, ~함에도 불구하고/~을 하기 위해, ~을 하는 데

「~のに」는 「~하는데도, ~함에도 불구하고」라는 역접의 기능과 「~을 하기 위해, ~을 하는 데」라는 목적이나 용도를 나타내는 기능이 있다. 「~のに」는 명사나 な형용사의 현재형에 접속할 때 「~なのに」의 형태가 되므로 주의하자.

冬なのに、今年は　あまり　寒く　ありません。
겨울인데도 올해는 별로 춥지 않습니다.

おいしいのに、誰も　食べません。
맛있는데도 아무도 먹지 않습니다.

日本語が　上手なのに、日本語で　話しません。
일본어가 능숙한데도 일본어로 말하지 않습니다.

雨が　降って　いるのに、外出します。
비가 오고 있는데도 외출합니다.

旅行<ruby>旅行<rt>りょこう</rt></ruby>を　する<u>のに</u>　必要<ruby>必要<rt>ひつよう</rt></ruby>な　ものは　何<ruby>何<rt>なん</rt></ruby>ですか。

여행을 하는 데 필요한 물건은 무엇입니까?(목적/용도)

문제로 확인하기 ○──────────────────

1　薬<ruby>薬<rt>くすり</rt></ruby>を　飲<ruby>飲<rt>の</rt></ruby>んだ(　　　)、まだ　お腹<ruby>腹<rt>なか</rt></ruby>が　痛<ruby>痛<rt>いた</rt></ruby>い。

　　1　ので　　　　　　2　し　　　　　　3　から　　　　　4　のに

해석 ▶　약을 먹었는데도 아직 배가 아프다.
해설 ▶　① ~ので(~때문에)
　　　　　薬(くすり)を飲(の)む(약을 먹다) → 薬(くすり)を飲(の)んだ(약을 먹었다-과거형) → 薬(くすり)を飲(の)んだので(약을 먹었기 때문에)
　　　　② ~し(~하고)
　　　　　薬(くすり)を飲(の)む(약을 먹다) → 薬(くすり)を飲(の)んだ(약을 먹었다-과거형) → 薬(くすり)を飲(の)んだし(약을 먹었고)
　　　　③ ~から(때문에)
　　　　　薬(くすり)を飲(の)む(약을 먹다) → 薬(くすり)を飲(の)んだ(약을 먹었다-과거형) → 薬(くすり)を飲(の)んだから(약을 먹었기 때문에)
　　　　④ ~のに(~하는데도, ~함에도 불구하고)
　　　　　薬(くすり)を飲(の)む(약을 먹다) → 薬(くすり)を飲(の)んだ(약을 먹었다-과거형) → 薬(くすり)を飲(の)んだのに(약을 먹었는데도)
　　　　⑤ 「薬(くすり)(약)」은 「食(た)べる(먹다)」가 아니라 「飲(の)む(마시다)」라는 동사를 쓴다.
단어 ▶　薬くすり 약　飲のむ 마시다　まだ 아직　お腹なか 배　痛いたい 아프다
정답 ▶　4

2　この　図書館<ruby>図書館<rt>としょかん</rt></ruby>を　建<ruby>建<rt>た</rt></ruby>てる(　　　)　5年<ruby>年<rt>ねん</rt></ruby>も　かかりました。

　　1　のに　　　　　2　ので　　　　　3　し　　　　　4　から

해석 ▶　이 도서관을 세우는 데 5년이나 걸렸습니다.
해설 ▶　① ~のに(~을 하기 위해, ~을 하는 데)
　　　　　建(た)てる(세우다) → 建(た)てるのに(세우는 데)
　　　　② ~ので(~ 때문에)
　　　　　建(た)てる(세우다) → 建(た)てるので(세우기 때문에)
　　　　③ ~し(~하고)
　　　　　建(た)てる(세우다) → 建(た)てるし(세우고)

15.　〜ばかり 〜만, 〜뿐

「명사+ばかり」는 「〜만, 〜뿐」이라는 뜻이다. 「동사의 て형+ばがりいる」는 「〜하고만 있다」라는 표현이며 「동사의 た형＋ばかりだ」는 「〜한 지 얼마 안 됐다」라는 뜻이다.

彼は　肉ばかり　食べて　います。

그는 고기만 먹고 있습니다.

彼女は　泣いて　ばかり　います。

그녀는 울고만 있습니다.

この　車は　買った　ばかりです。

이 차는 산 지 얼마 안 됐습니다.

문제로 확인하기 ◯

1　私の　主人は、週末は　（　　　）　ばかり　います。

　1　寝て　　　　　2　寝る　　　　　3　寝た　　　　　4　寝よう

2 「林さん、いつ　帰りましたか」

「今、家に　（　　　　）　ばかりです」

1　帰って　　　　2　帰る　　　　3　帰った　　　　4　帰り

16.　~まで(に) ~까지

「~まで」는 기간을 나타내는 표현으로 정해진 시점까지 행위가 계속 됨을 나타내며, 「~までに」는 기한을 나타내는 표현으로 정해진 시점 안에 행위가 완료되면 되는 것을 말한다.

この　本は　明日（○までに/×まで）　返して　ください。

이 책은 내일까지 돌려주세요. (내일 전에만 돌려주면 됨–기한)

忙しいので　１０時（○まで/×までに）　仕事を　します。

바쁘기 때문에 10시까지 일을 합니다. (10시까지 계속 일을 함–기간)

문제로 확인하기 ○

1 明日　３時（　　　　）　ここに　来て　ください。

1　まで　　　　2　までに　　　　3　までと　　　　4　までも

해석 ▶ 내일 3시까지 여기에 와 주세요.
해설 ▶ 3시까지 행위가 계속 됨을 나타내는 문장이 아니라 3시안에 행위가 완료되면 되는 기한을 나타내는
표현이므로 「~までに」가 정답이다.
단어 ▶ **明日**あした 내일   **ここ** 이곳, 여기   **来**くる 오다
정답 ▶ 2

17. も ~이나

パンを 五つ(いつ)も 食べ(た)ました。

빵을 5개나 먹었습니다.

문제로 확인하기 ○

1 私は この 映画(えいが)を 5回(かい)(   ) 見(み)ました。

     1 と   2 に   3 で   4 も

해석 ▶ 나는 이 영화를 5번이나 봤습니다.
해설 ▶ ① と(~와, ~과)
      ② に(~에/~에게)
      ③ で(~에서/~으로)
      ④ も(~도/~이나)
단어 ▶ **映画**えいが 영화   **回**かい 회, 번   **見**みる 보다
정답 ▶ 4

もんだい5　つぎの「ごみの出しかた」見て、質問に答えてください。答えは1・2・3・4か
　　　　　らいちばんいいものを一つえらんでください。

1　今月は10月です。新しいつくえを買ったので、古いものは捨てたいです。いつ
　　何時ごろ捨てますか。

　　1　10月の第一月曜日、　8時30分までに

　　2　11月の第一月曜日、　8時30分までに

　　3　3月の第一木曜日、　8時30分までに

　　4　4月の第一月曜日、　8時30分までに

2　町内の集積場所に出せないごみはどれですか。

　　1　もやせるごみ

　　2　もやせないごみ

　　3　粗大ごみ

　　4　資源ごみ

ごみの出しかた

　松江市のごみの出しかたをお知らせします。現在、家庭から出たごみは、もやせるごみ、もやせないごみ、粗大ごみ、資源ごみの4つに分けて収集しています。市民のみなさんは、ごみを出す場所と出す日がそれぞれ決まっていますので、よく確認して出してください。また、どのごみも、指定日の朝8時30分までに出してください。

ごみの種類		捨てる所	捨てる時間	捨てる日
もやせるごみ	台所の生ごみ、汚れた紙、たばこの吸殻、木くず、紙おむつなど	町内の集積場所	8時30分までに	（週2回）毎週火曜日と木曜日
もやせないごみ	ビニール、プラスチック類、鉄類、ガラス類、陶器類など	町内の集積場所	8時30分までに	（月4回）毎週金曜日
粗大ごみ	扇風機などの電気製品、自転車、ストーブ、カーペット、ふとん、机、椅子など	ごみの集積場所には出せないので、リサイクル業務課に電話して「収集希望」をする。	8時30分までに	（年2回）3月と11月の第一月曜日
資源ごみ	古紙、あき缶、びん、ペットボトル、プラスチック製容器包装など	町内の集積場所	8時30分までに	（週1回）毎週水曜日

※ 出す日は指定袋に必ず入れて出してください。

문제 5 다음의 「쓰레기 내는 방법(요령)」을 보고 질문에 답하시오. 정답은 1 · 2 · 3 · 4에서 가장 적당한 것을 하나 고르시오.

1 이번 달은 10월입니다. 새 책상을 샀기 때문에 낡은 것은 버리고 싶습니다. 언제 몇 시경에 버리나요?
    1 10월 첫째 주 월요일, 8시 30분까지
    2 11월 첫째 주 월요일, 8시 30분까지
    3 3월 첫째 주 목요일, 8시 30분까지
    4 4월 첫째 주 월요일, 8시 30분까지

정답 ▶ 2

2 마을의 집적 장소에 낼 수 없는 쓰레기는 어느 것입니까?
    1 가연성 쓰레기(태울 수 있는 쓰레기)
    2 태울 수 없는 쓰레기
    3 대형 쓰레기
    4 자원 쓰레기

정답 ▶ 3

쓰레기 내는 방법

마츠에시의 쓰레기 내는 방법을 알려 드리겠습니다. 현재 가정에서 나온 쓰레기는 태울 수 있는 쓰레기, 태울 수 없는 쓰레기, 대형 쓰레기, 자원 쓰레기 4개로 나누어 수집하고 있습니다. 시민 여러분은 쓰레기를 내는 장소와 내는 날이 각각 정해져 있기 때문에 잘 확인하고 내 주십시오! 또한 어떠한 쓰레기도 지정일 아침 8시 30분까지 내 주십시오!

쓰레기 종류		버리는 장소	버리는 시간	버리는 날짜
가연성 쓰레기 (태울 수 있는 쓰레기)	부엌의 젖은 쓰레기 (음식물쓰레기), 더러워진 종이, 담배꽁초, 나무쓰레기, 일회용 종이, 기저귀 등	동네 집적장소	8시 30분까지	(주 2회) 매주 화요일과 목요일
태울 수 없는 쓰레기	비닐, 플라스틱류, 쇠붙이(철 류), 유리 종류, 도자기 류 등	동네 집적장소	8시 30분까지	(월 4회) 매주 금요일
대형 쓰레기	선풍기 등의 전자제품, 자전거, 스토브, 카펫, 이불, 책상, 의자 등	쓰레기 집적장소에는 낼 수 없으므로, 리사이클업무과에 전해서 「수집 희망」을 한다	8시 30분까지	(년 2회) 3월과 11월 첫째 주 월요일
자원 쓰레기	못 쓰게 된 종이(폐지), 빈 깡통, 병, 페트병, 플락스틱제 용기포장 등	동네 집적장소	8시 30분까지	(주 1회) 매주 수요일

* 내는 날은 지정봉투에 반드시 넣어서 내십시오.

★ い형용사의 명사 수식형(기본형 + 명사) ~한 + 명사

　예) 新(あたら)しい 새것이다, 새롭다 → 新(あたら)しい 机(つくえ) 새 책상

★ う로 끝나는 1그룹 동사의 た형(과거형) + ので ~했기 때문에(~해서)

　　예) 買(か)う 사다 → 買(か)って 사고, 사서 → 買(か)った 샀다 → 買(か)ったので 샀기 때문에

★ 2그룹 동사의 ます형 + たい ~하고 싶다(본인의 희망표현)

　　예) 捨(す)てる 버리다 → 捨(す)てます 버립니다 → 捨(す)てたい 버리고 싶다 → 捨(す)てたいです 버리고 싶습니다

★ 1그룹 동사의 가능표현(끝 글자(어미) う단을 え단으로 고치고 る) ~할 수 있다

　　예) 出(だ)す 내다 → 出(だ)せ → 出(だ)せる 낼 수 있다, もやす 태우다 → もやせ → もやせる 태울 수 있다

★ 2그룹 동사의 ない형(부정형) ~하지 않다, ~할 수 없다(가능표현에서)

　예) 出(だ)せる 낼 수 있다 → 出(だ)せない 낼 수 없다(못 내다)

★ す로 끝나는 1그룹 동사의 ます형 + かた ~하는 방법

　예) 出(だ)す 내다 → 出(だ)します 냅니다 → 出(だ)し → 出(だ)しかた 내는 방법

★ 겸양어 공식(お + 동사의 ます형 + する) ~하다, ~하겠다(본인이)

　예) 知(し)らせる 알리다, 통지하다 → 知(し)らせます 알립니다 → お知(し)らせする 알리다, 알리겠다 → お知(し)らせします 알리겠습니다, 통지하겠습니다

★ 2그룹 동사의 た형(과거형) + 명사 ~했던 + 명사

　　예) 出(で)る 나가(오)다 → 出(で)て 나가고, 나가서 → 出(で)た 나왔다 → 出(で)たごみ 나온 쓰레기

★ 2그룹 동사의 て형(연결형) ~하고, ~해서

　예) 分(わ)ける 나누다 → 分(わ)けて 나누고, 나눠서, 入(い)れる 넣다 → 入(い)れて 넣고, 넣어서

★ 3그룹 동사 중 する의 て형(연결형) + いる ~하고 있다

　예) 収集(しゅうしゅう)する 수집하다 → 収集(しゅうしゅう)して 수집하고(해서) → 収集(しゅうしゅう)している 수집하고 있다 → 収集(しゅうしゅう)しています 수집하고 있습니다

★ 동사의 명사수식형(동사의 う단 형태(원형) + 명사) ~하는(할) + 명사

　예) 出(だ)す 내다 → 出(だ)す 場所(ばしょ) 내는(낼) 장소

★ る로 끝나는 1그룹 동사의 て형(연결형) + いる ~해져 있다(되어져 있다)

　예) 決(き)まる 정해지다 → 決(き)まって 정해지고, 정해져서 → 決(き)まっている 정해져 있다 → 決(き)まっています 정해져 있습니다

★ す로 끝나는 1그룹 동사의 て형(연결형) + ください ~해 주십시오!(부탁의 표현)

　예) 出(だ)す 내다 → 出(だ)して 내고, 내어서 → 出(だ)してください 내 주십시오!

★ 2그룹 동사의 た형(과거형) ~했다

　예) 汚(よご)れる 더러워지다 → 汚(よご)れて 더러워지고(저서) → 汚(よご)れた 더러워졌다

단어 ▶　今月 こんげつ 이번 달　　月 がつ 월　　新 あたらしい 새것이다, 새롭다　　机 つくえ 책상
買 かう 사다　　買 かった 샀다　　古 ふるい 오래되다, 낡다　　物 もの 물건, 것
捨 すてる 버리다　　たい ~하고 싶다　　いつ 언제　　何時 なんじ 몇시
ごろ 때, 쯤, 무렵　　第一 だいいち 제일, 첫 번째　　月曜日 げつようび 월요일
までに 까지는　　木曜日 もくようび 목요일　　町内 ちょうない 동네

集積しゅうせき 場所ばしょ 집적장소　　出だす 내다　　出だせる 낼 수 있다

出だせない 낼 수 없다　　ごみ 쓰레기　　どれ 어느 것

もやせるごみ 가연성 쓰레기(태울 수 있는 쓰레기)　　もやせないごみ 태울 수 없는 쓰레기

粗大そだいごみ 대형 쓰레기　　資源しげんごみ 자원쓰레기

ごみの出だしかた 쓰레기 버리는 방법　　お知しらせします 알려 드리겠습니다

現在げんざい 현재　　家庭かてい 가정　　出でる 나가(오)다　　出でた 나갔(왔)다

四よっつ 네 개　　分わける 나누다　　収集しゅうしゅうする 수집하다

している 하고 있다　　市民しみん 시민　　みなさん 여러분　　出だしていただく 내받다

必要ひつよう 필요　　ある 있다　　あります 있습니다　　また 또　　場所ばしょ 장소

日ひ 날　　それぞれ 저마다, 각각　　決きまる 정해지다, 결정되다

決きまっている 정해져 있다　　よく 잘, 자주, 좋게　　確認かくにんする 확인하다

出だしてください 내 주십시오!　　どの 어느　　指定日していび 지정일　　朝あさ 아침

種類しゅるい 종류　　捨すてる 버리다　　所ところ 곳, 장소　　時間じかん 시간

台所だいどころ 부엌　　生なまごみ 젖은 쓰레기(음식물 쓰레기)　　汚よごれる 더러워지다

紙かみ 종이　　たばこの吸殻すいがら 담배꽁초　　木きくず 나무쓰레기

紙かみおむつ 일회용 종이기저귀　　など 등　　週しゅう二回にかい 주 2회

毎週まいしゅう 매주　　火曜日かようび 화요일　　ビニール 비닐

プラスチック類るい 플라스틱류　　鉄類てつるい 철 류(쇠붙이)　　ガラス類るい 유리종류

陶器類とうきるい 도자기 종류　　リサイクル業務課ぎょうむか 리사이클 업무과

収集しゅうしゅう希望きぼう 수집희망　　年ねん二回にかい 년 2회　　三月さんがつ 3월

十一月じゅういちがつ 11월　　第一だいいち月曜日げつようび 첫째 주 월요일

古紙こし 못 쓰게 된 종이(폐지)　　あき缶かん 빈 깡통　　びん 병　　ペットボトル 페트병

プラスチック製せい 플라스틱제　　容器ようき 용기　　包装ほうそう 포장

水曜日すいようび 수요일　　指定してい袋ぶくろ 지정봉투(규격봉투)　　必かならず 반드시

入いれる 넣다

CHAPTER 03 청해

청해익히기 즉시 응답 문제 3

즉시 응답 문제는 그림이 없는 문제로서 질문을 듣고 다음에 나올 적합한 대답을 선택하는 문제이다. 일상생활에서 빈번히 사용하는 기초적인 질의응답 패턴이 나올 가능성이 많다.

(예시)
女：ただいま。
男：

1　おかえりなさい。
2　いってきます。
3　いただきます。

여 : 다녀왔습니다.
남 :

1 어서 오세요.
2 다녀오겠습니다.
3 잘 먹겠습니다.

문제로 확인하기

1番
1
2
3

2番
1
2
3

3番
1
2
3

4番
1
2
3

1번 문제

男：どうして会社かいしゃを休やすみましたか。

女：

1 少すこし休やすみましょう。

2 風邪かぜを引ひいてしまって。

3 今日きょうは休やすみじゃありません。

해석 ▶

남：왜 회사를 쉬었습니까?

여：

1 조금 쉽시다.

2 감기에 걸려 버려서.

3 오늘은 휴일이 아닙니다.

포인트 문법 ▶

~てしまう(~해 버리다)

風邪(かぜ)を引(ひ)く(감기에 걸리다) → 風邪(かぜ)を引(ひ)いてしまう(감기에 걸려 버리다) → 風邪(かぜ)を引(ひ)いてしまって(감기에 걸려 버려서)

단어 ▶　どうして 왜　　会社かいしゃ 회사

休やすむ 쉬다　　少すこし 조금

風邪かぜを引ひく 감기에 걸리다

今日きょう 오늘

休やすみ 휴일, 휴가, 휴식

정답 ▶　2

2번 문제

스크립트 ▶

女：アメリカに何なにをしに行いきますか。

男：

1 出張しゅっちょうです。

2 一人ひとりで行いきます。

3 飛行機ひこうきで行いきます。

해석 ▶

여：미국에 무엇을 하러 갑니까?

남：

1 출장입니다.

2 혼자서 갑니다.

3 비행기로 갑니다.

포인트 문법 ▶

동사의 ます형+に(하러)

する(하다) → します(합니다) → しに(하러)

단어 ▶　アメリカ 미국　　する 하다

行いく 가다　　出張しゅっちょう 출장

一人ひとりで 혼자서

飛行機ひこうき 비행기

정답 ▶　1

3번 문제

스크립트 ▶

男：おいしそうなサラダですね。

女：

1 いいえ、おいしいです。
2 どうぞ、食たべてみてください。
3 はい、甘あますぎます。

해석 ▶

남 : 맛있을 것 같은 샐러드군요.

여 :

1 아니오, 맛있습니다.
2 자, 먹어 보세요.
3 예, 너무 답니다.

포인트 문법 ▶

① 형용사의 어간+そうだ(～일 것 같다-추측)
   おいしい(맛있다) → おいしそうだ(맛있을 것 같다) → おいしそうなサラダ(맛있을 것 같은 샐러드)
② ～てみる(～해 보다)
   食(た)べる(먹다) → 食(た)べてみる(먹어 보다) → 食(た)べてみてください(먹어 보세요)
③ 형용사의 어간+すぎる(지나치게 ～이다. 너무 ～이다)
   甘(あま)い(달다) → 甘(あま)すぎる(너무 달다) → 甘(あま)すぎます(너무 답니다)

단어 ▶ おいしい 맛있다   サラダ 샐러드
        食たべる 먹다   甘あまい 달다

정답 ▶ 2

4번 문제

스크립트 ▶

女：そのペンを貸かしてくださいませんか。

男：

1 はい、貸かしてください。
2 はい、300円えんです。
3 はい、どうぞ。

해석 ▶

여 : 그 펜을 빌려 주시지 않겠습니까?

남 :

1 예, 빌려 주세요.
2 예, 300엔입니다.
3 예, 그러세요.

포인트 문법 ▶

「どうぞ」는 상대편에게 무엇을 허락하거나 권하거나 할 때 쓰는 말이다. 여기에서는 빌려가라고 허락하는 뉘앙스로 쓰였다.

단어 ▶ ペン 펜   貸かす 빌려 주다

정답 ▶ 3

PracticeTest 1 문자/어휘

もんだい1 ＿＿＿＿＿の ことばは どう よみますか。1・2・3・4から いちばん いい
ものを ひとつ えらんで ください

1 日本で 一番 <u>安全</u>な ところは どこでしょう。

　　1　あんど　　　　2　あんしん　　　3　あんぜん　　　4　あんてい

2 はじめに 年を 聞くなんて <u>失礼</u>ですね。

　　1　しつぎょう　　2　しつれん　　　3　しつめい　　　4　しつれい

3 ホテルの 予約を <u>キャンセル</u>して ください。

　　1　きゃそせる　　2　きゃんせる　　3　きゃんせり　　4　きゃんなる

4 <u>お世話</u>に なった 方に 明太子を おくって さしあげました。

　　1　およわ　　　　2　およば　　　　3　おせは　　　　4　おせわ

5 倒れて ひざを <u>怪我</u>しました。

　　1　けがしました　　　　　　　　　2　かいがしました

　　3　けわしました　　　　　　　　　4　かいわしました

もんだい2 _____の ことばは どう かきますか。1・2・3・4から いちばん いい
ものを ひとつ えらんで ください。

6　これから　将来の　ことが　しんぱいです。

　　1　心背　　　　　2　心杯　　　　　3　心配　　　　　4　信配

7　英語が　じゆうに　話せたら　いいですね。

　　1　自田　　　　　2　自油　　　　　3　白由　　　　　4　自由

8　友だちは　だいえっと中だ　そうです。

　　1　ダイエツト　　2　ダイエット　　3　ダイエソト　　4　ダイエシト

9　父が　いっぴきの　犬を　買って　きました。

　　1　一匹　　　　　2　一枚　　　　　3　一本　　　　　4　一台

10　ビールを　もういっぱい　お願いします。

　　1　一人　　　　　2　一階　　　　　3　一杯　　　　　4　一足

もんだい3 （　　　　）に　なにを　いれますか。1・2・3・4から　いちばん　いい　もの
を　ひとつ　えらんで　ください。

11 今日だけ　（　　　　）　安く　する　らしいです。

1　とくべつに　　　2　とくべつな　　　3　とくべつの　　　4　とくべつも

12 （　　　　）　ことばづかいですね。

1　ていねいで　　2　ていねいに　　3　ていねいな　　4　ていねいの

13 彼女は　（　　　　）を　集めるのが　趣味で、30枚も　持って　いる　ようで
す。

1　バック　　　　2　ペット　　　　3　リンゴ　　　　4　ハンカチ

14 頭が　痛いです。（　　　　）　熱も　あります。

1　しかし　　　　2　それに　　　　3　それとも　　　　4　でも

15 バス　（　　　　）　電車でも　行けます。

1　または　　　　2　だから　　　　3　それなら　　　　4　それで

もんだい4 _____の ぶんと だいたい おなじ いみの ぶんが あります。1・2・3・4から いちばん いい ものを ひとつ えらんで ください。

16 漫画喫茶の　アルバイトは　らくです。

　　1　漫画喫茶の　アルバイトは　たのしいです。

　　2　漫画喫茶の　アルバイトは　かんたんです。

　　3　漫画喫茶の　アルバイトは　おもしろいです。

　　4　漫画喫茶の　アルバイトは　たいへんです。

17 チャンスが　あれば　ほかの　仕事も　して　みたいです。

　　1　時間が　あれば　ほかの　仕事も　して　みたいです。

　　2　ひまが　あれば　ほかの　仕事も　して　みたいです。

　　3　お金が　あれば　ほかの　仕事も　して　みたいです。

　　4　きかいが　あれば　ほかの　仕事も　して　みたいです。

18 クリスマスの　おくりもので　マフラーを　もらいました。

　　1　クリスマスの　ホテルで　マフラーを　もらいました。

　　2　クリスマスの　プロポーズで　マフラーを　もらいました。

　　3　クリスマスの　プレゼントで　マフラーを　もらいました。

　　4　クリスマスの　パーティーで　マフラーを　もらいました。

もんだい5　つぎの　ことばの　つかいかたで　いちばん　いい　ものを　1・2・3・4から
　　　　　ひとつ　えらんで　ください。

19　立派だ

1　将来、立派な　人に　なりたいです。

2　新しい　くつは　サイズも　立派で　あわないです。

3　この　ピアノの　値段は　とても　立派です。

4　ご飯を　たくさん　食べたので　おなかが　立派に　なりました。

20　うしろ

1　これから　3年うしろに　結婚する　つもりです。

2　ご飯を　食べたうしろで　コーヒーも　いっぱい　飲みました。

3　建物の　うしろには　木が　たくさん　あります。

4　うしろで　ご連絡　ください。

Practice Test 2 문법

問題1 （　　）に　何を　入れますか。1・2・3・4から　いちばん　いい　ものを　一つ
えらんで　ください。

1 この　雑誌は、サラリーマンに　よく　（　　　）　います。
1　読んで　　　　　2　読めて　　　　　3　読まれて　　　4　読まられて

2 私は　遅刻して、先生（　　　）　叱られました。
1　が　　　　　　2　を　　　　　　3　は　　　　　4　に

3 息子に　ピアノを　（　　　）。
1　習わせます　　2　習あせます　　3　習いせます　　4　習いさせます

4 子どもの　ころ　野菜が　きらいだったけど、毎日　母親に　野菜を
（　　　）。
1　食べた　　　　　　　　　2　食べさせられた
3　食べられた　　　　　　　4　食べさせた

5 社長は　毎朝　散歩を　（　　　）。
1　ご存じです　　　　　　　2　くださいます
3　なさいます　　　　　　　4　召し上がります

6 「いつ　（　　　）」

「1時間　前に　帰^{かえ}りました」

1　帰^{かえ}らせましたか

2　お帰^{かえ}りなりましたか

3　お帰^{かえ}りしましたか

4　帰^{かえ}られましたか

7 「どうぞ、（　　　）　ください」

「おじゃまします」

1　お上^あがり　　　2　お上^あがって　　　3　上^あがり　　　4　上^あがりに

8 今日は　寒^{さむ}い(　　　)、雨も　降^ふって　いるから　家に　います。

1　から　　　　　2　ので　　　　　3　と　　　　　4　し

9 林^{はやし}さんは、熱^{ねつ}が　（　　　）　学校を　休まない。

1　あったら　　　2　あるから　　　3　あっても　　　4　あれば

10 レポートは　来週^{らいしゅう}の　金曜日^{きんようび}(　　　)　出して　ください。

1　までに　　　　2　までと　　　　3　まで　　　　4　までで

問題2 ___★___に 入る ものは どれですか。1・2・3・4から いちばん いい ものを 一つ えらんで ください。

11 _____ _____ _____ __★__いけません。

   1　に　　　　　　2　飲ませては　　3　お酒を　　　4　小学生

12 今日_____ _____ __★__ _____か。

   1　帰らせて　　　　　　　　　2　は
   3　早く　　　　　　　　　　　4　いただけません

13 では、_____ __★__ _____ _____おります。

   1　待ち　　　　　2　返事　　　　　3　して　　　　4　お

14 祖父の_____ __★__ _____ _____つながらない。

   1　電話　　　　　2　しても　　　　3　いくら　　　4　家に

15 そんなに__★__ _____ _____ _____んですか。

   1　高い　　　　　2　誰が　　　　　3　本を　　　　4買う

問題3 [16] から [20] に 何を 入れますか。1・2・3・4から いちばん いい も
のを 一つ えらんで ください。

はじめまして、ソウルから 来た 安と [16]。 趣味は 絵を 描く
ことです。今、日本語学校に [17] ながら、学費と 生活費の ために レ
ストランで 皿洗いの アルバイトを して います。友だちと いっしょに
学校の 近くに ある 寮に 住んで います。

私は 今年 日本語能力試験を 受けようと 思って います。小さい
ころ、親が よく 漢字の 勉強を [18] ので、漢字には 自信が ありま
す。しかし、文法は 何を 勉強すれば いいか、どうやって 勉強すれば
いいか 分からなくて 少し [19] です。でも、試験に 合格する [20]
がんばります。よろしく お願いします。

16　1　おっしゃいます　　　　　　　2　なさいます

　　3　いたします　　　　　　　　　4　もうします

17　1　通_{かよ}う　　　2　通_{かよ}い　　　3　通_{かよ}って　　　4　通_{かよ}った

18　1　させる　　　　　　　　　　　2　させた

　　3　させられる　　　　　　　　　4　させられた

19　1　無理_{むり}　　　2　楽_{たの}しみ　　　3　不便_{ふべん}　　　4　不安_{ふあん}

20　1　ために　　　2　から　　　3　けど　　　4　ので

PracticeTest 1 문자/어휘

문제 1

1 해석 ▶ 일본에서 제일 <u>안전</u>한 곳은 어디일까요?

해설 ▶ 1 安堵あんど 안도　　　　　　　　　2 安心あんしん 안심

　　　　3 安全あんぜん 안전　　　　　　　　4 安定あんてい 안정

포인트 문법 ▶ ★ な형용사의 명사수식형(끝 글자 だ를 지우고 な + 명사) ～한 + 명사

　　　　예) 安全(あんぜん)だ 안전하다 → 安全(あんぜん)な 안전한 → 安全(あんぜん)なところ

　　　　안전한 곳

　　　　★ 대명사 + でしょう ～일까요?, ～이겠지요

　　　　예) どこ 어디? → どこでしょう 어디일까요?, 誰(だれ) 누구? → 誰(だれ)でしょう 누구

　　　　일까요?

단어 ▶ 日本にほん 일본　　　一番いちばん 가장, 제일　　　安全あんぜんだ 안전하다

　　　　所ところ 곳, 장소　　　どこ 어디

정답 ▶ 3

2 해석 ▶ 처음에(초면에) 나이를 묻다니 <u>실례</u>군요!

해설 ▶ 1 失業しつぎょう 실업　　　　　　　　2 失恋しつれん 실연

　　　　3 失明しつめい 실명　　　　　　　　4 失礼しつれい 실례

포인트 문법 ▶ ★ 동사의 う단 형태(원형) + なんて ～하다니

　　　　예) 聞(き)く 묻다 → 聞(き)くなんて 묻다니, 泣(な)く 울다 → 泣(な)くなんて 울다니

단어 ▶ はじめに 처음에, 초면에　　　年とし 나이　　　聞きく 묻다, 듣다　　　失礼しつれい 실례

　　　　ですね ～이군요!, ～이네요!

정답 ▶ 4

3 해석 ▶ 호텔 예약을 <u>캔슬(취소)</u> 해 주십시오!

해설 ▶ 1 X　　　　　　　　　　　　　2 キャンセル 취소

　　　　3 X　　　　　　　　　　　　　4 X

포인트 문법 ▶ ★ 3그룹 동사 중 する의 て형(연결형) ～고, ～서

　　　　예) する 하다 → して 하고(해서), キャンセルする 캔슬하다 → キャンセルして 캔슬하고

　　　　(해서)

　　　　★ 3그룹 동사 중 する의 て형(연결형) + ください ～해 주십시오!(부탁의 표현)

　　　　예) する 하다 → して 하고, 해서 → してください 해 주십시오!, 見(み)る 보다 → 見(み)

　　　　て 보고, 봐서 → 見(み)てください 봐 주십시오!

단어 ▶ ホテル 호텔　　　予約よやく 예약　　　キャンセル 캔슬(취소)　　　する 하다

　　　　ください 주십시오!

정답 ▶ 2

4 해석 ▶ 신세를 진분에게 명란젓(명태 알)을 보내 드렸습니다.

해설 ▶ 　1　X　　　　　　　　　　　　　　　2　X

　　　　3　X　　　　　　　　　　　　　　　4　お世話せわ 신세

포인트 문법 ▶ 　★ る로 끝나는 1그룹 동사의 た형(과거형) ～했다

　　　　　　예) なる 되다 → なって 되고, 되어서 → なった 되었다

　　　　　　★ る로 끝나는 1그룹 동사의 て형(연결형) ～하고, ～해서

　　　　　　예) 送(おく)る 보내다 → 送(おく)って 보내고, 보내서

　　　　　　★ る로 끝나는 1그룹 동사의 て형(연결형) + さしあげる ～해 드리다

　　　　　　예) 送(おく)る 보내다 → 送(おく)って 보내고, 보내서 → 送(おく)ってさしあげる 보내드

　　　　　　리다

단어 ▶ 　お世話せわになる 신세를 지다　　方かた 분　　明太子めんたいこ 명란젓(명태 알)

　　　　送おくる 보내다　　さしあげる 드리다

정답 ▶ 　4

5 해석 ▶ 넘어져서 무릎을 다쳤습니다.

해설 ▶ 　1　怪我けがしました 다쳤습니다 / 怪我けがする 다치다

　　　　2　X

　　　　3　X

　　　　4　会話かいわしました 회화했습니다 / 会話かいわする 회화하다

포인트 문법 ▶ 　★ 2그룹 동사의 て형(연결형) ～고, ～서

　　　　　　예) 倒(たお)れる 넘어지다 → 倒(たお)れて 넘어지고, 넘어져서

　　　　　　★ 3그룹 동사 중 する의 ました형(정중한 과거형) ～했습니다

　　　　　　예) する 하다 → します 합니다 → しました 했습니다. 怪我(けが)する 다치다 → 怪我

　　　　　　(けが)します 다칩니다 → 怪我(けが)しました 다쳤습니다

단어 ▶ 　倒たおれる 넘어지다　　膝ひざ 무릎　　怪我けが 상처　　怪我けがする 다치다

정답 ▶ 　1

문제2

6 해석 ▶ 지금부터(앞으로) 장래(미래)의 일이 걱정입니다.

해설 ▶ 　1　X　　　　　　　　　　　　　　　2　X

　　　　3　心配しんぱい 걱정　　　　　　　　　4　X

포인트 문법 ▶ 　★ 명사 + の + こと ～의 일

　　　　　　예) 将来(しょうらい) 장래(미래) → 将来(しょうらい)のこと 장래의 일. 子(こ)ども 아이

　　　　　　　　→ 子(こ)どものこと 아이의 일

　　　　　　★ な형용사의 です형(정중형) ～입니다

　　　　　　예) 心配(しんぱい)だ 걱정이다 → 心配(しんぱい)です 걱정입니다

단어 ▶ これから 앞으로, 지금부터   将来しょうらい 장래(미래)   こと 일, 것
　　　　心配しんぱいだ 걱정이다

정답 ▶ 3

7 해석 ▶ 영어를 <u>자유롭게 이야기할 수 있으면(구사할 수 있으면)</u> 좋겠어요!

해설 ▶ 1 X　　　　　　　　　　　　　　2 X

　　　　3 X　　　　　　　　　　　　　　4 **自由**じゆう 자유

포인트 문법 ▶ ★ な형용사의 부사형(끝 글자 だ를 지우고 に) ~하게

　　　　　　　예) 自由(じゆう)だ 자유롭다 → 自由(じゆう)に 자유롭게

　　　　　　★ 1그룹 동사의 가능표현(끝 글자 う단을 え단으로 고치고 る) ~할 수 있다

　　　　　　　예) 話(はな)す 이야기하다→ 話(はな)せ → 話(はな)せる 이야기 할 수 있다

　　　　　　★ 가능표현 앞에서는 목적격조사 を대신에 が를 사용할 수 있다.

　　　　　　　예) 英語(えいご)が話(はな)せる 영어를 이야기할 수 있다(구사할 수 있다)

　　　　　　★ 동사의 가능표현 + たら(조건문) ~할 수 있으면(가능표현은 2그룹동사 활용함)

　　　　　　　예) 話(はな)す 이야기하다 → 話(はな)せる 이야기 할 수 있다 → 話(はな)せて 이야기 할
　　　　　　　수 있고(있어서) → 話(はな)せた 이야기 할 수 있었다 → 話(はな)せたら 이야기 할 수
　　　　　　　있으면

　　　　　　★ 2그룹 동사의 たら형(조건문) + いいですね ~했으면 좋겠어요!(바램표현)

　　　　　　　예) 話(はな)せる 이야기 할 수 있다→ 話(はな)せたら 이야기 할 수 있으면 → 話(はな)せ
　　　　　　　たらいいですね 이야기 할 수 있으면 좋겠어요!, できる 할 수 있다 → できたら 할 수
　　　　　　　있으면 → できたらいいですね 할 수 있으면 좋겠어요!

단어 ▶ 英語えいご 영어   自由じゆうだ 자유롭다   話はなす 이야기하다
　　　　話はなせる 이야기 할 수 있다   いい 좋다

정답 ▶ 4

8 해석 ▶ 친구는 <u>다이어트</u> 중이라고 합니다.

해설 ▶ 1 X　　　　　　　　　　　　　　2 **ダイエット**だいえっと 다이어트

　　　　3 X　　　　　　　　　　　　　　4 X

포인트 문법 ▶ ★ 명사 + 中(ちゅう) ~중

　　　　　　　예) ダイエット 다이어트 → ダイエット中(ちゅう) 다이어트 중, 仕事(しごと) 일 → 仕事
　　　　　　　(しごと)中(ちゅう) 일하는 중

　　　　　　★ 명사 + だ + そうだ ~라고 한다(전문용법)

　　　　　　　예) 医者(いしゃ) 의사 → 医者(いしゃ)だ 의사이다 → 医者(いしゃ)だそうだ 의사라고 한
　　　　　　　다 → 医者(いしゃ)だそうです 의사라고 합니다

단어 ▶ 友ともだち 친구   ダイエット 다이어트   中ちゅう ~중   そうだ ~라고 한다

정답 ▶ 2

9　해석 ▶　아버지가 <u>한 마리</u>의 개를 사 왔습니다.

　　해설 ▶　1　一匹いっぴき 한 마리(작은 동물)　　　　2　一枚いちまい 한 장

　　　　　　3　一本いっぽん 한 자루(그루, 병 등)　　　　4　一台いちだい 한 대(자동차, 기계 등)

　포인트 문법 ▶　★ う로 끝나는 1그룹 동사의 て형(연결형)

　　　　　　　　예) 買(か)う 사다 → 買(か)って 사고, 사서, 会(あ)う 만나다 → 会(あ)って 만나고, 만나서

　　　　　　　★ 동사의 て형(연결형) + くる ～하고 오다

　　　　　　　　예) 買(か)う 사다 → 買(か)って 사고, 사서 → 買(か)ってくる 사 오다 → 買(か)ってきます 사 옵니다 → 買(か)ってきました 사 왔습니다

　　단어 ▶　父ちち 아버지　　一匹いっぴき 한 마리(작은 동물들)　　犬いぬ 개　　買かう 사다

　　　　　　来くる 오다

　　정답 ▶　1

10　해석 ▶　맥주를 <u>한 잔</u> 더 부탁드리겠습니다.

　　해설 ▶　1　一人ひとり 한 사람　　　　　　　　2　一階いっかい 1층

　　　　　　3　一杯いっぱい 한 잔　　　　　　　　4　一足いっそく 한 켤레

　포인트 문법 ▶　★ 수량적인 말 앞에 사용되는 もう는 「～더」라고 해석이 된다.

　　　　　　　　예) もう一杯(いっぱい) 한잔 더, もう一度(いちど) 한 번 더

　　　　　　　★ お + ます형 + する ～하다, ～하겠다(겸양어공식)

　　　　　　　　예) 願(ねが)う 바라다, 원하다 → 願(ねが)います 바랍니다 → 願(ねが)い 바람, 소원 → お願(ねが)いする 바라다, 부탁하다 → お願(ねが)いします 바랍니다, 부탁드리겠습니다

　　단어 ▶　ビール 맥주　　もう 이미, 벌써, 더　　お願ねがいする 부탁하다

　　정답 ▶　3

문제3

11　해석 ▶　오늘만 (　특별히　) 싸게 하는 것 같습니다.

　　해설 ▶　1　特別とくべつに 특별히　　　　　　2　特別とくべつな 특별한

　　　　　　3　特別とくべつの 특별의　　　　　　4　X

　포인트 문법 ▶　★ な형용사의 부사형(끝 글자 だ를 지우고 に) ～하게

　　　　　　　　예) 特別(とくべつ)だ 특별하다 → 特別(とくべつ)に 특별하게(특별히)

　　　　　　　★ い형용사의 부사형(끝 글자 い를 지우고 く) ～하게

　　　　　　　　예) 安(やす)い 싸다 → 安(やす)く 싸게

　　　　　　　★ 동사의 う단 형태(원형) + らしい ～인 것 같다, ～인 듯하다(명확한 근거가 있을 때)

　　　　　　　　예) する 하다 → するらしい 하는 것 같다 → するらしいです 하는 것 같습니다

　　단어 ▶　今日きょう 오늘　　だけ ～만　　安やすい 싸다　　安やすく 싸게　　する 하다

　　　　　　らしい 인 것 같다

　　정답 ▶　1

12 해석 ▶ (정중한) 말투네요!

해설 ▶ 1 丁寧ていねいで 정중하고   2 丁寧ていねいに 정중하게

3 丁寧ていねいな 정중한   4 丁寧ていねいの 정중의

포인트 문법 ▶ ★ な형용사의 で형(연결형) ~하고

예) 丁寧(ていねい)だ 정중하다 → 丁寧(ていねい)で 정중하고

★ な형용사의 부사형(끝 글자 だ를 지우고 に) ~하게

예) 丁寧(ていねい)だ 정중하다 → 丁寧(ていねい)に 정중하게

★ な형용사의 명사수식형(끝 글자 だ를 지우고 な + 명사) ~한 + 명사

예) 丁寧(ていねい)だ 정중하다 → 丁寧(ていねい)な 정중한 → 丁寧(ていねい)な言葉(こ
とば) 정중한 말

단어 ▶ 丁寧ていねいだ 정중하다   言葉ことば 말   言葉ことばづかい 말투

정답 ▶ 3

13 해석 ▶ 그녀는 (손수건)을 모으는 것이 취미로 30장이나 가지고 있는 것 같습니다.

해설 ▶ 1 가방(백)   2 애완동물

3 사과   4 손수건

포인트 문법 ▶ ★ 동사의 う단 형태(원형) + のが ~하는 것이

예) 集(あつ)める 모으다 → 集(あつ)めるのが 모으는 것이

★ 수량적인 말 + も ~이나(많다는 뉘앙스)

예) 30枚(まい)も 30장이나, 三(みっ)つも 세 개나

★ つ로 끝나는 1그룹 동사의 て형(연결형) + いる ~하고 있다

예) 持(も)つ (손에)들다 → 持(も)って 들고, 들어서 → 持(も)っている (손에)들고 있다

★ 동사의 う단 형태(원형) + ようだ ~인 것 같다, ~인듯하다(명확한 근거가 없는 주관적인 생각)

예) いる 있다 → いるようだ 있는 것 같다 → いるようです 있는 것 같습니다

단어 ▶ 彼女かのじょ 그녀, 애인   集あつめる 모으다   趣味しゅみ 취미

枚まい 장   持もつ 가지다, (손에)들다   いる 있다

ようだ 인 것 같다, 인듯하다(명확한 근거 없는 주관적 생각)

정답 ▶ 4

14 해석 ▶ 머리가 아픕니다. (게다가) 열도 있습니다.

해설 ▶ 1 그러나   2 게다가

3 그렇지 않으면(아니면)   4 그렇지만

포인트 문법 ▶ ★ い형용사의 です형(정중형) ~입니다

예) 痛(いた)い 아프다 → 痛(いた)いです 아픕니다

★ 1그룹 동사의 ます형(정중형) ~합니다

예) ある 있다 → あり → あります 있습니다

단어 ▶ 頭あたま 머리   痛いたい 아프다   熱ねつ 열   ある 있다

정답 ▶ 2

15 해석 ▶ 버스 (또는) 전철로도 갈 수 있습니다.

해설 ▶ 1 또는   2 그러니까

                3 그렇다면   4 그래서

포인트 문법 ▶ ★ 명사 + でも ~라도(~로도)

            예) 電車(でんしゃ) 전철 → 電車(でんしゃ)でも 전철이라도(전철로도), コーヒー 커피 →

                コーヒーでも 커피라도

          ★ 1그룹 동사의 가능표현(끝 글자 う단을 え단으로 고치고 る) ~할 수 있다

            예) 行(い)く 가다 → 行(い)け → 行(い)ける 갈 수 있다 → 行(い)けます 갈 수 있습니다

단어 ▶ バス 버스   電車でんしゃ 전철   行いく 가다   行いける 갈 수 있다

정답 ▶ 1

문제4

16 해석 ▶ 만화카페의 아르바이트는 편합니다(수월합니다).

          1 만화카페의 아르바이트는 즐겁습니다. (X)

          2 만화카페의 아르바이트는 간단합니다. (O)

          3 만화카페의 아르바이트는 재미있습니다. (X)

          4 만화카페의 아르바이트는 힘이 듭니다. (X)

포인트 문법 ▶ ★ な형용사의 です형(정중형) ~입니다

            예) 楽(らく)だ 수월하다 → 楽(らく)です 수월합니다

          ★ い형용사의 です형(정중형) ~입니다

            예) 楽(たの)しい 즐겁다 → 楽(たの)しいです 즐겁습니다

단어 ▶ 漫画まんが喫茶きっさ 만화카페   アルバイト 아르바이트   楽らくだ 수월하다

       楽たのしい 즐겁다   簡単かんたんだ 간단하다   面白おもしろい 재미있다

       大変たいへんだ 힘이 들다, 대단하다

정답 ▶ 2

17 해석 ▶ 찬스가 있으면 다른 일도 해 보고 싶습니다.

          1 시간이 있으면 다른 일도 해 보고 싶습니다. (X)

          2 시간(짬, 틈)이 있으면 다른 일도 해 보고 싶습니다. (X)

          3 돈이 있으면 다른 일도 해 보고 싶습니다. (X)

          4 기회가 있으면 다른 일도 해 보고 싶습니다. (O)

포인트 문법 ▶ ★ 1그룹 동사의 ば조건문(끝 글자 う단을 え단으로 고치고 ば) ~면

            예) ある 있다 → あれ → あれば 있으면(있다면)

          ★ 1그룹 동사의 ます형(정중형) + たい ~하고 싶다(본인의 희망표현)

            예) 飲(の)む 마시다 → 飲(の)みます 마십니다 → 飲(の)みたい 마시고 싶다 → 飲(の)みた

               いです 마시고 싶습니다

★ 3그룹 동사 중 する의 て형(연결형) + みたい ~해보고 싶다

예) する 하다 → して 하고, 해서 → してみたい 해보고 싶다 → してみたいです 해보고
싶습니다

단어 ▶ チャンス 찬스　　ほか 다른　　仕事しごと 일　　見みる 보다　　してみたい 해보고 싶다

時間じかん 시간　　暇ひま 시간(짬, 틈)　　お金かね 돈　　機会きかい 기회

정답 ▶ 4

18 해석 ▶ <u>크리스마스 선물로 머플러를 받았습니다.</u>

1 크리스마스 호텔에서 머플러를 받았습니다. (X)

2 크리스마스 프러포즈로 머플러를 받았습니다. (X)

3 크리스마스 선물로 머플러를 받았습니다. (O)

4 크리스마스 파티에서 머플러를 받았습니다. (X)

포인트 문법 ▶ ★ 명사 + で ~로

예) プレゼント 선물 → プレゼントで 선물로

★ う로 끝나는 1그룹 동사의 ました형(정중한 과거형) ~했습니다

예) もらう 받다 → もらい → もらいます 받습니다 → もらいました 받았습니다

단어 ▶ クリスマス 크리스마스　　贈おくり物もの 선물　　マフラー 머플러　　貰もらう 받다

ホテル 호텔　　プロポーズ 프러포즈　　プレゼント 선물　　パーティー 파티

정답 ▶ 3

문제5

19 해석 ▶ 훌륭하다

1 장차(장래), <u>훌륭한</u> 사람이 되고 싶습니다. (O)

2 새 구두는 사이즈도 <u>훌륭해서</u> 맞지 않습니다. (X)

3 이 피아노의 가격은 매우 <u>훌륭합니다</u>. (X)

4 밥을 많이 먹어서 배가 <u>훌륭하게</u> 되었습니다. (X)

포인트 문법 ▶ ★ 명사 + になりたい ~이(가) 되고 싶다

예) 人(ひと) 사람 → 人(ひと)になる 사람이 되다 → 人(ひと)になります 사람이 됩니다 →
人(ひと)になりたい 사람이 되고 싶다 → 人(ひと)になりたいです 사람이 되고 싶습니
다

★ う로 끝나는 1그룹 동사의 ない형(부정형) ~하지 않다

예) 合(あ)う 맞다 → 合(あ)わ → 合(あ)わない 맞지 않는다 → 合(あ)わないです 맞지 않습
니다(예외라서 암기할 것)

★ 2그룹 동사의 た형(과거형) + ので ~이어서, ~ 때문에(이유, 원인)

예) 食(た)べる 먹다 → 食(た)べて 먹고, 먹어서 → 食(た)べた 먹었다 → 食(た)べたので 먹
어서

★ な형용사의 부사형(끝 글자 だ를 지우고 に) + なる ~하게 되다

예) 立派(りっぱ)だ 훌륭하다 → 立派(りっぱ)に 훌륭하게 → 立派(りっぱ)になる 훌륭하
게 되다 → 立派(りっぱ)になります 훌륭하게 됩니다 → 立派(りっぱ)になりました 훌
륭하게 되었습니다

단어 ▶ 将来しょうらい 장래, 미래, 장차   立派りっぱだ 훌륭하다   人ひと 사람

なる 되다   なりたい 되고싶다   新あたらしい 새롭다, 새것이다   靴くつ 구두

サイズ 사이즈   合あう 맞다   合あわない 맞지 않다   ピアノ 피아노

値段ねだん 가격   とても 매우   ご飯はん 밥   たくさん 많이   食たべる 먹다

食たべた 먹었다   お腹なか 배(신체부위)

정답 ▶ 1

20 **해석 ▶** 뒤(뒤쪽)

1 지금부터 3년 뒤(뒤쪽)에 결혼할 생각입니다. (X) → 이때는 일반적으로 あと(후, 나중)를 사용한다

2 밥을 먹은 뒤(뒤쪽)에서 커피도 한잔 마셨습니다. (X) → 이때는 일반적으로 あと(후, 나중)를 사용한
다

3 건물 뒤(뒤쪽)에는 나무가 많이 있습니다. (O)

4 뒤(뒤쪽)에서 연락해 주십시오! (X) → 이때는 일반적으로 あと(후, 나중)를 사용한다

포인트 문법 ▶ ★ 동사의 う단 형태(원형) + つもり ~할 생각(작정)

예) 結婚(けっこん)する 결혼하다 → 結婚(けっこん)するつもり 결혼 할 생각 → 結婚(け
っこん)するつもりです 결혼 할 생각입니다

★ む로 끝나는 1그룹 동사의 ました형(정중한 과거형) ~했습니다

예) 飲(の)む 마시다 → 飲(の)み → 飲(の)みます 마십니다 → 飲(の)みました 마셨습니다

★ 명사 앞에 붙는 ご가 존경접두어로 사용되는 경우

예) 連絡(れんらく) 연락 → ご連絡(れんらく) 연락, 案内(あんない) 안내 → ご案内(あん
ない) 안내

단어 ▶ これから 앞으로, 지금부터   年ねん 년   結婚けっこんする 결혼하다

つもり 생각, 작정, 속셈   ご飯はん 밥   食たべる 먹다   コーヒー 커피

一杯いっぱい 한 잔   飲のむ 마시다   建物たてもの 건물   木き 나무   たくさん 많이

ある 있다   あります 있습니다   連絡れんらく 연락   ください 주십시오!

정답 ▶ 3

PracticeTest 2 문법

문제1

1 해석 ▶ 이 잡지는 샐러리맨에게 잘 읽혀지고 있습니다.

해설 ▶ ① 読(よ)む(읽다) → 読(よ)んで(읽고/읽어서-연결형)

② 読(よ)む(읽다) → 読(よ)める(읽을 수 있다-1그룹동사의 가능형. う단 어미를 え단으로 바꾸고 る를 접속) → 読(よ)めて(읽을 수 있고/읽을 수 있어서)

③ 読(よ)む(읽다) → 読(よ)まれる(읽혀지다-1그룹동사의 수동형. う단 어미를 あ단으로 바꾸고 れる를 접속) → 読(よ)まれて(읽혀지고/읽혀져서)

④ 「読(よ)まられる → 読(よ)まられて」는 1그룹동사의 올바른 수동형 활용 형태가 아니다.

단어 ▶ 雑誌ざっし 잡지　　サラリーマン 샐러리맨　　よく 잘, 자주　　読よむ 읽다

정답 ▶ 3

2 해석 ▶ 나는 지각해서 선생님에게 꾸중 들었습니다.

해설 ▶ 叱(しか)る(꾸짖다) → 叱(しか)られる(꾸중 듣다-1그룹동사의 수동형. う단 어미를 あ단으로 바꾸고 れる를 접속) → 叱(しか)られました(꾸중 들었습니다)

능동문-先生(せんせい)が叱(しか)る(선생님이 꾸짖다)

수동문-先生(せんせい)に叱(しか)られる(선생님에게 꾸중 듣다)

단어 ▶ 遅刻ちこくする 지각하다　　先生せんせい 선생님　　叱しかる 꾸짖다

정답 ▶ 4

3 해석 ▶ 아들에게 피아노를 배우게 합니다.

해설 ▶ 習(なら)う(배우다) → 習(なら)わせる(배우게 하다-1그룹동사의 사역형. う단 어미를 あ단으로 바꾸고 せる를 접속) → 習(なら)わせます(배우게 합니다) 따라서 정답은 1번이고 2번, 3번, 4번 지문은 올바른 문법형식이 아니다.

단어 ▶ 息子むすこ 아들　　ピアノ 피아노　　習ならう 배우다

정답 ▶ 1

4 해석 ▶ 어릴 때 야채를 싫어했었지만, 매일 엄마가 야채를 먹게 해서 어쩔 수 없이 먹었다.

해설 ▶ ① 食(た)べる(먹다) → 食(た)べた(먹었다-과거형)

② 사역수동형의 일반적인 형태는 「Aに ～(さ)せられる」인데 「A에게 시켜서 당하다」라고 직역하지 말고 「A가 시켜서 억지로(어쩔 수 없이) 하다」라고 해석을 하자. 食(た)べる(먹다) → 食(た)べさせる(먹게 하다-2그룹동사의 사역형. 어미 る를 떼고 させる를 접속) → 食(た)べさせられる(먹게 해서 어쩔 수 없이 먹다-사역수동형) → 食(た)べさせられた(먹게 해서 어쩔 수 없이 먹었다)

③ 食(た)べる(먹다) → 食(た)べられる(먹히다/남이 내 것을 먹다–2그룹동사의 수동형. 어미 る를
떼고 られる를 접속) → 食(た)べられた(먹혔다/남이 내 것을 먹었다)

④ 食(た)べる(먹다) → 食(た)べさせる(먹게 하다–2그룹동사의 사역형 어미 る를 떼고 させる를
접속)

단어 ▶ 子(こ)ども 아이   ころ 때, 시절   きらいだ 싫어하다   ～けど ～지만

毎日(まいにち) 매일   **母親(ははおや)** 엄마(어머니)   **野菜(やさい)** 야채   **食(た)べる** 먹다

정답 ▶ 2

5 해석 ▶ 사장님은 매일 아침 산책을 하십니다.

해설 ▶ ① ご存(ぞん)じだ(아시다) → ご存(ぞん)じです(아십니다)

② くださる(주시다) → くださいます(주십니다)

③ なさる(하시다) → なさいます(하십니다)

④ 召(め)し上(あ)がる(드시다) → 召(め)し上(あ)がります(드십니다)

단어 ▶ **社長(しゃちょう)** 사장(님)   **毎朝(まいあさ)** 매일 아침   **散歩(さんぽ)** 산책

정답 ▶ 3

6 해석 ▶ 「언제 돌아오셨습니까?」

「1시간 전에 돌아왔습니다.」

해설 ▶ ① 帰(かえ)る(돌아오다) → 帰(かえ)らせる(돌아오게 하다–1그룹동사의 사역형. う단 어미를 あ단으
로 바꾸고 せる를 접속) → 帰(かえ)らせましたか(돌아오게 했습니까?)

② お+ます형+になる(하시다–존경표현)

帰(かえ)る(돌아오다) → お帰(かえ)りになる(돌아오시다) → お帰(かえ)りになりましたか(돌아
오셨습니까?)

2번 지문의「お帰(かえ)りなりましたか」는「に」가 빠져 있으므로 올바른 문법형식이 아니다.

③ 「お+ます형+する」는 겸양표현으로서 자신의 행동을 낮춤으로서 상대방을 높이는 경어 표현이
다. 帰(かえ)る(돌아오다) → お帰(かえ)りする(돌아오다–겸양표현) → お帰(かえ)りしましたか
(돌아왔습니까?) 3번 지문은 문법형식은 맞지만 내용이 상대방에게 묻는 표현이므로 자신의 행동
을 낮추는 겸양표현을 써서는 안 된다.

④ 帰(かえ)る(돌아오다) → 帰(かえ)られる(돌아오시다–1그룹동사의 う단 어미를 あ단으로 바꾸고
れる를 접속하면 수동형이 되기도 하고 한편으로 존경표현이 되기도 한다. 위 문장에서는 존경표
현으로 사용되었다) → 帰(かえ)られましたか(돌아오셨습니까?)

단어 ▶ いつ 언제   **帰(かえ)る** 돌아가다, 돌아오다   **時間(じかん)** 시간   **前(まえ)** 전, 앞

정답 ▶ 4

7 해석 ▶ 「자, 들어오십시오.」

　　　　「실례하겠습니다.」

해설 ▶ 「お+ます형+ください」는 「~てください(~해 주세요)」보다 더 공손한 표현이다. 上(あ)がる(들어오다) → 上(あ)がってください(들어오세요) → お上(あ)がりください(들어오십시오—더 공손한 표현) 따라서 올바른 문법형식은 1번이다.

단어 ▶ **どうぞ** 상대편에게 무엇을 허락하거나 권하거나 할 때 쓰는 말　　**上あがる** 들어가다, 들어오다

おじゃまします 실례합니다

정답 ▶ 1

8 해석 ▶ 오늘은 춥고 비도 내리고 있기 때문에 집에 있을 겁니다.

해설 ▶ ① 　~から(~때문에)

　　　　寒(さむ)い(춥다) → 寒(さむ)いから(춥기 때문에)

② 　~ので(~때문에)

　　　　寒(さむ)い(춥다) → 寒(さむ)いので(춥기 때문에)

③ 　~と(~하면, ~이면—조건표현)

　　　　寒(さむ)い(춥다) → 寒(さむ)いと(추우면)

④ 　~し(~하고)

　　　　寒(さむ)い(춥다) → 寒(さむ)いし(춥고)

단어 ▶ **今日きょう** 오늘　　**寒さむい** 춥다　　**雨あめ** 비　　**降ふる** 내리다　　**家うち** 집

いる 있다

정답 ▶ 4

9 해석 ▶ 하야시씨는 열이 있어도 학교를 쉬지 않는다.

해설 ▶ ① 　~たら(~하면—조건표현으로 각 품사의 た형(과거형)+ら의 접속 형태를 띤다)

　　　　ある(있다) → あった(있었다—과거형) → あったら(있으면)

② 　~から(~때문에)

　　　　ある(있다) → あるから(있기 때문에)

③ 　~ても(~하더라도, ~이더라도—각 품사의 て형(연결형)+も의 접속 형태를 띤다)

　　　　ある(있다) → あって(있고/있어서—연결형) → あっても(있어도)

④ 　~ば(~하면—조건표현으로 1그룹, 2그룹, 3그룹동사에 상관없이 う단 어미를 え단으로 바꾸고 ば를 접속시킨다)

　　　　ある(있다) → あれば(있으면)

단어 ▶ **熱ねつ** 열　　**ある** 있다　　**学校がっこう** 학교　　**休やすむ** 쉬다

정답 ▶ 3

10 해석 ▶ 리포트는 다음 주 금요일까지 제출해 주세요.

해설 ▶ 다음 주 금요일까지 행위가 계속 됨을 나타내는 문장이 아니라 다음 주 금요일 안에 행위가 완료되면 되는 기한을 나타내는 표현이므로 「～までに」가 정답이다.

단어 ▶ レポート 리포트　　来週らいしゅう 다음 주　　金曜日きんようび 금요일
出だす 내다. 제출하다

정답 ▶ 1

문제 2

11 小学生(しょうがくせい)　に　お酒(さけ)を　★飲(の)ませては いけません。

해석 ▶ 초등학생에게 술을 마시게 해서는 안 됩니다.

해설 ▶ ① 飲(の)む(마시다) → 飲(の)ませる(마시게 하다−1그룹동사의 사역형. う단 어미를 あ단으로 바꾸고 せる를 접속)

② ～てはいけません(～해서는 안 됩니다−금지표현)
飲(の)ませる(마시게 하다) → 飲(の)ませて(마시게 하고/마시게 해서−연결형) → 飲(の)ませてはいけません(마시게 해서는 안 됩니다)

단어 ▶ 小学生しょうがくせい 초등학생　　お酒さけ 술　　飲のむ 마시다

정답 ▶ 2

12 今日(きょう)は　早(はや)く　★帰(かえ)らせて　いただけませんか。

해석 ▶ 오늘은 일찍 돌아가게 해 주세요.

해설 ▶ ～(さ)せていただけませんか(～하게 해 주세요)
帰(かえ)る(돌아가다) → 帰(かえ)らせる(돌아가게 하다−1그룹동사의 사역형. う단 어미를 あ단으로 바꾸고 せる를 접속) → 帰(かえ)らせていただけませんか(돌아가게 해 주세요)

단어 ▶ 今日きょう 오늘　　早はやく 빨리, 일찍　　帰かえる 돌아가다, 돌아오다

정답 ▶ 1

13 では、返事(へんじ)　★お　待(ま)ち　しております。

해석 ▶ 그러면, 답장 기다리고 있겠습니다.

해설 ▶ 「お＋ます형＋する」는 겸양표현으로서 자신의 행동을 낮춤으로서 상대방을 높이는 경어표현이다. 待(ま)つ(기다리다) → 待(ま)ちます(기다립니다) → お待(ま)ちする(기다리다−겸양표현) → お待(ま)ちしています(기다리고 있겠습니다) → お待(ま)ちしております(기다리고 있겠습니다−おる(있다)는 いる(있다)의 특수 겸양동사로서 더 정중한 표현이 된다)

단어 ▶ では(それでは의 준말) 그러면, 그렇다면　　返事へんじ 대답, 답장　　待まつ 기다리다

정답 ▶ 4

14 祖父(そふ)の 家(うち)に ★いくら 電話(でんわ) してもつながらない。

해석 ▶ 할아버지 집에 아무리 전화해도 연결되지 않는다.(할아버지 집에 아무리 전화해도 전화 연결이 안 된다)

해설 ▶ いくら ~ても(아무리 ~해도)

電話(でんわ)する(전화하다) → 電話(でんわ)して(전화하고/전화해서-연결형) → 電話(でんわ)しても(전화해도) → いくら電話(でんわ)しても(아무리 전화해도)

단어 ▶ 祖父そふ 할아버지　家うち 집　いくら 얼마, 아무리　電話でんわする 전화하다

つながる 연결되다

정답 ▶ 3

15 そんなに★高(たか)い 本(ほん)を 誰(だれ)が 買(か)うんですか。

해석 ▶ 그렇게 비싼 책을 누가 삽니까?

해설 ▶ 「~のだ」는 강조를 하거나 설명을 할 때 쓰는 표현이며, 「~のだ」의 회화체는 「~んだ」이다.

買(か)う(사다) → 買(か)うのだ(사다-강조) → 買(か)うのです(삽니다) → 買(か)うんです(삽니다)

단어 ▶ そんなに 그렇게　高たかい 비싸다, 높다　本ほん 책　誰だれ 누구　買かう 사다

정답 ▶ 1

문제 3

해석 ▶

처음 뵙겠습니다. 서울에서 온 안 [16] 이라고 합니다. 취미는 그림을 그리는 것입니다. 지금, 일본어학교에 [17] 다니면서 학비와 생활비를 위해서 레스토랑에서 접시 닦기 아르바이트를 하고 있습니다. 친구와 함께 학교 근처에 있는 기숙사에 살고 있습니다.

저는 올해 일본어능력시험을 보려고 생각하고 있습니다. 어렸을 때, 부모님이 자주 한자 공부를 [18] 시켰기 때문에 한자에는 자신이 있습니다. 그러나 문법은 무엇을 공부하면 좋을지, 어떻게 공부하면 좋을지 몰라 조금 [19] 불안합니다. 그러나 시험에 합격하기 [20] 위해서 노력하겠습니다. 잘 부탁드리겠습니다.

단어 ▶ ~から ~부터　ソウル 서울　来くる 오다　もうす 말씀드리다　趣味しゅみ 취미

絵ぇ 그림　描かく 그리다　今いま 지금　日本語学校にほんごがっこう 일본어학교

通かよう 다니다　学費がくひ 학비　生活費せいかつひ 생활비　~ために ~위해서, ~때문에

レストラン 레스토랑　皿洗さらあらい 접시 닦기　アルバイト 아르바이트　友ともだち 친구

いっしょに 함께　近ちかく 근처　ある 있다　寮りょう 기숙사　住すむ 살다

今年ことし 올해　能力のうりょく 능력　試験しけん 시험　受うける 치다(시험)

思おもう 생각하다　小ちいさい 작다　ころ 때, 무렵　親おや 부모　よく 잘, 자주

漢字かんじ 한자　勉強べんきょう 공부　自信じしん 자신　しかし 그러나

文法ぶんぽう 문법　いい 좋다　どうやって 어떻게　分わかる 알다　少すこし 조금

不安ふあん 불안　でも 그러나　合格ごうかくする 합격하다

がんばる 끝까지 노력하다, 열심히 하다

よろしく 잘(남에게 호의를 나타내거나, 무엇을 부탁하거나 할 때 곁들이는 말)

16 해설 ▶ ① おっしゃる(말씀하시다) → おっしゃいます(말씀하십니다)

② なさる(하시다) → なさいます(하십니다)

③ いたす(하다) → いたします(합니다)

④ もうす(말씀드리다) → もうします(말씀드립니다)

보통 자기소개를 할 때「～ともうします(～라고 합니다)」의 형태로 자주 쓰인다.

정답 ▶ 4

17 해설 ▶ ① 通(かよ)う(다니다)

② 동사의 ます형+ながら(～하면서–동시진행)

通(かよ)う(다니다) → 通(かよ)います(다닙니다) → 通(かよ)いながら(다니면서)

③ 通(かよ)う(다니다) → 通(かよ)って(다니고/다녀서–연결형)

④ 通(かよ)う(다니다) → 通(かよ)った(다녔다–과거형)

정답 ▶ 2

18 해설 ▶ ① する(하다) → させる(시키다–사역형)

문법형식은 맞으나 문맥상 과거형이 와야 함으로 정답이 아니다.

② する(하다) → させる(시키다–사역형) → させた(시켰다)

문법형식도 맞고 문맥과도 맞다.

③ する(하다) → させる(시키다–사역형) → させられる(시켜서 어쩔 수 없이 하다–사역수동형) 이 지문이 정답이 되려면 앞부분의「親(おや)が(부모님이)」가「親(おや)に(부모님에게)」로 바뀌어야 한다. 또한 문맥상 시제도 과거형이 되어야 함으로 맞지 않는 표현이다.

④ する(하다) → させる(시키다–사역형) → させられる(시켜서 어쩔 수 없이 하다–사역수동형) → させられた(시켜서 어쩔 수 없이 했다)

이 지문이 정답이 되려면 앞부분의「親(おや)が(부모님이)」가「親(おや)に(부모님에게)」로 바뀌어야 한다.

정답 ▶ 2

19 해설 ▶ ① 無理(むり)(무리)

② 楽(たの)しみ(즐거움)

③ 不便(ふべん)(불편)

④ 不安(ふあん)(불안)

정답 ▶ 4

20 해설 ▶ ① ～ために(～위해서) → 合格(ごうかく)するために(합격하기 위해서)

② ～から(～때문에) → 合格(ごうかく)するから(합격하기 때문에)

③ ～けど(～하지만, ～이지만) → 合格(ごうかく)するけど(합격하지만)

④ ～ので(～때문에) → 合格(ごうかく)するので(합격하기 때문에)

정답 ▶ 1

부록

- N4 필수 단어 정리
- N4 문법 패턴 정리
- N4 모의고사

新 JLPT 종결자

필수 1자 한자

間あいだ 사이	秋あき 가을	朝あさ 아침	足あし 발, 다리
味あじ 맛	頭あたま 머리	後あと 후, 뒤	穴あな 구멍
兄あに 형, 오빠	姉あね 누나, 언니	油あぶら 기름	胃い 위
息いき 숨, 호흡	池いけ 연못	泉いずみ 샘, 샘물	糸いと 실
妹いもうと 여동생	色いろ 색	牛うし 소	嘘うそ 거짓말
歌うた 노래	腕うで 팔	海うみ 바다	絵え 그림
駅えき 역	夫おっと 남편	音おと 소리	顔かお 얼굴
鏡かがみ 거울	数かず 수	風かぜ 바람	肩かた 어깨
壁かべ 벽	紙かみ 종이	体からだ 몸, 신체	川かわ 강
気き 기운, 마음	客きゃく 손님	逆ぎゃく 역, 반대	君きみ 자네, 너
草くさ 풀	薬くすり 약	毛け 털	声こえ 목소리
心こころ 마음	米こめ 쌀	歳さい ~세, ~살	坂さか 언덕
先さき 먼저, 선두, 앞	酒さけ 술	皿さら 접시	塩しお 소금
汁しる 국물	末すえ 끝, 말	隅すみ 구석	背せ 키
席せき 자리	隻せき 척	像ぞう 코끼리	足そく 켤레
空そら 하늘	旅たび 여행	卵たまご 달걀	血ち 피
力ちから 힘	茶ちゃ 차	次つぎ 다음	机つくえ 책상
妻つま 아내	手て 손	寺てら 절	所ところ 곳, 장소
隣となり 옆, 이웃	夏なつ 여름	庭にわ 뜰, 마당	歯は 이
箱はこ 상자	橋はし 다리	鼻はな 코	話はなし 이야기
林はやし 수풀	春はる 봄	火ひ 불	光ひかり 빛
匹ひき 마리(작은 동물)	髭ひげ 수염	羊ひつじ 양	昼ひる 낮
服ふく 옷	袋ふくろ 자루, 봉지	冬ふゆ 겨울	文ぶん 문장
星ほし 별	骨ほね 뼈	本ほん 책	前まえ 앞, 전
町まち 마을, 읍내	街まち 거리	窓まど 창	丸まる 동그라미
店みせ 가게	皆みな 모두	港みなと 항구	耳みみ 귀
昔むかし 옛날	娘むすめ 딸	元もと 원래	森もり 숲
約やく 약(대략)	床ゆか 마루	夢ゆめ 꿈	用よう 볼일, 용무
横よこ 가로, 옆	夜よる 밤	量りょう 양	例れい 예
礼れい 답례	訳わけ 까닭, 이유		

필수 2자 한자

挨拶 あいさつ 인사	相手 あいて 상대	朝日 あさひ 아침 해	案内 あんない 안내
以下 いか 이하	医学 いがく 의학	医師 いし 의사	以上 いじょう 이상
以前 いぜん 이전	一羽 いちわ 한 마리(새, 토끼)		一家 いっか 일가
一緒 いっしょ 같음	一生 いっしょう 일생	一着 いっちゃく 한 벌	一定 いってい 일정
一杯 いっぱい 한잔	一般 いっぱん 일반	移転 いてん 이전	以内 いない 이내
田舎 いなか 시골	意味 いみ 의미	印象 いんしょう 인상	受付 うけつけ 접수, 접수처
運動 うんどう 운동	永遠 えいえん 영원	営業 えいぎょう 영업	笑顔 えがお 웃는 얼굴
鉛筆 えんぴつ 연필	応援 おうえん 응원	大家 おおや 집주인	屋上 おくじょう 옥상
音楽 おんがく 음악	温泉 おんせん 온천	海外 かいがい 해외	会議 かいぎ 회의
解決 かいけつ 해결	外見 がいけん 외관	会場 かいじょう 회장, 집회장소	
外食 がいしょく 외식	解説 かいせつ 해설	会費 かいひ 회비	価格 かかく 가격
係員 かかりいん 담당자	家具 かぐ 가구	学者 がくしゃ 학자	学習 がくしゅう 학습
確認 かくにん 확인	過去 かこ 과거	火事 かじ 화재	家事 かじ 집안 일
家族 かぞく 가족	課長 かちょう 과장	学期 がっき 학기	楽器 がっき 악기
各国 かっこく 각국	家庭 かてい 가정	彼女 かのじょ 여자친구, 그녀	
科目 かもく 과목	彼氏 かれし 남자친구	環境 かんきょう 환경	関係 かんけい 관계
感謝 かんしゃ 감사	感心 かんしん 감탄	完全 かんぜん 완전	感動 かんどう 감동
管理 かんり 관리	気温 きおん 기온	機会 きかい 기회	期間 きかん 기간
帰国 きこく 귀국	技術 ぎじゅつ 기술	季節 きせつ 계절	期待 きたい 기대
北区 きたく 북구	切手 きって 우표	切符 きっぷ 표	機能 きのう 기능
気分 きぶん 기분	急行 きゅうこう 급행	牛肉 ぎゅうにく 소고기	急用 きゅうよう 급한 용무
競争 きょうそう 경쟁	兄弟 きょうだい 형제	共通 きょうつう 공통	教育 きょういく 교육
教会 きょうかい 교회	兄弟 きょうだい 형제	興味 きょうみ 흥미, 관심	巨大 きょだい 거대
去年 きょねん 작년	記録 きろく 기록	禁止 きんし 금지	近所 きんじょ 근처, 이웃
空気 くうき 공기	空港 くうこう 공항	果物 くだもの 과일	靴下 くつした 양말
偶然 ぐうぜん 우연	苦労 くろう 고생	経営 けいえい 경영	計画 けいかく 계획
景気 けいき 경기	警官 けいかん 경찰관	経験 けいけん 경험	計算 けいさん 계산
今朝 けさ 오늘 아침	血液 けつえき 혈액	決心 けっしん 결심	欠席 けっせき 결석
欠点 けってん 결점	結論 けつろん 결론	原因 げんいん 원인	玄関 げんかん 현관
元気 げんき 원기, 기운	研究 けんきゅう 연구	検査 けんさ 검사	現実 げんじつ 현실
減少 げんしょう 감소	見物 けんぶつ 구경	公園 こうえん 공원	高価 こうか 고가
効果 こうか 효과	郊外 こうがい 교외	合格 ごうかく 합격	工業 こうぎょう 공업

工場 こうじょう 공장	紅茶 こうちゃ 홍차	校長 こうちょう 교장	交通 こうつう 교통
後輩 こうはい 후배	誤解 ごかい 오해	国際 こくさい 국제	午後 ごご 오후
故障 こしょう 고장	個人 こじん 개인	午前 ごぜん 오전	小包 こづつみ 소포
今年 ことし 올해	言葉 ことば 말	小鳥 ことり 작은 새	小麦 こむぎ 밀
今回 こんかい 이번	混雑 こんざつ 혼잡	今週 こんしゅう 이번 주	今晩 こんばん 오늘 저녁
最近 さいきん 최근, 요즈음	最後 さいご 최후, 마지막	最高 さいこう 최고	最初 さいしょ 최초
最新 さいしん 최신	最大 さいだい 최대	最低 さいてい 최저	財布 さいふ 지갑
採用 さいよう 채용	材料 ざいりょう 재료	作業 さぎょう 작업	作品 さくひん 작품
作文 さくぶん 작문	座席 ざせき 좌석	作家 さっか 작가	雑誌 ざっし 잡지
参加 さんか 참가	試合 しあい 시합	仕方 しかた 방법	試験 しけん 시험
事件 じけん 사건	事故 じこ 사고	自身 じしん 자신	自然 しぜん 자연
時代 じだい 시대, 시절(때)	支度 したく 준비, 채비	失業 しつぎょう 실업	実験 じっけん 실험
実習 じっしゅう 실습	失敗 しっぱい 실패	質問 しつもん 질문	失礼 しつれい 실례
支店 してん 지점	自動 じどう 자동	品物 しなもの 상품	自分 じぶん 자기 자신
市民 しみん 시민	写真 しゃしん 사진	邪魔 じゃま 방해	自由 じゆう 자유
習慣 しゅうかん 습관	週間 しゅうかん 주일, 주간	住所 じゅうしょ 주소	住宅 じゅうたく 주택
重要 じゅうよう 중요	授業 じゅぎょう 수업	宿題 しゅくだい 숙제	宿泊 しゅくはく 숙박
首相 しゅしょう 수상	出席 しゅっせき 출석	出発 しゅっぱつ 출발	趣味 しゅみ 취미
種類 しゅるい 종류	準備 じゅんび 준비	紹介 しょうかい 소개	正月 しょうがつ 정월
賞金 しょうきん 상금	上司 じょうし 상사	正直 しょうじき 정직	招待 しょうたい 초대
商品 しょうひん 상품	将来 しょうらい 장래, 미래	食事 しょくじ 식사	食堂 しょくどう 식당
食欲 しょくよく 식욕	書類 しょるい 서류	人生 じんせい 인생	診断 しんだん 진단
心配 しんぱい 걱정	水泳 すいえい 수영	水道 すいどう 수도	数年 すうねん 수년
性格 せいかく 성격	生活 せいかつ 생활	政治 せいじ 정치	成人 せいじん 성인
成績 せいせき 성적	生徒 せいと 학생	西洋 せいよう 서양	世界 せかい 세계
説明 せつめい 설명	背中 せなか 등	全員 ぜんいん 전원	専攻 せんこう 전공
先日 せんじつ 일전	選手 せんしゅ 선수	先週 せんしゅう 지난 주	戦争 せんそう 전쟁
全体 ぜんたい 전체	洗濯 せんたく 세탁	選択 せんたく 선택	先輩 せんぱい 선배
全部 ぜんぶ 전부	専門 せんもん 전문	相談 そうだん 상담	卒業 そつぎょう 졸업
祖父 そふ 할아버지	体育 たいいく 체육	退院 たいいん 퇴원	台所 だいどころ 부엌
台風 たいふう 태풍	立場 たちば 입장	団体 だんたい 단체	暖房 だんぼう 난방
地下 ちか 지하	地球 ちきゅう 지구	遅刻 ちこく 지각	注意 ちゅうい 주의
中止 ちゅうし 중지	駐車 ちゅうしゃ 주차	中心 ちゅうしん 중심	注文 ちゅうもん 주문

調子 ちょうし 상태	通過 つうか 통과	通信 つうしん 통신	通訳 つうやく 통역
都合 つごう 형편, 사정, 편의	出口 でぐち 출구	鉄道 てつどう 철도	手袋 てぶくろ 장갑
店員 てんいん 점원	電子 でんし 전자	電池 でんち 전지	電灯 でんとう 전등
道具 どうぐ 도구	動作 どうさ 동작	到着 とうちゃく 도착	動物 どうぶつ 동물
道路 どうろ 도로	都会 とかい 도시	手紙 てがみ 편지	時計 とけい 시계
床屋 とこや 이발소	年上 としうえ 연상	年下 としした 연하	途中 とちゅう 도중
特急 とっきゅう 특급	友達 ともだち 친구	努力 どりょく 노력	内容 ないよう 내용
荷物 にもつ 짐	入院 にゅういん 입원	人気 にんき 인기	人間 にんげん 인간
値段 ねだん 값	寝坊 ねぼう 늦잠	場合 ばあい 경우	拝見 はいけん 삼가 봄
配達 はいたつ 배달	売店 ばいてん 매점	場所 ばしょ 장소	発見 はっけん 발견
発表 はっぴょう 발표	花火 はなび 불꽃	母親 ははおや 엄마	番組 ばんぐみ 프로그램
反対 はんたい 반대	半年 はんとし 반년	販売 はんばい 판매	被害 ひがい 피해
比較 ひかく 비교	必要 ひつよう 필요	秘密 ひみつ 비밀	費用 ひよう 비용
病気 びょうき 병	表現 ひょうげん 표현	広場 ひろば 광장	夫婦 ふうふ 부부
複雑 ふくざつ 복잡	復習 ふくしゅう 복습	部長 ぶちょう 부장	普通 ふつう 보통
物価 ぶっか 물가	船便 ふなびん 배편	文学 ぶんがく 문학	平和 へいわ 평화
変化 へんか 변화	返事 へんじ 대답, 응답	貿易 ぼうえき 무역	方向 ほうこう 방향
帽子 ぼうし 모자	方針 ほうしん 방침	方法 ほうほう 방법	法律 ほうりつ 법률
募集 ぼしゅう 모집	本人 ほんにん 본인	毎朝 まいあさ 매일 아침	毎週 まいしゅう 매주
毎晩 まいばん 매일 밤	満員 まんいん 만원	満点 まんてん 만점	身分 みぶん 신분
土産 みやげ 선물(토산품)	未来 みらい 미래	息子 むすこ 아들	無料 むりょう 무료
眼鏡 めがね 안경	目的 もくてき 목적	紅葉 もみじ 단풍	名刺 めいし 명함
眼鏡 めがね 안경	面接 めんせつ 면접	目的 もくてき 목적	問題 もんだい 문제
約束 やくそく 약속	役割 やくわり 역할	野菜 やさい 야채	家賃 やちん 집세
夕方 ゆうがた 저녁때	優勝 ゆうしょう 우승	夕飯 ゆうはん 저녁밥	山道 やまみち 산길
有料 ゆうりょう 유료	行方 ゆくえ 행방	輸出 ゆしゅつ 수출	輸入 ゆにゅう 수입
指輪 ゆびわ 반지	用意 ようい 준비, 채비	用事 ようじ 용무, 일	様子 ようす 모양, 상황
洋服 ようふく 옷, 양복	予算 よさん 예산	予習 よしゅう 예습	予想 よそう 예상
四日 よっか 나흘(4일)	予定 よてい 예정	夜中 よなか 한밤중	予報 よほう 예보
予約 よやく 예약	理解 りかい 이해	利用 りよう 이용	料金 りょうきん 요금
流行 りゅうこう 유행	両国 りょうこく 양국	両親 りょうしん 부모	旅館 りょかん 여관
例外 れいがい 예외	歴史 れきし 역사	冷房 れいぼう 냉방	連休 れんきゅう 연휴
練習 れんしゅう 연습	連絡 れんらく 연락	労働 ろうどう 노동	若者 わかもの 젊은이
和食 わしょく 일식(일본요리)		割引 わりびき 할인	

필수 3자 이상 한자

暗証番号 あんしょうばんごう 비밀 번호	一般的 いっぱんてき 일반적	運動会 うんどうかい 운동회
運動場 うんどうじょう 운동장	映画館 えいがかん 영화관	営業部 えいぎょうぶ 영업부
会議室 かいぎしつ 회의실	会社員 かいしゃいん 회사원	外出中 がいしゅつちゅう 외출 중
活動的 かつどうてき 활동적	可能性 かのうせい 가능성	観光客 かんこうきゃく 관광객
管理人 かんりにん 관리인	喫茶店 きっさてん 다방	義務教育 ぎむきょういく 의무교육
救急車 きゅうきゅうしゃ 구급차	教科書 きょうかしょ 교과서	今日中 きょうじゅう 오늘 중
共通語 きょうつうご 공통어	銀行員 ぎんこういん 은행원	空気中 くうきちゅう 공기 중
区役所 くやくしょ 구청	警察官 けいさつかん 경찰관	化粧品 けしょうひん 화장품
血液型 けつえきがた 혈액형	結婚式 けっこんしき 결혼식	研究会 けんきゅうかい 연구회
研究室 けんきゅうしつ 연구실	研究所 けんきゅうじょ 연구소	航空便 こうくうびん 항공편
高血圧 こうけつあつ 고혈압	高校生 こうこうせい 고등학생	効果的 こうかてき 효과적
交差点 こうさてん 교차점	国際化 こくさいか 국제화	個人的 こじんてき 개인적
午前中 ごぜんちゅう 오전 중	最終的 さいしゅうてき 최종적	作業員 さぎょういん 작업원
参加者 さんかしゃ 참가자	三連休 さんれんきゅう 3(3일)연휴	時間割 じかんわり 시간표
仕事先 しごとさき 근무처	思春期 ししゅんき 사춘기	指定席 していせき 지정석
自転車 じてんしゃ 자전거	支店長 してんちょう 지점장	自動車 じどうしゃ 자동차
自動的 じどうてき 자동적	事務所 じむしょ 사무소(사무실)	市役所 しやくしょ 시청
写真家 しゃしんか 사진가	自由化 じゆうか 자유화	手術室 しゅじゅつしつ 수술실
出張中 しゅっちょうちゅう 출장 중	出発日 しゅっぱつび 출발일	準備中 じゅんびちゅう 준비 중
奨学金 しょうがくきん 장학금	小学校 しょうがっこう 초등학교	小説家 しょうせつか 소설가
証明書 しょうめいしょ 증명서	植物園 しょくぶつえん 식물원	食料品 しょくりょうひん 식료품
女性用 じょせいよう 여성용	新製品 しんせいひん 신제품	新聞社 しんぶんしゃ 신문사
生活費 せいかつひ 생활비	政治家 せいじか 정치가	成人式 せいじんしき 성인식
世界一 せかいいち 세계 제일	世界中 せかいじゅう 온 세계	世界旅行 せかいりょこう 세계여행
説明会 せつめいかい 설명회	全国的 ぜんこくてき 전국적	洗濯物 せんたくもの 세탁물
洗面所 せんめんじょ 세면장	専門家 せんもんか 전문가	体育館 たいいくかん 체육관
大学生 だいがくせい 대학생	大使館 たいしかん 대사관	誕生日 たんじょうび 생일
地下鉄 ちかてつ 지하철	駐車場 ちゅうしゃじょう 주차장	天気予報 てんきよほう 일기예보
電話代 でんわだい 전화요금	動物園 どうぶつえん 동물원	図書館 としょかん 도서관
土曜日 どようび 토요일	日本酒 にほんしゅ 일본 술, 청주	日本製 にほんせい 일본제
入学式 にゅうがくしき 입학식	入場料 にゅうじょうりょう 입장료	歯医者 はいしゃ 치과 의사, 치과
博物館 はくぶつかん 박물관	飛行機 ひこうき 비행기	非常口 ひじょうぐち 비상구

美容院びょういん 미용실	不規則ふきそく 불규칙	文房具屋ぶんぼうぐや 문방구점
北海道ほっかいどう 북해도	万年筆まんねんひつ 만년필	申込書もうしこみしょ 신청서
目的地もくてきち 목적지	八百屋やおや 야채가게	郵便局ゆうびんきょく 우체국
幼稚園ようちえん 유치원	留学生りゅうがくせい 유학생	料理屋りょうりや 음식점
留守番るすばん 빈집을 지킴	冷蔵庫れいぞうこ 냉장고	

필수 동사

会あう 만나다	開あく 열리다	開あける 열다
明あける (날이) 새다	集あつまる 모이다	集あつめる 모으다
余あまる 남다	謝あやまる 사과하다	表あらわす 나타내다
ある 있다(무생물)	歩あるく 걷다	行いく 가다
いじめる 따돌리다	急いそぐ 서두르다, 재촉하다	いたす 하다 (する의 겸양어)
いただく 먹다, 마시다, 받다(食(た)べる、飲(の)む、もらう의 겸양어)		祈いのる 기도하다
いる 있다(생물)	植うえる 심다	伺うかがう 묻다, 듣다
受うける 받다	動うごき始はじめる 움직이기 시작하다	
動うごく 움직이다	失うしなう 잃다	写うつす 찍다
映うつる 비치다	移うつる 옮기다	生うまれる 태어나다
売うる 팔다	得える 얻다	追おう 쫓다
起おきる 일어나다	置おく 놓다	送おくる 보내다
遅おくれる 늦다, 지각하다	起おこす 일으키다	行おこなう 행하다
怒おこる 화내다	教おしえる 가르치다	押おす 누르다
落おちる 떨어지다	落おとす 떨어뜨리다	訪おとずれる 방문하다
驚おどろく 놀라다	覚おぼえる 기억하다, 암기하다	思おもい出だす 생각해 내다
泳およぐ 수영하다	降おりる 내리다, 내려오다	折おる 접다, 꺾다
折おれる 꺾이다(나뭇가지)	終おわる 끝나다	飼かう (동물)기르다
買かう 사다	返かえす 반환하다	かかる 걸리다, (비용)들다
確認かくにんする 확인하다	囲かこむ 둘러싸다	飾かざる 장식하다
かしこまる 알다(わかる의 겸양어)	貸かす 빌려주다	数かぞえる 세다
片付かたづける 정리하다	構かまう 상관하다	通かよう 다니다
借かりる 빌리다	可愛かわいがる 귀여워하다	乾かわく 마르다, 건조하다
変かわる 변하다	考かんがえる 생각하다	感かんじる 느끼다
頑張がんばる 분발하다	消きえる 꺼지다	聞きかせる 들려주다

効きく　효력이 있다, (약)듣다
決きめる　결정하다
配くばる　나누어 주다
比くらべる　비교하다
怪我けがをする　다치다
故障こしょうする　고장 나다
混こむ　(길이)막히다, 붐비다
壊こわす　망가뜨리다
さしあげる　드리다
冷さめる　식다
叱しかる　꾸짖다
支払しはらう　지불하다
占しめる　차지하다
招待しょうたいする　초대하다
調しらべる　조사하다, 알아보다
進すすむ　나아가다
住すむ　살다
掃除そうじする　청소하다
退院たいいんする　퇴원하다
助たすかる　구조되다
尋たずねる　묻다
建たてる　(집을)세우다
足たりる　충분하다
着つく　도착하다
続つづく　계속되다, 이어지다
連つれる　동반하다
通とおる　지나다
届とどける　보내다
泊とまる　묵다, 숙박하다
直なおす　고치다
流ながれる　흐르다
悩なやむ　고민하다, 괴로워하다
鳴なる　울리다

聞きく　듣다
切きれる　떨어지다, 끊기다
組くみ立たてる　조립하다
くれる　주다
消けす　끄다
断ことわる　거절하다
転ころぶ　구르다, 넘어지다
壊こわれる　고장 나다, 부서지다
指さす　가리키다
騒さわぐ　떠들다
失敗しっぱいする　실패하다
仕舞しまう　끝내다, 치우다
喋しゃべる　수다 떨다
知しる　알다
信しんじる　믿다
勧すすめる　권하다
座すわる　앉다
育そだつ　자라다
確たしかめる　확인하다
助たすける　돕다
叩たたく　치다, 때리다, 두드리다
楽たのしむ　즐기다
注意ちゅういする　주의하다
作つくる　만들다
続つづける　계속하다
出会であう　만나다
閉とじる　닫다
飛とぶ　날다
止とめる　세우다
流ながす　흘리다
泣なき付つく　울며 매달리다
習ならう　배우다
慣なれる　습관이 되다

決きまる　결정되다
下くださる　주시다
暮くらす　살다
暮くれる　(해가) 저물다
合ごうコンする　미팅하다
困こまる　곤란해지다
怖こわがる　무서워하다
咲さく　피다
誘さそう　권하다, 꾀다
触さわる　만지다
支配しはいする　지배하다
示しめす　나타내다
紹介しょうかいする　소개하다
閉しめる　닫다
空すく　비다
捨すてる　버리다
洗濯せんたくする　세탁하다
相談そうだんする　상담하다
足たす　더하다
訪たずねる　방문하다
立たつ　서다
食たべ終おわる　다 먹다
疲つかれる　지친다, 피곤해지다
伝つたえる　전하다
積つもる　쌓이다
手伝てつだう　거들다
届とどく　배달되다, 닿다
止とまる　멈추다, 서다
取とる　집다, 취하다
流ながれ出でる　흘러나오다
亡なくなる　돌아가시다, 죽다
並ならぶ　늘어서다
願ねがう　바라다, 원하다

残のこる 남다	飲のみすぎる 과음하다	伸のびる 늘다, 자라다
乗のり換かえる 갈아타다	拝見はいけんする 보다, 읽다	運はこぶ 나르다, 운반하다
始はじまる 시작되다	始はじめる 시작하다	走はしる 달리다
外はずす 떼다, 자리를 뜨다	働はたらく 일하다	発見はっけんする 발견하다
はめる 끼다	流行はやる 유행하다	貼はる 바르다, 붙이다
冷ひえる 추워지다, 차가워지다, 식다	びっくりする 깜짝 놀라다	開ひらく 열리다
拾ひろう 줍다	広ひろがる 넓어지다, 퍼지다	増ふえる 증가하다
増ふやす 늘리다	降ふり出たす 내리기 시작하다	減へらす 줄이다
減へる 감소하다	勉強べんきょうする 공부하다	干ほす 말리다
参まいる 오다, 가다의 겸양어	曲まがる 돌다, 구부러지다	間違まちがう 틀리다
間違まちがえる 잘못하다	待まつ 기다리다	学まなぶ 배우다
間まに合あう 시간에 늦지 않게 대다	守まもる 지키다	迎むかえる 맞이하다, 맞다
目立めだつ 눈에 띄다	申もうし込こむ 신청하다	持もつ 가지다, 들다
モテる (이성에게)인기가 있다	戻もどる 되돌아오(가)다	役立やくだつ 도움이 되다
痩やせる 마르다, 살이 빠지다	辞やめる 그만두다	やり直なおす 다시 하다
汚よごれる 더러워지다	読よみ終おわる 다 읽다	寄よる 들르다
喜よろこぶ 기뻐하다	分わかる 알다	沸わく (물)끓다
別わかれる 헤어지다	分わける 나누다	忘わすれる 잊다
渡わたす 건네다	笑わらう 웃다	割われる (컵 등이)깨지다, 갈라지다

필수 부사

あまり 그다지, 지나치게	いくら 아무리	一度いちど 한번
一番いちばん 가장	一生懸命いっしょうけんめいに 열심히	
いつか 언젠가	いつでも 늘, 항상	いつのまにか 모르는 사이에, 어느덧
うっかり 깜박, 무심코	思おもい切きり 마음껏, 실컷	がっかり 낙담하는 모양(실망, 낙심)
必かならず 반드시	かなり 상당히	きちんと 정확히
急きゅうに 갑자기	ぐっすり 푹	結局けっきょく 급기야, 결국
ごろごろ 데굴데굴, 빈둥빈둥	先さっき 좀 전	さっそく 바로, 곧
しっかり 단단히, 튼튼히, 똑똑히	実際じっさいに 실제로	実じつは 실은
しばらく 잠시	ずいぶん 상당히	少すくなくとも 적어도
すぐ 곧, 바로	凄すごく 무척	少すこしも 조금도
すっかり 완전히, 아주, 남김없이	ずっと 계속, 쭉	全すべて 모두, 모조리

せっかく 모처럼	是非ぜひ 꼭	せめて 적어도
全然ぜんぜん 전혀	全部ぜんぶ 전부	そっくり 전부, 모조리
そのまま 그대로	それでも 그런데도	そろそろ 이제 슬슬
大体だいたい 대체로	大抵たいてい 대개	ただ 단지
たった 겨우	たとえ 비록, 설령	例たとえば 예를 들면
たぶん 아마	たまに 가끔	だんだん 점점, 하나하나
ちっとも 조금도	ちゃんと 제대로, 빈틈없이	次々つぎつぎに 잇달아, 차례차례로
常つねに 항상	できるだけ 가능한 한	できれば 가능하면
どうか 아무쪼록, 제발	どうして 어째서	
どうしても 어떤 일이 있어도, 아무리해도		時々ときどき 때때로
どきどき 두근두근	特とくに 특별히	突然とつぜん 돌연, 갑자기
とにかく 어쨌든	どんどん 척척, 술술, 자꾸자꾸	なかなか 좀처럼, 꽤, 상당히
なぜ 왜?	なるべく 가능한 한, 가급적	なんでも 무엇이든지
にこにこ 싱글벙글	残のこらず 죄다, 전부	のんびりと 느긋하게
はっきり 분명히, 확실히	非常ひじょうに 상당히	びっくり 깜짝 놀람
ぴったり 꼭, 딱, 꽉	ほとんど 거의	ほんのすこし 아주 조금
ぼんやり 멍하니	まじめに 성실하게	ますます 점점
まず 우선	また 또	まだまだ 아직도
全まったく 전혀	まもなく 곧, 머지않아	真まん中なか 한가운데
もうすぐ 이제 곧	もし 만약	もしかしたら 혹시
もちろん 물론	最もっとも 가장	やっと 겨우
やはり(やっぱり) 역시	ゆっくり 천천히, 느긋하게	わくわく 두근두근

필수 い형용사

青あおい 푸르다	赤あかい 빨갛다	明あかるい 밝다
浅あさい 얕다	暖あたたかい 따뜻하다	新あたらしい 새것이다
厚あつい 두껍다	暑あつい 덥다	熱あつい 뜨겁다
危あぶない 위험하다	油あぶらっこい 기름기가 많다	甘あまい 달다
忙いそがしい 바쁘다	痛いたい 아프다	美うつくしい 아름답다
うまい 맛있다, 솜씨가 좋다	羨うらやましい 부럽다	煩うるさい 시끄럽다
嬉うれしい 기쁘다	偉えらい 훌륭하다	多おおい 많다
大おおきい 크다	可笑おかしい 이상하다, 우습다	大人おとなしい 얌전하다

重おもい 무겁다	面白おもしろい 재미있다	固かたい 단단하다, 굳다
悲かなしい 슬프다	かまわない 관계없다	辛からい 맵다
軽かるい 가볍다	可愛かわいい 귀엽다	黄色きいろい 노랗다
きつい 기질이 강하다, 심하다, 고되다	厳きびしい 엄하다	臭くさい 냄새가 고약하다
暗くらい 어둡다	苦くるしい 괴롭다	黒くろい 검다
濃こい 짙다	細こまかい 잘다, 자세하다	怖こわい 무섭다
寂さびしい 쓸쓸하다	寒さむい 춥다	仕方しかたがない 어쩔 수 없다
親したしい 친하다	白しろい 희다	少すくない 적다
酸すっぱい 시다	素晴すばらしい 멋지다	滑すべりやすい 미끄러지기 쉽다
狭せまい 좁다	高たかい 비싸다, 높다	正ただしい 올바르다
楽たのしい 즐겁다	足たりない 부족하다	小ちいさい 작다
近ちかい 가깝다	冷つめたい 차갑다	強つよい 강하다, 세다
遠とおい 멀다	長ながい 길다	苦にがい 쓰다
鈍にぶい 둔하다	眠ねむい 졸리다	履はきにくい 신기 불편하다
恥はずかしい 부끄럽다	早はやい 빠르다, 이르다(시기적으로)	速はやい 빠르다(속도)
低ひくい 낮다	広ひろい 넓다	深ふかい 깊다
太ふとい 굵다	古ふるい 오래되다	細ほそい 가늘다
短みじかい 짧다	難むずかしい 어렵다	珍めずらしい 드물다, 희귀하다
易やさしい 쉽다	優やさしい 상냥하다, 다정다감하다	柔やわらかい 부드럽다
良よい 좋다	よろしい 좋다, 적당하다	弱よわい 약하다
若わかい 젊다	悪わるい 나쁘다	

필수 な형용사

あたりまえだ 당연하다	新あらただ 새롭다, 생생하다	安心あんしんだ 안심이다
安全あんぜんだ 안전하다	色々いろいろだ 다양하다	おしゃべりだ 수다스럽다
同おなじだ 같다	完全かんぜんだ 완전하다	簡単かんたんだ 간단하다
危険きけんだ 위험하다	気きの毒どくだ 가엾다, 불쌍하다	元気げんきだ 건강하다, 활발하다
健康けんこうだ 건강하다	高価こうかだ 고가이다	盛さかんだ 성하다
残念ざんねんだ 유감스럽다	幸しあわせだ 행복하다	自然しぜんだ 자연스럽다
失礼しつれいだ 실례다	邪魔じゃまだ 방해다	自由じゆうだ 자유롭다
十分じゅうぶんだ 충분하다	主要しゅようだ 주요하다	正直しょうじきだ 정직하다
上手じょうずだ 능숙하다	丈夫じょうぶだ 튼튼하다	新鮮しんせんだ 신선하다

心配しんぱいだ 걱정이다
素直すなおだ 순수하다, 솔직하다
大丈夫だいじょうぶだ 괜찮다
大変たいへんだ 매우 힘들다
単純たんじゅんだ 단순하다
得意とくいだ 자신만만해 하다
熱心ねっしんだ 열심이다
不安ふあんだ 불안하다
不便ふべんだ 불편하다
平気へいきだ 태연하다
便利べんりだ 편리하다
満足まんぞくだ 만족하다
面倒めんどうだ 귀찮다
楽らくだ 쉽다, 용이하다

重要じゅうようだ 중요하다
積極的せっきょくてきだ 적극적이다
大好だいすきだ 매우 좋아하다
確たしかだ 확실하다, 명확하다
丁寧ていねいだ 정중하다
特別とくべつだ 특별하다
派手はでだ 화려하다
不自由ふじゆうだ 부자유스럽다
不満ふまんだ 불만이다
下手へただ 서투르다
本当ほんとうだ 정말이다
夢中むちゅうだ 열중이다
優秀ゆうしゅうだ 우수하다
立派りっぱだ 훌륭하다

素敵すてきだ 멋지다
そっくりだ 꼭 닮다
大切たいせつだ 소중하다, 중요하다
駄目だめだ 안 된다, 불가능하다
適当てきとうだ 적당히 하다
苦手にがてだ 서툴다
必要ひつようだ 필요하다
不足ふそくだ 부족하다
平和へいわだ 평화롭다
変へんだ 이상하다
真面目まじめだ 성실하다
無理むりだ 무리이다
豊ゆたかだ 풍부하다

필수 외래어

アジア 아시아
アニメ 애니메이션
アナウンサー 아나운서
アパート 아파트
アルバイト 아르바이트
インスタント 인스턴트
インターネット 인터넷
インタビュー 인터뷰
エレベーター 엘리베이터
エンジン 엔진
オープン 오픈
オリンピック 올림픽
ガイドブック 가이드북
カーテン 커튼
ガス 가스
ガソリンスタンド 주유소
カップ 컵
カメラ 카메라
カラオケ 노래방
カレンダー 달력
キャンセル 취소
キロ 킬로그램
クーラー 에어컨(냉방기)
グラウンド 운동장
クラス 클래스
グラム 그램
クリスマス 크리스마스
ケーキ 케이크
ゲーム 게임
コート 코트
コピー 복사
コンビニ 편의점
サービス 서비스
サッカー 축구
シャワー 샤워
シャツ 셔츠
スーパー 슈퍼마켓
スカート 스커트
スケジュール 스케줄
スキー 스키
スタート 스타트, 시작
ステーキ 스테이크
ストーブ 스토브
スピード 스피드
スパゲッティ 스파게티
スポーツ 스포츠
ズボン 바지
セール 세일
セット 세트
ダイエット 다이어트
タイプ 타입
タクシー 택시
タバコ 담배
チーム 팀
チケット 티켓
テーブル 테이블
テキスト 텍스트, 교과서
デザイン 디자인
テスト 테스트
デパート 백화점
テレビ 텔레비전
ドライブ 드라이브
ドラマ 드라마
ナイフ 나이프

ネクタイ 넥타이	パーティー 파티	バス 버스	パート 파트타임
パソコン 개인용 컴퓨터(PC)	バック 가방(백)	ハンカチ 손수건	ピアノ 피아노
ヒーター 히터	ピンポン 탁구	ファン 팬	プール 수영장
プラン 플랜, 계획	ページ 페이지	ボールペン 볼펜	ポケット 주머니
ホテル 호텔	メートル 미터	メール 메일	メッセージ 메시지
メニュー 메뉴	ユーモア 유머	ヨーロッパ 유럽	ライス 밥
ラジオ 라디오	ラッシュ 러시, 혼잡	ランチ 런치	リーダー 리더
リットル 리터	ルール 룰, 규칙	レコード 레코드	レジ 계산대
レストラン 레스토랑	レベル 레벨	レポート 리포트	ワイン 와인

기타 (숙어)

家いえに戻もどる　집으로 돌아오(가)다

お世話せわになる　신세지다

お腹なかを壊こわす　배탈이 나다

音楽おんがくを聞きく　음악을 듣다

顔かおを洗あらう　세수를 하다

風かぜが吹ふく　바람이 불다

気きに入いる　마음에 들다

気きをつける　조심하다

車くるまを止とめる　차를 세우다

怪我けがをする　다치다

辞書じしょをひく　사전을 찾다

シャワーを浴あびる　샤워를 하다

スカートを履はく　스커트를 입다

手紙てがみを出だす　편지를 부치다

テストを受うける　시험을 치르다

帽子ぼうしを被かぶる　모자를 쓰다

道みちに迷まよう　길을 잃다

約束やくそくを破やぶる　약속을 깨다

連絡れんらくを取とる　연락을 취하다

お皿さらを洗あらう　접시를 씻다

お腹なかが空すく　배가 고프다

お風呂ふろに入はいる　목욕을 하다

会社かいしゃを辞やめる　회사를 그만두다

風邪かぜを引ひく　감기에 걸리다

髪かみを洗あらう　머리를 감다

気きを使つかう　신경을 쓰다

薬くすりを飲のむ　약을 먹다

計画けいかくを立たてる　계획을 세우다

事故じこを起おこす　사고를 내다

写真しゃしんを撮とる　사진을 찍다

授業じゅぎょうを受うける　수업을 듣다

世話せわをする　돌보다

手てを洗あらう　손을 씻다

病気びょうきになる　병이 나다

道みちが込こむ　길이 막히다

目めを閉とじる　눈을 감다

約束やくそくを守まもる　약속을 지키다

기타 (숫자관련어)

一台いちだい 한 대	一度いちど 한 번	一日いちにち 하루
五日いつか 5일	一回いっかい 1회	1ヶ月いっかげつ 1개월
一週間いっしゅうかん 1주일	五いつつ 다섯 개	一杯いっぱい 한 잔
一匹いっぴき 한 마리	九本きゅうほん 아홉 자루	九月くがつ 9월
九時くじ 아홉시	九時間くじかん 아홉시간	九時くじ半はん 아홉시 반
五分ごふん 5분	三杯さんばい 세잔	四月しがつ 4월
七日なのか 7일	二番にばん 2번	八月はちがつ 8월
三階さんがい 3층	三ヶ月さんかげつ 3개월	三人さんにんで 셋이서
三百さんびゃく 300백	十年間じゅうねんかん 10년간	一日ついたち 1일
十日とおか 10일	七千六百円ななせんろっぴゃくえん 7,600엔	
七枚ななまい 7장	二軒にけん 두 채	二個にこ 2개
二冊にさつ 두 권	二十四時間にじゅうよじかん 24시간	
二倍にばい 2배	二十歳はたち 스무 살(20세)	二十日はつか 20일
八百はっぴゃく 800백	一ひとつ 한개	一人ひとり 한명
百ひゃく 백	二ふたつ 두개	二人ふたり 두 명
二日ふつか 2일	六日むいか 6일	六むっつ 여섯 개
八日ようか 8일	四時よじ 네시	四日よっか 4일
四よっつ目め 4개째	四年間よねんかん 4년간	四台よんだい 4대
四万よんまん 4만	六百ろっぴゃく 600백	六本ろっぽん 6자루

기타 (접속사, 연체사, 대명사)

あちこち 이곳저곳	あらゆる 모든	あるいは 혹은, 또는
けれども 그러나, 그렇지만	しかし 그러나	すべての 모든
すると 그러자, 그랬더니	そういえば 그러고 보면	そこで 그래서
それで 그래서	それでも 그런데도, 그래도	それとも 그렇지 않으면
それなのに 그래도, 그런데도	それなら 그렇다면	それに 게다가
だから 그러니까, 그래서	だが 하지만	たとえ〜ても 비록 〜해도
つまり 즉	ですから 그러니까, 그래서	でも 하지만
どうして 왜, 어째서	ところが 그런데, 그러나	なぜ 왜, 어째서
なぜなら 왜냐하면	または 또는	

기타 (おくりがな 단어)

生いけ花ばな 꽃꽂이

今いまごろ 지금쯤

動うごき 움직임

大通おおどおり 대로, 큰 거리

お世話せわ 돌봄, 신세

お手伝てつだい 도와줌

お腹なか 배

お土産みやげ 선물, 기념품

お礼れい 답례

代かわり 대신

気持きもち 기분, 마음, 느낌

幸しあわせ 행복

互たがい 서로, 상호

楽たのしみ 즐거움

続つづき 계속, 연결

通とおり 길, 대로

久ひさしぶり 오래간만

日ひの出で 일출

祭まつり 축제

向むかい 맞은편

世よの中なか 세상

痛いたみ 아픔

入いり口ぐち 입구

後うしろ 뒤

お菓子かし 과자

お互たがい 서로

お年玉としだま 세뱃돈

お弁当べんとう 도시락

思おもい出で 추억

帰かえり 돌아감(옴)

考かんがえ 생각

消けしゴム 지우개

締しめ切きり 마감

助たすけ 도움, 구조

疲つかれ 피로

包つつみ 꾸러미

日帰ひがえり 당일치기

引ひっ越こし 이사

深ふかさ 깊이

回まわり 주변

向むき ~향

わが社しゃ 우리 회사

居眠いねむり 앉아서 졺

お祝いわい 축하, 축하선물

売うり場ば 매장

贈おくり物もの 선물

お手洗てあらい 화장실

落おとし物もの 분실물

お見舞みまい 문병

お湯ゆ 뜨거운 물

髪かみの毛け 머리카락

感かんじ 느낌

答こたえ 느낌

知しり合あい 아는 사람

建だて ~층

付つき合あい 교제, 사귐

手続てつづき 수속

引ひき出だし 서랍

日ひの入いり 일몰

真まっ赤か 새 빨강

真まん中なか 한가운데

やり方かた 방법

001 **동사의 ます형+に** ~하러

買(か)う(사다) → 買(か)います(삽니다) → 買(か)いに(사러)

食(た)べる(먹다) → 食(た)べます(먹습니다) → 食(た)べに(먹으러)

002 **동사의 ます형+たい** ~하고 싶다

休(やす)む(쉬다) → 休(やす)みます(쉽니다) → 休(やす)みたい(쉬고 싶다) → 休(やす)みたくない(쉬고 싶지 않다) → 休(やす)みたかった(쉬고 싶었다)

003 **동사의 ます형+はじめる** ~하기 시작하다

中国語(ちゅうごくご)を習(なら)いはじめました
중국어를 배우기 시작했습니다

004 **동사의 ます형+だす** ~하기 시작하다(갑자기)

急(きゅう)に雨(あめ)が降(ふ)りだした 갑자기 비가 오기 시작했다

005 **동사의 ます형+すぎる** 지나치게(너무) ~하다

お酒(さけ)を飲(の)みすぎた 술을 지나치게(너무) 마셨다

형용사의 어간+すぎる 지나치게(너무) ~이다

大(おお)きい (크다)
→ 大(おお)きすぎる (지나치게 크다)

静(しず)かだ (조용하다)
→ 静(しず)かすぎる (지나치게 조용하다)

006 **동사의 ます형+つづける** 계속 ~하다

朝(あさ)から晩(ばん)まで働(はたら)きつづけます
아침부터 밤까지 계속 일합니다.

007 **동사의 ます형+おわる** 다 ~하다,~하기를 마치다

その本(ほん)、読(よ)みおわったら、貸(か)してください
그 책 다 읽으면 빌려 주세요

008 **동사의 ます형+やすい** ~하기 쉽다, ~하기 편하다

字(じ)が大(おお)きくて読(よ)みやすい 글자가 커서 읽기 쉽다

009 **동사의 ます형+にくい** ~하기 어렵다, ~하기 불편하다

字(じ)が小(ちい)さくて読(よ)みにくい 글자가 작아서 읽기 어렵다

010 **동사의 ます형+方(かた)** ~하는 법

使(つか)い方(かた)が分(わ)かりません 사용법을 모릅니다

011 **동사의 ます형+ながら** ~하면서

コーヒーを飲(の)みながら話(はな)しています
커피를 마시면서 이야기하고 있습니다

012 **~ないでください** ~하지 마세요

誰(だれ)にも言(い)わないでください
누구에게도 말하지 마세요

013 **~ないほうがいい** ~하지 않는 편이 좋다

住所(じゅうしょ)は書(か)かないほうがいいです
주소는 쓰지 않는 편이 좋습니다

014 **~なくてもいい** ~하지 않아도 된다

来(こ)なくてもいいです 오지 않아도 됩니다

015 **~なくてもかまわない** ~하지 않아도 상관없다

待(ま)たなくてもかまわない 기다리지 않아도 상관없다

食(た)べなくてもかまいません
먹지 않아도 상관없습니다

016 **~なくてはいけない** ~하지 않으면 안 된다

宿題(しゅくだい)をしなくてはいけない
숙제를 하지 않으면 안 된다

早(はや)く起(お)きなくてはいけません
빨리 일어나지 않으면 안 됩니다

017 **~なければならない** ~하지 않으면 안 된다

薬(くすり)を飲(の)まなければならない
약을 먹지 않으면 안 된다

日本語(にほんご)で話(はな)さなければなりません
일본어로 이야기하지 않으면 안 됩니다

018 **〜ずに** 〜하지 않고

行かないで = 行かずに 가지 않고

食べないで = 食べずに 먹지 않고

しないで = せずに 하지 않고

019 **〜ている** 〜하고 있다/〜해져 있다

窓を開けています 창문을 열고 있습니다(진행)

窓が開いています 창문이 열려져 있습니다(상태)

020 **〜てある** 〜해져 있다

名前を書いています 이름을 쓰고 있습니다(진행)

名前が書いてあります 이름이 쓰여 있습니다(상태)

021 **〜ていく** 〜하고 가다/〜해 가다

カメラを持っていきます 카메라를 가지고 갑니다

勉強を続けていくつもりです
공부를 계속해 갈 생각입니다

022 **〜てくる** 〜하고 오다/〜해 오다/〜하기 시작하다

カメラを持ってきました 카메라를 가지고 왔습니다

急に寒くなってきました
갑자기 추워지기 시작했습니다

023 **〜ておく** 〜해 두다, 〜해 놓다

予約をしておきました 예약을 해 놓았습니다

窓を開けておいてください 창문을 열어 놓으세요

024 **〜てみる** 〜해 보다

一度食べてみたい 한번 먹어보고 싶다

日本語でメールを書いてみました
일본어로 메일을 써 봤습니다

025 **〜てしまう** 〜해 버리다

約束を忘れてしまった
(忘)れちゃった—축약형 약속을 잊어 버렸다

026 **〜てもいい** 〜해도 좋다, 〜해도 된다

写真を撮ってもいいです 사진을 찍어도 됩니다

027 **〜てもかまわない** 〜해도 상관없다, 〜해도 괜찮다

タバコを吸ってもかまわない
담배를 피워도 상관없다

お酒を飲んでもかまいません
술을 마셔도 상관없습니다

028 **〜てはいけない** 〜해서는 안 된다

ここに入ってはいけない 여기에 들어가서는 안 된다

ここで寝てはいけません 여기에서 자서는 안 됩니다

029 **〜ちゃ** 〜해서는

泣いちゃだめだよ = 泣いてはだめだよ
울어서는 안 돼

030 **〜たり 〜たりする**
〜하기도 하고 〜하기도 하다, 〜하거나 〜하거나 하다

テレビを見たり本を読んだりします
텔레비전을 보거나 책을 읽거나 합니다

031 **〜たことがある** 〜한 적이 있다
동사의 현재형+ことがある 〜하는 경우가 있다

日本に行ったことがある
일본에 간 적이 있다(과거 경험)

ときどき日本に行くことがある
가끔 일본에 가는 경우가 있다

032 **〜たことがない** 〜한 적이 없다

飛行機に乗ったことがない 비행기를 탄 적이 없다

033 **〜たほうがいい** 〜하는 편이 좋다

ゆっくり休んだほうがいい 푹 쉬는 편이 좋다

034 **〜たまま** 〜한 채로

コートを着たまま寝てしまった
코트를 입은 채로 자 버렸다

035 **～ことができる** ～할 수 있다

漢字(かんじ)を読(よ)む<u>ことができる</u> 한자를 읽을 수 있다

漢字(かんじ)を読(よ)む<u>ことができません</u>
한자를 읽을 수 없습니다

036 **동사의 가능형** ～할 수 있다

1그룹동사의 가능형(う단 → え단+る)

行(い)く(가다) → 行(い)ける(갈 수 있다) → 行(い)けない(갈 수 없다) → 行(い)けます(갈 수 있습니다)

2그룹동사의 가능형(る → られる)

食(た)べる(먹다) → 食(た)べられる(먹을 수 있다) → 食(た)べられない(먹을 수 없다) → 食(た)べられます(먹을 수 있습니다)

3그룹동사의 가능형

する(하다) → できる(할 수 있다) → できない(할 수 없다) → できます(할 수 있습니다)

くる(오다) → こられる(올 수 있다) → こられない(올 수 없다) → こられます(올 수 있습니다)

037 **가능형과 헷갈리는 동사**

見(み)える(보이다)와 聞(き)こえる(들리다)는 見(み)られる(볼 수 있다–見(み)る의 가능형) 聞(き)ける(들을 수 있다–聞(き)く의 가능형)과 헷갈리므로 주의하자

038 **동사의 가능형+ようになる** ～할 수 있게 되다

英語(えいご)で日記(にっき)が書(か)けるようになりました
영어로 일기를 쓸 수 있게 되었습니다

039 **～つもりだ** ～할 생각이다

中国語(ちゅうごくご)を習(なら)うつもりです 중국어를 배울 생각입니다

040 **동사의 의지형** ～해야지/～하자

1그룹동사의 의지형(う단 → お단+う)

遊(あそ)ぶ(놀다) → 遊(あそ)ぼう(놀아야지/놀자)

2그룹동사의 의지형(る → よう)

寝(ね)る(자다) → 寝(ね)よう(자야지/자자)

3그룹동사의 의지형

する(하다) → しよう(해야지/하자)

くる(오다) → こよう(와야지/오자)

041 **동사의 의지형+と思(おも)う** ～하려고 생각하다

辞書(じしょ)を買(か)おうと思(おも)っています
사전을 사려고 생각하고 있습니다

042 **동사의 의지형+とする** ～하려고 하다

出(で)かけようとした時(とき)、友(とも)だちが来(き)た
외출하려고 했을 때, 친구가 왔다

043 **동사의 명령형** ～해

1그룹동사의 명령형(う단→ え단)

行(い)く(가다) → 行(い)け(가)

2그룹동사의 명령형(る→ ろ)

起(お)きる(일어나다) → 起(お)きろ(일어나)

3그룹동사의 명령형

する(하다) → しろ(해) /せよ(해)

くる(오다) → こい(와)

044 **동사의 ます형+なさい** ～하시오, ～해라

全部(ぜんぶ)飲(の)みなさい 전부 마셔라

全部(ぜんぶ)食(た)べなさい 전부 먹어라

045 **동사의 원형+な** ～하지 마

誰(だれ)にも話(はな)すな 누구에게도 말하지 마

046 **～ように言(い)う** ～하도록 말하다

彼(かれ)に明(あ)した早(はや)く来(く)るように言(い)ってください
그에게 내일 일찍 오도록 말해 주세요

彼(かれ)に明(あ)した는来(こ)ないように言(い)ってください
그에게 내일은 오지 않도록 말해 주세요

お医者(いしゃ)さんに、お酒(さけ)をやめるように言(い)われた
의사선생님에게 술을 끊으라는 말을 들었다

047 ~ようにする ~하도록 하다

毎日運動をするようにしています
매일 운동을 하도록 하고 있습니다

無理な運動はしないようにしています
무리한 운동은 하지 않도록 하고 있습니다

048 ~そうだ ~라고 하다

명사

学生だそうだ 학생이라고 한다

学生ではないそうだ 학생이 아니라고 한다

学生だったそうだ 학생이었다고 한다

学生ではなかったそうだ 학생이 아니었다고 한다

い형용사

高いそうだ 비싸다고 한다

高くないそうだ 비싸지 않다고 한다

高かったそうだ 비쌌다고 한다

高くなかったそうだ 비싸지 않았다고 한다

な형용사

静かだそうだ 조용하다고 한다

静かではないそうだ 조용하지 않다고 한다

静かだったそうだ 조용했다고 한다

静かではなかったそうだ 조용하지 않았다고 한다

동사

行くそうだ 간다고 한다

行かないそうだ 가지 않는다고 한다

行ったそうだ 갔다고 한다

行かなかったそうだ 가지 않았다고 한다

049 ~と言(い)う ~라고 말하다, ~라고 하다

彼は私に「さようなら」と言いました
그는 내게 「안녕」이라고 말했습니다

050 ~ようだ/~ような/~ように

~같다/~같은/~같이

顔がかわいくて人形のようです
얼굴이 예뻐서 인형 같습니다

人形のような顔です 인형 같은 얼굴입니다

人形のようにかわいいです 인형 같이 예쁩니다

051 ~てやる/~てあげる/~てさしあげる

~해 주다/~해 주다/~해 드리다

私は妹に料理を作ってやりました
나는 여동생에게 요리를 만들어 주었습니다

私は彼女に料理を作ってあげました
나는 여자 친구에게 요리를 만들어 주었습니다

友だちは先生に料理を作ってさしあげました
친구는 선생님에게 요리를 만들어 드렸습니다

052 ~てくれる/~てくださる ~해 주다/~해 주시다

友だちが私に料理を作ってくれました
친구가 내게 요리를 만들어 주었습니다

先生が私に料理を作ってくださいました
선생님이 내게 요리를 만들어 주셨습니다

053 ~てもらう/~ていただく

~해 받다/~해 받다(~해 주시다)

友だちに料理を作ってもらいました 친구에게
요리를 만들어 받았습니다(친구가 요리를 만들어 주었습니다)

先生に料理を作っていただきました
선생님에게 요리를 만들어 받았습니다(선생님이 요리를 만들어 주셨습니다)

054 ~ところだ/~ているところだ/~たところ
だ ~하려는 참이다/~하고 있는 중이다/막 ~했다)

今から宿題をするところです
지금부터 숙제를 하려는 참입니다

今宿題をしているところです
지금 숙제를 하고 있는 중입니다

今宿題をしたところです
지금 막 숙제를 했습니다

055 ~ため(に) ~때문에/~위해서

事故があった**ために**、道がこんでいます(원인)
사고가 있었기 때문에 길이 막히고 있습니다

健康の**ために** 運動をしています(목적)
건강을 위해서 운동을 하고 있습니다

056 ~と ~하면/~하자

1に 1を足す**と** 2になる 1에 1을 더하면 2가 된다

窓を開ける**と** 涼しい風が入ってきた
창문을 열자 시원한 바람이 들어 왔다

057 ば ~하면

この薬を飲め**ば** 治ります
이 약을 먹으면 낫습니다

高けれ**ば** 買いません 비싸면 사지 않습니다

058 ~たら ~하면/~하고 나서/~했더니

お金があっ**たら**、家を買いたい
돈이 있으면 집을 사고 싶다

寒かっ**たら**、窓を閉めてもいい
추우면 창문을 닫아도 된다

二十歳になっ**たら**、お酒を飲んでもいい
스무 살이 되면(되고 나서) 술을 마셔도 된다

学校に行っ**たら**、授業がなかった
학교에 갔더니 수업이 없었다

059 ~なら ~한다면, ~라면

ラーメンを食べる**なら**、駅前の店がおいしい
ですよ 라면을 먹을 거라면 역 앞 가게가 맛있어요

060 명사+にする ~로 하다

私はオムライス**にします**
나는 오므라이스로 하겠습니다

061 동사+ことにする ~하기로 하다(결정)

会社をやめる**ことにしました**
회사를 그만두기로 했습니다

062 동사+ことになる ~하게 되다(외부결정)

アメリカに出張する**ことになりました**
미국에 출장가게 되었습니다

063 ~だろう ~할(일) 것이다
~でしょう ~할(일) 것입니다

彼は学生**だろう** 그는 학생일 것이다

北海道は曇り**でしょう** 홋카이도는 흐릴 겁니다

064 ~だろうと思(おも)う ~할(일) 것이라고 생각한다

彼女は会社員**だろうと思います**
그녀는 회사원일 것이라고 생각합니다

065 추측의 そうだ ~할(일) 것 같다

명사 없음

い형용사

高**そうだ** 비쌀 것 같다

高く**なさそうだ** 비싸지 않을 것 같다(부정)

高**そうではない** 비쌀 것 같지 않다(부정)

な형용사

まじめ**そうだ** 성실할 것 같다

まじめでは**なさそうだ** 성실하지 않을 것 같다(부정)

まじめ**そうではない** 성실할 것 같지 않다(부정)

동사

怒り**そうだ** 화낼 것 같다

怒り**そうにもない** 화낼 것 같지 않다(부정)

怒り**そうもない** 화낼 것 같지 않다(부정)

066 ~ようだ ~한(인) 것 같다

명사

会社員の**ようだ** 회사원인 것 같다

会社員ではない**ようだ** 회사원이 아닌 것 같다

会社員だった**ようだ** 회사원이었던 것 같다

会社員ではなかった**ようだ**
회사원이 아니었던 것 같다

い형용사

暑い**ようだ** 더운 것 같다

暑くない**ようだ** 덥지 않은 것 같다

暑かった**ようだ** 더웠던 것 같다

暑くなかった**ようだ** 덥지 않았던 것 같다

な형용사

便利な**ようだ** 편리한 것 같다

便利ではない**ようだ** 편리하지 않은 것 같다

便利だった**ようだ** 편리했던 것 같다

便利ではなかった**ようだ** 편리하지 않았던 것 같다

동사

飲む**ようだ** 마시는 것 같다

飲まない**ようだ** 마시지 않는 것 같다

飲んだ**ようだ** 마신 것 같다

飲まなかった**ようだ** 마시지 않은 것 같다

067 **～らしい** ～한(인) 것 같다

명사

会社員**らしい** 회사원인 것 같다(들은 말에 의하면)

会社員ではない**らしい**
회사원이 아닌 것 같다(들은 말에 의하면)

会社員だった**らしい**
회사원이었던 것 같다(들은 말에 의하면)

会社員ではなかった**らしい**
회사원이 아니었던 것 같다(들은 말에 의하면)

い형용사

暑い**らしい** 더운 것 같다(들은 말에 의하면)

暑くない**らしい** 덥지 않은 것 같다(들은 말에 의하면)

暑かった**らしい** 더웠던 것 같다(들은 말에 의하면)

暑くなかった**らしい**
덥지 않았던 것 같다(들은 말에 의하면)

な형용사

便利**らしい** 편리한 것 같다(들은 말에 의하면)

便利ではない**らしい**
편리하지 않은 것 같다(들은 말에 의하면)

便利だった**らしい** 편리했던 것 같다(들은 말에 의하면)

便利ではなかった**らしい**
편리하지 않았던 것 같다(들은 말에 의하면)

동사

飲む**らしい** 마시는 것 같다(들은 말에 의하면)

飲まない**らしい** 마시지 않는 것 같다(들은 말에 의하면)

飲んだ**らしい** 마신 것 같다(들은 말에 의하면)

飲まなかった**らしい**
마시지 않은 것 같다(들은 말에 의하면)

068 **～かもしれない** ～할(일)지도 모른다

명사

会社員**かもしれない** 회사원일지도 모른다

会社員ではない**かもしれない**
회사원이 아닐지도 모른다

会社員だった**かもしれない**
회사원이었을지도 모른다

会社員ではなかった**かもしれない**
회사원이 아니었을지도 모른다

い형용사

暑い**かもしれない** 더울지도 모른다

暑くない**かもしれない** 덥지 않을지도 모른다

暑かった**かもしれない** 더웠을지도 모른다

暑くなかった**かもしれない** 덥지 않았을지도 모른다

な형용사

便利**かもしれない** 편리할지도 모른다

便利ではない**かもしれない**
편리하지 않을지도 모른다

便利だった**かもしれない** 편리했을지도 모른다

便利ではなかった**かもしれない**
편리하지 않았을지도 모른다

동사

飲む**かもしれない** 마실지도 모른다

飲まないかもしれない 마시지 않을지도 모른다

飲んだかもしれない 마셨을지도 모른다

飲まなかったかもしれない
마시지 않았을지도 모른다

069 ~はずだ ~할(일) 것이다

명사

会社員のはずだ 회사원일 것이다(분명히)

会社員ではないはずだ 회사원이 아닐 것이다(분명히)

会社員だったはずだ 회사원이었을 것이다(분명히)

会社員ではなかったはずだ
회사원이 아니었을 것이다(분명히)

い형용사

暑いはずだ 더울 것이다(분명히)

暑くないはずだ 덥지 않을 것이다(분명히)

暑かったはずだ 더웠을 것이다(분명히)

暑くなかったはずだ 덥지 않았을 것이다(분명히)

な형용사

便利なはずだ 편리할 것이다(분명히)

便利ではないはずだ 편리하지 않을 것이다(분명히)

便利だったはずだ 편리했을 것이다(분명히)

便利ではなかったはずだ
편리하지 않았을 것이다(분명히)

동사

飲むはずだ 마실 것이다(분명히)

飲まないはずだ 마시지 않을 것이다(분명히)

飲んだはずだ 마셨을 것이다(분명히)

飲まなかったはずだ 마시지 않았을 것이다(분명히)

070 ~はずがない ~할(일) 리가 없다

명사

会社員のはずがない 회사원일 리가 없다(분명히)

会社員ではないはずがない
회사원이 아닐 리가 없다(분명히)

会社員だったはずがない
회사원이었을 리가 없다(분명히)

会社員ではなかったはずがない
회사원이 아니었을 리가 없다(분명히)

い형용사

暑いはずがない 더울 리가 없다(분명히)

暑くないはずがない 덥지 않을 리가 없다(분명히)

暑かったはずがない 더웠을 리가 없다(분명히)

暑くなかったはずがない
덥지 않았을 리가 없다(분명히)

な형용사

便利なはずがない 편리할 리가 없다(분명히)

便利ではないはずがない
편리하지 않을 리가 없다(분명히)

便利だったはずがない 편리했을 리가 없다(분명히)

便利ではなかったはずがない
편리하지 않았을 리가 없다(분명히)

동사

飲むはずがない 마실 리가 없다(분명히)

飲まないはずがない 마시지 않을 리가 없다(분명히)

飲んだはずがない 마셨을 리가 없다(분명히)

飲まなかったはずがない
마시지 않았을 리가 없다(분명히)

071 ~より ~のほうが ~보다 ~쪽이

東京より沖縄のほうが暑い
도쿄보다 오키나와 쪽이 덥다

072 ~ほど ~ない ~만큼 ~않다

今週は先週ほど寒くない
이번주는 지난주만큼 춥지 않다.

073 **동사의 수동형**

~되다, ~(동작을) 받다, ~함을 당하다(피해)

1그룹동사의 수동형(う단 → あ단+れる)

叱(しか)る(꾸짖다) → 叱(しか)られる(꾸중 듣다)

2그룹동사의 수동형(る→ られる)

ほめる(칭찬하다) → ほめられる(칭찬받다)

3그룹동사의 수동형

くる(오다) → こられる(〈상대방이〉 오다)

する(하다) → される(받다/당하다)

074 **Aに 〜られる**(피해수동)

A(상대방)가 어떤 동작을 해서 피해를 많이 받다

昨日友だちに来られて、宿題ができませんでした 어제 친구가 와서 숙제를 할 수 없었습니다

075 **동사의 사역형** 〜하게 하다, 〜시키다

1그룹동사의 사역형(う단 → あ단+せる)

持(も)つ(들다) → 持(も)たせる(들게 하다/들도록 시키다)

2그룹동사의 사역형(る → させる)

食(た)べる(먹다) → 食(た)べさせる(먹게 하다/먹도록 시키다)

3그룹동사의 사역형

くる(오다) → こさせる(오게 하다/오도록 시키다)

する(하다) → させる(시키다)

076 **사역수동형**

상대가 시켜서 억지로(어쩔 수 없이) 하다

する(하다) → させる(시키다–사역형) → させられる(시켜서 어쩔 수 없이 하다–사역수동형)

先輩に部屋の掃除をさせられました 선배가 시켜서 방 청소를 어쩔 수 없이 했습니다

077 **〜(さ)せてください/〜(さ)せていただけませんか** 〜하게 해 주세요

少し休ませてください 조금 쉬게 해 주세요

少し休ませていただけませんか 조금 쉬게 해 주세요

078 **특수 존경어**

기본어	존경어
言(い)う 말하다	おっしゃる 말씀하시다
見(み)る 보다	ごらんになる 보시다
する 하다	なさる 하시다
食(た)べる 먹다 飲(の)む 마시다	召(め)し上(あ)がる 드시다
行(い)く 가다 来(く)る 오다 いる 있다	いらっしゃる/おいでになる 가시다, 오시다, 계시다
知(し)っている 알고 있다	ご存(ぞん)じだ 아시다
くれる 주다	くださる 주시다

079 **〜(ら)れる** 〜하시다

読(よ)む(읽다) → 読(よ)まれる(읽으시다)

起(お)きる(일어나다) → 起(お)きられる(일어나시다)

先生はもう帰られました 선생님은 벌써 돌아가셨습니다

080 **お+ます형+になる** 〜하시다

書(か)く(쓰다) → お書(か)きになる(쓰시다)

新聞をお読みになりましたか 신문을 읽으셨습니까?

081 **お+ます형+ください** 〜해 주십시오

しばらく待ってください 잠시 기다려 주세요

しばらくお待ちください 잠시 기다려 주십시오

082 **존경의 접두사 お/ご**

おは 순수일본어에 주로 붙음

お名前 이름 お仕事 일 お手紙 편지

ごは 한자어 단어에 주로 붙음

ご趣味 취미 ご案内 안내 ご利用 이용

083 **특수 겸양어**

기본어	겸양어
言(い)う 말하다	申(もう)す/申(もう)し 上(あ)げる 말씀드리다
見(み)る 보다	拝見(はいけん)する 보다
する 하다	いたす 하다
食(た)べる 먹다 飲(の)む 마시다 もらう 받다	いただく 먹다, 마시다, 받다
行(い)く 가다 来(く)る 오다	まいる 가다, 오다
いる 있다	おる 있다
あげる 주다	さしあげる 드리다
知(し)っている 알고 있다	存(ぞん)じておる 알고 있다
会(あ)う 만나다	お目(め)にかかる 만나뵙다
聞(き)く 묻다, 듣다 訪問(ほうもん)する 방문하다	伺(うかが)う 여쭙다, 찾아뵙다

084 **お+ます형+する** (제가) ~하다

話す(말하다) → お話しする(말씀 드리다)

この料理(りょうり)は私(わたし)がお作(つく)りしました

이 요리는 제가 만들었습니다

085 **お+ます형+いたす** (제가) ~하다

そのかばんは私(わたし)がお持(も)ちいたします

그 가방은 제가 들겠습니다

086 **명사+でございます/ございます**

~입니다/~있습니다

こちらは新製品(しんせいひん)でございます 이쪽은 신제품입니다

新製品(しんせいひん)がございます 신제품이 있습니다

087 **~あいだ(に)** ~동안(에)

冬休(ふゆやす)みのあいだ、東京(とうきょう)にいました

겨울방학동안 도쿄에 있었습니다(지속되는 내용)

冬休(ふゆやす)みのあいだに、東京(とうきょう)に行(い)ってきました

겨울방학동안 도쿄에 갔다 왔습니다(일회성 사건)

088 **いくら ~ても, どんなに ~ても** 아무리 ~해도

いくら呼(よ)んでも返事(へんじ)がない

아무리 불러도 대답이 없다

どんなに呼(よ)んでも返事(へんじ)がない

아무리 불러도 대답이 없다

089 **~がする** ~이 나다

においがする 냄새가 나다

味(あじ)がする 맛이 나다

音(おと)がする 소리가 나다

090 **~がる** ~해 하다

私(わたし)は車(くるま)がほしい 나는 차를 갖고 싶다

友(とも)だちは車(くるま)をほしがっている

친구는 차를 갖고 싶어 하고 있다

091 **~こと/~の** ~것

私(わたし)の趣味(しゅみ)は写真(しゃしん)を撮(と)ることです

내 취미는 사진을 찍는 것입니다

私(わたし)は野村(のむら)さんが泣(な)いているのを見(み)ました

나는 노무라씨가 울고 있는 것을 봤습니다

092 **~さ** い형용사와 な형용사의 명사화

い형용사

広(ひろ)い(넓다) → 広(ひろ)さ(넓이)

な형용사

まじめだ(성실하다) → まじめさ(성실함)

093 ～し ～하고

このレストランは味もいいし、値段も安いで
す 이 레스토랑은 맛도 좋고 가격도 쌉니다

094 ～ても ～하더라도, ～이더라도

명사	友だちでも～ 친구라도～
い형용사	高くても～ 비싸더라도～
な형용사	好きでも～ 좋아해도～
동사	雪が降っても～ 눈이 내려도～

095 명사+でも/의문사+でも ～라도/～든지

お茶でも飲みませんか 차라도 안 마실래요?

いつでも大丈夫です 언제든지 괜찮습니다

096 ～とか ～라든가

本とかノートなどがある 책이라든가 노트 등이 있다

097 ～の ～니?

今どこへ行くの 지금 어디로 가?

098 ～のだ ～인 것이다

| 명사 |
| 日本人なのです=日本人なんです 일본사람입니다 |
| い형용사 |
| おもしろいのです=おもしろいんです 재미있습니다 |
| な형용사 |
| 静かなのです=静かなんです 조용합니다 |
| 동사 |
| 食べるのです=食べるんです 먹습니다 |

099 ～ので ～이므로, ～때문에

| 명사 | 試験なので～ 시험이기 때문에～ |
| い형용사 | 安いので～ 싸기 때문에～ |

| な형용사 |
| 好きなので～ 좋아하기 때문에～ |
| 동사 |
| 約束があるので～ 약속이 있기 때문에～ |

100 ～のに ～하는데도, ～함에도 불구하고/～을 하기 위해, ～을 하는 데

| 명사 |
| 試験なのに～ 시험인데도～ |
| い형용사 |
| 安いのに～ 싼데도～ |
| な형용사 |
| 好きなのに～ 좋아하는데도～ |
| 동사 |
| 約束があるのに～ 약속이 있는데도～ |

図書館を建てるのに5年もかかりました
도서관을 세우는 데 5년이나 걸렸습니다

101 ～ばかり ～만, ～뿐

肉ばかり食べる 고기만 먹다

て형+ばかりいる ～하고만 있다

泣いてばかりいます 울고만 있습니다

た형+ばかりだ ～한 지 얼마 안 됐다

買ったばかりです 산지 얼마 안 됐습니다

102 ～まで(に) ～까지

10時までに来てください
10시까지 와 주세요(10시전에만 오면 됨-기한)

10時まで仕事をします
10시까지 일을 합니다(10시까지 계속 일을 함-기간)

103 も ～이나

この映画を5回も見た 이 영화를 5번이나 봤다

MeMo

N4

言語知識（文字・語彙）

もんだい1 _____の ことばは どう よみますか。1・2・3・4から いちば
ん いい ものを ひとつ えらんで ください。

1 先生の いない 間に 事故が おこりました。

1 かん　　　　　2 あいだ　　　　　3 ところ　　　　　4 とん

2 お客様を 部屋に 案内する 仕事を して います。

1 かない　　　　2 いない　　　　　3 あんてい　　　　4 あんない

3 食事の 支度は できましたか。

1 おんど　　　　2 じゅんび　　　　3 したく　　　　　4 しょくたく

4 値段が やすいので 人気が ある そうです。

1 ねだん　　　　2 かいだん　　　　3 かかく　　　　　4 ねぼう

5 兄は 来週の 土曜日に 結婚式を あげる ことと なりました。

1 けっこんしき　　　　　　　　2 にゅうがくしき

3 そつぎょうしき　　　　　　　4 そうべつしき

6 自分の ブログを 15億円で 売った 若者も いる らしいです。

1 かった　　　　2 うった　　　　　3 おくった　　　　4 とった

7 もう一度 調べてから 電話します。

1 のべて　　　　2 あそべて　　　　3 とべて　　　　　4 しらべて

8 来月、一番 親しい 友だちの 結婚式で スピーチを する 予定です。

1 ついたち　　　　2 いちにち　　　　3 いつか　　　　　4 いちばん

9 　80℃ありますので　熱くない　はずが　ありません。

　　1　さむくない　　　2　こわくない　　　3　あつくない　　　4　おもくない

もんだい2 　_____の　ことばは　どう　かきますか。1・2・3・4から　いちば
　　　　ん　いい　ものを　ひとつ　えらんで　ください。

10 　この　仕事は　五日で　じゅうぶんだと　思います。

　　1　十分だ　　　　　2　中分だ　　　　　3　重分だ　　　　　4　住分だ

11 　スターバックスは、その　ビルの　さんがいに　あります。

　　1　三害　　　　　　2　三度　　　　　　3　三階　　　　　　4　三回

12 　風邪で　くすりを　飲んで、水を　7ℓぐらい　飲みました。

　　1　楽　　　　　　　2　映　　　　　　　3　栄　　　　　　　4　薬

13 　わたしは　バッハ(Bach)の　おんがくが　好きです。

　　1　温楽　　　　　　2　音楽　　　　　　3　音薬　　　　　　4　温学

14 　日本語の　じゅぎょうを　受けてから　ヨガ教室に　行く　つもりです。

　　1　授実　　　　　　2　授行　　　　　　3　授業　　　　　　4　受業

15 　今日は　バイトが　おわって　何を　しますか。

　　1　終わって　　　　2　止わって　　　　3　座わって　　　　4　始わって

もんだい3 （　　　　）に　なにを　いれますか。1・2・3・4から　いちばん　いい　ものを　ひとつ　えらんで　ください。

16 大きな　会社と　小さな　会社の　どっちで　（　　　　）べきか　分かりません。

1　遊ぶ　　　　　2　行く　　　　　3　住む　　　　　4　働く

17 （　　　　）朝ごはんは　食べる　ように　して　います。

1　うっかり　　　2　ちっとも　　　3　なるべく　　　4　あまり

18 図書館は　公園に　（　　　　）です。

1　近い　　　　　2　新しい　　　　3　安い　　　　　4　寒い

19 結婚して　8年ですが、　料理が　（　　　　）困って　います。

1　きれいで　　　2　下手で　　　　3　親切で　　　　4　しずかで

20 彼女は　中学生の　ときから　アラシの　（　　　　）だった　らしいです。

1　メール　　　　2　ドラマ　　　　3　スター　　　　4　ファン

21 仕事が　とても　忙しかったです。　（　　　　）授業を　やすみました。

1　しかし　　　　2　それとも　　　3　それで　　　　4　どうして

22 あの　小さい　（　　　　）には　何が　入って　いますか。

1　箱　　　　　　2　眼鏡　　　　　3　春　　　　　　4　窓

23 （　　　　）まで　地下鉄で　行けますか。

1　空　　　　　　2　空港　　　　　3　花見　　　　　4　雨

24 （　　　　）いる　さかなたちを　見たら　元気が　出ました。

　　1　死んで　　　　2　寝て　　　　3　泳いで　　　　4　話して

25 薬は　（　　　　）も　飲まないと　いけません。

　　1　広くて　　　　2　速くて　　　　3　暑くて　　　　4　苦くて

もんだい4　＿＿＿＿＿の　ぶんと　だいたい　おなじ　いみの　ぶんが　あります。
　　　　　　1・2・3・4から　いちばん　いい　ものを　ひとつ　えらんで　ください。

26 彼女の　美しさに　おどろきました。

　　1　彼女の　美しさに　びっくりしました。
　　2　彼女の　美しさに　はんたいしました。
　　3　彼女の　美しさに　わかれました。
　　4　彼女の　美しさに　わくわくしました。

27 あたらしい　マイカーが　ほしいです。

　　1　おおきい　マイカーが　ほしいです。
　　2　あかい　マイカーが　ほしいです。
　　3　ニュー　マイカーが　ほしいです。
　　4　オールド　マイカーが　ほしいです。

28 ひとりぐらしの　ために　まず　お金が　ひつようです。

　　1 ひとりぐらしの　ために　まず　お金が　あつめます。

　　2 ひとりぐらしの　ために　まず　お金が　いれます。

　　3 ひとりぐらしの　ために　まず　お金が　だします。

　　4 ひとりぐらしの　ために　まず　お金が　いります。

29 くつを　買うのに　一万円で　たりますか。

　　1 くつを　買うのに　一万円で　ゆうめいですか。

　　2 くつを　買うのに　一万円で　じゅうぶんですか。

　　3 くつを　買うのに　一万円で　べんりですか。

　　4 くつを　買うのに　一万円で　すきですか。

30 先生は　三歳　若い　人と　けっこんする　そうです。

　　1 先生は　三歳も　としが　おおきい　人と　けっこんする　そうです。

　　2 先生は　三歳も　としが　ちいさい　人と　けっこんする　そうです。

　　3 先生は　三歳も　としが　すくない　人と　けっこんする　そうです。

　　4 先生は　三歳も　としが　おおい　人と　けっこんする　そうです。

もんだい5　つぎの　ことばの　つかいかたで　いちばん　いい　ものを　1・2・
　　　　　　3・4から　ひとつ　えらんで　ください。

31　ランチ
　1　朝　5時に　起きて　ランチは　6時ごろ　食べます。
　2　ランチの　おいしい　お店を　紹介して　ください。
　3　ゆうがた　仕事が　終わってから　友だちと　ランチの　やくそくが　あり
　　　ます。
　4　まいばん　公園を　ランチする　習慣が　あります。

32　むかし
　1　わたしは　むかし　モデルに　なりたいです。
　2　むかし　あそびに　きて　くださいね。
　3　兄は　会社の　どうりょうと　むかし　結婚する　よていです。
　4　むかし　母は　とても　きれいだった　そうです。

33　よやく
　1　ホテルの　よやくを　して　ありますか。
　2　日本語を　勉強して　何を　する　よやくですか。
　3　昨日　東京で　5以上の　よやくが　ありました。
　4　よやくよりは　ふくしゅうを　した　ほうが　いいです。

34　ひこうき
　1　ひこうきは　部屋の　そうじを　する　ときに　使います。
　2　暑いので　ひこうきを　つけても　いいでしょうか。
　3　ひこうきの　チケットは　とても　高いです。
　4　おぼんで　高速道路に　ひこうきが　たくさん　あります。

35 てがみ

1 日本語の 本は てがみの なかに 入って います。

2 最近、てがみを もらった ことが ありますか。

3 ふうとうに 一枚の てがみを はって ください。

4 買い物した ものを てがみに 入れました。

N4

言語知識（文法）・読解

問題1 （　　　）に 何を 入れますか。1・2・3・4から いちばん いい もの
　　　を 一つ えらんで ください。

1　わたしは まだ 英語が 下手なので、英語で 日記が（　　　）。

　1　書きません　　　　　　　　　2　書きられません

　3　書ける ことが できません　　4　書けません

2　これは 兄が わたしに 買って（　　　）かばんです。

　1　さしあげた　　2　あげた　　　3　くれた　　　　4　いただいた

3　弟は 女の子を（　　　）、母に 叱られました。

　1　泣かせて　　　2　泣いて　　　3　泣かれて　　　4　泣かさせて

4　その 質問には わたしが お答え（　　　）。

　1　ます　　　　　2　いたします　3　になります　4　なさいます

5　山田さんは ハワイに 10回（　　　）行った ことが ある そうです。

　1　と　　　　　　2　に　　　　　3　で　　　　　　4　も

---

6 この ジュースを （　　　） かまいませんか。

1 飲んでは　　　　2 飲むと　　　　3 飲んでも　　　　4 飲めば

7 電車を （　　　）ながら、友だちと 話して います。

1 待って　　　　2 待ち　　　　3 待つ　　　　4 待た

8 姉は 声が （　　　）、アナウンサーに なりたがって います。

1 きれいなので　　　　　　　　　2 きれいだけど
3 きれいなのに　　　　　　　　　4 きれいでも

9 木村先生は 何時に （　　　） なりましたか。

1 お帰りに　　　2 帰りに　　　3 お帰られ　　　4 帰られ

10 彼は まだ 大学生なので、 こんなに 高い 車を 買う （　　　）が あ
りません。

1 はず　　　　2 こと　　　　3 つもり　　　　4 もの

11 来週から 銀行に つとめる ことに （　　　）。

1 いました　　　2 しまいました　　3 ありました　　4 なりました

12 「昼ごはんを いっしょに 食べませんか」

「今 （　　　）、おなかが いっぱいです」

1 食べる ところで　　　　　　　2 食べた ところで
3 食べたいので　　　　　　　　　4 食べながら

13 「大阪に （　　　）、すぐ　電話して　ください」

「はい、　分かりました」

1　つくと　　　　　2　つけば　　　　　3　ついたら　　　4　つくなら

14 今年の　夏は　去年 （　　　） 暑くない。

1　ほう　　　　　　2　ような　　　　　3　ために　　　　4　ほど

15 山下さんは　昨日　フランスへ （　　　）らしいですよ。

1　行き　　　　　　2　行く　　　　　　3　行って　　　　4　行った

問題2 ＿＿★＿＿に 入る ものは どれですか。1・2・3・4から いちばん
いい ものを 一つ えらんで ください。

16 この　宿題は ＿＿＿ ＿＿＿ ★ ＿＿＿ ください。

　　1　までに　　　　2　月曜日　　　　3　出して　　　　4　来週の

17 友だちに＿★＿ ＿＿＿ ＿＿＿ ＿＿＿ そうです。

　　1　試験は　　　　2　難しかった　　　3　よると　　　　4　去年の

18 ＿＿＿ ＿★＿ ＿＿＿ ＿＿＿。

　　1　静かに　　　　2　図書館では　　　3　しなければ　　　4　なりません

19 ＿＿＿ ＿＿＿ ＿＿＿ ＿★＿ 見えます。

　　1　ホテルの　　　2　きれいな　　　3　窓から　　　　4　海が

20 この　＿＿＿、＿＿＿ ★ ＿＿＿ いいです。

　　1　なっても　　　2　遅く　　　　　3　少し　　　　　4　仕事は

問題3 [21]から [25]に 何を 入れますか。1・2・3・4から いちばん いい
　　　 ものを 一つ えらんで ください。

わたしは 京都に 住んで います。京都は 日本の 古い 町で、古い
建物が たくさん あります。 昔 日本の 首都でした。
　　お寺や 神社も 多いので、一年中 いろいろな まつりが あります。
特に 毎年 7月に [21] 祇園まつりが 有名です。
　　京都では きれいな 着物を 着た 女の人を よく [22] ことが でき
ます。[23]、日本の 伝統料理が 食べられる 店も たくさん あります。
　　京都は 有名な 観光地なので、全国から たくさんの 観光客が 来ま
す。 桜の 花が 咲く 春と 紅葉が きれいな 秋は 海外から 来る
観光客も とても 多いので、ホテルを はやく 予約 [24]。 京都は 本当
に きれいな 町なので、 みなさん、ぜひ 一度 [25]。

21

　1　行わせる　　　　2　行われる　　　　3　行って　　　　4　行られる

22

　1　見せる　　　　2　見える　　　　3　見る　　　　4　見られる

23

　1　そして　　　　2　しかし　　　　3　それで　　　　4　それとも

24

　1　しなくても　いいです　　　　　2　した　ことが　あります
　3　しても　かまいません　　　　　4　した　ほうが　いいです

25

　1　来ては　いけません　　　　　2　来て　みて　ください
　3　来なければ　なりません　　　　4　来たいです

もんだい4　つぎの文章を読んで、質問に答えてください。答えは 1・2・3・4 から最もよいものを一つえらびなさい。

（1）

　大学へ入れば楽しい夢のような生活が待っていると思いながら、一生懸命勉強しました。そして入りたかった大学に入学しました。でも、3年生から就職活動が始まりました。大学生活も楽しむ暇もなく就職活動でとても忙しかったです。やっと就職先は決まりましたが、希望した会社じゃなくてがっかりしました。それで、最近これが人生なのかと思いはじめました。

26　この人はどんな会社で仕事をすることになりましたか。
1　希望していた会社で仕事をすることになりました。
2　忙しい会社で仕事をすることになりました。
3　楽しくて夢のような生活ができるところで仕事をすることになりました。
4　希望した会社ではないところで仕事をすることになりました。

（2）

　香水が好きな方に、安いサイトを紹介します。「ビジン香水」では、ブランドの香水をデパートの価格より安く買うことができます。5月1日から5月4日まで3日間だけゴールデンセールをしています。なんと50ミリリットル7,000円のものを4,900円で買えます。香水を送ってもらうときの送料は250円ですが、セール期間では無料です。

　デパートでブランド香水を買うのが高くて負担だった方は、ぜひ一度利用してください。

27　このサイトで5月3日に4,900円の香水を買うといくら払わなければなりませんか。

　　1　4,900円
　　2　5,150円
　　3　7,000円
　　4　7250円

（3）

　私がいちばん好きな場所は台所だと思います。とても汚い台所でもだい好きです。床に野菜くずが落ちていて、スリッパがまっ黒になるくらい汚い台所は、広いともっといいです。食べ物とか飲み物がたくさん入っている冷蔵庫が立っていて、油でよごれているガス台や、錆のついたナイフ、空が見える小さい窓などすべてがだい好きです。

　本当に疲れた時、私はよくぼんやりと思います。一人寒いところでも、だれかがいる暖かいところでも、死を怖がらず、私の好きな台所を見つめながら死んだらいいと思います。

吉本ばなな 「キッチン」より

28　この人はどこが好きだと言っていますか。

1　小さい窓
2　ガス台
3　台所
4　冷蔵庫

（4）

値段でものを買わない

ものを大事にしながら気持ちよく生活するには、少しだけ買うことです。

「クオリティ(Quality)がいいのにとても安いわ！」というように、シーズン終わりのバーゲンセールでは、シーズンはじめの半分の値段で売っているものが少なくありません。はじめの値段より安く売っていると、何か得した気分になって、少し気に入らないところがあっても買ってしまいます。

こうした「わぁ、安い！」と思って買ったものが、本当に好きで、気に入って買うのならばお買い得ですが、値段が安くても、あまり気に入らないものだと使わなくなります。

値段で買ってもいいのはクオリティ(Quality)がよいものだけで、そうでないものは厳しくチェックして、本当に好きか必要か、よく考えてから買いましょう。

板東まりこ「女性の品格」より

29 この人が一番いいたいことは何ですか。

1 値段が本当に安かったらすぐ買うこと

2 気に入ったものは高くてもバーゲンセールまで待って買うこと

3 本当に好きで、必要なものだけをよく考えてから買うこと

4 クオリティ(Quality)がわるくても、安かったら買うこと

　「たくさん持っている人が豊かなのではなく、たくさん与える人が豊かなのだ」エーリッヒ・フロムの言葉です。

　これからは心の時代、私の好きなマザー・テレサは言います。

「人はひときれのパンではなく、愛に小さなほほえみがほしいんです。」

　人はパンで生きられると思っていました。たくさんのレジャー、パック旅行、スポーツ、ジム…。など。

私たちの体と時間を豊かにしてくれるものは、だんだん増えているように見えます。

　心を養ってほしいです。試しに一日24時間ベッドの上で過ごしてみたらいいです。毎日、この生活が続くとき、心にどれだけの豊かさや、与えるものを持っていられるか。

　そして、「ありがとう」と言われたときの喜びを想像してほしいです。どれほどのものなのか。

　どんな苦しいことからでも逃げないで、美しい心を磨いて、人々に心の食べ物を与えてほしいです。

　私はまわりの人々にいつも感謝しています。それで「ありがとう」というと、私に「こちらこそ、もっといっぱいいただいてありがとう。痛みをもちながら、ユーモアと希望をたくさんくださったり、いつも明るく生きていてくれて①ありがとう」といってくれます。

　あぁ、私は今日もたくさんの薬を飲みながら、痛みの中で笑っています。

　「私のこの痛みがだれかにとって意味のあるものになりますように…。」

　そう言いながら、手をあわせて祈ります。

PHP「5月」より

30 まわりの人々がこの人に①ありがとうというのはどうしてですか。

1 ユーモアと希望をくれたり、明るいから

2 一日24時間ベッドの上にいるから

3 食べ物をたくさん与えてくれるから

4 薬を飲みながらも笑っているから

31 マザー・テレサはこれからはどんな時代だといいましたか。

1 ユーモアの時代

2 感謝の時代

3 こころの時代

4 パンの時代

32 この人は痛いときも手をあわせて何を祈りますか。

1 自分の薬をだれかが飲んでくれること

2 自分の痛みがだれかに意味のあるものになること

3 これから自分の痛みがなくなること

4 たくさんお金を持って今より豊かな人になること

33 この人が言いたいことは何ですか。

1 「ありがとう」と言われたときの苦しさを想像してほしいです。

2 人々においしい食べ物を与えてほしいです。

3 人々は愛と小さなほほえみではなく、ひときれのパンを買ってほしいです。

4 人々が美しい心を磨いて、心を養ってほしいです。

もんだい6　つぎの「日本語学校の寮の情報」見て、質問に答えてください。答えは
1・2・3・4からいちばんいいものを一つえらんでください。

34 キムさんは料理が苦手なので、すこし高くても食事の心配がないところにした
いです。キムさんはどこを選びますか。

1　タイプ1

2　タイプ2

3　タイプ3

4　タイプ4

35 アンナさんは日本で日本語を勉強するのも楽しみですが、もっとしたいこと
は、いろいろな国の友だちをたくさんつくることです。アンナさんが選んだと
ころの寮は一年いくらですか。

1　¥1,279,000

2　¥1,137,250

3　¥995,500

4　¥853,750

日本語学校の寮の情報

外国で一人ぐらしをするのが期待と不安でいっぱいな人も多いはずです。ヒューマングローバル日本語学校ではマンションをたくさんご用意しています。これなら心配はいりません。タイプによって快適なスクールライフをお楽しみください。

タイプ		期間	費用
タイプ1 食事付き マンション	広いダイニングや お風呂などがあって、 何よりバランスのとれた 手作りの食事が 毎日できます。	1年	￥1,279,000
タイプ2 学生専用 マンション	24時間管理されて いるから安心だし、 学生専用だから 大勢の友だちもで きやすいです。	1年	￥1,137,250
タイプ3 外国人専用 マンション	外国人むけで、 キッチンやリビングがあるし、 日本での快適 ライフができます。	1年	￥995,500
タイプ4 女性専用 マンション	部屋はすこし狭いですが、 安いから費用が 負担になりません。	1年	￥853,750

※上記に授業料と教材費は含まれています。

N4

聴解

<ruby>問<rt>もんだい</rt></ruby>題1

　問題1では、まず質問を聞いてください。それから話を聞いて問題用紙の1から4の中から、正しい答えを一つえらんでください。

1番

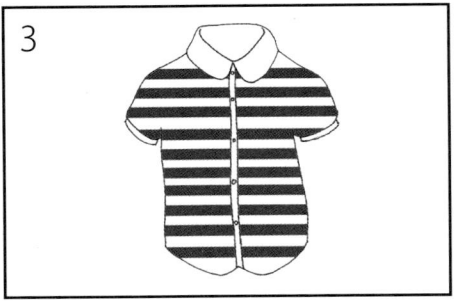

2番

1	2
5월 일 월 화 수 목 금 토 1 2 3 4 5 6 7 8 ⑨ 10 11 12 13 14 15 16 17 18 19 20 21 22 23 24 25 26 27 28 29 30 31	**5월** 일 월 화 수 목 금 토 1 2 3 4 5 6 7 8 9 10 ⑪ 12 13 14 15 16 17 18 19 20 21 22 23 24 25 26 27 28 29 30 31

3	4
5월 일 월 화 수 목 금 토 1 2 3 4 5 6 7 8 9 10 11 12 ⑬ 14 15 16 17 18 19 20 21 22 23 24 25 26 27 28 29 30 31	**5월** 일 월 화 수 목 금 토 1 2 3 4 5 6 7 8 9 10 11 12 13 14 ⑮ 16 17 18 19 20 21 22 23 24 25 26 27 28 29 30 31

3番

1　結婚式に行きます

2　会社の同僚に会います

3　山に行きます

4　買い物に行きます

4番

1 スーパー

2 八百屋

3 肉屋

4 パン屋

5番

1 男の人が女の人に渡します

2 男の人が山田さんに渡します

3 女の人が男の人に渡します

4 女の人が山田さんに渡します

6番

1 8日の席を予約しました

2 7日の席を予約しました

3 6日の席を予約しました

4 席を予約しませんでした

7番

1　カメラの絵の上に住所と電話番号を書きます

2　カメラの絵の上にカメラの名前を書きます

3　カメラの絵の中に住所と電話番号を書きます

4　カメラの絵の中にカメラの名前を書きます

8番

1　博物館へ行きます

2　動物園へ行きます

3　買い物をします

4　ホテルに帰ります

もんだい
問題2

問題2では、まず質問を聞いてください。そのあと、問題用紙を見てください。読む時間があります。それから話を聞いて、問題用紙の1から4の中から、正しい答えを一つえらんでください。

1番

1　まだ使いにくいから

2　まだ値段が高いから

3　まだ大きいから

4　まだ重いから

2番

1　昨日スパゲティを食べたから

2　今晩スパゲティを食べるから

3　スパゲティが食べられないから

4　スパゲティが嫌いだから

3番

1 体の具合が悪いから

2 毎晩遅くまで仕事をしているから

3 昨日お酒を飲みすぎたから

4 夜うるさくて眠れないから

4番

1 起きるのが遅かったから

2 遅く家を出たから

3 昔の友だちと話していたから

4 本屋で本を買ってきたから

5番

1 布団をかけなかったから

2 雨に降られたから

3 病院に行かなかったから

4 冷たいものを食べて寝たから

6番

1 歌の練習をするから

2 友だちと約束をしたから

3 本を買いに行くから

4 友だちと野球をするから

7番

1 早く起きられないから

2 食欲がないから

3 やせたいから

4 テレビが見たいから

<ruby>問題<rt>もんだい</rt></ruby>３

<ruby>問題<rt>もんだい</rt></ruby>３では、えを<ruby>見<rt>み</rt></ruby>ながら<ruby>質問<rt>しつもん</rt></ruby>を<ruby>聞<rt>き</rt></ruby>いてください。それから、<ruby>正<rt>ただ</rt></ruby>しい<ruby>答<rt>こた</rt></ruby>えを１から３の<ruby>中<rt>なか</rt></ruby>から一つえらんでください。

１番

２番

3番

4番

5番

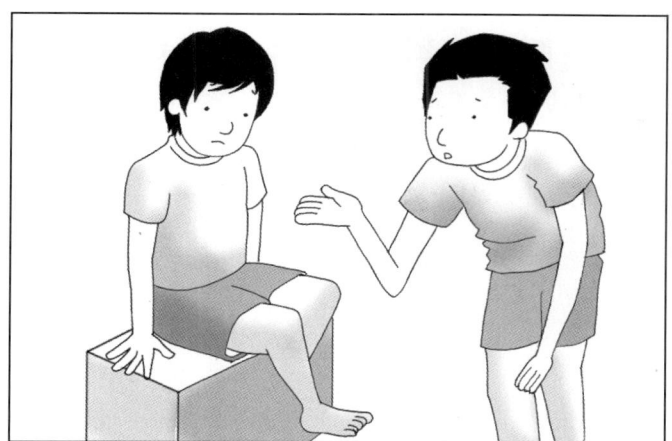

もんだい
問題4

問題4では、えなとがありません。まず、文を聞いてください。それから、その返事
を聞いて、1から3の中から、正しい答えを一つえらんでください。

ー　メモ　ー

| 종결자 N4 모의고사 정답 |

언어지식(문자/어휘)

문제 1	1 ②	2 ④	3 ③	4 ①	5 ①	6 ②	7 ④	8 ④	9 ③
문제 2	10 ①	11 ③	12 ④	13 ②	14 ③	15 ①
문제 3	16 ④	17 ③	18 ①	19 ②	20 ④	21 ③	22 ①	23 ②	24 ③	25 ④
문제 4	26 ①	27 ③	28 ④	29 ②	30 ③
문제 5	31 ②	32 ④	33 ①	34 ③	35 ②

언어지식(문법)/독해

문제 1	1 ④	2 ③	3 ①	4 ②	5 ④	6 ③	7 ②	8 ①	9 ①	10 ①
	11 ④	12 ②	13 ③	14 ④	15 ④
문제 2	16 ①	17 ③	18 ①	19 ④	20 ②
문제 3	21 ②	22 ③	23 ①	24 ④	25 ②
문제 4	26 ④	27 ①	28 ③	29 ③
문제 5	30 ①	31 ③	32 ②	33 ④
문제 6	34 ①	35 ②

청해

문제 1	1 ①	2 ②	3 ④	4 ③	5 ④	6 ④	7 ④	8 ②
문제 2	1 ②	2 ②	3 ④	4 ③	5 ②	6 ②	7 ①
문제 3	1 ②	2 ②	3 ③	4 ①	5 ②
문제 4	1 ①	2 ③	3 ①	4 ②	5 ③	6 ①	7 ②	8 ①

MeMo

MeMo

MeMo